Allgemeines

Reisepraktisches

Radeln und Wandern

Oberes Altmühltal

Fränkisches Seenland

Naturpark Altmühltal

Text & Recherche: Johann Schrenk

Lektorat: Angela Nitsche; Johannes Barthelt (Überarbeitung)

Redaktion und Layout: Christiane Schütz

Fotos: alle Johann Schrenk, außer: Peter Miotk (S.88), Harald Braun (S. 149, 151, 178) und Werner E. Keller (S. 173)

Covergestaltung: Karl Serwotka

Covermotive: Segelhafen in Ramsberg (oben), Essing mit Burg Randeck (unten)

Karten: Judit Ladik, Susanne Handtmann, David Wendler

Der Autor: Dr. Johann Schrenk, Jahrgang 1948, Studium der Geisteswissenschaften in Hamburg; Buchhändler und Verleger in Gunzenhausen. Buchveröffentlichungen: Zenngrund, Bibert und Aurach (1983), Romantisches Mittelfranken (1987), Altmühltal und Fränkisches Seenland (1990), Gunzenhausen am Altmühlsee (1993), Fränkisches Seenland (1994), Die Donau (1995), Die Fränkische Schweiz (1996), Chronik der Stadt Gunzenhausen (1997), Altmühltal (1999), Hahnenkamm und Hesselberg (2000), Schwäbische Alb (2001), Tannhäuser's Heimat (2003), Franken (2008), Land am Limes (2009).

Für seine fränkischen Landschaftsführer hat das Internationale Kuratorium des Wolfgang Amadeus Mozart-Preises Johann Schrenk mit der **Thomas Hürlimann-Förderungsgabe der Johann Wolfgang von Goethe-Stiftung** (Basel) ausgezeichnet.

ISBN 978-3-89953-532-7

8. überarbeitete und aktualisierte Auflage 2010

ALTMÜHLTAL

und

FRÄNKISCHES SEENLAND

Johann Schrenk

INHALT

Kartenverzeichnis

Zeichenerklärung für die Karten und Pläne

- Autobahn
- asphaltierte Verbindungsstraße
- asphaltierte Straße
- Wanderweg/Radeltour
- Grünanlage
- Wanderung Anfang/Ende
- Berggipfel
- Aussicht
- Höhle
- Campingplatz
- Kirche
- Kloster
- Allg. Sehenswürdigkeit
- Bushaltestelle
- Taxistandplatz
- Information
- Post
- Museum
- Parkplatz
- Jugendherberge

Was haben Sie entdeckt?

Da ein Reiseführer von den Zuschriften der Leser lebt, wäre es erfreulich, wenn Sie schreiben würden, falls Sie eine schöne Wanderung, ein gemütliches Wirtshaus oder einen lauschigen Biergarten entdeckt beziehungsweise aktuelle Änderungen festgestellt haben. Ihr Tipp kommt der nächsten Auflage zugute.

Schreiben Sie bitte an:

Dr. Johann Schrenk
Stichwort „Altmühltal und Fränkisches Seenland“
c/o Michael Müller Verlag
Gerberei 19
91054 Erlangen
E-Mail: johann.schrenk@michael-mueller-verlag.de

Wissenswertes übers Almühltal

▲ Schloss Sandsee

und das Fränkische Seenland

Die Altmühl in Eichstätt, im Hintergrund St. Walburg

Die Altmühl …

… hüllt sich von ihrem Ursprung an in einen Schleier voller Rätsel und Ungereimtheiten und umgibt sich mit einem Hauch von Mystik – gerade so, als wolle sie sich wappnen für all die Leiden, die ihr auf dem Weg in die Donau noch widerfahren sollen. Als lahmen, weil langsam fließenden Fluss hat man sie jahrzehntelang links liegen lassen, und als einer der beliebtesten Freizeitflüsse Deutschlands gilt sie heute. An ihren Ufern strampelt sich Deutschlands Forever-Young-Generation das unnötige Gewicht vom Leib, und infolge eines der größten Wasserbauprojekte der Nachkriegszeit hat man sie kurzerhand ihres Unterlaufs beraubt. Bejubelt und geschunden, verkannt und verehrt – ein widersprüchliches Schicksal, das sie mit ihren bayerischen Geschwistern, der Loisach und dem Inn, teilt. Denn vorbei sind die Zeiten, da das Wasser und die Natur den Menschen heilig waren, und die Flüsse als Leben spendend oder gar heilend verehrt wurden.

Zweieinhalbtausend Jahre mag es her sein, dass die Kelten, die das heutige Süddeutschland besiedelten, ihr den wohlklingenden Namen *Alkmuna* gaben, was für sie so viel wie „heiliger, stiller Fluss" bedeutet haben mag. Ein Jammer, dass uns die Kelten nichts darüber aufgeschrieben haben. Aber so waren sie eben: Nicht das Festhalten ihrer Gottheiten in Wort und Bild war ihnen wichtig; einzig die sinnliche Vorstellung bedeutete ihnen etwas, und obendrein war es den keltischen Priestern, den Druiden, verboten, ihr religiöses und magisches Wissen schriftlich festzuhalten. Also sind wir auf Vermutungen angewiesen. War die Isar bei den Kelten die *Isara*, der „reißende Fluss", die Würm die *Wirmina*, die „Sprudelnde", so dürfen wir davon ausgehen, dass unsere „Alkmuna" – der Name wurde in dieser Form erstmals um das Jahr 750 erwähnt – den Kelten still und heilig anmutete. Nun gibt es die Meinung, „Alkmuna" rühre von *alces* (lat. = Elch) her, und die Altmühl wäre eigentlich der „Elchfluss". Dagegen ist nur wenig einzuwenden, zumal die Gegend bis ins frühe Mittelalter hinein von Elchen bewohnt war. Daneben gibt es auch die etwas kühne These, hinter der schönen Altmühl verberge sich eine „alte Mühle". Doch lassen wir diese Frage einfach offen und der Altmühl ihr kleines Geheimnis.

Das Fränkische Seenland ...

... das „Land" wurde vor 15 Millionen Jahren geformt, als „fränkisch" gilt die Region seit 1500 Jahren, doch die „Seen" existieren erst seit einigen Jahrzehnten. Es wird Zeit, dem Eindruck entgegenzuwirken, als hätten die Ingenieure des Talsperren-Neubauamtes oder die Herren des Wasserwirtschaftsamtes das „Fränkische Seenland" neu erfunden, indem sie es bei jeder sich bietenden Gelegenheit als ihr „Neues Fränkisches Seenland" anpreisen. Studiert man heute die Hochglanzbroschüren anlässlich der Feierlichkeiten zur Einweihung des Brombachsees im Jahre 2000, dann fragt man sich ernsthaft: Was gab es denn vor den Seen? Wüste, Einöde oder gar Wildnis? Mitnichten! Auch die Herren Ingenieure hatten sich lediglich der natürlichen Ressourcen dieses alten Kulturlandes bedient und die Wasser derjenigen Flüsse und Bäche gestaut, die sich hier schon seit Millionen von Jahren ihre eigenen Landschaften geschaffen haben. Im Norden haben die Talsperrenbauer das Hügelland der Spalter Schweiz und im Süden die Ausläufer der Juraalb als prachtvolle Kulisse für die neuen Speicherseen in Szene gesetzt. Als Reaktion auf eigens durchgeführte Umfragen unter den Touristen mussten selbst die Stauseenbetreiber neidlos anerkennen, dass die Gäste am Fränkischen Seenland vor allem dessen landschaftliche Reize schätzen! Natürlich genießen die Urlauber die breit gestreuten Angebote für den Wassersport: In Ramsberg hat man für die Segler den größten Binnenhafen Deutschlands aus dem Boden gestampft, und auf dem Altmühlsee

Von Gunzenhausen am Altmühlsee führt der bekannte Radweg ins Altmühltal

versammeln sich mehrmals jährlich die internationalen Eliten der Segel-Surfer, um hier ihre Wettkämpfe auszutragen. Auch die Wanderer und nicht zuletzt die Radlerfreunde kommen auf den gut ausgebauten Rundwegen auf ihre Kosten.

Der Naturpark Altmühltal ...

... ist mit knapp 3000 km² einer der größten Naturparks Deutschlands. 2009 feierte man sein 40-jähriges Bestehen. Die Natur ist das wertbeständigste Kapital dieser Region. Mit dem Informations- und Umweltzentrum Naturpark Altmühltal in der ehemaligen Notre-Dame-Kirche von Eichstätt, das nach einer aufwendigen Restauration 2010 wieder neu eröffnet wurde, und dem Informations- und Umweltzentrum der Stadt Treuchtlingen im dortigen Schloss hat man deutliche Signale in diese Richtung gesetzt. Beide Einrichtungen des Naturparks Altmühltal wurden vom Bayerischen Staatsministerium für Umwelt und Gesundheit als Partner der staatlichen „Umweltbildung Bayern" ausgezeichnet. Johann Bauch, der leitende Umweltpädagoge der beiden Informations- und Umweltzentren: „Der Naturpark Altmühltal ist Lebens- und Wirtschaftsraum für rund 300.000 Menschen. (...) Seit 1980 gibt es große Anstrengungen, Naturschutz und Tourismus gleichrangig zu verwirklichen. Deshalb werden auch weitere Naturschutzgebiete ausgewiesen. (...). Dem Ausbau des Sanften Tourismus kommt daher eine wachsende Bedeutung zu. Diese Form des Fremdenverkehrs ist definiert als ein natur-, kultur- und sozialverträglicher Tourismus. Natur und Kultur erleben, ohne sie zu schädigen oder gar zu zerstören, ist die Devise."

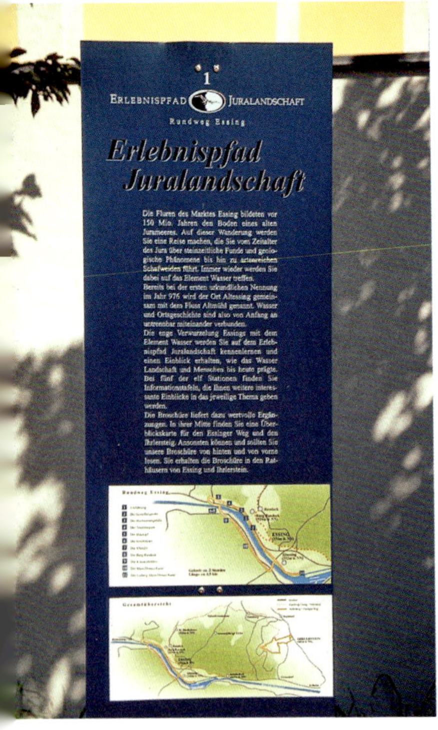

Erlebnispfad Juralandschaft in und um Essing

Charakteristisch für das Altmühltal ist z. B. der Trockenrasen. Wir haben es hier mit einem vom Menschen geschaffenen Kulturraum zu tun, der nun durch den Menschen selbst bedroht ist. Im Naturpark Altmühltal bemüht man sich darum, die wenigen noch intakten Trockenrasengebiete bei Gungolding, Dollnstein, Titting, Arnsberg, Altmannstein und Kinding zu schützen. Durch das Freischlagen der Hänge von wuchernde Buschwerk sollen die Flächen wieder für eine maßvolle Beweidung nutzbar gemacht werden. Zahlreiche Lehrpfade sollen dazu dienen, die Sensibilität für diese Kulturräume auch bei den Urlaubern zu wecken. Die Vermarktung der Altmühl-Jura-Produkte, darunter des Altmühltaler Juralamms oder der fein schmeckenden Liköre aus den Kräutern des Altmühljura, flankieren diese Bestrebungen von Seiten der örtlichen Gastronomie.

Auch im touristischen Bereich wurde der Naturpark Altmühltal, der 2009 seinen 30-jährigen Geburtstag feiern konnte, mehrfach ausgezeichnet. In der Beliebtheitsskala der deutschen Freizeitflüsse rangierte die Altmühl hinter der Weser an 2. Stelle. Zu dem 166 km langen Altmühltal-Radweg gesellt sich der neu geschaffene, 200 km lange, von Gunzenhausen nach Kelheim verlaufende Altmühltal-Panoramaweg. Er ist bereits nach kurzer Zeit mit zahlreichen Preisen bedacht worden, u. a. als „Qualitätsweg Wanderbares Deutschland“ und „Premiumweg des Deutschen Wandersiegels“. Er gehört darüber hinaus zum erlauchten Dutzend der „besten Wanderwege Deutschlands“.

Geschichtsträchtige Altmühl

Der landschaftlichen Vielfalt des Oberen Altmühltals zwischen Rothenburg und Gunzenhausen entspricht die abwechslungsreiche Geschichte des Landes, das von den Historikern gerne als Fleckerlteppich bezeichnet wird. Zahlreiche Herrschaften, darunter so bedeutende Häuser wie das der Zollern, aber auch viele kleinere Grafschaften und Rittertümer, haben dieser Landschaft ihren Stempel aufgedrückt. Romantisch anmutende Burgruinen auf den bewaldeten Anhängen beiderseits der Altmühl bekunden dies ebenso wie die kleinen, oft idyllisch gelegenen Wasserschlösser an den Ufern des Flusses, wie etwa in Sommersdorf oder in Altenmuhr. Im Mittleren Altmühltal hat sich Eichstätt als Bistumsstadt an der Grenze zwischen Franken und Bayern über Jahrhunderte hinweg sehr eigenständig entwickelt. Unter dem Schutz des Domkapitels ist eine reichhaltige Kulturszene entstanden, die auf die ganze Region ausstrahlte. Schlösser, Kirchen und Klöster bezeugen eindrucksvoll den einstigen Ruhm der Kirchenfürsten. Dietfurt und seine unmittelbare Umgebung sind bereits oberpfälzisch. Bis 1880 gehörte auch der Raum Beilngries zur Oberpfalz. Von Riedenburg bis Kelheim durchfließt die Altmühl altes bayerisches Land. Die Wittelsbacher haben

Römische Soldaten bewachen den Limes – heute „Weltkulturerbe“ im Altmühltal!

es über Jahrhunderte hinweg geprägt, und nirgendwo sonst trifft man noch heute auf so zahlreiche Verehrer des Bayernkönigs Ludwig I. und des legendären Märchenkönigs Ludwig II.

Mit der Aufnahme des Raetischen Limes (Baden-Württemberg und Bayern) zum UNESCO-Welterbe „Grenzen des Römischen Reiches – Limes“ hat auch das Altmühltal eine wahre Renaissance als geschichtsträchtige Region erfahren. Jüngstes Kapitel in dieser neuesten Entwicklung ist die Errichtung des „Archäologie-Parks Altmühltal“, der sich „als Zeitreise in die Vergangenheit“ von Dietfurt bis Kelhheim erstreckt.

Limes-Radweg bei Gunzenhausen

Überblick

Den größten Teil der Altmühl vereinnahmt der **Naturpark Altmühltal,** mit knapp 3000 km² einer der größten Naturparks in Deutschland. Eine Bereicherung dieser traditionellen Ferienlandschaft ist das **Fränkische Seenland,** das mit der Flutung des Großen Brombachsees erst im Jahr 2000 fertiggestellt wurde, aber bereits als Renner im eh schon verwöhnten Tourismusland Bayern gilt. Auf der Reise entlang der Altmühl werden vor allem die Landschaften, Dörfer, Märkte und Städte vorgestellt, die an den Ufern des Flusses liegen. Das wird für die nützlich sein, die sich auf die 225 km lange Tour von der Quelle der Altmühl bis zu ihrer Mündung in die Donau machen wollen – egal, ob per Rad, zu Fuß, mit dem Auto oder dem Boot. Der touristische Teil des vorliegenden Reisehandbuches gliedert sich in folgende Abschnitte:

Oberes Altmühltal (von der Quelle bis zum Altmühlsee)
Fränkisches Seenland (Gunzenhausen–Pleinfeld–Roth–Hilpoltstein)
Naturpark Altmühltal (von Treuchtlingen bis Kelheim)

Highlights

Die Vielfalt der Regionen Altmühltal und Fränkisches Seenland spiegelt sich sowohl in der großen Zahl von Kultur- und Bodendenkmälern als auch in einem fantastischen Angebot an Freizeitaktivitäten wider. Die folgende Auswahl bietet einen thematischen Überblick.

Historische Städte

- Rothenburg o. d. Tauber, S. 76
- Gunzenhausen, S. 97
- Hilpoltstein, S. 146
- Ellingen S. 137
- Weißenburg S. 137
- Eichstätt, S. 183
- Beilngries, S. 215
- Kelheim, S. 249

Kirchen/Klöster

- Rieter-Kirche, Kalbensteinberg, S. 116
- Münster und Kloster Heidenheim, S. 109
- Sola-Basilika, Solnhofen, S. 175
- Eichstätter Dom, S. 190
- St. Vitus, Kottingwörth, S. 223
- Asamkirche, Kloster Weltenburg, S. 260

Burgen und Schlösser

- Burg Colmberg, S. 79
- Schloss Ratibor, Roth, S. 144
- Burg Hilpoltstein, S. 150
- Burg Abenberg, S. 154
- Burg Pappenheim, S. 173
- Bischofsresidenz Eichstätt, S. 192
- Willibaldsburg Eichstätt, S. 195
- Burg Arnsberg, S. 204
- Burg Kipfenberg, S. 209
- Schloss Hirschberg, S. 222
- Burg Wildenstein, S. 227
- Schloss Obereggersberg, S. 238
- Rosenburg, Riedenburg, S. 236
- Schloss Prunn, S. 240
- Burg Randeck, Essing, S. 247

Museen

- Archäologisches Museum, Gunzenhausen, S. 103
- Wolfram von-Eschenbach-Museum, Wolframs-Eschenbach, S. 111
- Brauereimuseum, Pleinfeld, S. 136
- Fabrikmuseum, Roth, S. 143
- Haus der Fränkischen Geschichte, Abenberg, S. 154
- Ausstellung Fossa Carolina, Graben, S. 166
- Bürgermeister-Müller-Museum, Solnhofen, S. 176
- Jura-Museum, Eichstätt, S. 196
- Römer- und Bajuwarenmuseum, Kipfenberg, S. 207
- Fasenickl-Museum, Kipfenberg, S. 207
- Mühlenmuseum, Dietfurt, S. 226
- Hofmarkmuseum, Obereggersberg, S. 235
- Kristallmuseum, Riedenburg, S. 234
- Archäologisches Museum, Kelheim, S. 251

Freizeitzentren und Bäder

- Freizeitzentren Altmühlsee, S. 88 ff.
- Freizeitzentren Brombachsee, S. 117 ff.
- Freizeitzentren Rothsee, S. 142 ff.
- Altmühltherme, Treuchtlingen, S. 158
- Freizeitzentrum Kratzmühle, S. 210
- Fassl-Wirtschaft, Riedenburg, S. 234
- Spaßbad Keldorado, Kelheim, S. 253

Im Hornauer Weiher sammeln sich die Quellbäche der Altmühl

Natur und Technik …

… im Oberen Altmühltal

Das Obere Altmühltal reicht von der Quelle der Altmühl bis Ornbau. Die Altmühl legt in diesem Abschnitt eine Strecke von 57 km zurück – Flusskilometer versteht sich. Sie entspringt in Frankens gemütlicher Ecke, in den nördlichen Ausläufern der Frankenhöhe, südlich von Burgbernheim. In einer Höhe von 463 m ü. d. M. treten ihre Quellbäche im Gebiet des Hirschteichs, des Flurgebietes Alter Mann sowie zwischen den Waldstücken Krumme Eiche und Hochmuthsbrunn aus den Anhöhen. Nach deren Vereinigung bei der Schauersruh fließt die Altmühl in südöstliche Richtung in den Hornauer Weiher. Das Quellgebiet liegt südlich der Straße Burgbernheim–Nordenberg auf der Höhe von Wildbad. Von ihrer Quelle an überwindet die Altmühl auf den ersten beiden Kilometern bereits einen Höhenunterschied von 18 m. Zwischen dem Hornauer Weiher und Ornbau geht es auf einer Flussstrecke von ca. 55 km gemächlich abwärts: Ein Gefälle von durchschnittlich 54 cm pro Kilometer wird hier überwunden, womit die Altmühl einer der langsamsten Flüsse Deutschlands ist.

Hoch- und Niedrigwasser: Der Abfluss der Altmühl beträgt in Ornbau bei Niedrigwasser 0,4 m^3 pro Sekunde und 40 m^3 bei Hochwasser. Berücksichtigt man, dass das Aufnahmevolumen des Flussbettes bei einer Abflussmenge von 10 m^3 pro Sekunde erschöpft ist, so wird vorstellbar, in welchem Ausmaß die Altmühl bei Hochwasser über die Ufer tritt. Das geschieht in der Regel mehrere Male im Winter, sodass zwischen Herrieden und Ornbau zuweilen ein Gebiet von mehr als 20 km^2 überschwemmt ist. Hinzu kommen die Sommerhochwasser infolge starker Niederschlagsmengen. Ein Blick in die Statistik zeigt, dass 92 % der Fläche Westmittelfrankens landwirtschaftlich genutzt werden und knapp 30 % der Bevölkerung mit der Lebensmittelerzeugung beschäftigt sind. Das sind auch für Bayern überdurchschnittlich hohe Werte. Auffallend hoch ist jedoch der Anteil des Grünlandes an der landwirtschaftlich genutzten Fläche: Er macht rund 30 % aus; 60 % entfallen auf den Getreideanbau. Das Grünland wird besonders im Oberen Altmühltal als Mähwiese für die Tierfütterung genutzt, da infolge der geringen Niederschläge und der sandsteinhaltigen Böden eher magere Wiesen vorherrschen; die fetten Wiesen, die für die Weidewirtschaft geeignet sind, kommen hier selten vor. Die *Grummet* also ist es, das Wiesenheu, das die Bauern der Altmühl abtrotzen und das sie für die Aufzucht und Haltung von Rindern und Schweinen verwenden. Bedenkt man, dass eine Kuh am Tag etwa einen Zentner Grasfutter braucht und dass dafür ein halber Hektar Wiese für jedes Tier veranschlagt wird, dann wird verständlich, in welchem Ausmaß die zahlreichen Überschwemmungen die Ertragslage der Futterwiesen beeinträchtigen.

In den Monaten Mai und Juni bringen die Bauern die erste Mahd ein. Sie ergibt im Durchschnitt die Hälfte des jährlichen Heuertrags. Es folgen im August die zweite und im Oktober die dritte Heuernte. Wenn also die Altmühl vor dem Einbringen der Ernte über die Ufer tritt, kommt es meist zu einer großflächigen Vernichtung der möglichen Erträge. Das unbrauchbar gewordene Gras muss gemäht, getrocknet und schließlich verbrannt werden. Da die Wiesen oft nicht höher liegen als die Uferränder der Altmühl, bleibt das Wasser wegen der flachen Altmühlauen oft tagelang stehen. Das Gras verfault dann regelrecht und führt bei hohen Temperaturen zur Sauerstoffauszehrung des Flusses.

Mit den *Winterhochwassern* haben die Altmühlbauern dagegen weniger Probleme: Der Boden zieht aus dem nach dem Hochwasser zurückbleibenden Schlamm zahlreiche Nährstoffe. Das Wasser trägt zur Erwärmung der Wiesenböden bei, wodurch das Graswachstum frühzeitig angeregt wird. Zudem hat niemand etwas dagegen,

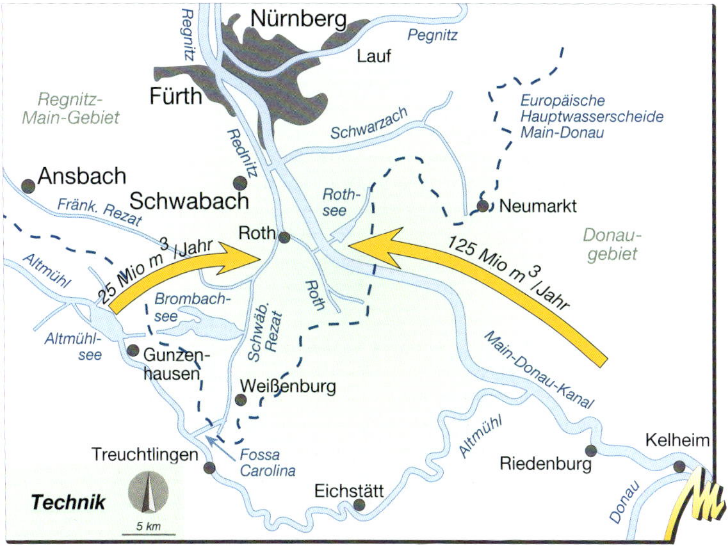

dass durch die Winterhochwasser der Bestand an Mäusen und Maulwürfen auf natürliche Weise kurz gehalten wird. Die *Wasserarmut* im verbleibenden Teil des Jahres und die nur mindere Wasserqualität sind dafür verantwortlich, dass die Flussfischerei und das Mühlwesen an der Oberen Altmühl keine herausragende Rolle spielen. Der Fischfang wird heute überwiegend von privaten Anglern betrieben, und auch die Mühlen fristen zumeist ein museales oder freizeitorientiertes Dasein.

Ein Publikumsmagnet: der Trimaran „MS Brombachsee"

... im Fränkischen Seenland

Das Fränkische Seenland ist aus den beiden Vorhaben entstanden, besagte Hochwasser der Altmühl in den wasserarmen Teil Nordbayerns (Rednitz, Regnitz, Main) abzuleiten sowie die Wassermengen und damit auch die Wasserqualität der nordbayerischen Flüsse zu verbessern (Hochwasserschutz und Niedrigwassererhöhung). Die erhöhten Wassermengen dienen sowohl der Landwirtschaft (Sonderkulturen im Raum Nürnberg/Fürth/Erlangen – z. B. Gemüseanbau im Knoblauchsland) als auch der Energiewirtschaft (Kühlwasserzufuhr für die Wärmekraftwerke) und der Industrie (Brauchwassererhöhung).

Das Fränkische Seenland bildet, so gesehen, eine Ergänzung zu den Bemühungen, mittels des Main-Donau-Kanals Wasser der Donau in die besagte Region zu befördern (von Kelheim über Dietfurt und Hilpoltstein ins Ballungsgebiet Nürnberg/Fürth/Erlangen bzw. in den Main). Es handelt sich also um die beiden wasserwirtschaftlichen Systeme „Kanalüberleitung" (Kelheim–Bamberg) und „Brombachüberleitung" (Fränkisches Seenland). Zu beiden Systemen gehören insgesamt 5 Seen mit einer Gesamtwasserfläche von 19 km^2, 83 km Fließgewässer, 72 km Uferwege, 27 Wehre und 120 Steuerungswerke, die in der Betriebszentrale in Gunzenhausen überwacht und koordiniert werden.

Die Vogelinsel

Den nördlichen Teil des Altmühlsees füllt die Vogelinsel aus, eine ca. 120 ha große Insel- und Flachwasserzone. Sie dient als *Biotop* für seltene Vogelarten und zählt zu den größten Naturschutzgebieten Mittelfrankens. Die Betreuung der Vogelinsel obliegt dem *Landesbund für Vogelschutz in Bayern* (Führungen → S. 19). Schon früh war man überrascht, wie viele verschiedene Enten- und Taucherarten sich am Altmühlsee niedergelassen hatten, darunter zahlreiche Vögel, die auf der roten Liste stehen. So wurde die *Pfeifente* hier das erste Mal seit 70 Jahren wieder beim Brüten entdeckt. Besonders das Wiederauftauchen des *Brachvogels* hat die Naturschützer überrascht. Störche und Graureiher beleben die Szene. Auch besondere Libellenarten, darunter die *Binsenjungfer* und die *Prachtlibelle*, wurden in den Gefilden des Altmühlsees ausgemacht.

Der Altmühlsee bedeckt eine Fläche von insgesamt 4,5 km^2; davon entfallen 3,3 km^2 auf die reine Wasserfläche und 1,2 km^2 auf die Inselzone (Vogelinsel, s. o.). Er fasst ca. 13,9 Mio. Kubikmeter Wasser. Um den Stausee führt ein Ringdamm von über 12 km Länge, auf dessen Krone ein geschotterter Rundweg für Wanderer und Radfahrer angelegt wurde. 1995 wurde auf dem See eine Schifffahrtslinie eingerichtet, mit Haltestellen in Muhr, Wald und Gunzenhausen-Schlungenhof. Der Ringdamm erreicht eine Höhe von bis zu 5,5 m. Die Gesamtlänge der Uferwege beträgt 12,5 km, die maximale Tiefe des Sees 2,2 m, die max. Länge 4 km und die max. Breite 1,7 km. Von Ornbau kommend fließt ein Teil der Altmühl über einen ca. 5,5 km langen *Zuleiter* in den Altmühlsee (Wehre Ornbau und Streudorf). Auch der Nesselbach wird dem See über einen eigenen Zuleiter bei Muhr am See zugeführt (Wehr Muhr am See). Die Altmühl selbst fließt von Ornbau aus, unter dem *Nesselbachzuleiter* hindurch, nach Muhr und dann östlich am See vorbei in ihr altes Bett westlich von Gunzenhausen.

Der Überleiter verbindet den Altmühlsee mit der Brombachtalsperre bzw. mit dem Kleinen Brombachsee. Auf einer Länge von rund 8,7 km wird das Wasser in einem künstlich geschaffenen Kanalbett über die europäische Wasserscheide (Donau/ Rhein) hinweg transportiert (Wasserabfluss: 70 m^3 pro Sekunde). Der *Überleiter West* windet sich von Gunzenhausen-Schlungenhof bis hinter den Heidweiher (4 km). Von hier führt er als unterirdischer Stollen (2,7 km) durch den Gräfensteinberger Wald, wo er auf der Höhe der *Ödweiher* wieder ans Tageslicht tritt. Bei Neuherberg schließlich mündet der Überleiter in den Kleinen Brombachsee, wobei man hier auf ein aufwendiges Auslaufbauwerk verzichtet hat. Statt dessen errichtete man einen überströmbaren Querdamm, der dann, wenn keine Wasserüberleitung erfolgt, von den Anwohnern als Überfahrt genutzt werden kann. Der Altmühl-Überleiter eignet sich ideal zum Joggen oder Walken. Beim Einlauf des Überleiters West in den Stollen befindet sich ein kleines *Informationszentrum.*

Der Kleine Brombachsee liegt, wie sein großer Bruder auch, im südlichen Vorland des Spalter Hügellande, das von den Romantikern im 19. Jh. zur „Spalter Schweiz" verklärt wurde, eine von insgesamt 12 „Schweizen" Frankens. Es handelt sich um ein waldreiches Gebiet des Burgsandsteins, in dem der Brombach einst ein anmutiges Tal bildete. Zahlreiche Mühlen begleiteten früher den kleinen Wasserlauf auf seinem Weg in die Schwäbische Rezat. Die meisten von ihnen wurden dem Erdboden gleichgemacht. Auch große Waldstücke fielen dem Speichersee zum Opfer. Der Kleine Brombachsee ist Teil der Brombachtalsperre, die mit ihrer Gesamtfläche

Strandleben auf der Badehalbinsel des Kleinen Brombachsees

von 12,7 km² die Größe des Tegernsees (9,11 km²) übertrifft. Seine Fläche beträgt 250 ha, sein Stauraum 13 Mio. m³. Er schließt mit einem 1,1 km langen und 15,5 m hohen Damm ab. Die Uferlänge beträgt 8,5 km. An der tiefsten Stelle bringt es der Kleine Brombachsee auf 13,4 m (maximale Länge 2,2 km, maximale Breite 1,25 km).

Der Igelsbachsee ist der kleinste der Seen des Fränkischen Seenlandes (0,9 km² Wasserfläche, 6,5 km Uferlänge, 0,6 km Dammlänge, 11,5 m max. Tiefe und 4,4 Mio. Kubikmeter Stauraum). Er liegt idyllisch in einem waldigen Gebiet des Spalter Hügellandes. Der Rundwanderweg um den See ist ein naturnahes Erlebnis, da die Ufer weitgehend für den Fremdenverkehr tabu geblieben sind, sieht man von den beiden Freizeitzentren bei Enderndorf ab. **Der Große Brombachsee** ist mit seiner Wasserfläche von 9,3 km² und seinem Stauraum von 132,4 Mio. m³ der größte See des Fränkischen Seenlandes und darüber hinaus der größte staatliche Wasserspeicher Bayerns. Beherrschend schließt der Hauptdamm den Wasserspeicher nach Osten hin ab (Länge 1,7 km, Höhe 40 m). Um den See führen 17,5 km Uferwege. Seine max. Tiefe beträgt 37 m. Mit der Flutung wurde 1993 begonnen. Im Jahr 2000 wurde der Große Brombachsee mit einem großen Fest seiner endgültigen Bestimmung übergeben. Mehrere Zentren bieten einen Rundum-Service zur aktiven Freizeitgestaltung an, so bei Enderndorf, Allmannsdorf, Pleinfeld und Ramsberg. In Ramsberg ist Deutschlands größter Binnenhafen für Segelboote entstanden, und seit 2001 verkehrt auf dem Großen Brombachsee Europas größter Trimaran, die „MS Brombachsee“, mit Platz für 600 Personen an Bord.

Der Rothsee: Die *Rothsee-Vorsperre*, die 1990 geflutet wurde, hat ein Stauvermögen von 1,5 Mio. m³ und bedeckt eine Fläche von 0,5 km². Der Damm der Vorsperre weist eine Höhe von 11,2 und eine Länge von 500 Metern auf. Auf ihm bewegt sich der Verkehr zwischen Birkach und der neuen Staatsstraße, die parallel zum Südufer verläuft. Das Ufer ist 4,5 km lang. Die maximale Tiefe des Sees beträgt 8,5 Meter.

Blick auf Enderndorf und den Großen Brombachsee

Die *Rothsee-Hauptsperre*, 1995 geflutet: Stauraum 8,8 Mio. m^3, Wasserfläche 1,7 km^2, Dammlänge 1,6 km, Dammhöhe 18,4 m, Uferlänge 6,2 km, Wassertiefe 15,4 m.

Der Bau der Rothseetalsperre steht in unmittelbarem Zusammenhang mit dem Bau des Main-Donau-Kanals. Hauptzweck ist die Zwischenspeicherung des aus der Donau bei Kelheim hierher gepumpten Wassers, das der Aufhöhung der Rednitz, der Regnitz und des Mains dienen soll. Aufgestaut wird die *Kleine Roth*, die westlich des Kanals, bei Eckersmühlen in die Roth einmündet, die ihrerseits in die Rednitz übergeht.

Das Tal der *Kleinen Roth* liegt in einem leicht hügeligen und waldreichen Gebiet des Burgsandsteins, im Voralbland des Fränkischen Juragebirges. Fachwerk- und Sandsteinfassaden bestimmen das Bild der mittleren und kleineren Ortschaften in dieser Region. Vieles ist hier noch ursprünglich, auch wenn sich der Bau des Kanals bereits einschneidend auf das Landschaftsbild ausgewirkt hat. Der Vorsperre des Rothsees musste ein wertvolles Ökotop weichen. In einem größeren Feuchtwiesengebiet befand sich ein Reservoir seltener Pflanzen und Orchideen, das in die Einflugschneise des Fliegerhorstes Kiliansdorf bei Roth verlegt werden musste. Zentren des Fremdenverkehrs im nördlichen Teil des Rothsees (Vorsperre) sind die beiden Orte *Birkach* und *Polsdorf*. Der obere Bereich der Vorsperre ober- und unterhalb von Fischhof ist als Naturschutzgebiet ausgewiesen (ca. 2/3 der Fläche). Nur ein Drittel des kleineren der beiden Seen ist für Freizeitaktivitäten nutzbar. Die somit verbleibende, relativ kleine Wasserfläche erlaubt weder Surfen noch Segeln. Deshalb wird der Schwerpunkt hier in den Bademöglichkeiten liegen. Segeln und Surfen ist im Gebiet der Großen Vorsperre und auf dem Main-Donau-Kanal möglich, wo auch die Schwimmwettbewerbe der Triathleten durchgeführt werden. *Haimpfarrich* und *Heuberg* sind die beiden Ortschaften am Ufer der Hauptsperre, deren größere Wasserfläche auch für den Segel- und Surfsport geeignet ist.

... im Naturpark Altmühltal

Die Altmühl tritt bei Dittenheim in den Naturpark ein. Die Ausläufer des Juragebirges schieben sich jetzt nahe an den Fluss heran, die Landschaft wird hügeliger und damit auch abwechslungsreicher. Bei Treuchtlingen wird die Altmühl von den markanten Zeugenbergen des Juraberglandes, dem *Viersteinberg* und dem *Weinberg*, eingerahmt. Nach Dietfurt beginnt sie dann, sich in engen Windungen und Schleifen ihren Weg durch das Jurabergland zu bahnen. In einem Sprichwort heißt es: „Sei nicht wie die Altmühl, die sich vor jedem Schritt, den sie tut, erst ein paar Mal umdreht." Große, meist zusammenhängende Flächen ausgedehnter Buchenwälder säumen den Fluss. Da bleibt nicht viel Raum für eine extensive landwirtschaftliche Nutzung. Doch auch dieser Teil des Altmühltals ist altes Kulturland. An vielen Stellen hat der Mensch die dicht an die Ufer tretenden Wälder zurückgedrängt, hat durch die Besiedlung und Beweidung Freiflächen geschaffen, die von einer artenreichen Fauna und Flora bevölkert wurden. Von der ursprünglichen Landschaft mit ihren Auwäldern und Waldschluchten sind nur noch in den Seitentälern der Altmühl Spuren vorhanden.

▸ **Trockenrasen und Wacholderheide:** Wir haben es hier mit einem vom Menschen geschaffenen Kulturraum zu tun, der nun durch den Menschen wieder bedroht wird. Schon vor über 1000 Jahren entstanden durch die Besiedlung des Altmühltals beiderseits der bewaldeten Ufer kleine Rodungsinseln. Ausgedehnte, vorwiegend aus Buchen bestehende Laubwälder beherrschten das Bild der Altmühllandschaft. Die Rodung der Wälder schuf Freiflächen, in die Trockenpflanzen und Wacholderbäume einwanderten. Diese hoch spezialisierten Pflanzen, die aus dem Mittelmeerraum hierher vordrangen, trugen zur Wiederbelebung der entstandenen Brachflächen bei. Es bildete sich ein regelrechtes Artenreservoir von seltenen Blumen, Sträuchern und Bäumen.

Kletterparadies bei Aicha im Wellheimer Trockental

Um das Jahr 1200 waren bereits weite Flächen im Altmühltal gerodet. Eine ausgewogene Schafhaltung und Beweidung sorgten für die natürliche Pflege der Trockenrasengebiete. Naturräume und Kulturräume befanden sich in einem ausgewogenen Verhältnis. Durch den Verfall der Wollpreise in Folge der Industriellen Revolution des 18. und 19. Jh.s (maschinelle Textilherstellung) verlor die Schafhaltung an Bedeutung. Die Beweidung der Trockenrasenflächen blieb aus. Es kam entweder zur Verbuschung dieser Regionen, oder die Menschen gingen daran, die brachliegenden Weideflächen mit schnell wachsenden Holzbeständen wieder aufzuforsten. Der Naturpark Altmühltal bemüht sich darum, die wenigen noch intakten Trockenrasengebiete im Altmühltal bei *Gungolding, Dollnstein, Titting, Arnsberg, Altmannstein* und *Kinding* zu schützen. Durch das Freischlagen der Hänge von wucherndem Buschwerk sollen die Flächen wieder für eine maßvolle Beweidung nutzbar gemacht werden. Dazu soll auch die verstärkte Vermarktung des Altmühltaler Lamms dienen (→ „Essen und Trinken").

Reichhaltife Flora auf der Juraalb

In den genannten Gegenden bietet der Trockenrasen einer vielfältigen Fauna und Flora Lebensraum: Zauneidechsen, Blindschleichen, Widderchen, Schnarrheuschrecken, Schwalbenschwänze, Bläulinge, Apollofalter, Mohrenfalter und Aurorafalter zählen zu den Tierarten, die die Wacholderheide als Lebensraum bevorzugen. Ganze 187 Pflanzenarten, die auf der roten Liste stehen, also hoch gefährdet sind, haben sich an den Hängen über dem Altmühltal niedergelassen. Vor allem der Wacholderbaum hat das Bild der Landschaft nachhaltig geprägt. Dazwischen findet sich so manche heimische Orchidee, die andernorts verschwunden ist.

▸ **Buchenwald:** Noch ist der Wald der größte Wasserspeicher und zugleich auch Wasserfilter der Natur. 40 % der Fläche des Naturparks Altmühltal sind Waldgebiet. Neben den Nadelbäumen (Kiefer, Fichte), die meist aus wirtschaftlichen Gründen angepflanzt wurden, herrscht noch die Buche vor, die den Kalkboden des fränkischen Juralandes bevorzugt. Ein ausgedehntes Gebiet eines noch naturbelassenen Buchenwaldes befindet sich bei *Beixenhart* im Wellheimer Trockental (Naturschutzgebiet). Weitere große, zusammenhängende Waldgebiete sind der *Weißenburger Wald* sowie der *Schernfelder, Köschinger* und *Hienheimer Forst*.

Im Frühling blühen in den Wäldern des Altmühltals das Buschwindröschen, der Waldmeister, das Leberblümchen, der Seidelbast, das Maiglöckchen und die Frühlingsplatterbse, im Sommer das rote Waldvögelein, die Nestwurz, der Frauenschuh und der Türkenbund. Im Herbst lohnt sich ein Spaziergang wegen der zahlreichen Pilze, Farne und Moose.

▸ **Wald- und Naturlehrpfade:** Durch das Gebiet des Naturparks Altmühltal ziehen sich 3000 km Wanderwege, darunter zahlreiche Lehrpfade: der Naturlehrpfad Roter Berg bei Hechlingen im Hahnenkamm, die beiden Lehrpfade Nagelberg und Heumöderntal bei Treuchtlingen, der Waldlehrpfad bei Monheim, der geologische Naturlehrpfad bei Mörnsheim, der geologische Naturpfad Eichstätt sowie die beiden Waldlehrpfade von Arzberg und Breitenbrunn. Den Waldgebieten drohen heute besondere Gefahren durch Abgase, Straßenbau, Müll, zu hohen Wildbestand und zu extensive Freizeitnutzung.

▸ **Steinbrüche:** In den ehemaligen Steinbrüchen zwischen Langenaltheim und Eichstätt haben sich zahlreiche Kleinbiotope entwickelt, die einer eigenen Fauna und Flora Schutz und Lebensraum bieten. So findet in den Lehmhalden, die durch das Abräumen von Steinbrüchen entstehen (Blumenberg), der Huflattich eine neue Heimat. In den Kreidesandgruben von *Wellheim* und *Neuburg/Donau* können sich auch die im Jura seltenen Kalk meidenden Pflanzenarten niederlassen. Aber auch Tierarten wie die Erdkröten und Eidechsen fühlen sich in diesen Landschaftsinseln wohl.

Steinbruch mit Jurakalkplatten bei Wolferstadt

▸ **Höhlen und Felsgrotten:** Im Gebiet des Naturparks Altmühltal gibt es insgesamt über 300 Höhlen. Oft spülten die Wasserwirbel der Urdonau die in das Tal hineinragenden Felsen aus. Bis zu 400 m tiefe Dome und Gänge entstanden auf diese Weise. Bereits in der Eiszeit boten die Höhlen der Altmühlalb den Menschen Unterschlupf. Die Rentierjäger errichteten hier ihre Stationen, von hier aus brachen sie zur Jagd auf. Mit Rücksicht auf den Natur- und Umweltschutz sind die meisten Höhlen nicht zugänglich, alle gelten als Naturdenkmale. Gerade für die vom Aussterben bedrohten Fledermäuse sind sie willkommene Winterquartiere. Am bekanntesten ist das sog. *Schulerloch* bei Essing. Die weiteren bedeutenden Höhlen und Grotten werden in den Ortskapiteln von Riedenburg, Essing und Prunn vorgestellt. Geführte Höhlenwanderungen bietet die Höhlen- und Karstgruppe in Greding jeden zweiten Samstag des Monats an (Informationen im Verkehrsamt Greding).

Feuchtwiesen: In den Feuchtwiesen beiderseits der Altmühl sind ca. 140 Vogelarten zu Hause. Der Brachvogel und die Bekassine zählen zu den bekannten Vogelarten. Von den 500 Pflanzenarten, die in Bayern gefährdet sind, wachsen 1/4 allein in den Feuchtwiesengebieten, darunter der Lungenenzian, die Mehlprimel und die Kuckuckslichtnelke. Die künstliche Entwässerung der Wiesen stellt eine Gefahr für diesen Lebensraum dar. Das staatliche Wiesenrandstreifenprogramm versucht dem vorzubeugen.

- **Fluss und Flusslandschaft:** In den Gewässern des Altmühltals finden sich zahlreiche Kleinfischarten, darunter die Elritze, der Gründling, das Moderlieschen und der Bitterling. Berg- und Teichmolch, Gras- und Wasserfrosch zählen zu den Kleinamphibien der Flussregion. Auch viele Vogelarten sind im Lebensraum Altmühl heimisch: die Stockente, der Graureiher, die Bachstelze, der Eisvogel, das Teichhuhn und der Sumpfrohrsänger.

Idylle an der Merkendorfer Stadtmauer

Nur noch in wenigen Teilstücken bildet die Altmühl einen natürlichen Flusslauf. Im Oberen Altmühltal finden sich noch natürlich entstandene Mäander mit Röhricht und Ufergehölz. Das wegen der Schleifen langsam fließende Wasser sorgt für einen hohen Grundwasserstand, macht aber nur Wiesennutzung möglich. Wegen der häufigen Hochwasser kommt es zu einer Versumpfung und damit zur Verschlechterung des Futterwertes der Wiesen. Wirtschaftliches Kalkül hat vielerorts zu einer Trockenlegung der Uferzonen geführt. Auch die Auwälder der Altmühl wurden durch die Besiedlung und Bewirtschaftung weitgehend zurückgedrängt. Der Biber, der in den Erlen-, Eschen- und Ulmenwäldern ein ideales Lebensgebiet vorfand, wurde bereits vor 100 Jahren ausgerottet. Erst in jüngster Zeit versucht man, diesen Baumeister der Natur wieder anzusiedeln. Begradigungen und Kanalbaumaßnahmen haben den Fluss weitgehend reguliert. Dadurch wurde eine Vergrößerung des Flussquerschnittes und damit eine Tieferlegung der Flusssohle erreicht. Das brachte für die Landwirtschaft zusätzlichen Landgewinn und höhere Erträge. Die Umwandlung der Talwiesen in Äcker ließ eine Bewirtschaftung der ufernahen Bereiche zu. Die Fauna und Flora der Altmühl litt und leidet darunter. Das Gewässer wird durch das Einschwemmen von Dünger und Unkrautbekämpfungsmitteln stark gefährdet.

Ökologischer Gewässerbau heißt heute die Devise. Die Uferstreifen werden wieder, wo möglich, verbreitert, nachdem die entsprechenden Grundstücke vom Land Bayern erworben werden konnten. An den Ufern wird ein Gehölzsaum mit standortgerechten Arten angepflanzt und so eine Pufferzone gegen die besagte Einschwemmung nährstoffreicher Ackererde geschaffen. Zudem schützt das neue Ufergehölz mit seinem Wurzelwerk die Böschungen vor den Angriffen des Wassers (Erosionsgefahr) und stellt einen idealen Schattenspender dar. Das Wasser erwärmt sich nicht mehr so schnell und bleibt somit sauerstoffreicher. Dort, wo noch Altwässer vorhanden bzw. übrig geblieben sind, sollen diese besonders gepflegt werden. Man versucht so, den angerichteten Schaden wieder gutzumachen.

Neben diesen für das Altmühltal typischen Landschaftsteilen begegnen uns im Bereich des Naturparks weitere Naturräume wie die *Magerwiese*, die Feldflur mit ihren Brachen, Rainen, Hecken und Gehölzen sowie die zahlreichen *Felsformationen* mit ihren Schutthalden. Besonders die „12 Apostel“ bei Eßlingen sind zu nennen, wo sich viele Pflanzen aus den südlichen Ländern des Mittelmeerraumes niedergelassen haben. Sie finden hier in den trockenen, humusarmen und hitzestauenden Plätzen einen idealen Lebensraum.

Der Main-Donau-Kanal

1977 wurde mit den Kanalbauten in Kelheim begonnen. Nach zahlreichen Kontroversen waren durch das Plazet der einstigen Oppositionsparteien im Jahre 1982 die schwersten Hindernisbrocken aus dem Wege geräumt worden. Am 31. Juli 1992 säumten ca. 3000 interessierte Zuschauer die Kanalmauern von Beilngries, als das 1,3 km lange, letzte Stück des Main-Donau-Kanals geflutet wurde. Bisher mündete die Altmühl in die Donau. Jetzt zweigt bei Kelheim-Affecking die Schifffahrtstraße in Richtung Dietfurt ab. Sie führt sozusagen zwei Wässer: zunächst das für die Schifffahrt nötige Fahr- und Schleusungswasser sowie das sog. Aufhöhungswasser, das für die Aufbesserung der Abflussleistung von Rednitz und Regnitz vorgesehen ist. Bei Kelheim hat die Donau einen Pegelstand von 338,2 m ü. d. M. Bis zum höchsten Scheitelpunkt des Kanals zwischen Hilpoltstein und Bachhausen überwindet dieser einen Höhenunterschied von 68 m. Fünf Schleusen liegen auf dieser Strecke zwischen Kelheim, Riedenburg, Dietfurt, Berching und Bachhausen. Von der anschließenden Schleuse Hilpoltstein an (406 m ü. d. M.) fällt der Kanal bis zur Schleuse Kriegenbrunn bei Nürnberg (303,1 m ü. d. M.). Auf diesem Abschnitt säumen ebenfalls fünf Schleusen den Weg des Kanals: Hilpoltstein, Eckersmühlen, Leerstetten, Eibach und Kriegenbrunn. Die normale Breite der Fahrrinne beträgt 55 m bei einer Fahrtiefe von 4 m.

Die Überleitung von Donauwasser über die Europäische Wasserscheide hinweg nach Nürnberg ins Rednitzgebiet beginnt mit dem Pumpwerk in Kelheim. Von den jeweils fünf Pumpen eines Pumpwerks (Gesamtleistung 35 m^3/Sek.) werden zwei Pumpen für die Schifffahrt (14 m^3/Sek.) und drei für die Wasserüberleitung (21 m^3/Sek.) verwendet. Das übergeleitete Wasser wird in der *Talsperre Kleine Roth* aufgefangen und von dort je nach Bedarf in die Rednitz (Regnitz, Main) übergeleitet. Dabei darf nicht unerwähnt bleiben, dass die Flüsse Roth, Rednitz und Regnitz für die erhöhte Wasseraufnahme ausgebaut bzw. kanalisiert werden mussten. Das trifft auch auf das letzte Streckenstück Altmühl zu, das bei Dietfurt-Griesstetten in den Kanal mündet. Durch ein gesondertes Wehr ist es möglich, Altmühlwasser auch an dieser Stelle in das Kanalsystem einzuspeisen. Dass die Altmühl bereits in ihrem Oberlauf angezapft wird (→ Kapitel „Fränkisches Seenland“), hat den Zweck, in wasserarmen Monaten die Donau bei Kelheim zu entlasten.

Geschichte

Alt- und Mittelsteinzeit (bis 5.000 v. Chr.): Die Jäger und Sammler dieser Zeiten haben sich bevorzugt in Höhlen und unter schützenden Felsen niedergelassen. Bedeutende Funde aus dem Unteren Altmühltal (Schellnecker Wand bei Essing, Schulerloch) sind im Hofmarkmuseum Obereggersberg und im Archäologischen Museum der Stadt Kelheim ausgestellt.

Modell des Kastells Pfünz

Jungsteinzeit (5.000 bis 2.000 v. Chr.): In dieser Zeit haben sich die Menschen an den hochwassergeschützten und sonnenverwöhnten Terrassen der Flüsse (Altmühl, Rezat und Rednitz) niedergelassen, um Ackerbau und Viehzucht zu betreiben. Hervorragende Dokumentationen hierzu befinden sich im Archäologischen Museum der Stadt Gunzenhausen und im Hollerhaus-Museum in Dietfurt.

Bronze-, Urnenfelder-, Hallstatt- und Latène-Zeit (2.000 v. Chr. bis Christi Geburt): Bedeutende Höhensiedlungen der beiden letzten Jahrtausende vor Christi Geburt sind die „Gelbe Bürg" bei Gunzenhausen, der Rammersberg bei Arnsberg, der Michelsberg bei Kipfenberg und der Michelsberg bei Kelheim, wo ein archäologischer Wanderweg zur Spurensuche anregen soll. Hinterlassenschaften aus keltischer Zeit finden sich in zahlreichen Viereckschanzen, vor allem im Raum Gunzenhausen-Weißenburg, sowie in Essing (Eisenverarbeitung) und im Schulerloch, wo keltische Priester (Druiden) sogar eine Schule betrieben haben sollen.

Die Zeit der römischen Besatzung (1.–4. Jh. n. Chr.): Der römisch-raetische Limes überquert an seinem nördlichsten Punkt die Altmühl bei Gunzenhausen und noch einmal bei Kipfenberg, von wo er weiter bis Eining am Ufer der Donau verläuft. Zahlreiche Kastelle und Lagerdörfer sowie römische Gutshöfe (villae rusticae) konnten im 20. Jahrhundert gesichert werden, nicht zuletzt durch die Luftbildarchäologie. Bedeutende Museen hierzu befinden sich in Gunzenhausen, Weißenburg, Kipfenberg, Eichstätt und Kelheim. Die Kastelle in Weißenburg, Ellingen und Pfünz sind teilweise rekonstruiert worden.

Völkerwanderungszeit, Franken und Bajuwaren (4.–6. Jh. n. Chr.): Nach den Wirren der Völkerwanderungszeit (4./5. Jh.), in deren Verlauf elbgermanische Stammesverbände (Alamannen u. a.) das Altmühltal aufgesucht hatten, ließen sich Thüringer und Juthunger hier nieder, bevor sich im 7. Jh. dann die Franken im westlichen und die Bajuwaren im östlichen Teil des Gebietes festsetzten. Die frühgeschichtlichen

Abteilungen der Museen in Gunzenhausen, Kipfenberg und Kelheim dokumentieren diese Phase der politischen Landnahme ausführlich. Die zahlreichen Orte mit den Endungen „heim" und „hausen" belegen erste fränkische Ortsgründungen (vor allem im Oberen und Mittleren Altmühltal), während die auf „ing" endenden Ortsnamen für eine bajuwarische Siedlung sprechen (südliche Frankenalb bzw. Unteres Altmühltal).

Römische Soldaten in einem Wachtturm am Limes

Frühes Mittelalter (7.–9. Jh.): Hand in Hand mit der Kirche haben die Franken das Land zwischen Main und Donau „kolonisiert". Iroschottische und angelsächsische Missionare veranlassten erste Klostergründungen, die zur strategischen Absicherung der neu gewonnenen Gebiete dienten, so z. B. in Solnhofen, Herrieden, Spalt, Gunzenhausen, Heidenheim und vor allem in Eichstätt, das sich nach der Klostergründung und der Einrichtung des südfränkischen Bistums durch den Hl. Willibald zum Zentrum der Christianisierung des Altmühltals herausbildete, stets im Interessenkonflikt mit den Nachbarbistümern Würzburg, Regensburg, Bamberg und Augsburg.

615: Mit Kolumban stirbt einer der bedeutendsten iro-schottischen Missionare. Unter ihm wurde in Weltenburg eines der ältesten Klöster Bayerns gegründet.

741: In Eichstätt gründet der Angelsachse Willibald ein Kloster, nachdem er von Bonifatius berufen wurde, in Bayern zu missionieren. Der Kronguts-bezirk Bernheim (Burgbernheim) wird vom Frankenkönig Karlmann an das Bistum Würzburg verschenkt.

742: Der Hl. Sola, ein angelsächsischer Mönch, kommt nach Solnhofen und errichtet dort ein Kloster. Dabei wird er von den Geschwistern Willibald, Wunibald und Walburga begleitet, die in Eichstätt und Heidenheim missionarisch tätig werden.

788: Nach Auseinandersetzungen mit den bayerischen Herzögen lässt der Frankenkönig Karl der Große Bayern durch eigene Präfekten verwalten.

792: Der Regensburger Abtbischof Adalwin lässt in Spalt ein Benediktinerkloster errichten.

793: Bei Wettelsheim lässt Karl der Große, nachdem er 788 das aufsässige Herzogtum Bayern niedergeworfen hatte, eine Kanalverbindung zwischen Altmühl und Schwäbischer Rezat graben, die sog. Fossa Carolina (867 erstmals als „groba" beurkundet, heute „Graben“), ein für die Karolinger strategisch und wirtschaftlich bedeutsames Verbindungsstück der Wasserstraße von der Nordsee zum Schwarzen Meer. Nach heutigen Erkenntnissen wurde ein großer Speichersee angelegt, um den Wasserpegel des künstlichen Kanals stets „auf Kielhöhe“ zu halten.

797: Das „monasterium haserod“ (Kloster Herrieden) wird erstmals bezeugt. Knapp 100 Jahre später gerät es zusammen mit Ornbau und anderen Ortschaften in den Besitz des Bistums Eichstätt, das damit weite Teile des Oberen und Mittleren Altmühltals beherrscht.

823: Das „monasterium gunzinhusir“ (Gunzenhausen) wird von Kaiser Ludwig dem Frommen an das augsburgische Kloster Ellwangen verschenkt.

863: Kelheim wird erstmals als „cheleheim“ in einer Urkunde erwähnt.

1002: Der Bayernherzog Heinrich der Zänker reißt die Reichsinsignien an sich und lässt sich zum Kaiser der Deutschen krönen.

1007: Erstmals wird „Bilingriez“, das heutige Beilngries, erwähnt.

1022: Bischof Heribert (1022–1042), Graf von Rothenburg, beginnt mit dem Bau des Eichstätter Doms, der erst 1420 vollendet wurde.

1044: König Heinrich III. schenkt einige Güter zu „wetelsheim“ (Wettelsheim) seiner Frau Agnes von Poitou.

1154: Erstmals wird ein „castellum“ in Stein bezeugt und damit die Hauptburg der Hilpolte von Stein (heute Hilpoltstein). In Griesstetten (Unteres Altmühltal) wird die Wallfahrt „zu den drei elenden Heiligen“ Zinius, Vinius und Marinus begründet, deren Sarkophag sich noch heute in der Wallfahrtskirche befindet.

Keltenhaus (Rekonstruktion) bei Thalmässing

1155: Mitglieder des berühmten und berüchtigten Templerordens lassen sich in Altmühlmünster nieder (1312, nach der Aufhebung des Ordens, gab Herzog Ludwig Altmühlmünster an den Johanniterorden).

1180: Kaiser Friedrich I. Barbarossa ächtet den bayerischen Herzog Heinrich den Löwen, der ihn bei seinem Italienfeldzug schmählich im Stich gelassen haben soll. Dagegen haben die Wittelsbacher von Anfang an auf Seiten Barbarossas gekämpft, woraufhin ihrem Spross Otto I. erstmals die bayerische Herzogswürde zuerkannt wurde.

Die Burg der „Hilpolte von Stein"

1231: Auf der Donaubrücke in Kelheim, wo die Wittelsbacher ihre erste Stammburg errichtet hatten, wird Herzog Ludwig I. ermordet. Vermutungen, das deutsche Königshaus hätte dahintergestanden, halten sich bis heute hartnäckig, da die Bayern den auf die Reichseinheit bedachten Staufern zu eigenmächtig geworden waren.

1281: Burgbernheim, an der Quelle der Altmühl, wird von den Zollern (Burggrafen von Nürnberg) erworben.

1305: Im Altmühltal stirbt das mächtige Geschlecht der Hirschberger Hochstiftsvögte aus. Ihr Erbe, bestehend aus über 122 Ortschaften, tritt das Bistum Eichstätt an. Dessen Bischöfe steigen in der Folgezeit zu den mächtigsten Grundherren des Mittleren und Unteren Altmühltals auf. Als Fürstbischöfe treten sie ab dem 16. Jh. in Konkurrenz zu den Markgrafen von Brandenburg-Ansbach.

1318: Zusammen mit Leutershausen wird die Burg „Cholbenberc" (Colmberg) von den Zollern erworben. In ihren Mauern ereilt 1415 Burggraf Friedrich VI. die freudige Nachricht von der Belehnung mit der Mark Brandenburg.

1341: Erstmals wird in Spalt der Hopfenbau bezeugt.

1368: Gunzenhausen gerät unter die Lehensherrschaft der Zollern.

1385: Auf Schloss Aicholding (bei Riedenburg) wird die später als „Lilienkönigin" bekannt gewordene Isabella, Tochter des bayerischen Herzogs Stephan II., mit dem späteren König Karl VI. von Frankreich verheiratet – im Alter von 14 Jahren.

1391: Ludwig von Eyb errichtet in Sommersdorf eine sog. Ganerbenburg. Die Edlen von Eyb zählen zu den bedeutendsten fränkischen Adelsgeschlechtern. 1549 treten die Freiherren von Crailsheim deren Erbe an. Sie besitzen das Schloss noch heute.

1415: Die Zollerschen Burggrafen werden mit der Mark Brandenburg belehnt und beherrschen in der Folgezeit über das Fürstentum Brandenburg-Ansbach große Teile des Oberen und Mittleren Altmühltals. Gunzenhausen wird zu einer markgräflichen Haupt- und Legstadt ausgebaut.

1475: Die Eichstätter Bischöfe erwerben die Burg Arnsberg für 14.000 Gulden von den Wittelsbachern und bauen sie zum Jagdschloss und zur Sommerresidenz aus.

1506: Mit der Primogenitur legen die Wittelsbacher fest, dass nur der erstgeborene Nachfolger des Herzogs erbberechtigt ist, sodass für die Zukunft eine Teilung des Landes ausgeschlossen wird. Die Historiker sehen hierin die Geburtsstunde des späteren Königreichs Bayern, das bis 1918 ohne Unterbrechung von den Wittelsbachern regiert wurde.

1523: In Hilpoltstein wird das sog. Jahrsdorfer Haus erbaut, eines der schönsten fränkischen Fachwerkhäuser, das bis heute erhalten blieb.

1525: Im Schwäbisch-Fränkischen Bauernkrieg beteiligen sich Bauern aus dem Oberen Altmühltal an der Brandschatzung des Klosters Sulz. Der Ansbacher Markgraf Casimir lässt zur Strafe einen Teil der Leutershausener Stadtbefestigung abreißen und gibt die Stadt zur Plünderung frei. Er ist es auch, der von Gunzenhausen aus markgräfliche Verbände losschickt, die bei Ostheim einen aufständischen Bauernhaufen von 4000 rebellischen Bauern aus dem Ries und dem Wörnitzraum einkesseln und 1000 von ihnen gnadenlos niedermetzeln. Das Ende des Bauernkrieges wurde durch diese sog. Schlacht von Ostheim besiegelt.

1531: Der berüchtigte Raubritter Hans Thomas von und zu Absberg stirbt, nachdem er zuvor den Grafen Joachim von Oettingen ermordet hatte und die Augsburger daraufhin sein Schloss in Absberg niederbrannten.

1535: Markgraf Georg der Fromme lässt in Roth sein repräsentatives Schloss Ratibor errichten, das heute ein kulturelles Zentrum in der Region ist.

1567: Auf Burg Prunn wird eine Handschrift des Nibelungenliedes gefunden, der sog. Prunner Kodex (Original in der Bayerischen Staatsbibliothek in München).

1574: In Roth wird von Hugenotten, die aus Lyon vertrieben wurden, die „leonische Industrie" begründet, die bis heute für Brot und Arbeit in der Region sorgt.

„Zwei Römer" bei Pfünz

1594: In Treuchtlingen wird der berühmte Gottfried Heinrich geboren,

Mitglied der Familie der Pappenheimer Reichserbmarschälle. 1616 wurde er vom Kaiser zum Mitglied des Hofrats in Prag benannt, und später lobte ihn dieser – so Friedrich Schiller in „Wallensteins Tod“ – mit den Worten „Dran erkenn ich meine Pappenheimer“, womit er deren Loyalität rühmen wollte.

1595: Unter Bischof Johann Gottfried von Gemmingen (1595–1612) wird der „Hortus Eystettensis“ unterhalb der Eichstätter Willibaldsburg angelegt, der schönste der seinerzeit vier botanischen Gärten Deutschlands, den der Nürnberger Apotheker Basilius Besler 1613 in einem Prachtband für die Ewigkeit festhielt.

Mittelalterliches Handwerk im Stadtmuseum Hilpoltstein

1607: In Kelheim wird Bayerns erstes Weißbierbrauhaus, das heutige „Weiße Brauhaus“, von Herzog Maximilian gegründet. Die „Schneider-Weiße“ aus Kelheim zählt heute zu den beliebtesten Weizenbieren in Deutschland.

1608: Im säkularisierten Kloster Auhausen (Hahnenkamm) wird die protestantische Union gegründet, der sich ein Jahr darauf die katholische Liga entgegenstellt. Damit haben sich die beiden feindlichen Lager des Dreißigjährigen Krieges (1618–1648) erstmals formiert.

1633: Die Truppen des protestantischen Feldherrn Bernhard von Sachsen-Weimar brandschatzen die katholische Enklave Ornbau im Fürstentum Brandenburg-Ansbach. Der habsburgische Kaiser Ferdinand verhilft 1658 dem Bistum zu später Genugtuung und lässt hier eine Eichstättische Zollstation errichten – inmitten des protestantischen Fürstentums Brandenburg-Ansbach.

1689: In Allersberg wird von dem Drahtbaron Jakob Gilardi die „Leonische Draht-, Lametta- und Metallgespinstfabrik“ gegründet, deren Tradition bis heute fortgeführt wird. Bis zu 700 Arbeiter waren im 18. Jh. dort beschäftigt.

1706: In Kelheim wird der Metzgermeister Matthias Kraus hingerichtet. Im Gefolge der bedeutsamen bayerischen Landeserhebung (1705) waren im sog. Krausaufstand österreichische Besatzungstruppen in Kelheim festgenommen worden. In der Sendlinger Mordnacht hatte man dieser landesweiten Erhebung ein blutiges Ende gesetzt. Auch Kelheim wurde ein Opfer von Mord und Totschlag durch die Österreicher, die Bayern im Verlauf des Spanischen Erbfolgekrieges besetzt hatten.

1709: Der fürstbischöflich-eichstättische Hofbaumeister Jakob Engel erbaut die noch heute berühmte Wallfahrtskirche Maria End in Altendorf.

1712: Markgraf Christian Ernst lässt in Burgbernheim neue Kur- und Badeanlagen errichten. Wenige Jahre später weilt die polnische Königin Christiane Eberhardine nebst großem Gefolge ganze 7 Wochen in dem „Wildbad" nahe der Altmühlquelle, das so zum „Königsbad" avanciert.

1715: Hofbaumeister Gabriel de Gabrieli lässt nach seinen Plänen Schloss Rammersdorf erbauen.

1718: Gabriel de Gabrieli vollendet die Westfassade des Eichstätter Doms.

1722: Der Ansbacher Hofbaumeister Carl Friedrich von Zocha aus Gunzenhausen lässt die Walder Schlosskirche im sog. Markgrafenstil erbauen.

1725: Der berühmte Baumeister des katholischen Barock, Franz Keller, errichtet das Deutschordensschloss in Absberg.

1735: Gabriel de Gabrieli errichtet die Sommerresidenz der Eichstätter Bischöfe (heute Universität).

1806: Das Königreich Bayern wird gegründet. In den Folgejahren (bis 1815) werden auch die einst fränkischen Lande in das neue Königreich integriert.

1819: Leo von Klenze errichtet das Neue Schloss in Pappenheim.

1827: König Ludwig I. von Bayern unterstützt die Neubelebung des aufgelassenen Franziskanerklosters in Dietfurt.

1863: Der bayerische Prinzregent Luitpold eröffnet die Befreiungshalle auf dem Michelsberg oberhalb von Kelheim, die 50 Jahre nach der Völkerschlacht bei Leipzig errichtet wurde. Josef Deifel, letzter überlebender Kriegsveteran der Napoleonischen Kriege (1805–1814), wohnt dem Fest bei, bevor er ein Jahr später stirbt. Die Essinger haben ihm ein Denkmal an der Altmühl errichtet.

1901: In Leutershausen gelingt Gustav Weißkopf mit seiner Flugmaschine Nr. 21 der erste Motorflug der Welt. Die Stadt hat ihm 1980 ein neues Museum gewidmet.

1906: Prinz Ludwig von Bayern, der spätere König Ludwig III. von Bayern (1913–1918), besucht anlässlich des 60-jährigen Jubiläums des Ludwig-Main-Donau-Kanals die Stadt Riedenburg. Ihm zu Ehren war am „Hotel Schwan" ein schmiedeeiserner Balkon angebracht worden, von dem herab er das Volk begrüßte.

1928: In Dietfurt gründen verrückte Dietfurter den Chinesenfasching, der heute zu den Hauptattraktionen des bayerischen Faschings zählt.

1934: In Gunzenhausen findet am Palmsonntag das erste nationalsozialistische Judenpogrom vor 1938 in Bayern statt. Zwei jüdische Bürger der Altmühlstadt werden von den Schlägertruppen des NSDAP-Gauleiters Julius Streicher (Herausgeber des Nazi-Organs „Der Stürmer") durch die Straßen der Altmühlstadt gejagt und brutal ermordet, begafft von Hunderten Gunzenhäusern.

1938: Wie in vielen Ortschaften Frankens werden auch in Muhr am See die Häuser der jüdischen Bürger niedergebrannt und die Bewohner durch die Straßen getrieben. „Wo du hinkommst, brauchst du kein Gebiss mehr!", wird einer Jüdin nachgerufen, die dabei ihre dritten Zähne verloren hatte.

1944: Auf der Rosenburg wird die von den Nationalsozialisten errichtete Versuchsanstalt für V-Waffen aufgelöst und nach Penemünde verlagert. 1945 werden auf der

Burg oberhalb Riedenburgs so bedeutende NS-Generäle wie Keitel, Jodl und von Manstein von den Amerikanern gefangen gehalten.

1951: In Mörnsheim wird erstmals das Volksschauspiel „Harte Fron“ aufgeführt, das noch heute an die Mühen des Bauernstands zu Beginn des 16. Jh.s erinnert.

1969: Der Naturpark Altmühltal wird gegründet. Auf Schloss Hirschberg wird die moderne Kirche des berühmten Münchner Architekten Alexander Freiherr von Branca eingeweiht. Von ihm stammt auch die katholische Kirche in Heidenheim.

1970/71: Die Bayerische Staatsregierung fasst den Beschluss, drei neue Seen im Einzugsbereich von Altmühl, Rezat und Rednitz aufzustauen, um das wasserarme Franken mit Wassern aus dem Einflussgebiet der Donau zu bereichern. Das Neue Fränkische Seenland entsteht.

1976: Die Treuchtlinger Brauerei Schäff bohrt nach Wasser und entdeckt eine Thermalquelle, aus der heute die Altmühltherme gespeist wird. Sie verhalf Treuchtlingen zum Ruf einer Kurstadt. Nahe Beilngries wird das Freizeitzentrum Kratzmühle eingeweiht.

1977: Baubeginn des Main-Donau-Kanals in Kelheim.

1980: In Eichstätt wird die Katholische Universität gegründet, die 1999 zur beliebtesten Hochschule Deutschlands gewählt wurde (4000 Studenten).

1981: In Kelheim wird das bedeutsame Archäologische Museum eingeweiht.

1987: Der Solnhofener Bürgermeister Friedrich Müller entdeckt das sechste Exemplar eines Urvogels (Archaeopteryx), ein bis heute strittiger Fund.

1989: In Deising wird das neue König-Ludwig-Denkmal vom hiesigen König-Ludwig-Verein errichtet. Es erinnert an den Bau des Ludwig-Main-Donau-Kanals (1835–1846).

1992: Erstmals tritt Anton Meyer, der „Rebell vom Altmühltal“, ins Rampenlicht der Öffentlichkeit. Zusammen mit Freunden und Gleichgesinnten nimmt er – erfolglos, wie man heute weiß – den Kampf gegen den Bau des neuen Main-Donau-Kanals auf. Er ist in Oberhofen bei Riedenburg beheimatet, wo man vor seinem Ferienhof von der alten Altmühl nur noch die Kaimauern des neuen Kanals erkennen kann.

1998/99: In Gunzenhausen werden das neue Museum für Vor- und Frühgeschichte und in Kipfenberg das neue Museum „Römer und Bajuwaren“ eingeweiht.

2000: Mit der Flutung des Großen Brombachsees wird eines der größten Wasserbauprojekte in der Nachkriegsgeschichte Bayerns abgeschlossen.

2005: Der Obergermanisch-Raetische Limes, und damit auch die beiden Streckenabschnitte westlich und östlich von Gunzenhausen (13 und 14), wird zum UNESCO-Weltkulturerbe erklärt.

2006–2009: Im Naturpark Altmühltal entsteht mit dem „Panoramaweg Altmühltal“ einer der zwölf „besten Wanderwege Deutschlands“. Auch der Altmühltal-Radweg wird mehrfach ausgezeichnet. Die Altmühl rangiert hinter der Weser als zweitbeliebtester Freizeitfluss in Deutschland.

2009/2010: In Kelheim entsteht mit dem Hotel Wittelsbacher Hof eines der größten Vier-Sterne-Superior-Hotels, das inmitten einer historischen Altstadt errichtet wird. Damit hält der hochprofessionelle Wellness-Tourismus auch Einzug in den Naturpark Altmühltal. In Beilngries folgt diesem Beispiel das Hotel Fuchs mit dem Umbau des benachbarten „Kaiserbecks“, bis dahin einer der letzten Bauernhöfe im Herzen einer der Naturpark-Städte. Gründung des „Archäologieparks Altmühltal“ (Kelheim-Dietfurt).

Angeln an der Altmühl bei Gunzenhausen

Altmühltal und Fränkisches Seenland von A bis Z

Angeln

In Bayern wird ein gültiger Fischereiausweis verlangt. Ausweise aus anderen Bundesländern werden anerkannt. Für den Bereich des Fränkischen Seenlandes liegt in den Tourist-Ämtern ein Faltblatt „Angeln im neuen Fränkischen Seenland" auf, das detailliert die Fischwasser und ihren Besatz, die Gebühren für Tages-, Wochen- und Monatskarten sowie die Ausgabestellen für einen Angel-Erlaubnisschein aufführt, den alle Inhaber eines amtlichen Fischereivereins dort erhalten. Hier erfährt man auch das Wichtigste zu Schonzeiten und Fangbeschränkungen für die einzelnen Fischwasser. Erste Adresse für die Angler im Fränkischen Seenland ist Gunzenhausen, wo mit Breitis Anglertreff eines der renommiertesten Angelbedarf-Fachgeschäfte aufwartet (→ S. 100 Ortskapitel Gunzenhausen). Für den Naturpark Altmühltal finden sich die entsprechenden Angaben in der „Freizeitfibel von A–Z", die in den Touristinfo-Zentralen erhältlich ist (→ „Auskunft"), bzw. bei den Ortskapiteln in diesem Buch (u. a. bei Treuchtlingen, Eichstätt, Kipfenberg, Beilngries und Dietfurt)

- *Fischarten* Forelle, Hecht, Äsche, Zander, Karpfen, Schleie, Barbe, Aal, Rutte, Aitel, Barsch, Rotauge, Bachsaibling, Wels, Waller sowie alle Arten von Fried-, Weiß- und Brachsenfischen.
- *Fischwasser* Die Flüsse selbst (Altmühl, Wörnitz, Rednitz, Fränkische Rezat, Schwäbische Rezat, Anlauter, Wissinger Laaber und Schwarzach), die fränkischen Seen, der Main-Donau-Kanal, der alte Ludwigskanal, die einzelnen Seen (Dennenloher, Hahnenkamm- und Schnackensee im *Fränkischen Seenland;* Kratzmühler See im *Naturpark Altmühltal*) und nicht zuletzt die zahlreichen Weiher.

Anreise

Mit dem Pkw: Erreichbar ist das *Obere Altmühltal* über die Autobahnen A 7 (Ausfahrt Rothenburg) und A 6 (Ausfahrt Frankenhöhe). Das *Mittlere Altmühltal* und das *Fränkische Seenland* sind über die A 6 (Ausfahrten Gunzenhausen und Roth), das *Untere Altmühltal* ist über die A 9 (Ausfahrt Altmühltal) zu erreichen.

Mit dem Zug: Es können folgende Orte (Bahnhöfe mit P+R) angefahren werden (fett gedruckt sind die wichtigsten Bahnhöfe): im *Oberen Altmühltal* Rothenburg o. d. T., Burgbernheim, Leutershausen, **Ansbach** und Triesdorf-Weidenbach (von dort weiter nach Gunzenhausen); im *Fränkischen Seenland* (von Nürnberg aus) Roth, Hilpoltstein, Georgensgmünd, Pleinfeld, Ramsberg, Langlau und **Gunzenhausen;** im *Mittleren Altmühltal* **Treuchtlingen,** Pappenheim, Solnhofen, Dollnstein und **Eichstätt;** im *Unteren Altmühltal* neben dem neuen ICE-Bahnhof (Haltestelle) in Kinding nur Kelheim-Saal a. d. Donau an der Strecke Regensburg–Ingolstadt. DB-Fahrplanauskunft unter www.bahn.de. Zum Eisenbahnnetz in Bayern sowie zu den günstigen Fahrangeboten (Bayern-Ticket und Bayern-Ticket-Single) Infos unter www.bahn.de/bayernticket.htm bzw. www.bayern-fahrplan.de. Auskunft über Handy unter www.bymona.de.

Mit dem Bus: Für das *Obere Altmühltal* und das *Fränkische Seenland* empfiehlt sich das Info-Material des Verkehrsverbundes VGN (www.vgn.de), für das *Untere Altmühltal,* das außerhalb des Streckennetzes der Deutschen Bundesbahn liegt, die Broschüre „Der Freizeitbus Altmühltal-Donautal“. In ihr werden für die beiden FzB1 (Regensburg–Kelheim–Riedenburg und zurück) und FzB 2 (Treuchtlingen–Eichstätt–Beilngries–Dietfurt–Riedenburg und zurück) detailliert Preise und Abfahrtszeiten der Busse aufgeführt. Infos und Fahrpläne unter http://cms.tv-keh.de.

Altmühltaler Abenteuerpark

Der „Altmühltaler Abenteuerpark“ (bei Beilngries) wurde 2006 als Naturerlebnis- und Hochseilgarten mit Walderlebnispfad und Brauereimuseum im Felsenkellerlabyrinth eingerichtet. Details im Ortskapitel Beilngreis (S. 217) und unter www.altmuehltaler-abenteuerpark.de

Archäologiepark Altmühltal

Im Sommer 2008 wurde der „Archäologiepark Altmühltal“ eingerichtet, der sich von Kelheim bis Dietfurt erstreckt. Startpunkt einer etwa 44 km langen, gut ausgeschilderten „Zeitreise in die Geschichte“ ist das Archäologische Museum der Stadt Kelheim (→ Ortskapitel S. 251). Hier erhält man auch erste zusammenfassende Informationen zu dieser neuesten Einrichtung, die auf den Grabungen während des Baus des Main-Donau-Kanals in den Jahren von 1976 bis 1992 basiert. An allen Stationen zwischen Kelheim und Dietfurt (1–18) wurden „Hörpunkte“ installiert, an denen man in jeweils dreiminütigen Episoden von dem bekannten Schriftsteller E. W. Heine Wissenswertes zur Geschichte des Standortes erfährt. Zahlreiche Rekonstruktionen und Nachbauten „illustrieren“ die Zeitreise im Archäologiepark Altmühltal.

Nach Kelheim (**Station 1**, km 0) schließen sich an:

Station 2, km 2: der Michelsberg mit seiner frühkeltischen Befestigungsanlage, von der am Parkplatz der Befreiungshalle eine Wehrmauer rekonstruiert wurde.

Station 3, km 3,8: Schleuse Gronsdorf mit dem rekonstruierten Stadttor des keltischen Oppidums Alkimoennis.

Station 4, km 7,8: Altessing an der Alten Schleuse mit Hörpunkt zur Kanalgeschichte.

Station 5, km 8,2: Altessing am südlichen Ortsrand, wo ein Schmelzofen aus spätkeltischer Zeit entdeckt wurde.

Station 6, km 8,9: Altessing neben dem Kinderspielplatz bei der alten Schule, bei der man einen 3500 Jahre alten Friedhof entdeckt und einen von 20 Grabhügeln rekonstruiert hat.

Station 7, km 11,4: die altsteinzeitlichen Klausenhöhlen, ca. 500 m flussaufwärts von der Essinger Holzhängebrücke gelegen.

Station 8, km 13,6: die Kastlhänghöhle an der Südseite des Kanals, wo man unter einem Felsüberhang einen mittelsteinzeitlichen Rastplatz ausmachen konnte.

Station 9, km 17,6: Prunn, beim alten Wehr des Kanals, wo ein 2500 Jahre altes Haus rekonstruiert werden konnte, das auch einen Webstuhl enthielt.

Station 10, km 19,6: Riedenburg-Emmerthal bei Aicholding mit der Rekonstruktion eines 3500 Jahre alten Opferaltars, der zu einem bronzezeitlichen Friedhof mit 24 Grabhügeln gehörte.

Station 11, km 23,6: die Schleuse Haidhof, wo man beim Parkplatz einen rekonstruierten Grabhügel der Hallstattzeit (800–500 v. Chr.) aufgeschnitten hat, um die Bestattungssitten dieser Zeit zu dokumentieren.

Station 12, km 25,1: Gundlfing mit einer Hörstation zur Landschaftsgeschichte.

Station 13, km 28,1: Oberhofen mit einem teilrekonstruierten Gehöft aus der frühen Keltenzeit.

Station 14, km 29,1: Untereggersberg mit einem der größten Friedhöfe (127 Bestattungen, Grabkammern mit Resten von 4-rädrigen Wagen) der späten Hallstattzeit (vor ca. 2600 Jahren) unterhalb der Eggersberger Brücke.

Station 15, km 33,1: Deising (beim Sportplatz) mit einem der größten Hallstattgrabhügel (Durchmesser 31 m).

Station 16, km 39,7: Mühlbach-Wolfsberg mit einer befestigten Wallanlage.

Station 17, km 41,8: Dietfurt-Griesstetten, wo an der Schiffsanlegestelle die Herdstelle eines jungsteinzeitlichen Hauses nachgebaut wurde.

Station 18, km 43,9: Dietfurt mit dem Museum und Erlebnispark Alcmona neben der Schleuse Dietfurt am alten Schleusenwärterhaus, wo neben der Rekonstruktion eines vorgeschichtlichen Wohnhauses weitere Nachbauten geplant sind.

Weitere Informationen dazu unter www.archaeologiepark-altmuehltal.de.

Auskunft

Für die einzelnen Gebiete liegen bei folgenden Tourist-Info-Zentralen Unterkunftsverzeichnisse, Freizeitfibeln und zahlreiche Sonderprospekte auf:

Tourismusverband Romantisches Franken, Am Kirchberg 4, 91598 Colmberg, ✆ 09803/94141, ℻ 94144, www.romantisches-franken.de. Geöffnet Mo–Fr 8–12 Uhr, Mo–Do 13–17 Uhr, Fr 13–16 Uhr.

Tourismusverband Fränkisches Seenland, Postfach 1365, 91710 Gunzenhausen, ✆ 09831/500120, ℻ 500140, www.fraenkischeseen.de.

Haus des Gastes – Landkreis Roth, Maria-Dorothea-Straße 8, 91161 Hilpoltstein, ✆ 09174/97657-0, ℻ 09174/97657-50, www.urlaub-roth.de.

Amt für Kultur und Touristik im Bayer. Limes-Infozentrum/Römermuseum, Martin-Luther-Platz 3–5, 91781 Weißenburg i. Bay., ✆ 09141/907124, 📠 09141/907121, www.limesinfozentrum.de.

Zentrale Tourist-Information Naturpark Altmühltal, Notre Dame 1, 85072 Eichstätt, ✆ 08421/98760, 📠 987654, www.naturpark-altmuehltal.de.

Tourist-Information Oberpfälzer Jurataler, Landkreis Neumarkt i. d. Opf., Nürnberger Straße 1, ✆ 09181/470313, 📠 470420, www.landkreis.neumarkt.de.

Baden

Beliebte Badeseen sind im Fränkischen Seenland die Speicherseen *Altmühlsee, Brombachsee* und *Rothsee,* im Naturpark Altmühltal der *St.-Agatha-See* bei Riedenburg und der *Kratzmühler See* bei Kinding. Größere Spaßbäder gibt es in Gunzenhausen *(Juramare* und *Waldbad am Limes)* und Kelheim *(Keldorado).* In der Kurstadt Treuchtlingen wird mit der *Altmühltherme* viel Wasser für den Badespaß und die Gesundheit eingesetzt.

Biergärten

Das Altmühltal bietet von der Quelle bis zur Mündung eine reiche Auswahl an wunderschön gelegenen Biergärten, vor allem entlang des Altmühltalradweges. In Kombination mit Brauereigaststätten sind die Biergärten in Gunzenhausen und Beilngries besonders empfehlenswert. Als Klassiker gelten der Wettelsheimer Keller bei Treuchtlingen, der Biergarten im Weißen Brauhaus in Kelheim und der Biergarten von Kloster Weltenburg.

Bootwandern → S. 71

Bücher und Zeitschriften

Im gleichen Maße, wie die Altmühl zu einem der beliebtesten Freizeitflüsse Deutschlands aufstieg, stiegen auch die Neuerscheinungen und Auflagenzahlen der Bücher über das Altmühltal. Neu ist der Bildband „Die Altmühl – Bilder einer Landschaft zwischen Rothenburg und Regensburg“, der im Nürnberger Hans-Carl-Verlag erschienen ist. Vom Gebietsausschuss „Das Neue Fränkische Seenland“ (Gunzenhausen) wird einmal jährlich die Gästezeitung „Seeblick“ und von der Touristinformation Naturpark Altmühltal (Eichstätt) die Gästezeitung „Altmühltal aktuell“ herausgegeben. Sie liegen überall auf, sind kostenlos und enthalten neben touristischen Artikeln auch zahlreiche Anzeigen gastronomischer Betriebe. Detaillierte Suche nach Büchern aus dem und über das Altmühltal unter www.buchhausschrenk.de und unter www.libri.de.

Camping

In folgenden Ortskapiteln sind die Camping-, Zelt- und Wohnmobilstellplätze unter „Übernachten“ detailliert aufgeführt: Windelsbach, Colmberg, Gunzenhausen (zwei Plätze am Altmühlsee), Heidenheim (Hahnenkammsee), Langlau und Pleinfeld (die beiden größten Plätze der Region, am Brombachsee), Roth, Pappenheim, Solnhofen, Dollnstein (in Dollnstein und in Breitenfurt), Kipfenberg, Kinding (Kratzmühler See), Greding, Beilngries, Breitenbrunn, Riedenburg und Kelheim.

Die zentrale Touristinformation in Eichstätt (Notre Dame 1) bietet eine eigene Broschüre zum Camping im Naturpark an bzw. informiert detailliert unter www.naturpark-altmuehltal.de. → auch „Wohnmobilstellplätze“.

Klettern

Viele der steil aus dem Talgrund aufsteigenden Dolomitfelsen des Altmühltals stehen unter Naturschutz! Bitte folgen Sie daher dem Appell der Verantwortlichen des Naturparks Altmühltal und klettern Sie nur an den unten aufgeführten Plätzen!

Dollnsteiner Felsen: Der 45 m hohe *Burgstein* zwischen Dollnstein und Breitenfurt bietet in seiner Südwand Klettermöglichkeiten der Schwierigkeitsgrade IV bis IX.

Im Wellheimer Trockental der Urdonau stehen die bekanntesten Felsen. Der **Dohlenfels** (50 m) ist an 9 Stellen zu besteigen. Die Westwand ist selbst bei geübten Alpinisten beliebt (V–X). Wenn wegen ungünstiger Schneeverhältnisse das Klettern in den Alpen erschwert ist, pilgern viele der Profis in den Naturpark Altmühltal, um sich an dieser Wand fit zu halten. Bei Aicha ragen weitere Wände steil aus dem Urdonautal empor (u. a. die „Madonna“ mit Klettergraden von III bis VIII). Kinder können das Klettern an der „Asterix- und Obelixwand“ erlernen oder im „Winnetou-Kessel“, ebenfalls bei Aicha. Als Geheimtipp gelten die Lochwand und der Oberländer Felsen zwischen Aicha und Biesenhard. Das Informationszentrum Naturpark Altmühltal (Notre Dame in Eichstätt) veröffentlicht einen Flyer mit detaillierten Routenbeschreibungen und Adressen von Kletterhallen, Hochseilgärten und Kletterschulen.

Kletterwand im Klettergarten Aicha

• *Information/Treffpunkt* Ein **Faltblatt** zu den ausgewiesenen Kletterfelsen ist im Info-Zentrum in Eichstätt erhältlich. Ein Treffpunkt für die Klettersportler ist die **Gaststätte Klettergarten Karl Moll** in Konstein-Aicha (✆ 08427/269; mit mod. Pension). Hier liegt auch der neue **Kletterführer** „Konstein“ von Helmut Wundlechner auf, in dem 52 Routenbeschreibungen für das Gebiet Dollnstein und Klettergarten mit detaillierten Routeninfos enthalten sind (insgesamt 558 Routen). Erhältlich ist dieser unverzichtbare Führer im örtlichen Buchhandel (ISBN 3-00-0111441) und natürlich im Gasthaus Moll.

Radeln (→ S. 50)

Rad- und Wanderkarten

Die folgenden Rad- und Wanderkarten sind in den Buchhandlungen bzw. in den größeren Tourist-Informationen erhältlich. Die Tourist-Information Romantisches Franken (→ „Auskunft") hat die Radwanderkarte „Romantisches Franken" im Maßstab 1:75.000 herausgegeben, in der das gesamte Obere Altmühltal erfasst wird. Die Karte empfiehlt sich vor allem für die Radler, die von Gunzenhausen kommend über das Obere Altmühltal weiter an die Tauber radeln wollen. Vom Verlag Appelt, Gundelsheim, ist die neue „Freizeitkarte Fränkisches Seenland" im Maßstab 1:40.000 bereits in der 6. Auflage auf dem Markt. Hier sind alle Rad- und Wanderwege mit zahlreichen touristischen Hinweisen bestens dokumentiert. Jüngst erschienen sind auch die beiden Anschlusskarten Mittleres und Unteres Altmühltal, ebenfalls im Maßstab 1:40.000. Vom Amt für Kultur und Tourismus im Landkreis Roth (→ „Auskunft") sind eine Radwanderkarte im Maßstab 1:100.000 und eine Wanderkarte im Maßstab 1:25.000 auf dem Markt, die sich für den Bereich Rothsee sehr empfehlen. Vom Bayerischen Landesvermessungsamt liegen mehrere Sonderblätter (Fränkisches Seenland, Naturpark Altmühltal) auf, jeweils im Maßstab 1:50.000.

Reiseveranstalter

In der Region teilen sich zwei namhafte Reiseveranstalter bzw. Event-Agenturen den Markt: SAN-AKTIV-Tours, Bühringer Straße 11, 91710 Gunzenhausen, ✆ 09831/4936, 📠 80594, www.san-aktiv-tours.de, und NATOUR, Gänswirtshaus 12, 91781 Weißenburg, ✆ 09141/9229-29, 📠 9229-28, www.natour.de. Beide Veranstalter bieten ein breites Programm zum Radwandern, Bootwandern und Wandern. Es empfiehlt sich, die umfangreichen Angebotsprospekte anzufordern.

Reiten

In den Ortskapiteln dieses Buches sind unter „Freizeit" die Reiterhöfe und Einrichtungen für den Pferdesport ausführlich dokumentiert. Von den großen Touristinformationen werden der Sonderprospekt „Reiten zwischen Main und Donau" und passend dazu eine Karte Blatt Nord (Naturpark Frankenhöhe und Steigerwald) und eine Karte Blatt Süd (Donau-Ries, Fränkisches Seenland und Naturpark Altmühltal) herausgegeben, in denen jeweils sämtliche Wander-Reitstationen aufgeführt sind.

Information Arbeitsgemeinschaft Reitstationen (Hg.), Luitpoldstraße 5, 91550 Dinkelsbühl, ✆ 09851/577714, 📠 577750, www.wanderreiten-franken.de.

Schifffahrten

Der Schiffstourismus auf dem Main-Donau-Kanal schickt sich an, dem Fahrradtourismus im Altmühltal den Rang abzulaufen. Zahlreiche Schifffahrtsgesellschaften bieten überwiegend ganzjährig Fahrten zwischen Kelheim und Berching an. Auf der Gesamtstrecke befinden sich die vier Schleusen bei Berching, Dietfurt, Riedenburg und Kelheim. Von Kelheim dauert die Schifffahrt ca. 6 Std. (9–15 Uhr) bis Berching inkl. Schleusenaufenthalten. Anlegestellen befinden sich in Kelheim, Essing, Prunn, Riedenburg, Dietfurt, Beilngries und Berching. Näheres → Ortskapitel Kelheim S. 249.

Souvenirs

Den klassischen Souvenirkiosk mit Wanderplakette, Minifernseher und Zierlöffeln gibt es nur noch selten (z. B. an der Befreiungshalle bei Kelheim oder auf dem Domplatz in Eichstätt). Mit dem Geist der Zeit gehen die Vermarkter der heimischen Produkte und hier allen voran des *Altmühltaler Lamms*. Hierzu gibt es nicht nur ausgezeichnete Speisenangebote in speziellen gastronomischen Häusern, sondern auch Stofftiere und andere Souvenirs.

Es bieten darüber hinaus auch Landgasthöfe und Hotels im Eingangsbereich eine bunte Palette an Souvenirs aus dem Altmühltal an (Schnäpse, Spielwaren, Gläser u. v. m.). Erwähnenswert sind in Thannhausen am Brombachsee der „Landgasthof zum Tannhäuser" und in Arnsberg im Unteren Altmühltal der „Landgasthof zum Raben" (→ Ortskapitel).

Städtewanderung

Neu wurde die „Städtewanderung Weißenburg-Pappenheim-Eichstätt-Neuburg" auf einer Strecke von 80 km geschaffen. Die vier Städte im Naturpark Altmühltal verkörpern jeweils einen eigenen Stadttypus, so Weißenburg eine Römer- und Freie Reichsstadt, Pappenheim eine gräfliche Residenzstadt, Eichstätt eine barocke Bischofsstadt und eine moderne Universitätsstadt und Neuburg eine Renaissance-Stadt mit historischem Flair. Zu den Städten im Naturpark gibt es das sehr informatives Faltblatt „Stadtpersönlichkeiten in bester Nachbarschaft". Details dazu unter www.naturpark-altmuehltal.de/staedtereise.

Wandern → S. 60

Wassersport

Die Möglichkeiten zum Surfen und Segeln sind auf den Gewässern des Fränkischen Seenlandes optimal. Hier wurde in den vergangenen Jahrzehnten eine Infrastruktur geschaffen, die sich sehen lassen kann. So ist z. B. in Ramsberg am Großen Brombachsee Deutschlands größter Binnenhafen für Segelboote entstanden, und auf dem Altmühlsee bei Gunzenhausen finden wegen der günstigen Windverhältnisse alljährlich internationale Regatten im Segelsurfen und anderen Sportarten statt. Die einzelnen Einrichtungen (Bootshäfen, Segelschulen, Surfstrände u. v. m.) sind im Kapitel Fränkisches Seenland ausführlich dokumentiert.

Auch der Bootssport auf der Altmühl erfreut sich immer größerer Beliebtheit. Hier ist in den letzten Jahren ein vorbildlicher Service rund ums Boot entstanden. Empfehlenswert sind die Angebote der beiden größten Reiseveranstalter der Region (→ „Reiseveranstalter"). Zum Bootwandern auf der Altmühl → S. 71.

Wohnmobil-Stellplätze

Die Möglichkeit des Übernachten im eigenen Wohnmobil wird immer beliebter. So auch an der Altmühl, wo an folgenden Orten (→ jeweilige Ortskapitel unter „Übernachten") Stellplätze eingerichtet wurden: Gunzenhausen/Fränkisches Seenland, Treuchtlingen (Am Kurpark), Monheim (bei der Stadthalle), Eichstätt (am Altmühltal-Radweg), Berching (an der Schiffsanlegestelle) und in Kelheim (am Pflegerspitz).

So wurde früher der fränkische „Presssack“ hergestellt

Essen und Trinken …

… an der fränkischen Altmühl

Altmühlfranken ist voller Vielfältigkeiten. Jede der zahlreichen Städte und Ortschaften hat ihre Besonderheit. Das spiegelt sich auch in der fränkischen Küche wider, sodass in zwei nur wenige Kilometer voneinander entfernten Orten zwei völlig verschiedene Sorten von Bratwürsten serviert werden.

Der folgende Spaziergang durch das kulinarische Franken soll nur als Anreiz zum Ausprobieren verstanden werden. Keinesfalls wird hier ein Anspruch auf Vollständigkeit erhoben. Dazu gibt es genügend und ausgezeichnete regionale Kochbücher in den örtlichen Buchhandlungen.

Fleisch, Wurst & Beilagen: Die fränkische Küche hat den Ruf, recht herzhaft zu sein. Die neue leichte Küche Frankens, die für Feinschmecker in noblen Restaurants kreiert wird, ändert an diesem Ruf nur wenig. Gerade im südlichen Franken dreht sich fast alles ums Fleisch und darum, was man dazu als Beigaben verwendet. Vor allem das Schwein muss (nicht nur) seinen Kopf herhalten, wenn es darum geht, die Teller für den einfachen Mittagstisch zu füllen. Und so erhält man auf die Frage nach der Speisekarte oft die Antwort: „Also heid hammer Schweinsbrodn, Brotwerscht, Schnitzel, Schäufele und Knöchle“. Und wenn Schlachttag ist und die Schlachtschüssel angeboten wird, dann kommen Tellerfleisch, Blut- und Leberwürste und die Innereien vom Schwein auf den Tisch.

In Franken wird das Fleisch häufiger als anderswo gekocht und zusammen mit Kraut und Brot serviert. Die rohen oder gepökelten *Knöchle* (Schweinshaxn, Eisbein) und *Schäufele* (Schulter) werden gekocht und zusammen mit *Sauerkraut* serviert. Gerade an der oberen Altmühl schätzt man das Kraut (Kohl) sehr. Die Gegend zwischen Merkendorf und Ornbau gilt mit ihren lehmigen Sandböden als wichtiges Anbaugebiet für Weißkraut. Seit 1700 bauen die Krautbauern das geschätzte Gemüse an. Allerdings ist es schon eine Weile her, dass man das Kraut selbst in schweren Eichenfässern angesetzt hat. Der Geschmack des fertig zubereiteten Krauts kann sehr unterschiedlich ausfallen, je nachdem, welche und wie viele Gewürze (Wacholderbeeren, Lorbeerblätter, Nelken oder Kümmel) verwendet werden. In jedem Falle wird es zusammen mit Schweinefleisch eingekocht, und wenn es nur ein paar Schweinsohren sind.

Überhaupt haben es die Franken mit dem Würzen. Das fällt besonders bei den beliebten fränkischen *Bratwürsten* auf. Muskat, Majoran, Ingwer, Selleriesalz und Piment werden dem Schweinehack beigemischt. Die Einheimischen mögen's aber am liebsten, wenn die Bratwürste nur nach Fleisch schmecken. Gewürzt wird dafür ausschließlich mit Salz, Pfeffer und Majoran. Doch bekanntlich sind die Geschmäcker verschieden. Wenn es um die Bratwurst geht, dann entwickeln die Franken einen wahren Lokalpatriotismus. Jeder Ort und jeder Metzger rühmt sich, die besten Bratwürste herzustellen. Wenn Sie sich blamieren wollen, dann lassen Sie sich zur Bratwurst Senf geben. Da dreht sich dann die ganze Wirtschaft nach Ihnen um, naserümpfend versteht sich! Bratwürste gibt es auch sauer als *Blaue Zipfel* (mit Zwiebeln im Sud), geräuchert mit *Kren* (Meerrettich), in Dosen bzw. im umweltfreundlichen Glas und als *Gesulzte*. Die *Tellersulzn* (Knöchle oder Kopffleisch) ist eine delikate Spezialität in dieser Gegend. Gegessen wird sie mit echt fränkischem Bauernbrot.

Neben dem Schweinefleisch steht in Altmühlfranken auch der *Lammbraten* auf der Speisekarte. Manche reiben den Lammschlegel mit Senf ein und geben Pfefferminzblätter dazu. Dazu munden Blaukraut und Klöße. Eine Besonderheit ist der *Fränkische Sauerbraten* mit Klößen. Zu vielen Fleischgerichten wird auch *Kartoffelsalat* gereicht. Der wird hier mit Zwiebeln angemacht und nicht mit Mayonnaise! Der *Leberkäs*, auch *Fleischkäs* genannt, enthält im Fränkischen keine Leber. Am besten schmeckt er, wenn er noch warm ist und eine knusperige Kruste besitzt. Von den Suppen gilt die *Fränkische Hochzeitssuppe* als besondere Delikatesse. Sie enthält je nach Rezept Leber-, Grieß- oder Semmelklößchen, Biskuit- und Pfannkuchenstreifen.

In Franken sagt man „Mahlzeit“, wenn man zum Mittagstisch grüßt. Dass das Wort doppeldeutig ist, hat Richard Mährlein in seinem Buch „Mahlzeit“ aufgezeigt: „*'mahlzeit' spricht der mensch wenn überraschend das ereignis ihn überrollt und sein erschrecken schluckt er damit hinunter.*“ In dem Buch, das ohne ein einziges Satzzeichen auskommt, stärken sich die Autoren an den kleinen, selbst zubereiteten Gerichten bzw. Gedichten, die anregen zum Widerstand gegen die Verwahrlosung des Essens.

Fisch & Leckeres ohne Fleisch: Im Herbst und im Winter ist in Franken *Karpfenzeit*. Besonders beliebt ist hier der Karpfen gebacken mit Kartoffelsalat. Forelle und Hecht stehen ebenfalls häufig auf der Speisekarte. Im Spalter Land werden in den Monaten April und Mai die jungen, noch unter der Erde wachsenden Hopfensprossen zum *Hopfensalat* verarbeitet (mit Essig, Öl, Zwiebeln, Salz, Zucker und Zitrone). Wegen des edlen Geschmacks bezeichnet man dieses Gericht auch als „Hopfenspargel“. *Schwammerl* alias Pilze, das sind meist raffiniert zubereitete Steinpilze, Maronen oder Pfifferlinge, die bevorzugt mit Kräuterrahmsoße und Semmelknödeln gegessen werden. Eine Köstlichkeit ganz ohne Fleisch! Ebenfalls für Vegetarier zu empfehlen sind die *Reiberdatschi* (Kartoffelpuffer), die in dieser Gegend oft mit Sauerkraut angeboten werden. Natürlich kennt man sie an der Altmühl auch mit Apfelmus.

Süßes: Bei den Nachspeisen empfehlen sich je nach Saison die frischen *Apfelküchle* und besonders die *Hollerküchle*. Das sind in Backteig gewendete Holunderblüten, die im heißen Fett schwimmend goldbraun ausgebacken werden. Darauf wird dann Zucker und Zimt gestreut. Im fränkischen Jura bereitet man den *Hollerschmarrn*, bei dem neben den Holunderbeeren auch Äpfel, Birnen und Zwetschgen verarbeitet werden. Dazu wird *Topfen* (Quark) serviert. Hier kennt man auch den *Hitzabloz*, einen fladenförmigen Hefekuchen, der mit Koriander, Kümmel und Anis gewürzt, mit Rahm gedeckt und zum Kaffee gereicht wird. Die fränkischen *Pfannkuchen* werden mit Zwetschgenmus, Sahne und einem Schuss Zwetschgenwasser zubereitet. Der Pflaumenkuchen heißt im Fränkischen *Zwetschgenblootz*. Er wird mit Zucker und Zimt bestreut und abschließend mit einem Gemisch aus Mandeln, Semmelbröseln, Zucker und Zwetschgenschnaps bedeckt.

Frisch aus dem Ofen schmeckt der „Hitzabloz" am besten!

In der Winterzeit gibt es *Bratäpfel* und *Schneeballn* (in heißem Fett ausgebacken). Wenn Kirchweih ist, sind besonders die *Knieküchle* beliebt, die nur noch von wenigen hergestellt werden können. Knieküchle heißen sie, weil sie überm Knie ausgezogen werden und so ihre typische Form erhalten (sehen aus wie fliegende Untertassen). Im Gegensatz zu den *Kopfkissen*, die ebenfalls aus Hefeteig und in heißem Fett schwimmend zubereitet werden, muss hier der Teig sehr weich sein, damit er nicht mehr klebt. Das genaue Rezept wird nur ungern verraten. Schließlich sollen die Knieküchle zur Kirchweihzeit etwas Besonderes bleiben!

Getränke: Was die *Bierlandschaft Franken* anbelangt, so befinden wir uns hier schon im fränkisch-bayerischen Grenzland. Das früher nur in Altbayern und der Oberpfalz bekannte *Weizen* erfreut sich auch hier immer größerer Beliebtheit. Fast kann man schon von einer Weizenwelle reden. In Franken wird gerne das trübe Hefeweizen getrunken. Seltener ist das Kristallweizen, ein filtriertes, obergäriges Weizen ganz ohne Trübstoffe und Hefegeschmack. Der *blonde Bock* ist ein spezielles helles Bockbier. Als besonders aromatisches Bier hat sich in Altmühlfranken das *Spalter Bier* durchgesetzt. Das *Wettelsheimer Bier* schmeckt natürlich am besten auf den Kellern, wo man unter schattigen Bäumen einen herrlichen Blick auf das Altmühltal genießt. Selbstverständlich wird in den Gaststätten und Restaurants an der Altmühl auch der *Frankenwein* angeboten. Doch es ist schon lange her, dass man hier selbst Wein angebaut hat. Heute kommt der edle Tropfen aus dem Maingebiet und der Gegend um Bad Windsheim. Die Quelle der Altmühl liegt also nicht weit entfernt von Weinfranken. Wenn der Durst besonders groß ist, dann werden oft *saure Weinschorle* und *Apfelsaftschorle* getrunken. Und wer's ganz scharf will, der bestellt sich einen vor Ort gebrannten *Obstler.* Im Kalbensteiner Land wird ein hervorragender Zwetschgenschnaps angesetzt.

... an der bayerischen Altmühl

Bayern ist ein Land mit vielen Klassikern in Sachen Essen und Trinken: Die Maß, Schweinshax'n und Knödel genießen einen fast legendären Ruf, und das über den großen Teich hinaus.

Mittlerweile bemühen sich die „neuen“ Köche, allen voran Alfons Schuhbeck, darum, dass die bayerische Küche nicht zum Klischee verkommt. Ihnen verdankt die bayerische Esskultur eine Rückbesinnung auf ihre Wurzeln. Verwendet werden nur Nahrungsmittel bester Qualität und heimischer Herkunft, der unverwechselbare Geschmack eines Gemüses soll wieder vorherrschend sein. Bodenständige Rezepte erleben eine nie geahnte Renaissance, auch bei einem Publikum, das der bayerischen Knödelküche bisher weniger zugetan war.

Fleisch, Wurst & Beilagen: Auch in Bayern spielt das Schwein die tragende Rolle auf dem Küchenzettel. Doch anders als in Franken brät man das Fleisch hier öfter. Klassisch ist und bleibt die *Schweinshax'n,* die in manchen Küchen während der Garzeit mit Bier oder Salzwasser bestrichen wird. Das gibt dann die knusperige Schwarte. Dazu reicht man wie bei vielen Fleischgerichten Knödel und kräftig schmeckende Gemüse. Manche mögen auch Kartoffel- oder Weißkrautsalat dazu. Im Gegensatz zu diesem Fettbraten ist die gebratene *Kalbshax'n* magerer. Beide werden auch gegrillt angeboten. Alfons Schuhbeck empfiehlt sie als *G'surte.* Allerdings entfernt er das fette Fleisch, nachdem er die Haxe im säuerlichen Würzsud gekocht hat.
Weitere Renner der bayerischen Fleischküche sind *Spanferkel* (mager, gebraten und z. T. mit Bratwurstbrät gefüllt), *Leberkäs* (der Name soll von Lebenskäs = Muntermacher stammen), *Fleischpflanzl* (Frikadellen), *Wammerl* (Schweinebauch) und alle Arten von *Innereien* wie Kalbsbries (Kalbsmilch), Züngerl, Züngerl, Lüngerl (Bäuscherl), Nieren, Hirn, Leber, Herz und Milz. Das Ganze wird in allen erdenklichen Variationen zubereitet: gebacken, gebraten, geröstet, gepökelt, gekocht, sauer, eingemacht, gratiniert, gedünstet und frikassiert. Apropos Leber: Sie wird auch in den *Leberknödeln* verarbeitet, die man in Bayern am liebsten in der Suppe schwimmen lässt.

Zu den Semmelknödeln gibt es eine berühmte Auseinandersetzung zwischen dem bayerischen Original *Karl Valentin* und seiner Lebensgefährtin *Liesl Karlstadt.* Valentin plädiert für die Bezeichnung Semmelnknödeln, denn *„Semmel ist die Einzahl, das musst Ihnen merken, und Semmeln ist die Mehrzahl, das sind also mehrere einzelne zusammen. Die Semmelnknödeln werden aus Semmeln gemacht, also aus mehreren Semmeln, du kannst nie aus einer Semmel Semmelnknödeln machen, [...] es gibt keine Knödeln ohne n.“* Liesl Karlstadt entgegnet schlagfertig: *„Doch, die Leberknödeln.“* Valentin gibt sich geschlagen: *„Ja, stimmt – Lebernknödeln kann man nicht sagen!“*

Überhaupt haben's die Bayern mit den **Knödeln!** Neben den *Leberknödeln*, die aus Rinds- oder Geflügelleber, Butter, Semmelbröseln und Petersilie zubereitet werden, gibt es Knödel aus Semmelteig *(Semmelknödel, Speckknödel, Schinkenknödel und Serviettenklöß),* aus Kartoffelteig *(Kartoffelknödel,* roh oder halbseiden, *Zwetsch-*

Reisepraktisches

genknödel, Marillen- und *Aprikosenknödel),* aus Mehlteig (*Mehlknödel, Böhmische Knödel*), aus Hefeteig *(Hefeklöß, Egerländer Semmelknödel)* sowie *Grieß-* und *Quarkknödel.* Außerdem werden Kartoffeln, Getreidesorten und *Topfen* (Quark) auch zu Schmarrn, Nockerln oder zu Strudel verarbeitet. Den Variationen sind keine Grenzen gesetzt. Klassisch sind der *Topfenschmarrn,* die *Grießnockerln,* die *Kartäuserklöß* (auch als „Versoffene Jungfern" oder „Arme Ritter" bekannt) und die *Nonnenfürzle* (Brandteigklöße mit Kompott).

Kommen wir zur **Weißwurst,** einem Nationalgericht im Freistaat. 1957 feierte man in München ihr 100-jähriges Jubiläum. Die Weißwurst wird aus dem noch warmen Brat frisch geschlachteter Kälber hergestellt und mit Petersilie gewürzt. Damit sie nicht *lätschert* (wabbelig) wird, durfte sie in Zeiten vor Erfindung des Kühlschranks das 12-Uhr-Mittagsläuten nicht erleben. Dazu werden Brezeln und süßer, bayerischer Senf serviert. So wie die Franken ihre Bratwürste über alles verehren, so sind die Bayern ganz narrisch, wenn es um ihre Weißwürste geht. Das Weißwurstfrühstück gehört zur Tradition und ist inzwischen festes bayerisches Kulturgut.

Im Sog der neuen bayerischen Küche werden die heimischen **Gemüse** wieder entdeckt. Spinat, Wirsing, Kraut, Radi (Rettich), Brockerl (Rosenkohl), Karfiol (Blumenkohl), Sellerie, Kohlrabi, Fenchel, Kürbis, gelbe Rüben (Mohrrüben) und rote Rüben (rote Bete). Sie werden auf verschiedenste Weise zubereitet: gebacken, mit Semmelbröseln, mit Grammeln (Grieben), gebraten, im Rahm und schließlich als Salat (vor allem Kraut- und Rettichsalat). Der *Radi* (Rettich) muss so aufgeschnitten werden, dass er sich zu einer Spirale aufrollt. Dann kann das Salz ihn erst richtig „zum Weinen" bringen. Man sollte sich mit dem Salzen allerdings etwas zurückhalten, damit nicht all die Stoffe herausgeweint werden, die man zur Verdauung des Radi benötigt. Jeder, dem der Radi im Magen liegt und dem es ordentlich aufstößt, hat zu viel des Guten gesalzt! Am besten schmeckt zum Radi ein Brot mit frischem Schnittlauch.

Die bayerische Fischküche: verwendet zunehmend heimische Süßwasserfische. Alfons Schuhbeck zum Thema: „Den sollten's a mal ohne Soß' servieren, dass man merkt, wie der Fisch ohne was eigentlich schmeckt." Schleie, Barsche, Rotaugen, Karpfen, Waller (Wels), Barben, Renken, Forellen, Aale, Huchen, Zander und Hechte sind wieder öfter auf den Speisekarten der bayerischen Restaurants zu finden. Auch die Zubereitung ist ideenreicher geworden: Da wird geräuchert, gebeizt, gekocht, gedünstet, gebraten und mariniert. Die Altmühl, die Donau und deren Nebenflüsse bilden ein natürliches Reservoir an frischen Flussfischen. Der Donauwaller zählt zwar zu den etwas fetteren Fischsorten, hat aber einen unverkennbaren und herzhaften Fischgeschmack. Er wird bevorzugt im Unteren Altmühltal und an der Donau angeboten.

Süßes: Dampfnudeln mit Vanillesoße, Anislaiberl, Bayerische Creme mit gefrorenen Himbeeren und Zwetschgenbavesen (mit Pflaumenmus gefüllte Weißbrotscheiben) sind einige der typisch altbayerischen Nachspeisen. „Schmankerlcreme mit Rahmerdbeeren", „Rhabarberschaum mit Mandelblättern", „Warmer Zimt-Aprikosen-Schaum", „Eingelegte Kletz'n (getrocknete Birnen) und Pflaumen", „Pfannenkuchen mit Karamelläpfeln" und „Zwetschgeneis" stehen bei Alfons Schuhbeck auf der Dessertkarte.

Getränke: Das bayerische Nationalgetränk ist zweifelsohne das *Bier,* auch wenn man zwischen den Alpen und der Donau einen guten Tropfen Wein nicht stehen lässt. Wenn es um den Gerstensaft geht, können die Bayern biererernst werden. Das *Bayerische Reinheitsgebot* wacht über die Bierlandschaft Bayern – und das schon seit fast 500 Jahren! Im Jahr 1516 verordneten die bayerischen Herzöge Wil-

Nichts geht über ein, nein, zwei Weltenburger Klosterbock

helm IV. und Ludwig X. in Ingolstadt, dass bei der Zubereitung des Bieres *„allenthalbn in unsern Stettn Märckten unnd auf dem Lannde zu kainem Pier merer stuckh dann allain Gersten hopffen und wasser genomen und gepraucht sölle werden."* Dass das Reinheitsgebot heute in Gefahr ist, lässt die Bayern nur noch hartnäckiger werden, wenn es um „ihr" Bier geht.

Das *Riedenburger Weizen*, die *Schneider-Weiße* aus Kelheim und das *Klosterbier* aus Weltenburg sind die herausragenden Biersorten im Bereich des Naturparks Altmühltal. In Beilngries empfiehlt sich ein Besuch im Brauereimuseum (→ Kapitel Beilngries). Dass in Bayern das *Weizen* alias *Weißbier* zu Hause ist, wurde bereits erwähnt. Dass es wie das Pils ursprünglich aus dem Böhmischen kam, wissen die wenigsten. Im 16. Jh. wurde dann auch in der Oberpfalz das Bier aus Gersten- und Weizenmalz gewonnen. Von hier trat das Weizen seinen Siegeszug durch Altbayern an, und die Wittelsbacher zogen die Rechte des Weißbierbrauens an sich. Auf sie geht auch die Gründung des bekannten „Weißen Brauhauses" in Kelheim zurück (→ Kapitel Kelheim). Beim Weizen wird sehr rasch gegoren, was die starke Nachgärung bedingt und viel Kohlensäure entstehen lässt. Das gibt dann den frischen, prickelnden Geschmack. Beim hellen *Vollbier* (Helles oder Lager, Export und Pils) überwiegt der bittere Hopfengeschmack, während beim *dunklen Bier* (Dunkles, Märzen, Keller- und Rauchbier) der süßliche Malzgeschmack vorherrscht. *Spezialbiere* sind das dunkle Weizen, der helle und dunkle Weizenbock (Starkbier) und der hefetrübe, extrem starke Doppelbock.

Immer beliebter werden die Leicht- und Diätbiere. Das *alkoholfreie Bier*, von immer mehr Brauereien angeboten, hat nur noch einen geringen Restalkoholgehalt von ca. 0,3 %. Besonders zu empfehlen, wenn man mit dem Auto unterwegs ist und bleiben will! Auch das *Radler* empfiehlt sich für den großen Durst. Es wird aus weißer Limonade und Bier gemischt. Gerne getrunken werden auch das *Spezi* (Cola und Orangenlimo) sowie die *saure Apfelsaftschorle* und die *Weinschorle*.

Das Altmühltal und das

▲ Schloss Wald Altmühlsee

Fränkische Seenland erleben

Mit dem Radl direkt ans Ufer: Strandleben am Altmühlsee

Die sechs schönsten Radeltouren im Altmühltal und im Fränkischen Seenland

Die bei jeder Radeltour fett gesetzten Orte sind im Reiseteil dieses Buchs ausführlich beschrieben.

Radeltour Nr. 1: Von der Quelle bis zum Altmühlsee

2-Tages-Tour mit Start- und Zielort Windelsbach (östl. von Rothenburg), wo der Radfernweg in unmittelbarer Nähe vorbeiführt. Windelsbach liegt zudem am neu geschaffenen Radel-Fernweg Rothenburg–Bamberg (Aischtal-Weg). Im Ortskapitel von Windelsbach erfahren Sie etwas über die Unterbringungsmöglichkeiten im dortigen Landgasthof Lebert, den wir Ihnen als Start- und Zielort für diese Tour vorschlagen. Eine zweite Übernachtung empfiehlt sich auf halber Strecke in Gunzenhausen am Altmühlsee. Streckenlänge ca. 150 km.

Im Einzelnen teilen sich die Etappen wie folgt auf: Rothenburg (Windelsbach)–Colmberg ca. 20 km, Colmberg–Altmühlsee 43 km, Altmühlsee–Wassertrüdingen 17 km, Wassertrüdingen–Dinkelsbühl 25 km, Dinkelsbühl–Feuchtwangen 15 km und Feuchtwangen–Rothenburg (Windelsbach) 29 km.

1. Tag: Der Tag beginnt mit der Abfahrt in **Windelsbach,** von wo wir uns in südlicher Richtung zum Kreuther Forst und am Geslauer Weiher vorbei nach *Geslau* begeben (Kirche, Information, Gasthaus). Von hier aus führt der Radweg parallel zur Landstraße nach **Colmberg,** wo sich die Nimmermüden auf einen Abstecher zur hoch über dem Altmühltal gelegenen Schlossburg einlassen können. Wer lieber im Altmühltal bleibt, verlässt Colmberg (Kirche, Information, Gasthaus) in südwestlicher Richtung. Am Ortsausgang geht es rechts ab nach *Meuchlein,* wo wir wieder auf die Altmühl stoßen. Über die Wiesen erreichen wir *Frommetsfelden* (Kirche) und *Höchstetten* (Gasthaus). Hier überqueren wir den Fluss und radeln in die nahe gelegenen Altmühldörfer *Pfetzendorf* und *Zweiflingen,* die sich idyllisch an die Terrassen des Flusses schmiegen. Der nächste größere Ort ist *Jochsberg* (Kirche, Gasthaus), wo sich einst das bekannte Adelsgeschlecht der Seckendorffs niederließ, das nachhaltig in die Geschicke des Oberen Altmühltals eingriff. Von hier ist es nicht mehr weit bis **Leutershausen,** der ersten Stadt des Oberen Altmühltals.

Leutershausen verlassen wir über die gleiche Brücke, die uns in die Stadt geleitete, und fahren nach Sachsen weiter, wo unter Karl dem Großen Angehörige des gleichnamigen Volksstammes zwangsangesiedelt wurden. Jenseits der Bahnlinie erreichen wir *Görchsheim* und halten uns danach an den Weg rechts der Altmühl. Wir überqueren die B 14 und radeln unter der A 6 (Autobahn Nürnberg–Heilbronn) hindurch. *Hilsbach* (Kirche) und *Stegbruck* durchfahren wir in Richtung **Herrieden,** wo uns eine Menge Kultur erwartet. Wir bleiben östlich der Altmühl und erreichen *Leutenbuch* (Kirche), kurz hinter dem Ort überqueren wir die Altmühl und radeln weiter nach *Thann* (Kirche). Es folgt *Großenried* (Kirche, Gasthaus), von wo aus ein Abstecher zum Altmühlschloss Sommersdorf lohnt. Unterhalb von Großenried erreichen wir *Mörlach* (Kirche, Gasthaus), bevor wir mit Ornbau das Fränkische Seenland kennenlernen. Von **Ornbau** aus führt ein Radrundweg um den Altmühlsee

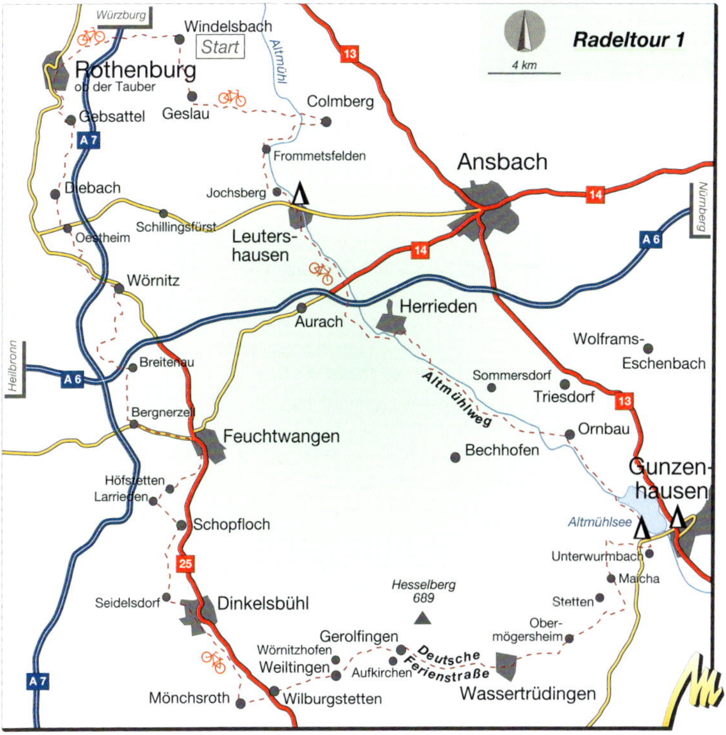

herum nach **Gunzenhausen,** unserem Halbzeit-Ziel, wo wir auch übernachten. Das reichhaltige Kulturangebot der Seenmetropole könnte den einen oder anderen dazu verleiten, einen Extra-Urlaubstag einzulegen.

2. Tag: Für den Rückweg verlassen wir das Altmühltal. Vom Ortsteil Gunzenhausen-Unterwurmbach aus gelangen wir über *Oberwurmbach* und *Maicha* (Gasthaus) in das stattliche Dorf *Stetten* (Kirche, Gasthaus). Über *Kröttenbach* führt uns der abwechslungsreiche Weg durch die Voralblandschaft nach *Obermögersheim* und schließlich nach *Wassertrüdingen,* einer einst markgräflichen Kleinstadt am Rande des Hesselberges. Von nun an begleiten wir flussaufwärts die Wörnitz, an deren rechtem Ufer der kleine Hesselbergort *Reichenbach* liegt. Ganz in der Nähe befindet sich die *Schmalzmühle,* deren ruhmreiche Geschichte bis in die Zeit der Bauernkriege zurückreicht. Vor uns liegt *Aufkirchen,* ein ehemals staufisches Kleinod, das um ein Haar die Berühmtheit eines Rothenburg oder Dinkelsbühl erreicht hätte. Von Aufkirchen (Kirche, Gasthaus) gelangen wir über *Ruffenhofen* (Kirche) nach *Wörnitzhofen* und folgen jetzt dem Weg am Nordufer der Wörnitz bis *Wilburgstetten* (Kirche, Gasthaus). Wegen des Auto- und Eisenbahnverkehrs empfehlen wir einen Umweg über *Mönchsroth* nach *Diederstetten,* von wo aus es nur noch wenige Kilometer bis **Dinkelsbühl** sind, jenem mittelalterlichen Städte-Juwel an der Romantischen Straße. Auch Dinkelsbühl lohnt einen extra „Kultur-Tag".

Von der Stadt aus erreichen wir **Feuchtwangen** auf dem bequemeren Weg durch das Wörnitztal *(Seidelsdorf, Schopfloch-Buchhof, Larrieden, Mosbach)* oder über die Ausläufer der Frankenhöhe *(Neuses, Köhlau, Hammerschmiede, Zehdorf).* Über *Reichenbach, Bergnerzell* und *Ungetsheim* gelangen wir nach *Breitenau* (Kirche), von wo aus sich ein Ausflug zum nahe gelegenen Schlossberg lohnt. Wer's gemächlicher liebt, der bleibt im Wörnitztal. Hinter *Zumhaus* (Kirche) unterqueren wir die Eisenbahnlinie und kommen nach *Bottenweiler* und *Waldhausen,* von wo es durch Wiesengelände nach *Wörnitz* (Kirche, Gasthaus) weitergeht. Auch hier können Sie sich wieder entscheiden: entweder mühsam und lohnend (!) nach *Schillingsfürst* (Schlossbesuch) oder unterhalb der Autobahn A 7 (Würzburg–Ulm) hindurch nach *Ober-* und *Unteroestheim* (Gasthaus, Kirche). In *Diebach* (Kirche) trifft man sich dann wieder, um über *Gebsattel* (Gasthaus, Kirche, Burg) schließlich nach **Rothenburg** zu kommen, das Ihnen mindestens einen „Extra-Tag" wert sein sollte! Zurück nach Windelsbach geht es über *Schweinsdorf* (Kirche, Gasthaus) und *Nordenberg* (Schloss, Kirche, Gasthaus).

Radeltour Nr. 2: Zwischen Altmühlsee und Brombachsee

Ausgangs- und Endpunkt ist der Parkplatz an der **Walkmühle** nördlich von Gunzenhausen (an der B 466). Der Weg ist mit „A1" markiert. Die Streckenlänge beträgt 23 km; durchschnittliche Fahrtzeit (Familie mit Kindern) 2 Std.

Die Fahrt beginnt am nördlichen Ufer des Altmühlüberleiters. Vorbei an Industrieanlagen und einem Knäuel von Verkehrsstraßen gelangen wir schnell an das Ostufer des Altmühlsees, den wir auf der Dammkrone befahren (freie Fahrt nur bedingt, da auch viele Fußgänger diesen Weg benutzen!). Wir passieren das *Seezentrum Schlungenhof* und kurz darauf das *Surfzentrum Schlungenhof.* Danach folgt ein längerer Uferabschnitt, der Gelegenheit gibt, den künstlich aufgestauten See in Ruhe zu betrachten. Wir erkennen am gegenüberliegenden Ufer die weiß schimmernde Silhouette der Walder Schlosskirche und rechts die abwechslungsreiche Land-

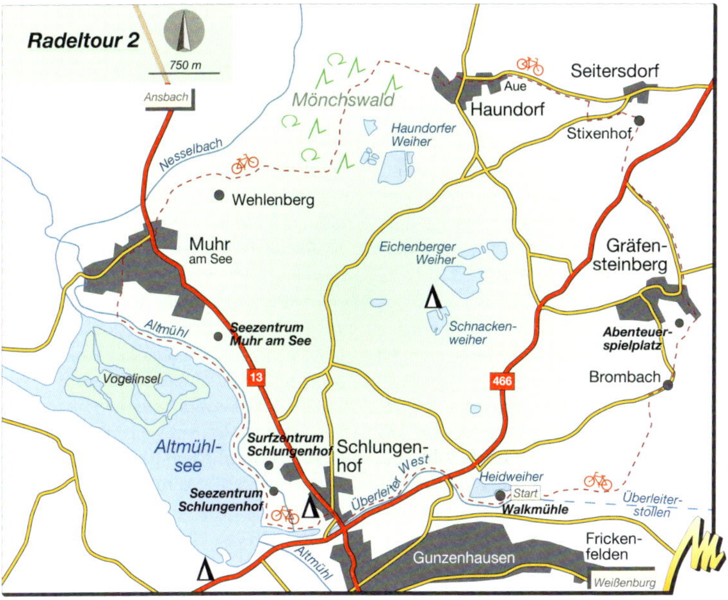

schaft der *Vogelinsel*. Wer will, kann das Rad stehen lassen und einen Abstecher auf die Insel einlegen. Der Radweg führt an der Schiffsanlegestelle rechter Hand nach **Muhr am See.** Wer den idyllischen Teil des Orts kennenlernen will, muss sich linker Hand absetzen. Im Altmühl-Informationszentrum in der Schlossstraße werden Informationen und Veranstaltungen geboten und im Sommer die „Altmühlsee-Festspiele" veranstaltet. Nach der Unterführung der Bahnstrecke Würzburg–München geht es nach *Wehlenberg*. Es folgt ein längerer Weg durch den Mönchswald, eines der größten noch zusammenhängenden Waldgebiete der Region (vorwiegend Nadelwald mit Kiefern und Föhren). An der größeren Weggabelung, von der aus der Radweg im rechten Winkel nach Norden weiterführt, besteht die Möglichkeit zu einem Badeausflug an den Haundorfer Weiher; hier kann man sich abseits des Baderummels der neuen Seen erfrischen. Danach geht es weiter nach **Haundorf,** wo man auf der Straße nach Aue (östlich Richtung B 466) wieder auf den Rundradelweg stößt. Vor Seitersdorf zweigt der Weg rechts ab zum Stixenhof, einer Eichstättischen Einöde von 1732. Danach überqueren wir die B 466 und gelangen bergauf nach *Gräfensteinberg*, das inmitten eines riesigen Obstanbaugebietes liegt. Zur Zeit der Obstblüte ist diese Gegend erfüllt von den Farben und Düften der Kirsch- und Zwetschgenbäume. Am Ortsende zweigt links ein kleiner Weg ab, der zum Wolfsberg führt, wo sich ein großzügig angelegter Kinderspielplatz und eine Schutzhütte befinden. Eine willkommene Pause für Familien mit Kindern!

Über *Brombach*, ein kleines Dorf im Quellgebiet des Brombachs, führt der Radweg in südlicher Richtung zum Altmühlüberleiter West. Von hier sind es nur noch wenige Meter bis zur Walkmühle, unserem Ausgangspunkt.

Radeltour Nr. 3: Fränkischer-Seenland-Weg

Der Fernradweg Fränkischer-Seenland-Weg (Markierung „FS“) erstreckt sich zwischen Ornbau und Allersberg (64 km). Er ist als Tagestour zu empfehlen und kann in beide Richtungen befahren werden. Dabei sind die Hin- und Rücktouren durch die vorgegebenen Alternativstrecken nicht identisch, sodass für entsprechende Abwechslung gesorgt ist. Bei der Route Ornbau–Allersberg–Ornbau empfiehlt sich eine Übernachtung in Allersberg und umgekehrt eine Übernachtung in Ornbau, Muhr am See oder Gunzenhausen. Der Weg ist gut ausgeschildert („Fränkischer-Seenland-Weg“). Die Route führt zu den schönsten Plätzen im Fränkischen Seenland und verläuft im Einzelnen wie folgt:

Ornbau–Allersberg: Von der Freizeitanlage **Ornbau-Gern** folgen wir dem Radweg bis zur Brücke bei *Streudorf,* wo wir den Altmühlzuleiter überqueren und den See am Westufer passieren. Lohnenswert ist ein Abstecher zur Schlosskirche und zum Schloss von **Wald.** Von Gunzenhausen-Schlungenhof aus lohnt ein Besuch der Altmühlstadt **Gunzenhausen.** Entlang des Überleiters West führt der Weg zum Kleinen Brombachsee. Am Südufer des Kleinen und Großen Brombachsees verläuft die Route weiter ostwärts bis zur Hauptsperre und über den Damm hinweg nach *Allmannsdorf.* Über *Stirn* und *Röttenbach* folgen wir den Schildern bis **Hilpoltstein** und von dort zum Südufer des Rothsees. Diesem folgend erreichen wir schließlich **Allersberg,** wo wir uns ein Quartier für die Nacht suchen.

Allersberg–Ornbau: Der Radelweg führt auf entsprechender Route zurück von Ost nach West. Gegenüber dem Hinweg ergeben sich bei den drei Seen folgende Alternativstrecken: Am Rothsee, am Brombachsee und am Altmühlsee wählen wir jeweils die Norduferroute, die ebenfalls als „Fränkischer-Seenland-Weg“ markiert ist. Diesmal empfehlen sich Abstecher nach **Roth, Absberg** und **Muhr am See.**

*Die folgenden Radeltouren 4, 5 und 6 lassen sich gut zu einer **4-Tages-Tour** kombinieren, wobei der vierte Tag der Rückreisetag ist. Die Strecke zwischen Gunzenhausen und Kelheim misst insgesamt 165,8 km. Übernachtungen bieten sich in Dollnstein (57,7 km), Beilngries (121,1 km) und Kelheim an. Da Kelheim keine Bahnverbindung mit dem Altmühltal hat, ist es erforderlich, bis Saal an der Donau (noch 6,7 km) weiterzuradeln (Richtung Regensburg, über den Ortsteil Affecking). Von dort besteht eine direkte Zugverbindung nach Gunzenhausen. Die Züge mit Fahrradbeförderung gehen über Ingolstadt und Treuchtlingen, wo jeweils Umsteigemöglichkeiten bestehen.*

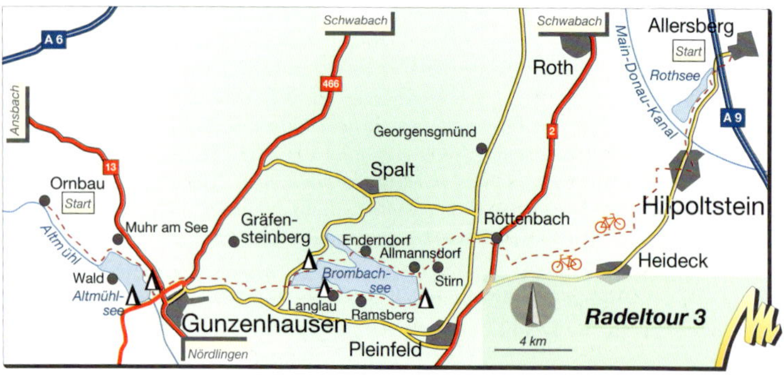

Radlerpause im "Schwarzen Ross" in Hilpoltstein

Radeltour Nr. 4: Von Gunzenhausen nach Dollnstein (57,7 km)

Die Strecke wird durch ein weißes Fahrradsymbol mit der Aufschrift „Radwanderweg Gunzenhausen–Treuchtlingen" auf braunem Untergrund markiert. Die Schilder sind (fast) überall gut sichtbar an Straßenschildern und Hauswänden angebracht.

Unterhalb von *Bubenheim* (21,1 km), das sich an einen Südhang schmiegt, überqueren wir die Altmühl und erreichen **Graben** (23,8 km), wo schon unter Karl dem Großen der Versuch unternommen wurde, die Altmühl mit der schwäbischen Rezat zu verbinden. Hier empfiehlt sich eine Rast am *Karlsgraben* (ausgeschildert). Danach unterqueren wir die Bahnlinie Nürnberg–München und tauchen erstmals in die hügelige Landschaft der südlichen Fränkischen Alb ein. Bei Treuchtlingen, wo sich sieben Täler treffen, ragt der Nagelberg aus der Ebene empor. Eine Kriegsgräberstätte erinnert an die Toten der beiden Weltkriege. **Treuchtlingen** selbst (27 km) bildet den Endpunkt des ausgeschilderten Radwegs. Wir fahren in den Ort, bis wir an den Parkplatz beim Wellenbad gelangen. Eine Erfrischung in dem modern ausgestatteten Bad bietet sich an.

Der weitere Weg ist als Etappe Treuchtlingen–Solnhofen ausgeschildert. Er führt am Schloss vorbei, wo mit dem Informationszentrum des Naturparks Altmühltal geballtes Wissen über den Radelfluss Altmühl „getankt" werden kann.

Nach Treuchtlingen und seinem Ortsteil *Dietfurt* zweigen wir in das enge Tal der Altmühl ab, die sich fortan durch die steile Felsenlandschaft des Juragebietes windet. Bis Eichstätt zeigt sich das Tal von seiner schönsten Seite. Ganz im Gegensatz zu den weiten und flachen Keuperlandschaften des Oberen Talgrundes gräbt sich hier der Fluss tief in die Albtafel ein. In den zahlreichen Talschlingen gesellen sich neben dem Radweg auch Autostraße und Eisenbahn zum Fluss. Doch das Gewirr von Brücken und Tunnels passt sich der romantischen Landschaft an. Dem Radler bietet sich nach jeder Flussschleife eine neue Szenerie aus dem Blau der Altmühl,

dem Grün der Bäume und den in der Sonne weißgelb glänzenden Dolomitfelsen. Die Hänge der Bergrücken sind dicht bewaldet. Im Mittleren Altmühltal überwiegt der Mischwald, der sich hier aus Buchen, Eichen, Lärchen, Kiefern und aus den sog. Geldbäumen, den Fichten, zusammensetzt. An den Ufern säumen Silberweiden, Bruch- und Aschweiden die Altmühl. Dazwischen erschweren Schilf, Rohrglanzgras und andere Röhrichtarten den Zugang zum Fluss, der sich auf diese Weise schützt. In dieses romantische Altmühltal eingebettet liegt **Pappenheim** (36,3 km), das wir von der „Rückseite" her anfahren. Dabei passieren wir einen Campingplatz, der idyllisch an der Altmühl liegt. Ein Besuch des historischen Städtchens und seiner hoch über dem Ort thronenden Burg lohnt allemal. Über *Zimmern* (40 km) führt der Radweg entlang der Altmühl nach **Solnhofen** (43,4 km). Wer sich für Versteinerungen und die Naturgeschichte des Altmühltals interessiert, findet hier im Bürgermeister-Müller-Museum reichlich Anschauungsmaterial. Die Basilika des Hl. Sola zählt zu den ältesten Kirchen Frankens. Dessen südlichsten Zipfel bildet *Eßlingen,* das wir bald nach Solnhofen erreichen. Dazwischen liegen die *12 Apostel,* ein Dutzend aus dem Altmühlgrund aufragende Dolomitfelsen, die wie zur Begrüßung in einer weit ausholenden Flussschleife aufgereiht stehen – Symbol für die eigenwillige Landschaft des Altmühltals. Eßlingen zeichnet sich durch seine noch gut erhaltenen Jurahäuser aus, einfache Steinhäuser mit sog. Legschieferdächern, die in früheren Zeiten nur mit Steinen beschwert wurden.

Hinter **Mörnsheim-Altendorf** (50,2 km) überqueren wir die Altmühl. Sie bildet bald darauf eine sehenswerte Stromschnelle (57,7 km). Nicht nur für Fotografen lohnt hier eine kurze Rast. Gegenüber der *Hammermühle* befinden sich Rastplatz, Zeltplatz, Grillstelle und eine Unterstellhütte. Auch der kleine Weiler *Hagenacker* (55,1 km) lädt zu einer Rast in idyllisch-romantischer Umgebung ein. Nun ist es nicht mehr weit zum ersten Etappenziel **Dollnstein** (57,7 km). Um in den Ort zu gelangen, verlassen wir den ausgeschilderten Weg und überqueren die Altmühl. Im Ort wird ein neues Dokumentationszentrum zur staufischen Geschichte der örtlichen Burg errichtet. Von Dollnstein aus bietet sich auch ein Tagesausflug ins *Wellheimer Trockental* an, durch das sich vor Millionen von Jahren einmal die Donau ihren Weg bahnte. Die Altmühl mündete bei Dollnstein in diese Urdonau ein.

Radeltour Nr. 5: Von Dollnstein nach Beilngries (63,4 km)

Nach **Dollnstein** wird das Altmühltal breiter. Das liegt daran, dass sich der kleine Fluss nun im Tal der einst großen Urdonau behäbig dahinschlängelt. Zuweilen erscheint das Bett für die Altmühl eine Nummer zu groß. Der landschaftlichen Schönheit des Tals tut dies jedoch keinen Abbruch. Wir verlassen Dollnstein über den Burgsteinweg im Norden des Ortes, wo sich das Sportzentrum befindet (1,3 km). Der Weg folgt nun einer weiten Schleife der Altmühl um den Mühlberg. Wir passieren einen Kletterfelsen von imponierender Größe. Wenn morgens bereits die Sonne auf die Altmühl herunterbrennt, bietet sich in *Breitenfurt* (3,8 km) ein erstes erfrischendes Bad an. Wir nähern uns dem kulturellen Höhepunkt unserer Tagestour: Über *Obereichstätt* (8 km) und *Rebdorf* (13,2 km) gelangen wir in die Dom- und Universitätsstadt **Eichstätt** (14,3 km). Wenn man Zeit und Muße hat, sollte man für die Kultur einen Sondertag einlegen. Zu sehen gibt es den Dom, die

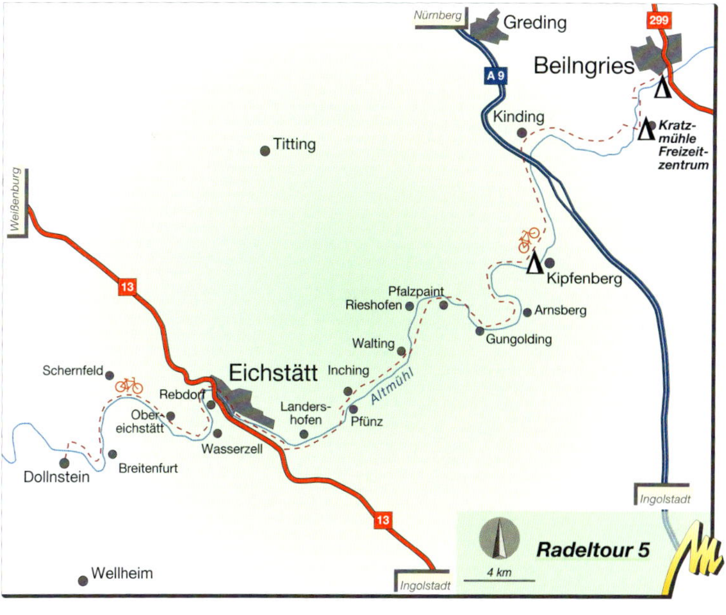

Willibaldsburg mit dem Jura-Museum, Residenz und Residenzplatz sowie zahlreiche bedeutende Barockbauten aus dem 18. Jh. Zu einem Erlebnis besonderer Art wird ein Besuch des neu eingerichteten Info-Zentrums des Naturparks Altmühltal (ehem. Notre-Dame-Kirche) mit Sonderschauen, Filmen u. v. m.

Über *Landershofen* (22,9 km) führt der Radweg Eichstätt–Kelheim zu dem bereits in der Römerzeit besiedelten *Pfünz* (25,2 km) und weiter nach *Inching* (26,4 km), einem der schönsten Dörfchen an der Mittleren Altmühl. Mehr und mehr begegnen uns nun die Wacholderheiden (z. B. Gungoldinger Heide und Arnsberger Leite), ein besonderes Stück Natur im Altmühltal, das wegen seiner ständigen Gefährdung unter Naturschutz steht. Nach **Walting** (29,2 km) erwartet uns in *Rieshofen* (32,3 km) der wohl idyllischste Rastplatz auf unserer Altmühltour. Der frei stehende Bergfried am Rand des Ortes erinnert an die einst mächtige Wasserburg der Herren von Rieshofen aus dem 12. Jh. Die Altmühl umfließt die Anlage und bietet eine willkommene Gelegenheit zum Ausruhen und Baden! Ungestörter kann man kaum das erfrischende, wenn auch leicht trübe Nass der Altmühl genießen. Es folgen mehrere schön gelegene, gemütliche Ferienorte am Fluss: *Pfalzpaint* (34,3 km), *Gungolding* (37,1 km) und *Arnsberg* (39,5 km), das den Reigen der Burgenorte der Altmühl einleitet.

Kipfenberg (45,3 km) wartet mit einem Schwimmbad auf, und auch am Campingplatz kann man sich in die „Fluten" der Altmühl stürzen. Der Marktort lädt zur Einkehr ein – der ganze Marktplatz ist von Restaurants, Cafés und Hotels umsäumt. Auch das Fasenickl-Museum ist einen Besuch wert. Nach *Ilbling* unterqueren wir die Autobahn München–Nürnberg und erreichen alsbald **Kinding** (58,3 km), das mit seiner gut erhaltenen Kirchenburg eine einmalige Sehenswürdigkeit bietet. Zugleich bietet es mit den drei Eisenbahneinrichtungen, darunter die neue ICE-Haltestelle, Eisenbahngeschichte zum Anfassen. Ein Freizeitzentrum besonderer Art erreichen wir mit der *Kratzmühle,* wo um den künstlichen Badesee herum Campingplatz, Bootsverleih, Minigolf, Restaurants, Museen und ein Kiosk bereit stehen, bevor wir unser Tagesziel **Beilngries** (63,4 km) erreichen, eines der kulturellen Zentren des Naturparks Altmühltal. Schloss Hirschberg, die Stadtmauer

Bei Radlern sehr beliebt: der Moierhof in Walting

mit ihren zahlreichen Türmen und eine gastfreundliche Altstadt erwarten uns. Beilngries zeichnet sich auch durch seine gut geführte Gastronomie und Hotellerie aus.

Radeltour Nr. 6: Von Beilngries nach Kelheim (44,7 km) bzw. Saal an der Donau (52 km)

Von **Beilngries** aus wartet die Altmühl mit ihrem letzten Stück Unberührtheit auf: Südlich des Arzbergs bahnt sie sich über *Kottingwörth* (4 km) und *Töging* (7,6 km) ihren Weg durch ein breites Tal nach **Dietfurt** (10 km). Die Route in Richtung Kelheim führt nun am Main-Donau-Kanal entlang, der fortan das Landschaftsbild bestimmt. Gegenüber von *Meihern* erreichen wir den kleinen Altmühlort *Deising* (18,8 km). Vor dem „Gasthaus zum Himmelreich“ lassen wir uns unter Schatten spendenden Bäumen zu einer Rast nieder. Gegenüber steht das König-Ludwig-Denkmal, gestiftet von dem gleichnamigen Verein. Bei *Untereggersberg* (21,6 km) verengt sich das Tal wieder. Schroff ragen die Dolomitfelsen aus den bewaldeten Berghängen. Über dem Ort thront das stolze Schloss von *Obereggersberg.* **Riedenburg** (29,9 km) ist ein weiterer Höhepunkt auf unserer Altmühltour: Gleich drei Burgen überragen die Stadt, die auch über einen hohen Freizeitwert verfügt. Die schönste Burg des Altmühltals erwartet uns in *Prunn* (33 km). Hoch über dem Altmühltal residierten im Mittelalter die Wittelsbacher. Von der gotischen Stube der Schlossburg kann man die Kanalbaulandschaft gut überblicken und erahnen, welch ein Naturschauspiel sich hier einst bot, als die Altmühl noch in zahlreichen Schleifen durch das mächtige Tal zog. Eine Imitation dieser einstigen Herrlichkeit wurde in **Essing** (38,1 km) „konserviert“: Über einen Altarm des Flusses spannt sich die sehenswerte Holzbrücke zum Torturm, der zur Befestigung von *Altessing* gehörte. Über dem Ort die Ruine der *Burg Randeck* – ein einmaliges und daher auch viel fotografiertes Ensemble (→ Titelbild)! Noch vor Kelheim wartet eine weitere Attraktion auf uns: das *Schulerloch,* eine Tropfsteinhöhle, die besichtigt werden kann. Der Fußweg (15 Min.) führt vom Parkplatz den Berg hinauf zum Eingang der Höhle. In **Kelheim** (44,7 km) endet der Radweg entlang der Altmühl. Hier lohnen sich ein Spaziergang durch die Altstadt und ein Ausflug zum Michelsberg, auf dem die *Befreiungshalle* thront. Auch eine Wanderung zum *Kloster Weltenburg* und eine Rückfahrt per Schiff gehören zum Kelheimer Programm (→ entsprechende Ortskapitel).

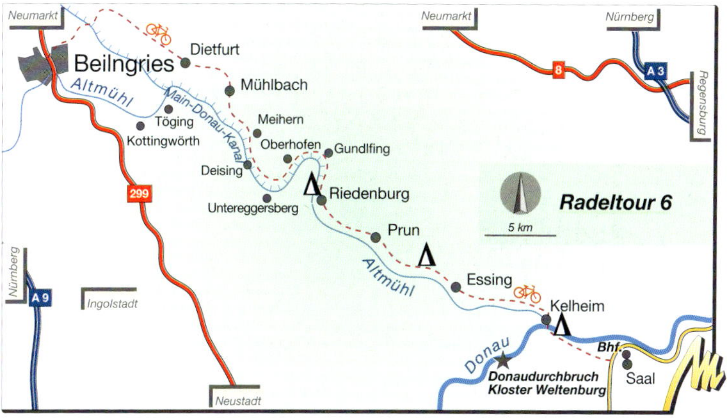

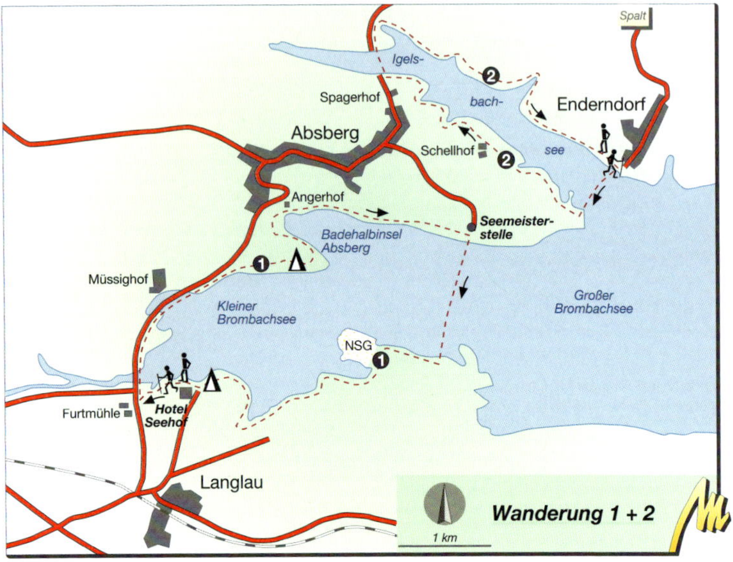

Die sechs schönsten Wanderungen im Fränkischen Seenland und im Altmühltal

Die bei jeder Wanderung fett gesetzten Orte sind im Reiseteils dieses Buchs ausführlich beschrieben.

Wanderung Nr. 1: Kleiner Brombachsee

Ausgangspunkt ist der Seehof von *Langlau* am Südufer des Sees. Die Wegstrecke um den See, d. h. zurück zum Seehof, beträgt 8,5 km. Gehzeit ca. 2,5 Std. Wir fädeln in den Rundweg im Uhrzeigersinn (nach links) ein (Markierung „B5“) und gelangen so nach kurzer Wanderung entlang des Südufers zur Straße Langlau–Absberg (250 m Markierung „FS“, dann „Nr. 7 blau negativ“). Wir folgen den Hinweisschildern zur Badehalbinsel, die wir umrunden und dabei gut kennenlernen. Der Weg führt an zwei Kiosken vorbei (Rastmöglichkeit). Unterhalb von **Absberg** geht es in östlicher Richtung zur Freizeitanlage Seemeisterstelle (Markierung gelber Querstrich). Es folgt ein Spaziergang auf dem Damm der Hauptsperre des Kleinen Brombachsees (1,1 km). Am Ende des Dammes zweigt der Weg rechts ab (Markierung „B 6“ bzw. „FS“). Wir kommen zum schönsten Teil des Sees, wobei wir auch eine Halbinsel passieren, die unter Naturschutz steht. Ein großes, noch zusammenhängendes Waldgebiet zieht sich von hier bis zur Bahnstrecke Gunzenhausen–Pleinfeld. Am Ende des Waldes erwartet uns die große Anlage des Campingplatzes, den wir umrunden. Der Weg endet am Seehof, unserem Ausgangspunkt.

Wanderung Nr. 2: Igelsbachsee

Ausgangspunkt ist die Freizeitanlage südlich von *Enderndorf.* Der landschaftlich reizvolle Rundweg misst 6,5 km und ist bequem in 1,5 Std. zu bewältigen (reine

Gehzeit). Wir beginnen mit einem Spaziergang auf der Dammkrone des Igelsbachsees (600 m, Markierung „B1“), wonach wir scharf rechts in den Wald einbiegen und dem Weg am Ufer des Sees folgen (ohne Markierung). Unterhalb des Schellhofs öffnet sich der Wald und gibt den Blick frei auf den Igelsbachsee. Beim Spagenhof erreichen wir die Straße Absberg–Spalt, schlagen uns jedoch schon nach kurzer Wegstrecke wieder rechter Hand in die Landschaft des Nordufers (Markierung „Nr. 16“). Auf halber Höhe zwischen der Straße und unserem Ziel in Enderndorf führt der Weg in ein idyllisches Seitentälchen. An der Freizeitanlage angelangt, empfiehlt sich ein Imbiss am Kiosk.

Wanderung Nr. 3: Fossa Carolina

Ausgangs- und Zielpunkt ist der Parkplatz am Karlsgraben im Ort **Graben** (Info-Tafel). Die Gesamtstrecke misst ca. 15 km und beansprucht etwa 3 Stunden Gehzeit. Der Rundweg um die Fossa Carolina ist eigens markiert (Rundweg 1 ist 1,2 km lang, Rundweg 2 kommt auf 2 km). Ein Infoblatt dazu ist beim Fremdenverkehrsverein von Treuchtlingen erhältlich. Über die Kunigundenkirche von *Graben* (hier wurden 1968 gut erhaltene Fresken aus der Zeit um 1440 entdeckt, die zu den schönsten ihrer Art im südlichen Franken zählen) führt uns der Weg zum westlichen Ortsende, wo wir uns in nördlicher Richtung auf die Anhöhe begeben und dem neu markierten „Frankenweg“ nach Bubenheim folgen. Hier verläuft auf dem Frankenweg auch der Schlaufenweg Nr. 6 des „Altmühl-Panoramawegs“ (→ S. 69). Die beiden Wege trennen sich wieder und wir folgen dem Schlaufenweg Nr. 6, um auf den geologischen Aussichtspunkt „Riesgries“ (Parkplatz) zu gelangen, der einen herrlichen Blick hinunter ins Altmühltal bietet.

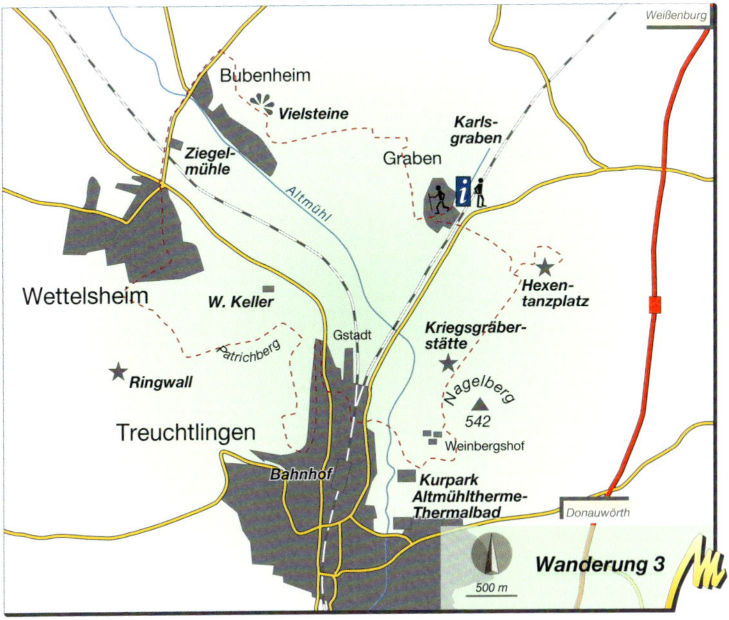

In *Bubenheim*, das im Zusammenhang mit der Fossa Carolina ebenfalls schon 793 erwähnt wurde, ist die Hl.-Kreuz-Kirche erwähnenswert (erbaut 1749, sehenswertes Chorgestühl von 1663, das noch aus der Vorgängerkirche stammt). Im „Altmühlgrund“, einer Gastwirtschaft in der Mitte des Orts, lässt es sich angenehm pausieren (Biergarten, Fremdenzimmer; Montag Ruhetag; ✆ 09142/4445). Von Bubenheim führt der Weg über die Altmühlbrücke zur Ziegelmühle und von dort nach *Wettelsheim*. Wenn wir den Ort in südlicher Richtung verlassen (entlang des Rohrachbaches und vorbei an der Martinskirche), gelangen wir zu den nördlichen Ausläufern des Patrichbergs, wo wir auch auf die „Wettelsheimer Keller“ stoßen, wenn wir auf dem Schlaufenweg Nr. 6 bleiben. Der Weg führt uns um den Berg herum nach *Treuchtlingen-Gstadt* (ohne Markierung).

Treuchtlingen selbst streifen wir nur im Norden und erreichen das neue Kurzentrum. Vom Bad aus folgen wir der nach Norden führenden Allee. Bei der Gabelung rechts halten und den Schildern zum Weinbergshof folgen, einem restaurierten römischen Gutshof zu Füßen des Nagelbergs. Hier treffen wir auf den „Naturlehrpfad Nagelberg“ (insgesamt 5 km lang, Markierung „Nr. 4“ und „Schlaufenweg Nr. 6“), in den wir links einbiegen. Schautafeln weisen auf die Fauna und Flora der Altmühlalb hin. Bald erreichen wir die Kriegsgräberstätte am Nagelsberg, wo 2545 Soldaten, 141 Frauen und 47 Kinder begraben sind. Viele von ihnen fanden bei dem verheerenden Luftangriff am 23. Februar 1945 den Tod.

Einen abwechslungsreichen Abschluss findet unser Rundgang am Hexentanzplatz, am Nordhang des Nagelsbergs, wo sich ein herrlicher Blick auf **Weißenburg** auftut. Die Freizeitanlage bietet Kinderspielplatz, Grillplatz und Sitzgelegenheiten, Unterstellhütte, Spiel- und Liegewiese. Vom Spielplatz aus gehen wir zum Parkplatz hinunter, von wo rechter Hand der Weg nach Graben zurückführt.

Blick vom Schloss Arnsberg ins Altmühltal

Wanderung Nr. 4: Kipfenberg–Schambachtal

Etwa 16 km; ca. 4 Std. Gehzeit. Ausgangs- und Zielpunkt ist der Parkplatz bei der Birkthalmühle (südlich von **Kipfenberg** an der Straße nach Denkendorf). Am Westufer des Birktalbaches führt ein steiler Steg zum Mühlbuck hinauf. Er mündet in den Schlaufenweg Nr. 16 (blau-gelbe Markierung), in den wir linker Hand einbiegen. Oberhalb des Birktals gelangen wir durch den Ahorn-Eschen-Wald in südlicher Richtung zur Straße nach Arnsberg, der wir westwärts folgen. Nach 100 m zweigt der Weg Nr. 16 nach links ab und die Markierung begleitet uns jetzt bis Lohmühle im Schambachtal. Kurz nach der Arndthöhle führt der Weg nach Süden und stößt auf die Straße nach Attenzell. Linker Hand erkennen wir die Ortschaft *Krut*, eingebettet in die liebliche Landschaft der Altmühlalb.

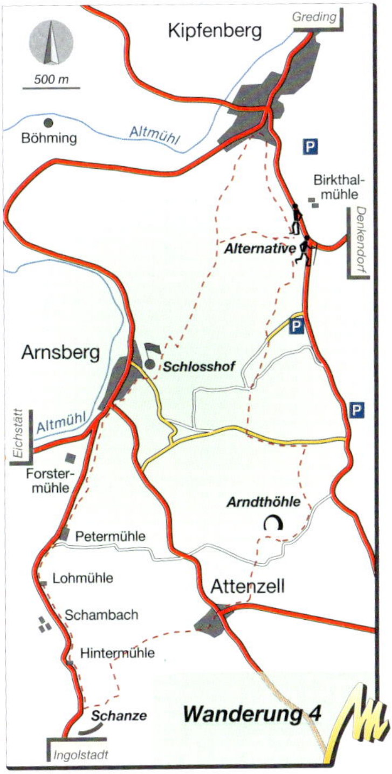

In *Attenzell* folgen wir dem Schlossweg, biegen rechts in die Mojergasse ein. Hier saß einst der Dorfmeier, der erste Kleinadelige von Attenzell, das seinem Namen nach als Wirtschaftshof eines nahe liegenden Klosters Bedeutung erlangte. Abstechermöglichkeit: Am östlichen Dorfrand gibt es eine Wirtschaft! An der Kreuzung (mit Bushaltestelle) folgen wir der Straße nach Schambach und bleiben fortan auf dem Schlaufenweg Nr. 16. Es geht leicht bergab, und wir genießen im Vorbeigehen noch einen wunderschönen Blick über die Alb. Im Wald weiter bergab bis in den Lachengrund. Ein befestigter Weg führt hinunter ins *Schambachtal.* Linker Hand erkennen wir eine skurrile Felsengruppe im Wald. Dahinter verbirgt sich eine vorgeschichtliche Wallabschnittsbefestigung. An der Straße halten wir uns rechts und folgen dem Fußweg am Ostrand des idyllischen Schambachtals. Auch hier begrüßen uns herrliche Felsengruppen. Am linken Ufer hat sich das „Schambacher Aromaeck" niedergelassen (Kräuteressig, Schafskäse in Olivenöl, Tees, Trockengestecke, bemaltes Zinn u. v. m.; Mühlenstr. 24, 85110 Kipfenberg, ✆ 08465/3863).

Weiter flussabwärts passieren wir die Hintermühle (Forellenzuchtbetrieb), statten der Schambacher Kirche einen Besuch ab, wenn sie geöffnet ist, kehren im Gasthof zur Linde ein oder rasten am Parkplatz, wo Bank und Tisch dazu einladen. Die müden Füße lassen sich beim Wassertreten wieder auf Vordermann bringen. Wenige Meter weiter erwartet uns im „Auto- und Motorrad-Museum" Ausgefallenes auf

Uferpromenade in Riedenburg

zwei und vier Rädern. Wir passieren die Petermühle (Fischzucht und Sägebetrieb) und erreichen nach dem „Waldcafé" das Ortsschild von **Arnsberg.** Nach ca. 100 m führt uns rechter Hand der Schlosssteig (links von Haus. Nr. 4) auf ausgetretenen Spuren steil hinauf zum Arnsberger Schloss (bei der Kirche scharf rechts Weg mit Nr. 5; ca. 10 Min. Anstieg, dann noch ca. 5 Min. auf freiem Feld über die Straße und den Parkplatz zum Schloss). Außer am Montag lässt es sich hier gut einkehren. Nehmen Sie sich die Zeit! Oberhalb des Schlosses erste Gabelung rechts, zweite Gabelung links Richtung Michelsberg–Kipfenberg (ohne Markierung). Am Waldende (nach Einmündung der Straße) halten wir uns rechter Hand an den Waldrand, an dem entlang wir zu dem Schild „Plazotta-Steig" gelangen. Im Wald führt der Birkentalweg steil bergab zur Wassertretstelle am Birktalbach, den wir überqueren und wieder zum Parkplatz zurückgelangen.

Wanderung Nr. 5: Im Tal der Weißen und der Wissinger Laaber

Etwa 15 km; Gehzeit ca. 4 Std. Ausgangs- und Zielpunkt ist der historische „Gasthof Stirzer" (Mo/Di Ruhetag) in **Dietfurt.** Um es vorweg zu sagen: Das Tal der Weißen Laaber ist für mich das schönste Seitental entlang der gesamten Altmühl! Der Ausgangspunkt, sprich der „Gasthof Stirzer", zählt ebenso zu den schönsten Einkehr- und Übernachtungsmöglichkeiten der Region, sodass sich diese Wanderung in zweierlei Hinsicht lohnt. Hinter dem Gasthof führen Frauengasse und Dr.-Pröll-Weg zum Kloster bzw. zur Klostermauer, die wir linker Hand liegen lassen, auch wenn die Mönche Außerordentliches bieten (Meditation, Yoga, Tai-Chi u. v. m.). Wir suchen Entspannung im Tal der Weißen Laaber, über die am Ende der Klostermauer eine schöne Holzbrücke führt. Wir halten uns rechts und gelangen über Wiesen an einem Teich vorbei zum befestigten Weg beim Rastplatz (Bänke und Tische). Der Weg führt am Waldrand entlang zum Fluss. Etwa 50 m weit folgen wir der Straße Dietfurt–Breitenbrunn und zweigen dann bei dem einzeln stehenden Haus links in den kleinen Weg ein. Nach ca. 100 m präsentiert sich die ganze Vielfalt des Weißen Laabertals: Rechter Hand öffnet sich eine der geschützten Wacholderheiden, und linker Hand schlängelt sich der Fluss durch eine atemberaubend schöne Landschaft.

Wir gelangen am Waldrand zum Fischzuchtbetrieb von Herrn Bäuml. Wenn er Zeit hat, zeigt er ihn gern. Das Wasser mit der stets gleich bleibenden Temperatur von 8 °C erhält Herr Bäuml von einer eigenen Quelle am Haus. In unzähligen Wasserbecken werden hier Tausende von Bach- und Regenbogenforellen, Saiblingen, Aalen und Karpfen, laienhaft ausgedrückt, gezüchtet, gepflegt und „geerntet". In der „Fisch-Werkstatt" werden die Kostbarkeiten aus Laaber- und Altmühlwassern ausgenommen, filettiert oder anderweitig weiterverarbeitet. Im Sommer, immer freitags ab 11 Uhr, wird geräuchert. Die ofenwarmen Forellen kann man entweder gleich vor Ort verzehren – bei einem kühlen Pils, versteht sich – oder sich einpacken lassen. Wenn man Glück hat, trifft man hier auch den Hierls Sepp vom Stirzer-Gasthof. Von ihm oder von Herrn Bäuml erfährt man Kompetentes über die kulinarischen Besonderheiten der Region. (Fischzucht R. Bäuml, 92345 Haas bei

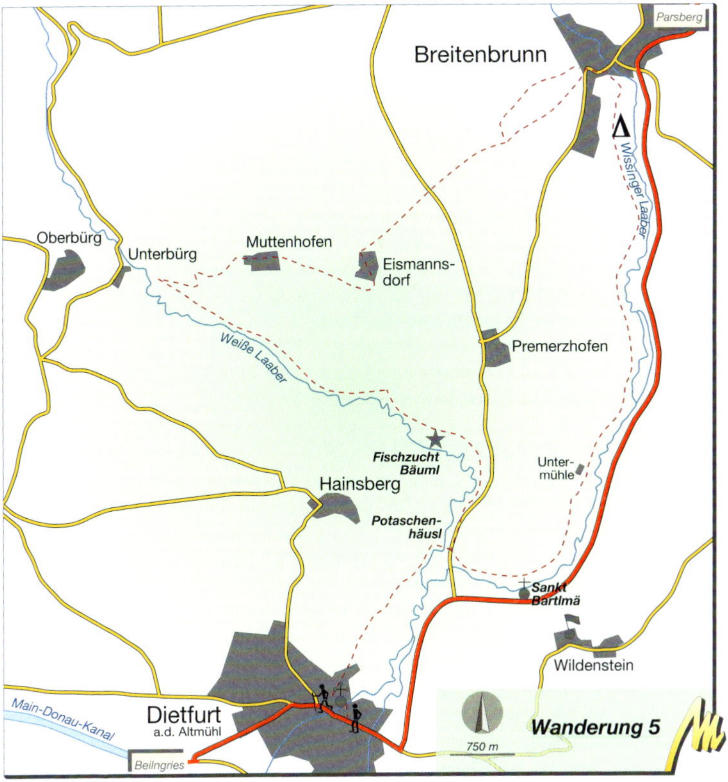

Dietfurt, ✆ 08464/9454; April bis Okt. Mo–Fr 9–18 Uhr, Sa 9–12 Uhr; Nov. bis März tägl. Mo–Sa 9–12 Uhr).

Weiter führt uns der Weg am östlichen Talrand am Wald entlang (Markierung „Schlaufe Nr. 23“). Wir erreichen eine kleine Schutzhütte und folgen dann dem Weg in den Wald. Oberhalb von *Unterbürg* biegen wir scharf rechts in den Weg ein (wer sich von dem schönen Tal nicht trennen mag oder nicht gerne bergauf und -ab steigt, der kann auch weiter nach Unterbürg und im Weißen Laabertal noch bis *Staadorf* und *Erbmühle* und von dort zurück nach Dietfurt wandern). Nach ca. 15 Min. erreichen wir auf der Anhöhe die kleine Ortschaft *Muttenhofen*, wandern durch Eismannsdorf und überqueren später die Straße nach Premerzhofen. Nach 800 m gelangen wir an den Waldrand, wo uns linker Hand vom ausgebauten Weg der Waldpfad (Nr. 1) bergab nach Breitenbrunn führt. Der Ort lohnt einen Rundgang (→ „Dietfurt/Ausflüge in die Umgebung“). Nach ca. 100 m zweigt in Breitenbrunn rechter Hand der Pfarrleithenweg ab, dem wir bis zum Sportplatz folgen. Dort rechts und danach wieder links am Waldrand entlang zum Rundweg nach Dietfurt („WM“). Vorbei am Campingplatz, den wir links unten im Tal der Wissinger Laaber erkennen, führt uns der Weg immer am Hang entlang in einer groß gezogenen Kurve, vorbei an der Untermühle und an St. Bartlmä, nach *Haas.* Dort stoßen wir auf der gegenüberliegenden Straßenseite wieder auf unseren Weg zurück nach **Dietfurt.**

Wanderung Nr. 6: Von Kelheim nach Weltenburg (und zurück mit dem Schiff)

Für die folgende Halb-Tages-Tour werden gutes Schuhwerk und entsprechendes Gehvermögen vorausgesetzt. Der Ausflug beginnt und endet in **Kelheim** am großen Parkplatz in der Nähe der Schiffslände Kelheim/Donau. Sie benötigen für unterwegs neben dem Verpflegungsgeld (Mittagstisch in Weltenburg) das Fahrtgeld für eine einfache Schiffstour von Weltenburg bis Kelheim und für die Fähre in Stausacker. Vom Parkplatz (Wöhrdplatz) geht es in die Bahnhofstraße. Am Kriegerdenkmal (großer Rundbau) biegen wir nach links in die Stadtknechtstraße ein. Unterhalb der Michaelskirche zweigen wir nochmals links ab in die Fischergasse, die uns bald aus der Stadt herausführt. Der Weg ist mit der Markierung des Jakobsweges und des Altmühl-Panoramaweges ausgezeichnet. Er führt entlang der Donau (Donaupromenade) zum *Klösterl,* wo wir eine erste Pause einlegen. Die Anlage geht auf die Einsiedelei des Antonius von Siegenburg zurück, der um 1450 eine Felsgrotte zu einer Klause umbaute. Sein Ende war tragisch. Auf einer Reise nach Wien wurde er erschlagen. Nach der Übernahme durch die Franziskaner wurde das idyllisch gelegene „Bruderloch“ an der Donau zu deren Sommersitz ausgebaut. Noch heute ist die in den Felsen gehauene Höhlenkirche an einer Altarnische und einer Treppe auszumachen. Von der alten Franziskanerkirche ist noch eine Langhauswand mit zwei Fensteröffnungen erhalten geblieben. Über einer spitzbogigen Tür erinnert die Jahreszahl 1457 an den Orden „Santi Francisci“. Im Jahre 1608 wurden gleich daneben die Nikolauskapelle und ein Wohnhaus erbaut. Es folgte noch ein kleiner Turm mit einem ansehnlichen Achteckobergeschoss.

Am Ende des Uferweges – hier beginnt der Donaudurchbruch – führt ein Pfad rechts in den Wald auf die Felshöhen hinauf, von denen sich ein stets wechselnder und immer faszinierender Ausblick auf den Donaudurchbruch ergibt! Im Wald halten wir uns links und gelangen so wieder auf den Panorama-Weg, der uns nach

Am Ziel aller Träume: im Biergarten des Klosters Weltenburg

Stausacker führt, wo uns eine Fähre über den Fluss nach Weltenburg bringt. (April bis Okt. tägl. 8–11 Uhr und 12–17 Uhr; 1 €, erm. 0,50 €, Pkw ca. 1,60 €). Die Fähre setzt uns in *Weltenburg* an der Asamstraße ab, die rechter Hand in die Ortschaft Weltenburg führt (links geht's zum Kloster). Der Ort schmiegt sich an die Südausläufer des Arzbergs, auf dem, wie auf dem benachbarten Michelsberg, einst Kelten siedelten. Zwei Wälle und mehrere Schürfgrubenfelder konnten entdeckt werden. Die Kirche St. Johannes der Täufer geht auf das 12. Jh. zurück. Eine Rarität ist die Figur Gottvaters aus dem 17. Jh. am Hochaltar. (Zur Einkehrmöglichkeit in Weltenburg → S. 252 f.)

Von Weltenburg aus reihen wir uns in den Besucherstrom ein, der sich in der Hochsaison langsam in Richtung Kloster schiebt. Der Weg führt über die Asamstraße direkt in den Klosterkomplex mit der Asamkirche und der Klosterschänke als Besuchshöhepunkte. Vom Kloster führt ein Weg zur Donau und an dieser entlang zur Schiffslände Weltenburg. Hier besteigen wir eines der Schiffe der „Weißen Flotte" Richtung Kelheim.

Zwischen der sog. Hienheimer Pfanne im Süden und der Kelheimer Pfanne im Nordosten bahnt sich die Donau ihren Weg durch die Weltenburger Enge. Ein Weg, den die Donau durch die Hebung der Juratafel vor ca. 200.000 Jahren von einem kleineren Zufluss (Urlech) übernommen hatte. So wie das Untere Altmühltal für den aus der Frankenhöhe kommenden Fluss eine Nummer zu groß ist, so scheint der Durchbruch bei Weltenburg für die Donau eine Nummer zu klein zu sein. Das aber schuf erst diese bizarre Landschaft, von der viele sagen, sie sei der schönste Abschnitt der Donau auf ihrem langem Weg vom Schwarzwald zum Schwarzen Meer. Typisch sind die steil aus dem Talgrund aufragenden Riffbänke des ehemaligen Jurameeres. Sie bestehen aus Massenkalken, deren starke Klüftung nach dem Rückzug des Meeres infolge von Verwitterungseinflüssen entstanden ist. Diese

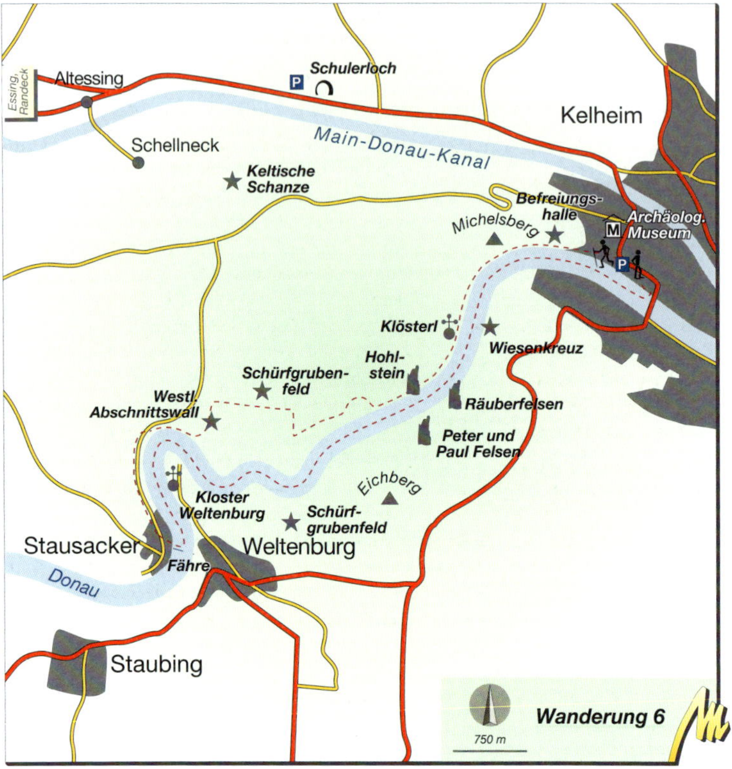

Riffkalke sind aus Korallen- und Schwammbänken aufgebaut. Vom Donauschiff aus erschließt sich der Zauber dieser Juralandschaft. Es fällt nicht schwer, sich vorzustellen, dass die skurrilen Felsbildungen schon früh die Fantasie der hier lebenden Menschen angeregt haben und aus den Felsen versteinerte Götter, Heilige oder Dämonen werden ließen. Sobald wir das Kloster hinter uns gelassen haben, verengt sich das Tal zu einem Canyon. Fast fühlt man sich bedrängt durch die nahe ans Ufer tretenden, steil aufragenden Felswände. Wir passieren die „Lange Wand" (links), die das Zentrum der Weltenburger Riffmasse bildet. Flussabwärts werden die Felsbastionen dann wieder kleiner. Auch Platz für den Wanderweg ist jetzt am Ufer vorhanden. Der Weg führt an der „Kanzel" vorbei. Weitere Felsen folgen: die „Bischofsmütze", der „Bayerische Löwe", der „Unanständige Mann" oder die „Schwangere Jungfrau" – der Schiffführer lässt in seinem Kommentar keinen aus.

Linker Hand öffnet sich der dichte Wald zur Lichtung *Wipfelsfurt,* auf der sich früher ein Landgut der Wittelsbacher befand. Gegenüber baut sich die Felsengruppe „Peter und Paul" auf. Es folgt linker Hand das „Bienenhaus", ein löcherartig ausgewittertes Felseck, das einen wildromantischen Überhang bildet. Darunter schlängelt sich der Wanderweg zum Klösterl. Gegenüber passieren wir den „Räuberfelsen", der schon in der Jungsteinzeit bewohnt war, wie auch die Höhlen unterhalb des „Wiesenkreuzes“ am „Affekkinger Stein“. Nur wenige Minuten Schifffahrt trennen uns von Kelheim, wo wir am Parkplatz wieder am Ausgangspunkt unserer Halb-Tages-Tour angekommen sind.

Der Altmühltal-Panoramaweg

Der Altmühltal-Panoramaweg beginnt in der Museenstadt Gunzenhausen, die auch Zentrum des Fränkischen Seenlandes ist. Er verläuft durch den Hahnenkamm und stößt bei Treuchtlingen wieder ins Altmühltal. Von hier bis Kelheim verläuft der Weg abwechselnd im Tal oder auf der Höhe. Wer sich auf Schusters Rappen begibt, kann auf der 200 km langen Tour viel entdecken. Kostenlos ist das Panorama mit wildromantischen Felsen und sonnigen Wacholderheiden. Wer mehr Zeit hat, kann auf den sog. Schlaufen (Schlaufenwege Nrn. 1 bis 27, meist Tagestouren) seine Tour ausweiten und in der Nähe gelegene idyllische Seitentäler, Kulturgüter und Kleinodien erkunden. Die Schlaufen führen jeweils zum Panoramaweg zurück. Die Kilometerangaben in Klammern geben die Entfernung zum Ausgangspunkt des Altmühltal-Panoramaweges in Gunzenhausen an. Die Kilometerangaben für die Schlaufen stehen separat.

Wer möchte, kann mit der Schlaufe 1 (Teufelsmauer, 16 km) anfangen. Sie beginnt, wie der eigentliche Panoramaweg, bei der Stadthalle im Westen Gunzenhausens. Dieser führt auf den Hahnenkamm zum Schloss Spielberg (Schlaufe 3, Hahnenkamm, 24 km), das wir schon von weitem sehen. Von hier führt der Weg in Richtung Osten mit herrlichen Ausblicken zum Hesselberg und weit über den Altmühlsee. Es folgen die „Gelbe Bürg“, eine vor- und frühgeschichtliche Höhensiedlung, und die „Steinerne Rinne“ (18 km) bei Wolfsbronn, eine geologische Besonderheit dieser Region. Ab hier verläuft auch der „Europäische Fernwanderweg Nr. 8 Nordsee-Karpaten“ auf unserer Route. Danach geht es am Waldrand entlang mit wunderbarem Blick ins Tal der östlichen Rohrach. Nach der Talquerung steigen wir im Wald leicht bergan, und am Waldrand angekommen, gehen wir in Richtung Osten ins Heumöderntal, an dessen Ende Treuchtlingen (41 km) mit seinen Thermen liegt, die zum Relaxen einladen (Schlaufe 6, Altmühlblick, 15 km).

Von Treuchtlingen nach Pappenheim (49 km) führt uns der Weg ab Dietfurt über die Höhe (Schlaufe 7, Reichsstadtweg nach Weißenburg, 16 km, Rückfahrt mit der Bahn). In Pappenheim (Schlaufe 8, um Pappenheim 6 km) beeindruckt die weithin sichtbare, geschichtsträchtige und große Burgruine. Von Pappenheim gehen wir am Hang (mit reizvollen Ausblicken ins Tal) und später auf der Höhe durch den Wald nach Solnhofen (56 km; Schlaufe 9, Mörnsheim/Langenaltheim/Solnhofen, 21 km), wo es im Bürgermeister-Müller-Museum u. a. den Urvogel Archäopterix zu bestaunen gibt. Der Panoramaweg führt uns zu den „Zwölf Aposteln“ (Dolomitfelsen) nach Esslingen und dann aus dem Tal über Maxberg (Steinbrüche für Fossiliensammler) nach Mörnsheim zum Schlossberg und bei Altendorf wiederum ins Altmühltal. Beim beliebten Bootsrastplatz Hammermühle steigt der Weg an und führt auf der Höhe entlang und bei Hagenacker wieder ins Tal (kurz davor Schlaufe 12, Schernfeld, 24 km; diese stößt erst wieder bei Obereichstätt auf den Panoramaweg). Unser Weg führt entlang der Bahnlinie nach Dollnstein (73 km), danach vorbei am markanten Burgsteinfelsen, einem beliebten Kletterfelsen, nach Breitenfurt und später nach Obereichstätt. Die Altmühl schlängelt sich in großen Kurven dahin und ab Dollnstein besonders beeindruckend, weil ab hier die Urdonau (Schlaufe 11, Urdonauweg Dollnstein-Wellheim, 17 km) das Tal der Altmühl ausräumte.

Große Prall- und Gleithänge wechseln sich ab bis zur Dom- und beliebten Universitätsstadt Eichstätt (88 km).

Von Eichstätt (Schlaufe 14, Eichstätt, 15 km) führt der Weg nach Osten aus dem Tal, dann liegt auf der gegenüberliegenden Seite das Römerkastell Pfünz und im Wald geht es weiter zur Mammuthöhle (davor Schlaufe 15, Walting 19 km). Unser Weg führt uns weiter über Rieshofen und oberhalb von Gungolding wieder hinunter an die Altmühl in Arnsberg, wo auf steilem Fels das Schloss thront. Ein Abstecher hinauf lohnt sich, weil sich eine Gaststätte darin befindet und sich ein einmalig schöner Blick ins Tal bietet (Schlaufe 16, nach Kipfenberg auf dem sog. Mühlenweg, 23 km).

Von Arnsberg geht es ein Stück auf der Straße weiter in Richtung Norden und dann rechts zwischen den Häusern schräg den Hang hinauf. Oberhalb der Felsen führt uns der Weg auf dem leicht geneigten Gleithang hinab nach Böhming. Wir überqueren die Altmühlbrücke und folgen dem Weg nach rechts. Kurze Zeit später biegen wir links ab, hier steigt der Weg nun steil hinauf zum Limes und zu einem rekonstruierten römischen Wachtturm. Kurz darauf lädt uns Kipfenberg (119 km) zu einer Rast ein. Die imposante, steil aufragende Burg beherbergt ein Römer- und Bajuwarenmuseum sowie ein Fasenicklmuseum. Der Panoramaweg führt im Nordwesten wieder den Hang hinauf, durch eine neue Kipfenberger Wohnsiedlung und danach im Wald nach rechts. Im Prinzip verläuft der Weg jetzt länger in Richtung Norden und durch den Wald nach Kinding (127 km). Die beeindruckende Wehrkirche lohnt einen Besuch und gemütliche Biergärten und Cafés laden zum Ausruhen ein. Wer Zeit hat, kann sich auf den Schlaufen 17 (ab Erlingshofen nach Titting, 20 km), 18 (Kinding: Romantikweg im Anlautertal, 19 km) und 19 (Greding: Schwarzachtal-Panoramaweg, 23 km) nach Belieben betätigen. Das Anlautertal ist eines der lieblichsten Seitentäler des gesamten Altmühltals.

Unser Panoramaweg führt uns bei Kinding über die Altmühl den Hang hinauf und dann in Richtung Westen nach Unteremmendorf. Kurz davor werfen wir einen unvergesslichen Blick ins Tal und laufen durch ein Felsentor. Im Tal geht es jetzt gemütlich weiter entlang der Altmühl zum Erholungszentrum Kratzmühle, wo wir bei entsprechenden Temperaturen ein kostenloses Erfrischungsbad nehmen. Ein Besuch im Technikmuseum bietet sich auch an. Auf der gegenüberliegenden Talseite führt uns der Weg, ab Badanhausen leicht ansteigend, auf die Höhe über Schloss Hirschberg und hinunter zum Main-Donau-Kanal und Beilngries (144 km; Schlaufe 22, Beilngries–Berching, 19 km). Leicht bergauf führt unser Weg Richtung Südosten über den Arzberg nach Dietfurt a. d. Altmühl (155 km; Schlaufe 23, Dietfurt - Breitenbrunn, 25 km). Die Idylle der beiden Täler von Weißer und Wissinger Laaber, durch die uns die Schlaufe 23 führt, ist durch nichts zu überbieten.

Ab Dietfurt geht es auf der rechten Talseite auf halber Höhe am Hang entlang, z. T. durch den Wald. Unten liegt die Wallfahrtskirche Griesstetten. Auf der anderen Talseite folgen der Wolfsberg und der kleine Ort Mühlbach, der 2001 durch die Entdeckung der ersten großen Flusshöhle in der Frankenalb bekannt wurde. Unser Weg führt gemütlich am Waldsaum über Deising (Einkehrmöglichkeit), den Rosskopf und später nach Obereggersberg (Schloss mit Hofmarkmuseum). Der Weg bleibt auf der Höhe und führt später hinunter nach Gundlfing, um auf der anderen Talseite wieder anzusteigen. Auf der Höhe mit herausragenden Ausblicken gelangen wir nach Riedenburg (177 km; Schlaufe 24, nach Altmannstein auf dem Schambachtal-Wanderweg, 19,5 km und Schlaufe 25, Riedenburg, Wanderung Nr. 13,

12 km). In Riedenburg gibt es die Rosenburg mit dem Falknereimuseum und das Kristallmuseum zu besichtigen.

Nach Überquerung des Main-Donau-Kanals geht es auf der anderen Seite nach Einthai, wo gegenüber das romantische Schloss Prunn grüßt. Unser Weg führt sogar zu ihm hinauf und wir gelangen später nach Essing (geheimnisumwitterter Blautopf und Ruine Randeck). Es lohnt auch ein Abstecher zur nahe gelegenen Schauhöhle Schulerloch. Wiederum auf der anderen Talseite gehen wir gemütlich im Tal unserem Ziel Kelheim (200 km; Schlaufe 26, Essing-Ihrlerstein, 22 km und Schlaufe 27, Kelheim, Weltenburger Weg, 12,5 km) entgegen. Vor Kelheim geht es aber noch einmal hinauf, wo wir die einmalige Aussicht auf Kloster Weltenburg und den Donaudurchbruch genießen können.

Bootwandern auf der Altmühl

Die Altmühl ist von Neunstetten bei Herrieden bis Dietfurt mit dem Boot befahrbar. Von Neunstetten bis Ornbau-Gern ist das Bootwandern aus zweierlei Gründen nicht empfehlenswert: Zum einen sollte man der Altmühl, die in diesem Bereich noch klein und weitgehend natürlich ist, Schonung gönnen. Zum anderen ist diese Strecke für Bootwanderer nicht gut präpariert, es fehlt die nötige Infrastruktur (Bootsrastplätze, Umsteigetreppen etc.). Im Bereich von Dietfurt bis Kelheim ist Bootfahren etappenweise möglich.

• *Zu den Angaben im Text* In der folgenden Streckencharakteristik sind die Flusskilometer (von Kelheim aus flussaufwärts) in Klammern angegeben. „U" bedeutet Umtragen wegen eines nicht befahrbaren Wehrs oder einer Schleuse, „r" rechts (flussabwärts), „l" links, „BR" Bootsrastplatz, „BRZ" Bootsrastplatz mit Zeltmöglichkeit, „P" Parkplatz. Die Sehenswürdigkeiten an den Stellen, wo Bootsrastplätze vorhanden sind, werden in den entsprechenden Ortskapiteln beschrieben. Die Landschaftsbeschreibung der Strecke erfolgt im Kapitel „Radeltouren" (→ S. 50 ff.).

1. Etappe: Von Neunstetten bis Treuchtlingen

Neunstetten (192), Mühlbruck (185, U, r), Herrieden (184, P), Thann (180), Ornbau (168, W, U). Ab der Umsteigestelle beim Wehr von Ornbau wird das Bootwandern komfortabler. Der Streckenverlauf führt von Ornbau über den Altmühlzuleiter in den See. An der Vogelinsel vorbei (Achtung Naturschutzgebiet!) führt der Weg zum Südufer. Hier muss am Auslass umtragen werden (r). Neben dem Parkplatz Süd kann erneut eingesetzt werden. Die Altmühl ist dann wieder befahrbar bis Gunzenhausen-Stadthalle (Rennsteig, 153,5), wo das Wehr bei der Altmühlbrücke (Gunzenhausen-Aha) nochmals umtragen werden muss (r).

Auf der folgenden Strecke von Aha bis Treuchtlingen kann es Schwierigkeiten mit dem Wasserstand der Altmühl geben, der in den vergangenen Jahren z. T. zu niedrig war. Dittenheim (149,7), Bubenheim (133,8, BR), Treuchtlingen (130, P). Umsteigeplatz hinter der ersten Straßenbrücke (auf Höhe des Wellenbades) bei der Wehranlage, die nur im Sommer bei niedrigem Wasserstand durchfahren werden kann. Nach der zweiten Straßenbrücke (130,3) folgt ein Holzsteg für Fußgänger. Hier befindet sich ein kleines Überlaufwehr, das bei normalem Wasserstand überfahren werden kann. Ist dies nicht der Fall, muss umtragen werden. Hier befindet sich auch ein Bootsrastplatz mit Zeltmöglichkeit, allerdings ohne Sanitäreinrichtungen.

Bootsservice beim Gasthaus zum Hollerstein in Zimmern

2. Etappe: Von Treuchtlingen bis Töging

Die zweite Etappe ist die schönste Strecke für Bootwanderer auf der Altmühl, sodass es empfehlenswert ist, in Treuchtlingen einzusetzen und bis Dietfurt-Töging zu wandern. Dietfurt (128,2, P, BR), Grafenmühle (126,2, Vorsicht: gefährliche Strömung beim Brückenjoch), Pappenheim (122,9, U, l, P, BRZ), Zimmern (118,9, U, r, P, BRZ), Solnhofen (114,7, BRZ, P, U bei der Solnhofer Mühle), 12 Apostel (links), Eßlingen (112), Altendorf (108,9), nach der Straßenbrücke folgt ein Natursteinwehr mit Bootstreppen (r) und einer befahrbaren Bootsgasse (wildromantisch!). Danach befindet sich bei der Hammermühle (108) ein attraktiver Bootsrastplatz mit Zeltmöglichkeit und Unterstellhütte. Hagenacker (104,7, befahrbares Wehr, BR), Dollnstein (102,2, P, BR, Zeltplatz rechts hinter der Straßenbrücke). Von Dollnstein an wird das Tal breiter. Die Altmühl bahnt sich im alten Flussbett der Urdonau ihren Weg nach Kelheim.

Bubenrother Mühle (100, U, l), Breitenfurt (99,5, BRZ m. Sanitärgebäude und Spielplatz), Obereichstätt (94,3), Wasserzell (90,8, P, BRZ), Rebdorf (89,2, U, r), Eichstätt (85,5, P, U unter der Straßenbrücke, r), Aumühle (85, P, U, l, BRZ), Pfünz (78,5), Inching (77,6, P, BRZ), Walting (74, U, l), Rieshofen (74, BR mit Bademöglichkeit), Pfalzpaint (69,8), Gungolding (67,8, BRZ), Arnsberg (65,3), Kipfenberg (58,9, BRZ an der Brücke), Grösdorf (58), Ilbling (55, BRZ), Kinding (52,3, BRZ), Unteremmendorf (49, BR), Freizeitzentrum Kratzmühle (46,3, P, U, l, BRZ; ausführliche Beschreibung), Beilngries (43,3, P, BRZ), Kottingwörth (38,6, BRZ), Kottingwörther Mühle (37,8, U, l) und Töging (34, P, BRZ). Hier endet die Altmühl als befahrbarer Fluss.

In ihrem Oberlauf fließt die Altmühl an idyllischen Dorfpartien vorbei, wie hier in Frommetsfelden

Oberes Altmühltal

Das Obere Altmühltal stellt eine vorwiegend ländlich-bäuerliche Landschaft dar, in welche die Freizeitindustrie noch nicht vorgedrungen ist. Hier, zwischen Burgbernheim und Ornbau, ist es noch möglich, zu Fuß durch die Lande zu stromern und die Wirtsleute nach einer Bleibe zu fragen, auch wenn diese keine Fremdenzimmer anbieten. Hier kann man noch in der Wiesle liegen, träumen und in veralgten Dorfweihern ein Bad nehmen. Hier werden am Samstag die Dorfstraßen gekehrt, und hinter der stillgelegten Mühle hat sich ein bemooster Mühlstein inmitten von Brennnesseln zur letzten Ruhe niedergelassen

• *Information* **Tourismusverband Romantisches Franken**, Am Kirchberg 4, 91598 Colmberg, ✆ 09803/94141, 📠 94144, www.romantisches-franken.de. Mo–Do 8–12 und 13–17 Uhr, Fr 8–12 und 13–16 Uhr; in der Saison (1.4.–31.10.) auch Sa/So 13–17 Uhr. Die hilfsbereite und freundliche Crew gibt gute Tipps für Ausflüge etc. Hier sind auch das „Freizeitmagazin mit Gastgeberverzeichnis" und die Info-Broschüre „Sehenswertes im Romantischen Franken" erhältlich.

Naturpark Frankenhöhe e. V., Crailsheimstr. 1, 91522 Ansbach, www.naturpark-frankenhoehe.de.

Burgbernheim

Der staatlich anerkannte Erholungsort ist eine typisch fränkische Kleinstadt und liegt idyllisch zu Füßen des Kapellenbergs am Rande eines ausgedehnten Waldgürtels. Fachwerkhäuser prägen das Ortsbild. Die mächtige Kirchenburg mit ihrem Torturm überragt die Dächer von Burgbernheim. Das Städtchen gehört zum Naturpark Frankenhöhe, einem Erholungsgebiet von nahezu 1000 km² Größe. Zahlreiche Wanderungen bieten sich an.

- *Vorwahl/PLZ* 09843/91593.
- *Information* **Tourist-Information**, Rathausplatz 1, ✆ 309-0, 📠 30930, www.burgbernheim.de.
- *Übernachten/Essen & Trinken* **Hotel-Waldgasthof Wildbad**, südlich von Burgbernheim in den historischen Gebäuden des ehemals königlichen Kurbades, ruhig inmitten eines idyllischen Waldgebietes gelegen. Mit dem Pkw kann man direkt bis ans Hotel heranfahren. Das gastronomische Angebot ist umfassend. Spezialitäten sind Wildgerichte und Forellen direkt aus dem hauseigenen Quellwasserbecken. Ansonsten internationale Küche und hauseigene Konditorei. Ausreichend Räumlichkeiten für Tagungen vorhanden. 42 Betten stehen bereit, DZ mit DU/WC ab 60 €. Aufenthaltsraum, Sauna mit Quellwasserbecken, Fernsehraum, Liegewiese, Kinderspielplatz. Kinder sind willkommen! Romantische „Wildbadstube" mit offenem Kamin (80 Personen), Markgräflicher Jagdsaal und große Gartenterrasse. Di Ruhetag. Wildbad 1–3, ✆ 1321, 📠 2877, www.waldgasthof-wildbad.de.

Gasthof zum Goldenen Hirschen, erstes Haus am Ort, idyllisch hinter zwei großen Kastanienbäumen gegenüber dem Rathaus gelegen. Für Gruppen geeignet (Saal für 70 Personen). Innen wurde renoviert und so entstand ein schöner, lichtdurchfluteter Saal für ca. 100 Personen. Die eigene Schlachtung bürgt für gute Speisenqualität. Hier wird noch echt und deftig Fränkisch gegessen. Große Auswahl an Weinen. Mittwoch Ruhetag. DZ mit DU/WC ab 50 €. Windsheimer Str. 2, ✆ 936880, 📠 2865, www.gasthofhirschen.de.

Ristorante Pizzeria La Pergola, Haus in ruhiger Lage mit 12 Gästebetten; DZ mit Du/WC ab 40 €; Mit Biergarten, in der Saison warme Küche tägl. 15–24 Uhr, So 12–24 Uhr. Max-Merkel-Str. 7, ✆ und 📠 1680.

Gasthof Jägerklause, gemütlich eingerichtete und kinderfreundliche Wirtschaft „nach Jägerart", gutbürgerlich-fränkische Küche, hauseigene Schlachtung, Wildspezialitäten. DZ mit DU/WC ab 42 €. Montag Ruhetag. Untere Kirchgasse 2, ✆ 1337.

Langs-Keller, schön gelegene Sommerwirtschaft südwestlich des Orts (Richtung Wildbad). Es gibt eine ausgezeichnete Brotzeit. Auch Kaffee und Kuchen werden angeboten. Bei schönem (!) Wetter Mi, Sa und So ab 14 Uhr. Rodgasse11, ✆ 3133.

- *Freibad* Mit großer Liegewiese; 1 von 3 Becken beheizt; 9–20 Uhr; Freibadstraße 1–3, ✆ 587.
- *Nordic-Fitness Sportspark* 7 Strecken zwischen 2,9 und 11,7 km (versch. Schwierigkeitsgrade). Info ✆ 3090.
- *Angeln am Landschaftssee* (Karpfen, Schleien und Zander); Infos im Rathaus, ✆ 30934.
- *Kinderspielplätze* Auf dem Kapellenberg und in der Ostdeutschen Straße.
- *Minigolf* Freibadstr. 9 (in der Nähe des Freibads), bewirtschaftet. Di–So 14–20 Uhr. ✆ 3913095.
- *Tennis* 3 Plätze des Tennisclubs in der Kapellenbergstraße, ✆ 1228.
- *Kneippen* Wassertretanlage, Pfarrgartenweg.
- *Wintersport* Piste (750 m) mit 2 Schleppliften und 1 Skihütte auf der Frankenhöhe. Parkplatz im Westen, am Bhf. Burgbernheim-Wildbad.
- *Veranstaltungen* **Handwerkermarkt** am 1. Sonntag im September; **Karpfenessen** eine Woche vor Kirchweihsamstag.

Kirchweih: in der 3. Woche im September. Auf dem Marktplatz ist Festbetrieb mit Buden und Karussell.

Sehenswertes

Stadtpfarrkirche St. Johannis: Vom Kapellenberg führt der Weg am neuzeitlichen, aus Rothenburger Muschelkalk errichteten Kriegerdenkmal vorbei über den Friedhof zur evangelisch-lutherischen Stadtpfarrkirche St. Johannis. Das romanische Kirchenportal ist der älteste Bauteil des Gotteshauses und auch des Ortes. Es stammt aus dem Jahre 1102, als der Würzburger Bischof *Einhard* daran ging, die verwüstete Vorgängerkirche durch einen Neubau zu ersetzen. Eine Rarität stellt die stilisierte *Perlenschnur* dar, welche zusammen mit kunstvoll gestalteten, blattförmigen Verzierungen den Rundbogen des dreifach gestuften Südportals schmückt. Das Gewölbe, die Pfeiler und den hoch aufstrebenden Chor erhielt die Kirche in den Jahren 1443 und 1444, als man sie gründlich „sanierte", d. h. dem spätgotischen Zeitgeschmack anpasste.

Im „Wildbad“ trafen sich einst Könige und Kaiser

Torhaus: Das Wahrzeichen der Stadt befindet sich unterhalb der Kirche. Die *Kirchabruggn,* wie das Torhaus liebevoll von den Bewohnern genannt wird, ist ein reich mit Fachwerk geschmücktes Gebäude aus dem Jahre 1545. Es war einst mit einer Zugbrücke bewehrt und bildete zusammen mit vier Ecktürmen und einem doppelten Mauerring eine imposante Friedhofs-Befestigungsanlage. Von den Türmen steht heute nur noch der Seilersturm – ein Rundturm mit achtseitigem Fachwerkobergeschoss aus dem 16. Jh.

Altstadt: Burgbernheim besticht durch die große Anzahl seiner gut erhaltenen Fachwerkbauten und die erst jüngst erfolgte, gelungene Altstadtsanierung. 28 Gebäude mit sichtbarem Fachwerk zählt die offizielle bayerische Denkmalliste (insgesamt 57 denkmalgeschützten Objekte), darunter die *Rossmühle* in der Rossmühlgasse, ein stattlicher Walmdachbau mit Fachwerkobergeschoss aus dem Jahr 1558, das nach der Renovierung für Veranstaltungen offen steht, und das *Rathaus,* ein neuerer, ansehnlich gestalteter Mansarddachbau von 1801 an der Ecke Marktplatz/Rathausgasse, wo sich auch der neue *Bärenbrunnen* befindet.

Wildbad: Das Mineralheilbad Wildbad, eines der ältesten Deutschlands, liegt südlich der Altstadt, in einer wildromantischen Schlucht im Quellgebiet des *Tiefenbachs,* eines Zuflusses der Aisch. Nur wenige Kilometer entfernt entspringt die Altmühl, d. h. wir befinden uns hier auf der Europäischen Hauptwasserscheide, der Trennlinie zwischen dem Rhein- und dem Donau-System. Eine wasserreiche Gegend, die schon seit jeher Mensch und Tier zum Verweilen anregte. Der Wald birgt gleich drei mittelalterliche Abschnittsbefestigungen: am *Schlossberg,* auf der *Bismarckhöhe* und am *Wolfhausrangen.* Für Kunsthistoriker und medizingeschichtlich Interessierte ist das Wildbad von besonderem Interesse: Es handelt sich um eine Kurbadanlage des 18. Jh.s, die im 19. Jh. nur unwesentlich und im 20. Jh. so gut wie gar nicht mehr erweitert oder modernisiert wurde.

Die ersten Bauten des alten Kurbades stammen aus dem 15. Jh. Berichtet wird, dass *Kaiser Karl IV.* sich hier von einem „Magengrimmen" erholt habe. 1712 wurden auf Initiative von *Markgraf Christian Ernst* neue Kur- und Badeanlagen errichtet (Kurhaus, Gasthaus). Alleen wurden angelegt, steinerne Treppen, Laubengänge, Reitställe und Wirtschaftsgebäude gebaut.

Der letzte Markgraf des Fürstentums Brandenburg-Ansbach, *Alexander*, ließ oberhalb der Badeanlage ein dreiflügeliges Schloss errichten, nachdem er sich vergeblich bemüht hatte, in den Besitz des Wildbades zu gelangen. Heute sind in dem sog. Markgrafenbau die katholischen Pfadfinder zu Hause.

Als Mitte des 19. Jh.s die Eisenbahn nach Burgbernheim und Umgebung kam, erhoffte man sich für das Kurbad einen wirtschaftlichen Aufschwung. 1864 baute man ein neues Badehaus mit achtzehn Kabinen.

Doch die nahe Konkurrenz von Bad Windsheim und der überregionale Ruf der fränkischen Bäder von Bad Steben oder Bad Kissingen ließen das Wildbad bei Burgbernheim nie so recht zur Entfaltung kommen. Der eigentliche Badebetrieb geriet zusehends in den Hintergrund. Zwei Kegelbahnen wurden in den Wald gestellt, und im neuen Saal konnte man das Tanzbein schwingen. Als das Anwesen 1980 schließlich in Privatbesitz überging, legte man sich endgültig auf die vergnügliche Seite fest.

Auch heute besucht man das Wildbad, um sich von der anerkannt guten Gastronomie verwöhnen zu lassen. Natürlich kommt auch der Erholungssuchende nicht zu kurz, schließlich sind von den ursprünglich sieben Brunnen noch drei zugänglich und benutzbar: der *Doktorsbrunnen*, das *Augenbrünnlein* und der *Kochbrunnen*. Ihre Wasser enthalten vor allem Schwefelwasserstoff, schwefelsaure Salze, Eisenoxyde, Ton- und Kieselerden sowie Chlor und Chlornatrium. Empfohlen werden sie bei Gichterkrankungen und rheumatischen Beschwerden.

Ausflüge nach Rothenburg ob der Tauber und Bad Windsheim

▸ **Rothenburg ob der Tauber,** die ehemalige Freie Reichsstadt, gilt als Inbegriff der Romantik in Deutschland. In den engen Gassen findet sich eine Fülle geschichtsträchtiger Bauten und dicht gedrängter Fachwerkfassaden mit schmucken Hausgiebeln, verspielten Erkertürmchen, heimelig anmutenden Dachhäuschen und einladenden Türportalen. Aber auch Auserlesenes bekommt man hier zu Gesicht. Etwa den *Heiligblutaltar* in der St.-Jakobs-Kirche, der 1501 beim „Meister Dill", bei *Tilmann Riemenschneider*, in Auftrag gegeben wurde. Im rechten Winkel zur St.-Jakobs-Kirche steht das Rothenburger *Rathaus* aus dem 13. Jh. Das ganze Marktplatzensemble besticht durch seine baugeschichtliche Vielfalt. Süddeutsche Renaissance-Architektur zeigt sich hier in vollkommener Eleganz. Das *Spitaltor* mit seinen beiden Basteien ist einer von den 43 noch erhaltenen Tor- und Mauertürmen von Rothenburg, darunter der *Siebersturm* und das *Plönlein* sowie der *Markusturm* mit *Röderbrunnen*. Rothenburg mit seinen 12.500 Einwohnern lebt fast ausschließlich vom Fremdenverkehr. Vor allem Amerikaner und Japaner zieht es in die Straßen, Gässchen und Winkel der „deutschen Gemütlichkeit". Zu den touristischen Sehenswürdigkeiten zählen auch das Reichsstadtmuseum im Klosterhof, das mittelalterliche Kriminalmuseum in der Burggasse und Käthe Wohlfahrts Weihnachtsdorf in der Herrngasse.

Information **Rothenburg Tourismus Service**, Marktplatz 2, 91541 Rothenburg o. d. Tauber, ✆ 09861/404800, 📠 404529, www.rothenburg.de.

▶ **Bad Windsheim** war eine der vier freien Reichsstädte im heutigen Mittelfranken. Das anerkannte Kurheilbad verfügt mit dem **Fränkischen Freilandmuseum** über eine kulturelle Attraktion ersten Ranges. Der Bezirk Mittelfranken ließ hier im Jahre 1976 einen lang gehegten Traum Wirklichkeit werden: Im Süden der Stadt befinden sich auf einem weitläufigen Gelände zahlreiche Häuser und Höfe aus den mittelfränkischen Landschaften der Frankenhöhe, der Frankenalb und des Altmühltals. Unter sachkundiger Leitung wurden die vom Verfall bedrohten Gebäude vor Ort abgetragen und auf dem Museumsgelände Stein für Stein wieder aufgebaut.

• *Information* **Kur-, Kongress- und Touristik GmbH**, Erkenbrechtallee 2, 91438 Bad Windsheim, ✆ 09841/4020, 📠 40299, www.bad-windsheim.de.

• *Sehenswertes* **Fränkisches Freilandmuseum**, Eisweiherweg 1, Mitte März bis Mitte Dez. Di–So 9–18 Uhr. ✆ 66800, 📠 668099, www.freilandmuseum.de.

Windelsbach

Der Ort, zu dem heute die Ortsteile Hornau, Preuntsfelden und Burghausen gehören, findet schon zu Zeiten Karls des Großen als *dürfflin Windelsbach* Erwähnung. Wir haben es hier mit einem der frühen fränkischen Siedlungsorte zu tun, worauf auch der Name des Gotteshauses schließen lässt. Die **St.-Martins-Kirche** wurde 1241 gebaut. Das Patronat übten zunächst die *Küchenmeister von Nordenberg* aus, später war es die nahe Reichsstadt Rothenburg. Das Innere der Kirche besticht durch seine schlichte Schönheit, ganz im Stil einer südfränkischen Dorfkirche, und birgt einige Kostbarkeiten (spätgotischer Flügelaltar von *Michael Wohlgemut*, wertvolle Schreinfiguren, Sakramentsnische vor 1504, Chorgestühl aus dem 17. Jh.). Die Farbgebung des Altars verleiht dem Chorraum eine würdevolle Eleganz. Sehenswert sind die Wandfresken aus dem frühen 16. Jh.

Das **Windelsbacher Schloss** liegt am östlichen Ortsrand. Es war vermutlich ein Ansitz der *Küchenmeister von Nordenberg*, die es dann an die Reichsstadt Rothenburg verkauften. 1536 kam es in den Besitz der Ansbacher Markgrafen, die es vollständig umbauten bzw. erweiterten (heute Privatbesitz).

• *Vorwahl/PLZ* 09867/91635.

• *Informationen* Gemeinde Windelsbach, Rothenburger Str. 5, ✆ 443, www.windelsbach.de.

• *Übernachten/Essen* **Landhaus Lebert**, gepflegtes Speiselokal mit regionaler Küche. Gediegenes Ambiente zum Speisen (kein Schnickschnack und keine übertriebene Selbstdarstellung). Junge, naturnahe deutsche Küche, Fisch-Spezialitäten (empfehlenswert: Manfreds Fischvariation mit Saisongemüse und Risotto). Dorfmenü für 25 € und Schlemmermenü für 42 €. Große Weinkarte (u. a. fränkische, württembergische, französische, italienische und kalifornische Weine); selbst gemachte Quitten- u. a. Schnäpse. DZ mit DU/WC ab 52 €. TV-Raum, Terrasse; Ruhetag Mo und Di bis 17.30 Uhr. Schlossstr. 8, ✆ 9570, 📠 9567, www.landhaus-lebert.de.

Altmühlquelle, direkt am Beginn des Radwegs „Altmühltal". Platz für 90 Pers., reichhaltige Brotzeitkarte und Sonntag Mittagstisch mit fränkischer Küche (Karpfenspezialitäten von September bis April). Preisgünstige Fremdenzimmer im DZ ab 42 €. Di Ruhetag. Hornau 37, ✆ 09843/1435, 📠 1409, www.gasthof-altmuehlquelle.de.

Gasthaus Zur Krone, gemütliche Bauernwirtschaft mit schöner Holzdecke. Zum guten Jochsberger Bier empfiehlt sich eine kleine Brotzeit mit hausgemachter Wurst im Glas, warmer Mittagstisch auf Bestellung) Angeschlossen ist der *Bio-Landkauf Krahmer* mit breitem Angebot: Getreide, Vollkornbrote, Wurst (z. B. Ochsensalami) u. v. m. 4 wunderschöne Fremdenzimmer (Gersten-, Hafer-, Roggen- und Weizenstube); DZ mit DU/WC ab 48 €. Aktiver Bauernhofurlaub und Felderbegehung mit dem Biobauern gehören ebenso zum Programm wie Brot oder Traditionsgebäck backen mit der Biobäuerin. Burghausen 9, ✆ 380, 📠 1706, www.biolandhofkrahmer.de.

• *Camping* Am Waldschwimmbad im Ortsteil Nordenberg (10 Stellplätze): mit Waldspielplatz und Grillplatz. Info und Anmeldung in der Kneipe Nepermuk, ✆ 09861/5260.

Zeltplatz am Hornauer Weiher mit WC und Umkleidekabinen. Information ✆ 443 o. 698 (Fam. Busch).

• *Barfußpfad* Am Parkplatz beim Nordenberger Waldschwimmbad beginnt der Parcours „Gehen mit allen Sinnen" (verschiedene Materialien als Bodengrundlage, Fühlkästen, Baumtelefon, Balancierstamm, Blindgang u. v. m.). Ein Spaß für die ganze Familie!

• *Einkaufen* **Töpferei Hornauer Häferlesstall**, Di/Mi/Fr 10–18 Uhr, Do 18–19.30 Uhr, Do/Sa. 10–13 Uhr. Große Auswahl an Hornauer Töpferware. Hornau 18, ✆ 09834/1618.

Colmberg

Mit Colmberg erreichen wir einen ersten kulturellen Höhepunkt im Oberen Altmühltal. Wir befinden uns jetzt auf der *Burgenstraße*, die hier von Rothenburg ob der Tauber kommend die Altmühl überquert. Der Ort wird von der gleichnamigen Burg überragt, in deren historischen Räumen sich heute ein angesehenes Schlosshotel befindet.

• *Vorwahl/PLZ* 09083/91598.

• *Information/Ausstellung* **Markt Colmberg**, Gartenstraße 2, ✆ 93290, 📠 932920, www.colmberg.de.

Tourist-Information Romantisches Franken, Am Kirchberg 4, ✆ 94141, 📠 94144, www.romantisches-franken.de. Mit Informationszentrum Naturpark Frankenhöhe; Ausstellung zur Geologie und zu Fauna und Flora der Frankenhöhe, Mo–Do 8–12 und 13–17 Uhr, Fr 8–12 und 13–16 Uhr; in der Saison (1.4.–31.10.) Sa/So 13–17 Uhr.

• *Übernachten/Essen & Trinken* **Hotel Burg Colmberg**, internationale Küche und fränkische Spezialitäten. 50 Betten, DZ mit DU/WC ab 84 €. Museum (Besuch nach Absprache). Liegewiese, Terrasse. Di Ruhetag. Burg Colmberg 1–3, ✆ 91920, 📠 262, www.burg-colmberg.de.

Gutshof Colmberg, unmittelbar unterhalb der Burg mit Gästezimmern und Grillterrasse; DZ mit Dusche/WC ab 56 €. Burgstr. 26, ✆ 1209, 📠 1449, www.gutshof-colmberg.de.

Bauernhaus Ohr, ab 55 €/Tag für 4 Pers., preisgünstiges Haus für Rad-, Reit- und Wandergruppen. Binzwangen 34, ✆ 932217, www.bauernhaus-ohr.de.

• *Freizeit & Sport* **Golfplatz** des Golfclubs Ansbach unterhalb der Burg, 9-Loch-Anlage, mit Driving Range; öffentlicher 6-Loch-Platz mit jeweils 3 Abspielmöglichkeiten pro Loch. Clubhaus, Rothenburger Str. 35, Infos unter ✆ 0981/4880090, www.golf-ansbach.de.

Wildgehege mit Rot-, Dam- und Muffelwild, Steinböcken und Wildschweinen; Eintritt 1,50 €, erm. 0,50 €; Rundweg ca. 45 Min.

Badeweiher Seeräuberfestung, Badeweiher ca. 1 km nordöstlich von Binzwagen, mit Seeräuberinsel, die man über eine Hängebrücke erreichen kann. Sie überquert den Burggraben. Über eine Rutsche ist eine Flucht an Land möglich, und in der Höhle werden die Piratenabenteuer ausgeheckt. Der Weiher besitzt eine große Flachwasserzone für die Kleinen, während die gesundheitsbewussten Eltern in der Kneippanlage Wasser treten, das aus einer unterirdischen Quelle eingespeist wird.

Naturbadeweiher unterhalb der Burg Colmberg (ca. 2 km nördlich von Colmberg neben Skaterplatz, s. u.). Das Wasser kommt aus einer eigenen Quelle. Am Ufer befinden sich Liege- und Spielwiesen sowie ein Bolzplatz und ein Spielplatz.

Spielplatz Käpt'n Blaubär in der Ortsmitte von Meuchlein (auf halbem Weg zwischen Colmberg und Frommetsfelden) mit Kajüte, Rutsche, „Vogelnest", Schaukel und Feuerwehrstange, wenn man ganz eilig das Piratenschiff verlassen muss.

Inliner & Skateboards: Asphaltplatz unterhalb der Burg Colmberg (ca. 2 km nördlich von Colmberg, neben Naturbadeweiher, s. o.).

Angeln in der Altmühl und am Angelweiher (4,1 ha): Karpfen, Schleien, Forellen, Hechte, Zander und Waller; Infos und Angelkarten im Rathaus.

Geschichte: Im Jahre 1128 war Colmberg im Besitz der *Grafen von Hohenlohe*, die auch die Vogtei (weltliche Herrschaft) über Burgbernheim ausübten. Über den Wechsel Colmbergs zu den *Truhendingern*, die 1269 auf „Cholbenberc" saßen, ist

Golfen zu Füßen der Burg Colmberg

nichts Genaueres bekannt. Dass aber die Anlage zu dieser Zeit bereits stark befestigt war, dafür spricht der Umstand, dass alle wesentlichen Bauten aus dem späten 12. Jh. stammen. 1318 veräußerten die Truhendinger die Burg und den Ort an den Nürnberger Burggrafen *Friedrich IV.*, der sich, da Colmberg Reichslehen war, seinen Neuerwerb noch von *Ludwig dem Bayern* bestätigen lassen musste. In markgräflicher Zeit wurde die Anlage zu Beginn des 16. Jh.s ausgebaut und Sitz eines Brandenburgisch-Ansbachischen Oberamtes. Im 19. Jh., als Franken durch Napoleon an Bayern kam, wurde Colmberg Sitz eines Rentamts, bevor es schließlich in Privatbesitz überging.

Burg Colmberg: Die Burg thront auf einem über 500 m hohen Bergsporn und ist von einem mächtigen Erdwall und dazugehörigen Gräben umgeben. Vom Parkplatz durchquert man zu Fuß den äußeren *Bering* (ringförmige Befestigungsmauer) und gelangt alsbald zum mächtigen *Palas* (Wohnbau der Burgherren), der noch aus romanischer Zeit stammt. Der dreigeschossige Bau bildet zusammen mit dem gewaltigen *Bergfried* (Aussichts- und Wehrturm der Burg) die von weitem sichtbare Silhouette von Colmberg, das deshalb als „Wahrzeichen des Oberen Altmühltals“ bezeichnet wird. Zu den Sehenswürdigkeiten der Anlage zählen die *Gerichtslaube* aus dem 16. Jh., das barocke *Brunnenhäuschen* sowie mehrere Pferdestallungen aus dem 18. Jh. Der letzte Markgraf von Ansbach und Bayreuth, *Alexander*, ließ auf Colmberg Fohlenhöfe für die Pferdezucht anlegen, wobei er auf die Veredelung der heimischen Rassen mit holsteinischen und englischen Hengsten besonderen Wert legte.

Die wehrhafte Anlage konnte nie eingenommen werden. Selbst Feldmarschall *Tilly* musste 1631 nach vergeblicher Belagerung Colmbergs unverrichteter Dinge wieder abziehen.

Ausflüge nach Ansbach, Dinkelsbühl und Feuchtwangen

▸ **Ansbach** zählt zu den ältesten Siedlungen des Rangaus. Seine Bedeutung als Sitz der mittelfränkischen Regierung verdankt Ansbach den Hohenzollern, die den Ort um die Mitte des 15. Jh.s zu ihrer Residenz ausbauten. Vom *Markgrafenschloss* mit Orangerie und Hofgarten bis hin zur Markgrafengruft in der *St.-Gumbertus-Kirche* spannt sich der Bogen der fürstlichen Hinterlassenschaften, die Ansbach heute als Sehenswürdigkeiten aufbieten kann. Ein buntes Treiben herrschte einst auf den Plätzen und Gassen der historischen Altstadt, belebte einst die Einkaufsstraßen und Fußgängerzonen – heute läuft das neue „Brücken-Center" der Altstadt den Rang ab. Die *Rokokofestspiele* (Juli) und die *Bachwochen* (August) ziehen Besucher aus nah und fern an. Wer sich auf die Spuren des legendenumwobenen Findlings *Kaspar Hauser* begeben möchte, dem sei ein Besuch des Kreis- und Stadtmuseums empfohlen.

Information **Amt für Kultur und Touristik**, Johann-Sebastian-Bach-Platz 1, 91522 Ansbach, ✆ 0981/51243, 📠 51365, www.ansbach.de.

▸ **Dinkelsbühl** verfügt wie Rothenburg über einen geschlossenen Mauerring. Dort, wo sich an der *St.-Georgs-Kirche* die vier Hauptstraßenzüge kreuzen, trafen sich die Kaufleute, die von Würzburg nach Regensburg oder von Köln nach Augsburg unterwegs waren. Von Kaiser *Friedrich Barbarossa* wurde der Ort im 12. Jh. zur Stadt erhoben. Im Gegensatz zu Rothenburg hat Dinkelsbühl sein mittelalterliches Gesicht bis heute bewahren können. Als frühmittelalterlich gelten die unregelmäßig verlaufenden Sträßchen und Gassen. Auch gibt es in Dinkelsbühl kein dominierendes Marktzentrum. Mehrere kleine Märkte, z. B. der *Ledermarkt* oder der *Schweinemarkt*, bezeugen die mittelalterlichen Strukturen der Stadt an der *Romantischen Straße*. Das historische Festspiel *Kinderzeche* wird zur Erinnerung an die Rettung

Dinkelsbühl – sicherlich eine der romantischsten Städte in Deutschland

der Stadt im Dreißigjährigen Krieg durch die Dinkelsbühler Kinder aufgeführt (Juli). Vor den Toren der Stadt erwartet der *Hesselberg* als geschlossenes Landschaftsgebiet seine Besucher.

Information **Touristik-Service**, Altrathausplatz 14, 91550 Dinkelsbühl, ✆ 09851/902440, 📠 902419, www.dinkelsbuehl.de.

▸ **Feuchtwangen** ging aus einem Benediktinerkloster hervor, das im Jahr 817 erstmals erwähnt wurde. Noch heute bildet dieses den Mittelpunkt des kulturellen Lebens, wenn hier alljährlich in den Sommermonaten die berühmten *Kreuzgangspiele* abgehalten werden. Wo man sich sonst in die Stille der romanischen Zeit zurückversetzt fühlt, pulsiert in der Festspielzeit das Leben, finden sich namhafte Theaterregisseure ein, die vom „Urfaust" bis zum „Hamlet" Bedeutendes der Weltliteratur auf die Bühne bringen. Der Marktplatz der mittelalterlichen Kleinstadt gilt wegen seiner Geschlossenheit als Festsaal Frankens. Feuchtwangen ist aber auch wegen seines *Spielcasinos* und seines großzügig ausgestatteten *Heimatmuseums* ein beliebter Ausflugsort.

Information **Tourist-Information**, Marktplatz, 91555 Feuchtwangen, ✆ 09852/904-55, 📠 904-250, www.feuchtwangen.de.

Leutershausen

Leutershausen ist die erste fränkische Kleinstadt am Oberlauf der Altmühl, Geburtsort des ersten Motorfliegers der Welt und Sitz der über die Landesgrenzen hinaus bekannten Rangautöpferei.

Information/Übernachten/Essen & Trinken/Einkaufen

- *Vorwahl/PLZ* 09823/91578.
- *Information* **Stadtverwaltung Leutershausen**, hier ist der „Aktiven-Atlas" mit zahlreichen Freizeit-Tipps und umfangreichem Kartenmaterial für das Obere Altmühltal erhältlich. Am Markt 1–3, ✆ 9510, 📠 95150, www.leutershausen.de.
- *Übernachten/Essen & Trinken* **Gasthof-Pension Neue Post**, kinder- und radlerfreundliches Haus mit schönem Biergarten. DZ mit DU/WC ab 55 €. Di Ruhetag (Gasthaus; Hotel geöffnet). Mühlweg 1, ✆ 8911, 📠 8268, www.gasthof-neue-post.de.

Gasthof zur Krone, historischer Gasthof aus dem Jahre 1603. Renovierte DZ mit DU/WC ab 54 €. Feine, fränkische Küche in geschmackvoll eingerichteten Räumen. Warme Speisen 11.30–14 und 17–21 Uhr. Biergarten und Saal mit Bühne (200 Pers.). Mo Ruhetag. Am Markt 31, ✆ 91002, 📠 91003.

Pension Neue Heimat, DZ mit DU/WC ab 42 €. Aufenthaltsraum mit TV, Liegewiese, Parkplatz, Tischtennis; kein Ruhetag. Bahnhofstr. 20, ✆ 924928, 📠 924929, www.pension-neueheimat.de.

Gasthaus zur Sonne, traditionelles Ambiente, Gasthaus seit dem 17. Jh., heute u. a. mit Biker-Publikum und großem Biergarten für 250 Pers. (14–1 Uhr). Fränkische Vesper in drei Variationen („A weng a Brodzeit", „A drümmer Brodzeit" und „wos säuerlichs") sowie Grillspezialitäten am Samstag (u. a. Spareribs). Di Ruhetag. ✆ 926192.

Pension Brauerei Reindler, neu eingerichtete Pension mit 2 Ferienwohnungen für je 6 Personen, pro Tag 40 € (bei 2 Pers. ab 3 Tagen). Garten, Liegewiese, Kinderspieleinrichtungen, Parkplatz. Jochsberg, Am Ring 5, ✆ 203, 📠 93046, www.brauerei-reindler.de.

- *Einkaufen* **Töpferei Seiler**, traditionsreiches Haus mit großem Angebot an formschöner und kunstvoller Keramik. Verkauf im „Brennhäusle" aus dem Jahre 1676. Bahnhofstr. 18, ✆ 296, 📠 266.

Freizeit & Sport

- *Angeln* Hobbyangler wenden sich an Herrn Kaiser vom Fischereiverein, Hindenburgstr. 9, ✆ 609 (abends). Besatz: Hecht, Karpfen, Schleie, Zander, Barsch, Aal, Weißfische; Wochenkarte für Urlauber 26 €. **Angelgeräte** und Angelzubehör in der Thomas-

Oberes Altmühltal

mühle, Rammersdorfer Str. 3, ✆ 91100, mit Thomasweiher (Angelsee mit Waller, Hecht, Zander und Karpfen), Mühlenladen und Ferienwohnungen.

• *Baden* Das **Altmühlflussbad** in Leutershausen ist eines der letzten, die es noch gibt. Im Westen der Stadt (linker Hand der Schillingsfürster Straße), Umkleidekabinen, Liegewiese, Grillplatz, Kiosk, sanitären Einrichtungen und Zeltmöglichkeiten für Radler. Am Graben, ✆ 9510, Auskunft über die Stadtverwaltung.

Hallenbad, Schwimmerbecken (17 x 8 m). Mo 16–18.30 Uhr, Di 16–19 Uhr, Mi 16–21 Uhr, Do/Fr 16–20 Uhr (während der Sommerferien geschlossen). Alter Postberg 7, ✆ 9269773.

• *Fahrradverleih* Dea-Tankstelle Loos, Steinweg 20 (südöstlich d. Altstadt), ✆ 8955, u. Classic-Bike-Shop, Rothenburger Str. 3, ✆ 8699.

• *Kinderspielplatz* Im Zwinger, Tobias-Weiß-Straße und Breslauer Straße.

• *Kutschfahrten* **Reit- und Fahrverein**, ✆ 8336.

• *Reiten* Reithalle und Freigelände des Reit- und Fahrvereins in **Wiedersbach** (östlich über die Bahnhofstraße stadtauswärts). Neukirchener Str. 8, Informationen in der Reiterklause (✆ 8336) Reithalle (20 x 40 m) ab 18 Uhr, Reitbahn, Reitplatz mit Hindernissen, Voltigierzirkel, Reitunterricht, Geländeritte, Ponyreiten, Pferdeboxen für Urlaubsgäste (d. h. für deren Pferde), Leihpferde und Pferdepension.

• *Tennis* 4 Sandplätze und 1 Hartplatz am Sportzentrum, Am Lindenhain 10, ✆ 8182.

Gustav-Weißkopf- und Heimatmuseum

Museen

Flugpionier-Gustav-Weißkopf- mit Heimat- und Handwerker-Museum, Handwerk, Zunftwesen, Vereinsgeschichte, Bauernmöbel, landwirtschaftliche Geräte; Schützen- und Schulmuseum sowie Ausstellung für den in Leutershausen geborenen Motorflieger Gustav Weißkopf, der als erster Motorflieger der Welt gilt. Ostern bis Ende Okt., Di–Fr 10–12 Uhr sowie Mi/So 14–16 Uhr. Gruppen nach Vereinbarung. Plan 6 (früheres Landgericht), ✆ 9510, 📠 95150, www.weisskopf.de.

Motorrad-Museum Frankenhöhe: private Sammlung eines Motorrad-Freundeskreises („vom Scheunenfund zum restaurierten Schmuckstück"), Schwerpunkt 20er Jahre. Ganzjährig So 10–17 Uhr. Leutershausen-Hetzweiler, Weiherstr. 16, ✆ 09868/1748.

Sehenswertes

Das **Obere Tor** ist das mächtigere der beiden Stadttore von Leutershausen, die durch einen weitgehend erhaltenen Mauerring miteinander verbunden sind. Es wurde im 13. Jh. errichtet und diente als Wachtturm und Stadtgefängnis. Am Turm befindet sich das *Hans-Schreyer-Denkmal* in Erinnerung an den Stadtvogt von 1588–1605: „Ein Kriegsmann und christlicher Gott, dem Herren, allzeit wohlgefällt, als dieser Schreyer ist gewesen, Herr, laß ihn das Himmelreich genesen." Im **Unteren**

Turm befindet sich heute eine bäuerliche Wohnung aus dem 19. Jh. mit landwirtschaftlichen Geräten und Trachten.

Die **Stadtkirche St. Peter** wurde in der Zeit des Übergangs von der Gotik zur Renaissance im Jahr 1432 erbaut. Das Fehlen eines wuchtigen Altaraufbaus verleiht dem Chorraum eine angenehme Leichtigkeit. Der Engelsaltar ist eine moderne Schöpfung des Künstlers *J. Traxler* aus Kapsdorf. Sehenswert sind auch das alte Kruzifix aus dem 15. Jh. sowie die freigelegten Wandfresken an den Pfeilern des Langhauses.

Beeindruckendes Denkmal für den Flugpionier Gustav Weißkopf

Ehemaliger Getreidekasten: Von St. Peter aus gelangt man über den Marktplatz und die Obere Marktgasse zum *Plan*, dem Platz vor dem Getreidekasten, jenem wuchtigen Gebäude, das in der offiziellen Denkmalliste nüchtern als „viergeschossiger, massiver Satteldachbau mit dreigeschossigem Giebel und Treppenturm" beschrieben wird, dessen Vergangenheit aber umso bunter schillert. Die schwarz-weiße Farbe der Fensterläden deutet auf das Haus Zollern als dessen ehemaligen Besitzer hin. Das einst markgräfliche Schloss wurde 1624 auf dem Platz der Alten Veste errichtet, für die man keine Verwendung mehr hatte. Der Neubau diente den Markgrafen von Ansbach auch zur Lagerung ihrer Getreidezehnten, eine Steuer, die die Bevölkerung an die Fürsten in Form von Naturalien zahlen musste. Dem Korn folgten die Vogteiregistratur und später das Königlich-Bayerische Amtsgericht. Heute befinden sich in dem traditionsreichen Gebäude das *Heimatmuseum*, das *Handwerkermuseum* und das *Gustav-Weißkopf-Museum* (→ „Museen").

Gustav Weißkopf wird von den Leutershausenern stolz als Vater des Motorfluges bezeichnet. Dem 1874 hier geborenen Flugpionier gelang 1901 der erste Motorflug mit einem von ihm konstruierten Drachenflieger. Dabei legte er eine Strecke von ca. 2,5 km zurück. Das Antriebsaggregat bestand aus einem luftgekühlten Zwei-Zylinder-Motor Marke Weißkopf. Leider blieb ihm der wirtschaftliche Erfolg in den USA, wo er lebte und wirkte, versagt. Dafür würdigte ihn seine Heimatstadt 1980 mit der Eröffnung eines eigenen Museums im Getreidekasten. 1991 widmete man dem großen Sohn der Stadt dann in der Nähe der Stadtmauer ein Denkmal, das Weißkopfs Flugmaschine Nr. 21 in Originalgröße zeigt. Um das Renommee des Flugpioniers kümmert sich die Flughistorische Forschungsgemeinschaft Gustav Weißkopf (www.weisskopf.de).

Herrieden

Herrieden zählt zu den Keimzellen der Besiedlung und Christianisierung des Oberen Altmühltals und gilt als einer der ältesten Orte Frankens und als pferdefreundlichste Stadt Bayerns.

Beherrschend ist die katholische Stadtpfarrkirche St. Veit, die Gabriel de Gabrieli gestaltet hat. Der Fremdenverkehr steckt hier noch in den Kinderschuhen. Doch alternativ zum voll entwickelten Tourismus des Fränkischen Seenlandes und des Naturparks Altmühltal bieten sich Herrieden und seine noch weitgehend intakte Altmühllandschaft für einen geruhsamen Urlaub an.

- *Vorwahl/PLZ* 09825/91567.
- *Information* **Stadtverwaltung** im Rathaus, Herrnhof 10, ✆ 8080, 📠 80830, www.herrieden.de.
- *Übernachten/Essen & Trinken* Landhotel zur Sonne, Haus in Ortsmitte mit Tradition seit 1430. Fränkische Küche, stets frisches Bier vom Fass; DZ mit DU/WC ab 68 €. Vordere Gasse 5, ✆ 924610, 📠 924621, www.sonne-herrieden.de.

Gasthaus Limbacher, geschmackvoll eingerichtetes Speiserestaurant mit gehobenem Niveau. Chefkoch Limbacher verwendet nur frische Zutaten und legt Wert auf schonende Zubereitung. Er überrascht seine Gäste gerne mit ausgefallenen „Mooogntretzerla" und sonstigen Vor-, Zwischen- und Nachspeisen. Das Essensangebot wird täglich frisch mit Kreide auf einer Schiefertafel präsentiert, die der Chef höchstpersönlich auf einem Gasthausstuhl platziert. Separater Raum für 20 Personen (Anmeldung erforderlich). Do–So 10–14 Uhr und 18–23 Uhr. Vordere Gasse 34, ✆ 5373, 📠 926464, www.gasthaus-limbacher.de.

Gasthof zum Bergwirt, oberhalb des Altmühltals gelegenes, großzügig ausgestattetes Haus mit fränkischer Küche. Großes Platzangebot, auch für Reisegesellschaften. 130 Betten, davon 70 im Hotelneubau, der mit Naturmöbeln und viel Raffinesse eingerichtet wurde („Flamingo-Garten" mit Wasserspielen, Bauernstube mit Original-Bauernmöbeln, modernes Fitness- und Wellness-Center sowie technisch aufwendig ausgestatteter Tagungsbereich); DZ mit DU/WC ab 48 € (10 Dreibettzimmer ab 20 €/Pers.). Lift, Kegelbahn, Liegewiese, schöner Biergarten vorm Haus. Im Altbau Kaminzimmer mit TV, Wintergarten und verschiedene Gasträume (Ofenstube, Zirbelstube). Busse sind willkommen! Saal für Veranstaltungen und zwei Bundeskegelbahnen. Schernberg 1, ✆ 20390, 📠 2039299, www.hotel-bergwirt.de.

- *Angeln* Tageskarten in der Angelzentrale am Vogteiplatz und im Gasthof zum Bergwirt (s. o.) erhältlich. Voraussetzung ist der Besitz eines gültigen Jahresfischereischeines. Sportfischer können einen speziellen Anglerurlaub buchen. Auch der Fischereiverein Wasserrose bietet Anglerkarten an (Tageskarte 8 €); gefangen werden in der Altmühl Hecht, Zander, Aal, Barsch und Schleie. Auskunft erteilt Hr. Dietrich vom Fischereiverein Wasserrose, ✆ 09825/1356. Infos und Zubehör auch in der Angelzentrale. Am Wasserturm 3, ✆ 1315, www.angelzentrale-Herrieden.de.
- *Baden* Beheiztes **Parkbad** im Norden der Stadt (Schwimmerbecken 33 x 16 m, Nichtschwimmerbecken), insgesamt 1000 qm Wasserfläche! Mutter-Kind-Bereich, Großrutsche, Schwallbrause, Bodenstrudler, Massagedüsen, Spielplatz, Imbiss und Bistro. Mai bis Sept. Mo–Do von 8–19 Uhr, Fr 12–19 Uhr und Sa/So 8–19 Uhr. Am Steinweg. Auskunft ✆ 5584.

Südlich anschließend das **Hallenbad** (neben der Volksschule), Mo–Fr ab 17 Uhr, Sa 15–17 Uhr Warmbadetag (Sept. bis Mai). Auskunft wie Freibad.

- *Fahrradverleih* Im Gasthof zum Bergwirt (s. o.).
- *Jugendheim* Mit Kegelbahn und Bücherei. Marktplatz 2, ✆ 5266.
- *Kleinkunst* **Alte Seilerei**, Kleinkunstbühne mit Musik, Kabarett etc. ✆ 1458; Vorverkauf bei Fa. Ertl, ✆ 92990.
- *Minigolf* E. Stadelmann, 20. April bis Sept. Steinweg 18, ✆ 5225.
- *Reiten* Herrieden wurde 1995 als „Pferdefreundlichste Gemeinde Deutschlands" ausgezeichnet. Als Anlaufadresse empfiehlt sich die „Reitstation 12" im Oberen Altmühltal, Limbach 15, ✆ 4874, www.reitstation12.de.
- *Skateboarden* Im Süden der Stadt beim Volksfestplatz, rechter Hand der Straße nach Wieseth.

• *Tennis* 4 Plätze an der Altmühl. Auskunft ✆ 5353.

• *Wandern* **Bildstock- und Kapellenwanderweg** rings um Herrieden. 38 Stationen auf 23 km Länge. Start an der Altmühlbrücke beim Storchenturm. Detaillierte Wanderkarte und Informationen bei der Stadt.

• *Wintersport* Bei der Bärenlochhütte in Herrieden-Schernberg (Auskunft Hr. Reisinger, ✆ 1533) und in Birkach (Hr. Leis, ✆ 09804/352).

Sehenswertes

Ihre barocke Helle und Leichtigkeit verdankt die katholische **Stadtpfarrkirche St. Veit** der Baukunst *Gabriel de Gabrielis,* der im nahe gelegenen protestantischen Ansbach als Hofbaumeister tätig war. *Simon Troger* aus München schuf für den Hochaltar eine aus Elfenbein geschnitzte Darstellung der Anbetung Jesu, die als wahre Kostbarkeit gilt. Gestiftet wurde das um 1770 entstandene Werk von Markgraf *Carl Alexander.* Als Prunkstück von St. Veit gilt der *Deocar-Schrein* von 1482. Er steht in der Blasiuskapelle und entstand im Auftrag des Bischofs *Wilhelm von Reichenau* aus Eichstätt. 1882 wurde der Steinsarg mit den Gebeinen des Klostergründers renoviert und mit Ölfarben neu bemalt. Angebracht sind die Mitra und das Wappen des Eichstätter Bischofs sowie die Reliefs der beiden Heiligen Deocar und Willibald. Der Sage nach soll Deocar von König Karl dem Großen in der Einsiedelei besucht worden sein.

Die katholische **Kirche Unserer Lieben Frau** befindet sich in unmittelbarer Nähe, nördlich von St. Veit. Sie wurde um 1474 errichtet und zuletzt im 19. Jh. im neugotischen Stil umgestaltet. Um ein Haar wäre das Gotteshaus zu Beginn des 19. Jh.s zum Salzlager eines reichen Ansbacher Kaufmanns verkommen, hätten nicht zwei fromme Herrieder Bürgersfamilien die Kirche gegen eine Zahlung von 700 bayerischen Gulden erworben. Das Gotteshaus besitzt eine der ältesten Holzdecken Deutschlands!

Die **Altstadt** bietet sich für einen Spaziergang an. Dabei passieren wir sehenswerte historische Gebäude: den *Kasten,* das ehemalige Kasten- und Steueramt des Stiftes von 1532 (Marktplatz 2), die *Alte Propstei* aus der zweiten Hälfte des 17. Jh.s (Herrnhof 2), die ehemalige *Fronveste,* ein Wehrturm mit Gefängnis (Fronveststr. 12), und das *Gabrielihaus,* im 18. Jh. durch Gabrieli beachtenswert umgestaltet (Vogteiplatz 11).

Torturm-Ensemble an der Altmühl

Die **Stadtmauer** ist größtenteils erhalten geblieben, jedoch weitgehend ohne die ursprüngliche Bedachung. Sehenswert ist das *Storchentor*, das einzig verbliebene Stadttor von Herrieden. Der Torturm dürfte bereits im 14. Jh. errichtet worden sein. Die spitzbogige Durchfahrt gibt den Weg frei zur **Altmühlbrücke,** die 1770 als dreibogige Steinbrücke erbaut wurde. Zwei Nepomukfiguren aus dem 19. und 20. Jh. säumen den Weg hinaus ins Altmühltal.

Kräuterlehrgarten Elbersroth: Etwa 3 km von Herrieden entfernt befindet sich in Elbersroth ein 1980 eingerichteter Kräuterlehrgarten. Zu sehen sind Wildpflanzen, heimische Kulturpflanzen, Gewürzkräuter sowie Duft- und Färbepflanzen. Eine eigene Abteilung ist den Heilkräutern gewidmet. Bei der Anlage hat die Universität Erlangen beratend mitgewirkt. Der Garten steht in der Tradition des bekannten Kräuterpfarrers Ludwig Heumann, der 1898–1918 in Elbersroth wirkte.

Ausflüge nach Bechhofen und Triesdorf

▸ **Bechhofen** lohnt den Besuch gleich mehrfach: In der Ortsmitte erinnern neben der Pfarrkirche ein Gedenkstein und eine Hinweistafel an die während der sog. Reichskristallnacht zerstörte Synagoge der einst bedeutenden *jüdischen Gemeinde.* Nur unweit des Ortskerns (Richtung Dinkelsbühl) sind zahlreiche jüdische Einwohner auf einem großen Friedhofsareal bestattet, das auch für Besuchsgruppen zugänglich ist. Daneben lockt das *Deutsche Pinsel- und Bürstenmuseum,* das an das traditionelle Bechhofener Handwerk seit der Zeit der Hugenotten im 18. Jh. erinnert, Tausende von Besuchern in die Marktgemeinde.

Information/Museum **Markt Bechhofen**, Martin-Luther-Platz 1, 91572 Bechhofen, ✆ 09822/6060, ℻ 60650, www.markt-bechhofen.de. **Deutsches Pinsel- und Bürstenmuseum**, Dinkelsbühler Straße 23, ✆ 10829. April bis Okt. Mi/Sa 14–17 Uhr und So 13.30–17 Uhr.

Gedenkstele für die jüdischen Opfer des NS-Rassenwahns in Bechhofen

Triesdorf diente den Markgrafen des Fürstentums Brandenburg-Ansbach als Sommerresidenz und für Jagdausflüge. Den Reigen der repräsentativen Bauten eröffnet das *Weiße Schloss* aus dem Jahr 1682; heute sind hier die Verwaltungsräume der staatlichen landwirtschaftlichen Lehranstalten untergebracht, die auf eine Ackerbauschule aus dem Jahr 1847 zurückgehen. Sehenswert sind ferner das *Rote Schloss* (1730), auch Falkenhaus genannt, die vier reizvollen *Kavaliershäuschen* (1695), das *Reithaus* (1744), das *Jägerhaus* (1759), der *Marstall* (1762), das *Hofgärtnerhaus* (1772) und die *Villa Sandrina* (1785). Als typische Markgrafenkirche ist die *Hof- und Pfarrkirche* von Weidenbach bekannt. Sie wurde 1735 unter *Leopold Retty* erbaut.

Information **Gemeinde Weidenbach-Triesdorf**, Triesdorfer Straße 8, 91746 Weidenbach, ✆ 09826/62200, ℻ 622020, www.weidenbach-triesdorf.de.

Schloss Sommersdorf

Das Schloss stellt einen der Glanzpunkte des Oberen Altmühltals dar. Leider ist es nicht zu besichtigen, da noch heute die Freiherren von Crailsheim das Anwesen bewohnen und pflegen.

Schloss Sommersdorf

Daher soll die folgende Beschreibung nicht so ausführlich ausfallen, um keine unnötige Enttäuschung zu erzeugen. Weil man jedoch an die Anlage ohne große Mühen herankommt, empfiehlt sich zumindest ein Rundgang um die ehemalige Wasserburg, wobei sich schon nach wenigen Metern ein immer neuer, faszinierender Blick auf Schloss und Schlossgraben bietet. Für Maler und Fotografen ein gefundenes Fressen!

1209 ist bereits von einem *Gerhardus de Sunnemannesdorf* die Rede. Das Schloss selbst hat seine Ursprünge in einer durch *Ludwig von Eyb* 1391 errichteten Wasserburg, einer sog. Ganerbenburg (von mehreren Familien in verschiedenen Häusern bewohnte Burg). Seit 1412 wurde in Sommersdorf ein Teil des Schlosses an die Angehörigen der Eyb'schen Familie weiter verliehen. Daher auch die heute noch zweiflügelige Anlage des Hauptwohnbaus. 1549 veräußerte *Hans Christoph von Eyb zu Sommersdorf* die Anlage an *Wolf Freiherr von Crailsheim zu Neuhaus* für 20.000 Gulden. Für seine eigene Person handelte er dabei eine stattliche Leibrente aus. Seit diesem Zeitpunkt ist das Schloss ununterbrochen in den Händen der freiherrlichen Familie von Crailsheim.

Zur Anlage gehören noch weitere Gebäude, die den Wirtschaftshof umsäumen. Sehenswert ist das *Käschperle*, ein Turm, an dessen Außenwand man die Wappen derer von Seckendorff und derer von Eyb erkennen kann. Auch das ehemals hier anschließende mittlere Tor aus der Zeit um 1470 ist im Ansatz noch zu erkennen. Der Turm enthält eine kleine Turmstube im ersten Stock. Von hier führt ein unterirdisches System von Katakomben hinüber zum Kirchentrakt.

Die Mumien von Sommersdorf: Leider haben im Jahre 1806 französische Soldaten die Schlosskirche heimgesucht und von den ursprünglich 26 Särgen mit mumifizierten Schlossahnen nur einige wenige übrig gelassen. Doch auch diese sind noch beeindruckend genug. Da liegen ein *Leutnant von Holtz* mit gut erkennbaren Gesichtszügen und wertvollen Lederstiefeln an den Beinen, eine *Sophie von Kniestädt* und ein *Freiherr von Crailsheim*, dessen Enkel später zum Premierminister König Ludwigs II. aufstieg.

Idylle am Altmühlsee

Fränkisches Seenland

Das Fränkische Seenland erstreckt sich auf die Seen Altmühlsee (mit Dennenloher See und Hahnenkammsee), Brombachsee (mit Großem und Kleinem Brombachsee und Igelsbachsee) und Rothsee (mit Rothsee-Hauptsperre und Rothsee Vorsperre).

Information **Tourismusverband Fränkisches Seenland**, Postfach 1365, 91710 Gunzenhausen, ✆ 09831/500120, 500140, www.fraenkischeseen.de.

Rund um den Altmühlsee

Der Altmühlsee liegt in einer breiten Talniederung zwischen Ornbau und Gunzenhausen. An seiner Stelle trat die Altmühl in früheren Zeiten ein- bis zweimal im Jahr über die Ufer und bildete in diesem Raum ein Überflutungsgebiet von ca. 1800 ha mit einer Tiefe von ca. 50 cm.

Auf dem Altmühlsee versammeln sich mehrmals jährlich die internationalen Eliten der Segel-Surfer, um hier ihre Wettkämpfe auszutragen.

• *Informationen* Altmühlsee-Informationszentrum (AIZ), Mo–Fr 9.30–12.30 Uhr. Schlossstrasse 2–4, 91735 Muhr am See, ✆ 09831/890370, 890372, www.muhr-am-altmuehlsee.de/inhalte/touristik_das_aiz.php.

Tourist-Information der Stadt Gunzenhausen, Marktplatz 25, 91710 Gunzenhausen, ✆ 09831/508-300, 508-179; www.gunzenhausen.de. Mo–Fr 8–18 Uhr, Sa 10–13 Uhr, zusätzlich vom 01.05. bis 30.09. Sa/So 10–18 Uhr. Prospektautomat und „stumme Tourist-Information" tägl. 8–22 Uhr.

• *Großveranstaltungen* Mit dem illustren Großereignis „See in Flammen" (letztes Juliwochenende), dem Seefest (1. Augustwochenende) und dem 2010 zum achten Mal stattfindenden Altmühlsee-Festival (3. Augustwochenende) wird der Altmühlsee bei Gunzenhausen zur Sommerfestival-Bühne. Dazu kommen die inzwischen weit über die Lande hinaus bekannten und beliebten „Altmühlseefestspiele" in Muhr am See (Juni bis August).

Altmühlsee
350 m
Ornbau
Freizeitzentrum Ornbau-Gern
Gern
Wiesmet
Altmühl
Altmühlzuleiter
Unterschönau
Freizeitzentrum Arberg-Mörsach
Mörsach
Gothendorf
Georgenhaag
Höhberg
Streudorf
Mooskorb
Wald
Schweina
Steinabühl
Oberhambach
Unter-hambach
Hambach
Nesselbach
Ansbach, Würzburg, A6
Muhr am See
Wehlenberg
Büchelberg
Freizeitzentrum Muhr am See
Vogelinsel
Altmühlsee
Freizeit-zentrum Wald
Surfzentrum Schlungenhof
Seezentrum Schlungenhof
Schlungenhof
Laubenzedel
Fischhaus
Haundorf
Haundorfer Weiher
Steinberger Weiher
Schnackenweiher
Sinderlach
Geislohe
Brand
Eichenberg
Seitersdorf
Stixendorf
Nürnberg, A6, A9
Gräfen-steinberg
Brombach
Stollen
Greding, Brombachsee
Gunzenhausen
Frickenfelden
Gundelshalm
Lindenhof
Reutberg
Weinberg
Obenbrunn
Oberasbach
Unterwurmbach
13
466
Wassertrüdingen, Dinkelsbühl
Nördlingen
Weißenburg, München, B13

• *Kartenmaterial* Besonders empfehlenswert ist die **Freizeitkarte Fränkisches Seenland** (1:40.000) mit allen Rad- und Wanderwegen inkl. Angabe der Markierungsnummern, mit Tourenbeschreibung, kulturhistorischen Sehenswürdigkeiten und Freizeiteinrichtungen (Appelt).

• *Fränkische-Seenland-Führungen* Mit eigens geschulten Führern; ca. 2,5 Std. Auskünfte in den Tourist-Informationen.

Mit dem Schiff auf dem Altmühlsee

Von Ende April bis Mitte Juli verlässt die „MS Altmühlsee" die Anlegestelle im Seezentrum **Schlungenhof** täglich viermal (10.45, 14, 15.15 und 16.15 Uhr), vom 12. Juli bis 12. September täglich fünfmal (10.45, 12.45, 14, 15.15 und 17.15 Uhr). Vom 13. bis 30. September wird nur noch um 10.45, 14 und 15.15 Uhr von Schlungenhof abgefahren. Vom 1. Oktober bis 1. November Schiffsverkehr nur Fr/Sa/So/ Feiertage, Abfahrt 10.45, 14, 15.15 Uhr. Die Schiffe legen zunächst im Surfzentrum Schlungenhof (jeweils 10 Min. später), nach weiteren 15 Min. in **Muhr am See,** dann nach 20 Min. in **Wald** und schließlich nach 15 Min. im Seezentrum Schlungenhofen an. Der Zustieg ist auch für Rollstuhlfahrer geeignet. Fahrräder werden mitgenommen.

Umfangreiches Programm (romantische Rundfahrten, Pokerabende, Gespensterfahrten für Kinder, Fränkische Abende, Liederabende u. v. m.) von Mai bis Oktober. In den Pfingst- und Sommerferien werden jeweils am Di und Fr um 16.20 Uhr **Piratenfahrten** mit Schatzsuche für Kinder angeboten. An Bord wird täglich um 10.45 Uhr Frühstück angeboten (am Freitag für Senioren).

• *Information/Preise* Gruppen- und Sonderfahrten können angemeldet werden beim Zweckverband Altmühlsee, Marktplatz 25, 91710 Gunzenhausen, ✆ 09831/508-191/-192, 📠 508179, www.altmuehlsee-schifffahrt.de. Fahrpreis für eine 1-stündige Rundfahrt 6 €. Der Kartenverkauf erfolgt an Bord. Fahrräder werden für 1 € mitgenommen.

• *Schiffe* Die „MS Altmühlsee" bietet Platz für 60 Personen im Salon und für 70 Personen auf dem Frei- und Sonnendeck. Die Betreiber bieten eine kleine Bordbewirtung an. Die „MS Altmühlsee" ist behindertengerecht gebaut.

Führungen zur Vogelinsel: Von März bis Mitte Oktober bietet die LBV-Umweltstation Altmühlsee Veranstaltungen auf der Vogelinsel an: u. a. Führungen von Mitte März bis Ende Mai bzw. von Mitte September bis Mitte Oktober jeweils Do/ So/Feiertage um 16 Uhr, von Anfang Juni bis Mitte September Mo/Mi/Fr/So um 16 Uhr, für Kinder speziell Mo u. Fr. 16 Uhr. Treffpunkt ist der Platz vor dem Info-Haus des Landesbundes für Vogelschutz am Parkplatz Vogelinsel in Muhr am See. Für Gruppen empfiehlt sich die Anmeldung (Infos: LBV-Umweltstation Altmühlsee in Muhr, ✆ 09831/4820 bzw. unter www.lbv.de/altmuehlsee).

Ornbau

Ornbau, gleichsam die Pforte des Fränkischen Seenlandes, liegt an der Mündung der Wieseth in die Altmühl.

Der Tourismus am Altmühlsee hat das Altmühlstädtchen bisher noch weitgehend verschont. Gerade das aber macht den Reiz des mittelalterlich anmutenden Ortes aus, der von einer noch gut erhaltenen Stadtmauer umgeben ist. Altmühlbrücke, St. Jakobskirche und Torturm stellen ein viel gemaltes und fotografiertes Ensemble dar.

• *Vorwahl/PLZ* 09826/91737.

• *Information* Rathaus, ✆ 378, 📠 7888, www.ornbau.de.

• *Übernachten/Essen & Trinken* **Gasthof/-Metzgerei Zum Hirschen**, gemütlicher Landgasthof. Fränkische Küche mit eigener Metzgerei (Dosenwurst im Verkauf als Spe-

Radlerpause vor der Stadtmauer von Ornbau

zialität), Di Hausschlachtung. Empfehlenswert ist die Schlachtplatte (Bauchfleisch, Blut-, Leberwürste und Bratwürste). Ab Sept. gebackener Karpfen mit Kartoffelsalat. DZ mit DU/WC ab 54 €. Ferienwohnungen auf Anfrage. Garten mit Sitzmöbeln, Fahrräder für Gäste, Tischtennis, Biergarten. Mo Ruhetag. Altstadt 13, ✆ 356, ✆ 222.

Landgasthof Am Anger, im Ortsteil Gern, warme Küche von 11.30–14.30 Uhr und 17.30–21 Uhr. Bundeskegelbahn, Billard- und Kickerraum. DZ mit DU/WC, Telefon und TV ab 50 €. Ornbau-Gern, ✆ 1342, ✆ 658645.

• *Freizeit & Sport* **Erholungsanlage Ornbau-Gern**, am Oberlauf des Altmühlzuleiters, südlich von Ornbau beim Ortsteil Gern. Parkplatz mit 80 Stellplätzen, Sanitärgebäude mit DLRG-Station, Badestrand mit Liegewiese. Kinderspielplatz und Spielflächen sowie Kiosk. Von einem Aussichtshügel auf dem gegenüberliegenden Ufer des Zuleiters bietet sich ein schöner Ausblick bis zum Altmühlsee im Hintergrund.

Sehenswertes

Stadtmauer: Um die Stadt zieht sich ein noch weitgehend erhaltener Ring von Befestigungsmauern und -toren. Von den beiden Stadttoren ist das nördliche 1829 eingestürzt. Gut erhalten dagegen ist der im Süden der Stadt gelegene *Torturm* aus dem 15. Jh. und das ihm vorgelagerte *Torhaus*, das ca. 100 Jahre jünger ist. Der Turm ist mit einer ansehnlichen Zwiebelhaube geschmückt. Das Torhaus war einmal Teil einer sog. Barbakane, eines der Stadtmauer vorgelagerten Befestigungswerkes. Im Norden ist von dem eingestürzten Tor nur noch der Vorbau erkennbar. Er dient heute als Wohntrakt. Entstanden ist die ehemalige *Torburg* um 1745.
Der *Weiße Turm* bewacht den Südosten der Stadt. Ein weiterer Rundturm mit Kegeldach wurde im 15. Jh. zur Verstärkung der Stadtmauer im äußersten Südwesten errichtet.

Die katholische **Pfarrkirche St. Jakob** bildet zusammen mit dem Torhaus und der Altmühlbrücke ein malerisches Ensemble. Im Innern bietet die völlig restaurierte Kirche eine interessante Mischung aus Alt und Modern! Die katholische **Friedhofskirche St. Jobst** ist von besonderem kunsthistorischem Interesse. Das einst umwehrte Gotteshaus aus dem 14. Jh. betritt man durch ein spitzbogiges Portal. Über dessen Kehlgesims erheben sich zwei sehenswerte Sandsteinfiguren weiblicher Heiliger aus dem Jahre 1360 und ein Kreuzigungsrelief von 1470. Auf Wand- und Deckengemälden erfahren wir von der Geschichte des Einsiedlers *Jobst*, der einst zu den Tieren gepredigt haben soll. Der Hochaltar und die Seitenaltäre aus dem 17. Jh. tragen wertvolle Holzfiguren aus gotischer Zeit (um 1480).

Marquis de Bièvre – Lustspieldichter

Durch die Wirren der Französischen Revolution vertrieben, strandet der Lustspieldichter Georges François Marquis de Bièvre (1747–1789) in Ornbau, wo man ihm zu Ehren ein monumentales Grabdenkmal auf dem Friedhof errichtet (1792). Das als Stufenpyramide konstruierte Monument trägt eine Marmorvase auf der Spitze. Am Pariser Hof hatte er sich mit den „Briefen an eine Dame“ und der Komödie „Der Verführer“ einen Namen gemacht. Er galt als der glänzendste Hofmann unter Ludwig XV. und dem XVI., der geistreiche Meister des Wortspiels und der Verfasser witziger Theaterstücke. Der Romancier Wilhelm Pültz schreibt über den Lustspieldichter: „Weltvergessen ruht hier [...] ein Mann, der als Meister des feinen Wortspiels am Hofe des letzten französischen Königs eine bedeutende Stellung bekleidete. [...] Hervorragend durch die Macht seines Geistes und die Würde und Milde seiner Sitten, [...] starb er, auf der Reise von einer Krankheit ergriffen, fern von seinem Vaterland, am 24. Oktober 1789. Dieses Denkmal schufen Schmerz und Freundschaft.“ (aus: W. Pültz, Das Grabmal in Franken, Siegsdorf 1980).

Die **Altmühlbrücke** überspannt in sechs Bögen den Fluss. Das Steinbauwerk aus dem 18. Jh. trägt eine verwitterte Sandsteinfigur des Hl. Nepomuk. Auf einem stadtauswärts gelegenen Bildstock findet sich das Wappen des Eichstätter Bischofs *Johann Konrad von Gemmingen* (1593–1612).

Muhr am See

Das Seezentrum Muhr am See und die Vogelinsel zählen zu den beliebtesten Ausflugszielen am Altmühlsee. Daneben weist der Ort mit dem Adelsschloss und der Pfarrkirche zwei kunsthistorisch bedeutsame Kulturdenkmäler auf.

Mit der neuen Umgehungsstraße und dem neu errichteten Kulturzentrum hat sich die Gemeinde Eigenständigkeit schaffen und zugleich bewahren können. Zu Muhr am See, bestehend aus den beiden Altgemeinden *Altenmuhr* und *Neuenmuhr*, gehören noch die beiden Ortsteile *Stadeln* und *Wehlenberg*.

Information/Museen

- *Vorwahl/PLZ* 09831/91735.
- *Information/Veranstaltungen* **Altmühlsee Informationszentrum, Touristikbüro**, Schlossstr. 2–4, ✆ 890370, 📠 890372. Im Frühjahr 2004 neu errichtetes Info- und Kulturzentrum mit **Gästestadel** (Touristikbüro), **Dorfstadel** (Tagungs- und Konferenzräume, Festsaal), **Seestadel** (LBV-Umweltstation mit Naturkundelabor sowie 300 m² große Ausstellung „Lebensraum Altmühlsee und Faszination Vogelflug“) und **Scheune** (Empfänge, Veranstaltungen, Kiosk).

Für Theateraufführungen (u. a. Schillers „Räuber“, die vermutlich in Muhr beheimatet sind) ist eine Freilichtbühne vorhanden. In den Monaten Juni, Juli und August fin-

den hier alljährlich die **„Altmühlsee-Festspiele“** unter der Intendanz von Christian Peter Hauser statt (Programm-Infos unter www.altmuehlseefestspiele.de).
Das umfangreiche Programm des **Landesbundes für Vogelschutz (LBV)** kann ebenfalls im AIZ angefordert werden. Es enthält u. a. vogelkundliche Führungen zur Vogelinsel (→ S. 90; Infos unter www.lbv.de/altmuehlsee).

• *Museen* **Museum für Ur- und Umwelt in Muhr (MUUM)**, Landschaftsgeschichte des Altmühljura, Bibliothek, Naturlabor und Biotopgarten. Juli und August Mi/Do/Fr 9–12 und 14–17 Uhr, sonst nach Vereinbarung. Anmeldung für Führungen (ab 10 Pers.) ist empfehlenswert! Bahnhofstraße 4, ✆ 7938 (abends).

Kutschenmuseum (Rudolf-Ernst-Ranch), Bahnhofstr. 30. Über 60 Kutschen sind hier zu bestaunen, die meisten davon aus der Zeit um 1900. Highlight ist ein Königs-Landauer, ein Modell, das auch von der englischen Königin benutzt wird. Besuch nur nach Anmeldung möglich (✆ 1512).

Bulldog- und Landmaschinenmuseum, Stadelner Straße 22, umfangreiche Sammlung von Traktoren und landwirtschaftlichem Gerät. Mai bis Okt. an Sonn- und Feiertagen 14–18 Uhr und nach Vereinbarung (✆ 1449).

Übernachten/Essen & Trinken

Pension zum Schwan, Speiseraum, Aufenthaltsraum mit TV, überdachte Laube am Haus. 22 Gästebetten; DZ mit DU/WC ab 56 €. Seit 2007 zwei neue Ferienwohnungen; Tischtennis, Fahrräder für Gäste. Kirchenstr. 4, ✆ 2587, 📠 7438, www.pension-zum-schwan.de.

Pension Goldener Adler, stattliches Haus im alten Ortskern. 15 Gästebetten; DZ mit DU/WC ab 65 €. Großer Garten, Liegewiese, Kinderspielplatz, Grillplatz, Fahrräder für Hausgäste, Tischtennis, Hof mit Parkplätzen. Kirchenstr. 21, ✆ 3169, 📠 613058, www.pension-goldener-adler.de.

Gasthaus zur Eisenbahn, gutbürgerliche Küche mit eigener Metzgerei. Saal für 130 Pers., Biergarten und Kinderspielplatz am Haus. Warme Küche 11.30–14 und 17.30–21 Uhr; Mittwoch Ruhetag. Bahnhofstr. 29, ✆ 3074, 📠 612213.

Restaurant-Café Zur Jägerluck, mit betont regionaler Küche (Fisch- und Wildspezialitäten, Altmühltaler Juralamm). Donnerstag Ruhetag. Stadelner Str. 11, ✆ 2833.

Ristorante La Vela, italienisches Restaurant mit schöner Café-Terrasse. 11–14 und 17–22.30 Uhr, Mo in der Nebensaison ganztägig geschlossen. Bahnhofstr. 24, ✆ 88752.

Seezentrum Muhr am See

• *Anfahrt* Das Seezentrum befindet sich unterhalb des südlichen Ortsrandes von Muhr am See am nordöstlichen Ufer des Altmühlsees und ist von der B 13 aus zu erreichen.

• *Service/Einrichtungen* Parkplatz mit 330 Plätzen (auch 70 Plätze für Wohnmobile). **Familienzeltplatz** (keine Jugendgruppen; Infos/Anmeldung ✆ 0172/8537974) Ein Kinderspielplatz ist vorhanden. Hunde sind nicht erlaubt. Stellmöglichkeiten für Wohnmobile; Wasserwachtstation, Sanitärgebäude mit Umkleideräumen, Schiffsanlegestelle und Info-Tafel (Infos unter ✆ 09831/80964 bzw. 0172/8537974).

• *Baden* Am Ufer ist eine gesonderte Zone als Badestrand ausgewiesen. Dazu gehören eine großflächige Liegewiese und mehrere Spielflächen für Beachball u. a. Da der See sehr flach ist, bietet er sich gerade für Kleinkinder zum Baden an. Der Badebereich ist für Segler und Surfer tabu!

• *Segeln* Für den Segelsport stehen großzügige Einrichtungen bereit: eine Bootshalle, ein Bootshafen mit 96 Wasserliegeplätzen, 204 Landliegeplätze, zwei Segelclubheime (ATSC und YCAG) und eine Slip-Anlage zum problemlosen Einlassen der Boote ins Wasser.

• *Bootsverleih* Ausgeliehen werden können Wasserdreiradboote, Tretboote, Ruderboote und Elektroboote. Segelboote können bei den örtlichen Fachgeschäften ausgeliehen werden. Mit dem eigenen Boot (keine Motorboote!) können Sie auf dem See fahren, wobei Sie nicht in den Uferbereich der Vogelinsel vordringen dürfen.

• *Freizeiteinrichtungen* Spielplätze (→ Baden), Grillplatz, Fahrradverleih, Angelmöglichkeit (Karpfen, Hecht, Barsch, Zander, Schleie, Aal; Erlaubnisscheine erforderlich). Kiosk mit Freisitzen und 2 Tischtennisplatten.

Geschichte

Mit *Hartwig von Mur* setzt 1169 die geschriebene Geschichte der Altmühlgemeinde ein. Die ortsansässigen adeligen Herren von Muhr spalteten sich in insgesamt drei Linien auf, sodass es auch drei Adelssitze gab: das Schloss von *Altenmur*, das von *Neuenmur* und das von *Mittelmur*. Nach und nach veräußerten die Murer Edlen ihre Besitztümer an die Herren von Lentersheim, die sich schon vor dem Aussterben des Murer Ortsadels im Jahre 1586 als Herren von Neuen- und Altenmur bezeichneten. Mit *Christoph Gustav von Lentersheim zu Mur* starb dieses bedeutende fränkische Adelsgeschlecht im Jahre 1799 aus. Während das mittlere Schloss bereits um 1570 abbrannte, wurde das Schloss von Neuenmuhr erst zu Beginn des 20. Jh.s von *Freiherr von Dankelmann* abgerissen. Das heute noch bestehende Altenmuhrer Schloss erhielt 1803 der preußische Minister *Carl Freiherr von Hardenberg* in Anerkennung seiner Dienste von König Friedrich Wilhelm III. übereignet. 1813 fiel die Anlage an das Königreich Bayern zurück. Nach dem Freiherrn von Dankelmann trat die Familie *von Le Suire* das Erbe an. Bis heute sind sie die Schlossherren auf Altenmuhr.

Schloss Altenmuhr, bedeutender Adelssitz im Oberen Altmühltal

Sehenswertes

Das **Schloss Altenmuhr** wird von einem mächtigen Bergfried überragt (12. Jh.). Der Hauptbau wurde im 14. Jh. umgebaut und im 17. Jh. nochmals neu gestaltet. Im 19. Jh. wurden der Graben des ehemaligen Wasserschlosses aufgeschüttet und große Teile der Zwingmauern abgetragen. Damals legte man auch den Schlosspark neu an und stattete ihn mit einem ansehnlichen Pavillon aus. Heute umgibt das Anwesen eine hohe Mauer (Privatbesitz). Das Schloss dient zuweilen auch als Kulisse während der Altmühlseefestspiele (→ Information).

Die lutherische **Kirche St. Johannes** birgt viel Geschichtliches. Der aus romanischer Zeit stammende Bau wurde 1467 erweitert. An der Decke des Chores finden sich wertvolle Fresken aus dem 15. Jh. Der Chorraum ist mit einem Gestühl aus dem 16. Jh. bestückt. Der Altar mit dem übergroßen Kruzifix ist eine Arbeit des frühen 18. Jh.s. Von Bedeutung ist das Muhrer Gotteshaus als Grabstätte der Lentersheimer. Von *Loy Hering* aus Eichstätt stammt das berühmte Grabdenkmal des *Hans Wolff von Lentersheim*, der 1547 starb: Vor einem Kruzifix kniend betet der einstige Schlossherr: „O her bis mir gnedig".

Das **Torhaus** inmitten der Seengemeinde Muhr stammt von 1551. 1757 wurde es umgebaut. Der zierliche Fachwerkbau mit dem anmutigen Mansarddach wirkt zwischen den ihn umgebenden Neubauten aber etwas verloren. Die Muhrer haben ihn zum Wahrzeichen ihrer Gemeinde erkoren.

Mörsach

Die katholische Pfarrkirche **St. Antonius** stellt eine für den kleinen Altmühlort stattliche Saalkirche dar, die im 14. Jh. errichtet wurde. Sehenswerts ist das Deckengemälde von *Georg Lang*. Es zeigt Mariens Krönung, eine Arbeit aus dem Jahr 1889. Die Schreinfiguren des Hochaltars sind hervorragende Schöpfungen aus der Zeit um 1480, und die Kanzel von 1680 weist in ihren Brüstungsfeldern sehenswerte Reliefs der vier Evangelisten auf.

Mit dem Ehepaar Zimmermann hat die Kunst Einzug in das einst verträumte Altmühldorf gehalten. Mit viel Geschick haben sich beide – sie Musikerin, er Maler – das Areal rund um das ehemalige Schulhaus umgebaut. Das **Atelier** bietet Platz für Konzerte. In der **Galerie** werden Kunst und exquisite Geschenke offeriert. Interessantes findet sich auf der Homepage des Künstlerehepaars: www.atelier-zimmermann.de.

Ausflug nach Arberg

Von Mörsach lohnt ein Abstecher in die 1100 Einwohner zählende Marktgemeinde Arberg, wo der bekannte Barockkünstler *Johann Baptist Camesino* 1709 am Bau der kath. Pfarrkirche St. Blasius beteiligt war. Vom alten Schloss, hoch über dem Ort, ist nur noch ein Flügel erhalten geblieben (Privatbesitz und nur von außen zu besichtigen). Sehenswert sind die ehemalige Zehentscheune (heute Pfarrheim) gegenüber der Kirche mit Resten der mittelalterlichen Ringbefestigung (1481), das ehemalige Eichstättische Forstamt und das Forsthaus im Kirchweg (18. Jh.) sowie der von *Gabriel de Gabrieli* 1735 umgebaute Torturm in der Ortsmitte.

- *Information* **Gemeinde Arberg**, Marktplatz 13, 91722 Arberg, ✆ 09822/82210, 📠 822120, www.arberg.de.
- *Freizeit & Sport* **Erholungsanlage Arberg-Mörsach**, Parkplatz mit 30 Stellplätzen, Sanitärgebäude, Kiosk, Bootsanlegestelle, Kinderspielplatz, Badestrand mit Liegewiesen und Spielflächen am Zuleiter.

Wald

Die zur Stadt Gunzenhausen gehörende Altmühlseegemeinde birgt zwei Juwele: Das noch heute von der freiherrlichen Familie von Falkenhausen bewohnte, einst markgräfliche Schloss und die Walder Pfarrkirche, die von Carl Friedrich von Zocha 1722 im sog. Markgrafenstil errichtet wurde.

Der nahe Altmühlsee hat der Dorfgemeinde einen ungeahnten Fremdenverkehr beschert. Am Ufer wurde das **Seezentrum Wald** errichtet, und im nahen Umkreis haben sich zwei namhafte Reiterhöfe etabliert. Die Kultur kann sich hier im Hermannstadel und am Kulturpavillon ebenfalls ein breites Publikum erobern.

- *Vorwahl/PLZ* 09831/91710.
- *Information* **Tourist-Information**, Marktplatz 25, Gunzenhausen, ✆ 508300.
- *Freizeit & Sport* **Gestüt und Hotel Reiterhof Altmühlsee**, 400 m vom See gelegen. Hier wird alles für die Freunde des Reitsports geboten. Mit 11 Ferienwohnungen und 32 Gästebetten. DZ mit Dusche/WC ab 84 €. Restaurant und Hallenbad. Freier Internetzugang für Hotelgäste. Wald-Mooskorb 21, 91710 Gunzenhausen ✆ 09831/67620, 📠 676295, www.reiterhof-altmuehlsee.de.

Lucky Luke Western-Ranch, 25 Pferde stehen bereit: Reitstunden in Westernweise, Reitferien, Reithalle; tägl. 9–20 Uhr. OT Schweina 13, ✆ 4687, 📠 89245.

- *Seezentrum Gunzenhausen-Wald* Zufahrt von der Staatsstraße nach Wald, Parkplatz mit 450 Stellplätzen. Freizeitzentrum mit Badestrand, Liegewiesen, Spielplatz, Segelbootshafen mit 128 Wasser- und 120 Landliegeplätzen, Slipanlage, Seglergebäude (Segel- und Surfclub Wald, ✆ 1262, www.sscw.de), *Kulturpavillon* (Programm

Die Altmühl mit der Schlosskirche in Wald

✆ 508109), Sanitäreinrichtungen und Kiosk. Katamarancenter mit *Segelschule* (✆ 0170/ 5305294, www.segel-center.de).

• *Übernachten/Essen* **Gasthof Frankenhof am Altmühlsee**, modern ausgestatteter Landgasthof mit angeschlossener Landwirtschaft und Imkerei, Komfortgästezimmer (43 Betten), DZ mit DU/WC ab 58 €. Aufenthaltsraum mit TV, fränkische Küche mit Hausschlachtung, Fahrradverleih. Di Ruhetag. Wald-Streudorf Nr. 43, ✆ 67710, ✆ 677171, www.frankenhof-altmuehlsee.de.

• *Camping* **Campingplatz Zum Fischer-Michl**, am Seezentrum Wald (45.000 m^2 Nutzfläche). 120 Stellplätze, ganzjährig geöffnet, behindertengerechtes Sanitärgebäude, Kiosk und „Radlerpension". Wald-Seezentrum 4, ✆ 2784, ✆ 80397, www.campingplatz-fischer-michl.de.

Geschichte

Nach einem ortsadeligen Geschlecht, für das 1221 ein *Conradus de Walde* erstmals genannt wird, gelangte im Jahre 1357 der Ritter *Ekkelin Geyling von Walde* in den Besitz der „Burge". Er war ein weithin gefürchteter Raubritter. Kaufmannszüge aus den Reichsstädten Nürnberg und Rothenburg waren seine begehrtesten Objekte. 1375 wurde seine Burg zerstört, worauf er seinen zweifelhaften Beruf im Mittleren Altmühltal ausübte. Nach seiner Ächtung ereilte ihn zusammen mit seinen Weggefährten ein trauriges Schicksal. Man brachte ihn nach Burgthann, wo er mit dem Rad hingerichtet wurde.

1626 kam die Familie der Herren von Zocha in den Besitz von Wald. *Carl Friedrich von Zocha*, 1683 in Gunzenhausen geboren, wurde später Architekt und Hofbaudirektor in den Diensten der Ansbacher Markgrafen. 1706 hatte er miterleben müssen, wie das Walder Schloss von den Franzosen niedergebrannt wurde. 1732 ging er daran, die Anlage völlig neu zu errichten. Nach seinem Tode im Jahre 1748 fiel das neue Schloss an den Ansbacher Fürsten *Carl Wilhelm Friedrich*, der 1750 die Familie von Falkenhausen mit dem Schloss belehnte. Die Falkenhausens waren Abkömmlinge der Ehe des Markgrafen „zur linken Hand" mit der bürgerlichen *Elisa-*

beth Wünsch-Winkler. Seine ihm rechtens angetraute Gemahlin *Friederike Louise*, die Schwester *Friedrichs des Großen*, hatte sich auf das Schloss Unterschwaningen am Hesselberg zurückgezogen. Bis heute hält die freiherrliche Familie von Falkenhausen das Schloss von Wald in ihrem Besitz.

Sehenswertes

Schloss Wald präsentiert sich heute als geschlossenes Ensemble. Der zweigeschossige Mansarddachbau wird von zwei zierlichen Pavillons flankiert. Im rechten Winkel dazu befindet sich ein ansehnlicher Walmdachbau, der ebenfalls von Carl Friedrich von Zocha um 1730 errichtet wurde. Ein Falkenwappen ziert die neu gestaltete Fassade. Auch das alte Schulhaus wurde kunstvoll umgestaltet. Im Schloss, das nur auf Anfrage besichtigt werden kann, befinden sich die Ölporträts der beiden Gründer der Falkenhausenfamilie.

Die **Walder Pfarrkirche** geht auf einen gotischen Bau aus dem 15. Jh. zurück, von dem noch der Turm erhalten ist. 1722 ließ *Zocha* einen Neubau im Markgrafenstil errichten. 1928 wurde durch den Nürnberger Künstler Ruck das Langhaus nach Westen verlängert und mit zwei monumentalen Freitreppen versehen, die zu den ehemaligen Herrschaftslogen führen (neubarock). Kanzel, Orgel und Altar sind in einer Vertikalen angeordnet (sog. Kanzelaltar). Unter dem Langhaus befindet sich die Falkenhausensche Gruft, in deren Gewölbe auch der Sarg der Stammmutter Elisabetha, Freifrau von Falkenhausen, steht.

Gunzenhausen

Die frühere Kreisstadt hat sich in den letzten Jahren zum Zentrum des Fränkischen Seenlandes entwickelt, was alleine schon durch ihre Lage zwischen Altmühlsee und Brombachsee verständlich wird. Noch heute ist die Stadt das wirtschaftliche Zentrum des Altlandkreises Gunzenhausen.

Die nach dem Krieg erstarkte Industrie und der breit gestreute Einzelhandel bieten noch zahlreichen Bewohnern des Umlandes und der Stadt einen sicheren Arbeitsplatz. Doch mehr und mehr setzt die Altmühlstadt auf die Sektoren Dienstleistung und Fremdenverkehr. Der historische Altstadtkern mit der evangelischen Pfarrkirche, dem ehemaligen Stadtschloss der Ansbacher Markgrafen (heute Rathaus), den drei Türmen und den Resten der Stadtmauer wird durch eine Mischung aus fränkischen Fachwerkbauten und ansehnlichen Barockgebäuden geprägt. Attraktiv ist die 17.000 Einwohner zählende Stadt an der Altmühl auch durch ihr reichhaltiges gastronomisches Angebot und die große Anzahl von gut ausgestatteten Freizeiteinrichtungen.

Gunzenhausen ist zwar keine Kurstadt, besitzt aber mit dem großzügig ausgestatteten Sanatorium „Hensoltshöhe" eine weithin anerkannte Reha- und AHB-Klinik. Dagegen kann sich Gunzenhausen durchaus als „Tagungsstadt" bezeichnen. Mit dem Parkhotel verbunden ist die Stadthalle mit ihren jüngst restaurierten Tagungsräumen, deren technische Einrichtungen auf dem neuesten Stand sind. Zahlreiche Kongresse, Messen, Events und Großveranstaltungen finden alljährlich in Gunzenhausen statt. Auch die örtliche Gastronomie hat sich auf den wachsenden Tagungsbedarf gut eingestellt.

Mit der Prämierung des Raetischen Limes zum Unesco-Weltkulturerbe im Jahre 2006 ist die Stadt Gunzenhausen in den Blickpunkt der geschichtsinteressierten Öffentlichkeit geraten. Das Archäologische Museum dokumentiert das römische

Gunzenhausen. Die Baureste aus der Zeit der Römer und der Limes mit seinen Wachttürmen im stadtnahen Burgstallwald wurden in den letzten Jahren aufwendig gepflegt und einheitlich dokumentiert. In dem jüngst erschienenen Werk „Land am Limes“ wird die „Stadt am Limes“ ausführlich gewürdigt.

Information/Allgemeines

- *Vorwahl/PLZ* 09831/91710.
- *Information* **Tourist-Information der Stadt Gunzenhausen**, Marktplatz 25, ✆ 508-300/-302, ℻ 508-179; Mo–Fr 8–18 Uhr, Sa 10–13 Uhr. Mai bis September zusätzl. Sa/So 10–18 Uhr. „Stumme Tourist-Info“ mit Infoautomaten etc. Täglich 8–22.Uhr, www.gunzenhausen.de.

Anreise mit der Bahn: Der Bahnhof Gunzenhausen ist seit Jahren nicht mehr mit Personal für Bahnkunden besetzt. Es gibt jedoch einen gastronomischen Betrieb und einen Zeitschriftenkiosk. Fahrplanauskunft ist kostenlos unter ✆ 0800/1507090 erhältlich. Am Bahnhofsplatz befindet sich ein rund um die Uhr besetzter Taxistand (✆ 2270). Im Ort gibt es im Reisebüro Hauck eine DB-Agentur, Bühringerstr. 1, ✆ 9191.

Parken/Durchfahrt: Zwei Großparkplätze an der Peripherie (350 und 750 Plätze) sowie das in der ersten Stunde gebührenfrei nutzbare Parkhaus inmitten der Altstadt (200 Plätze) garantieren rund um die Uhr Parkmöglichkeiten. Der Marktplatz ist allerdings von 23 bis 6 Uhr für den Durchgangsverkehr gesperrt. Überhaupt wurde der Innenstadtbereich durch die beiden großen Umgehungsstraßen, die B 13 und die B 466, entlastet und der gesamte Marktplatzbereich als „verkehrsberuhigte Zone“ befriedet. Hier sind die Fußgänger und damit auch die Urlaubsgäste gleichberechtigte Verkehrsteilnehmer, was bislang nicht alle Autofahrer begriffen haben!

Stadtführungen in der Saison (Mai–Okt.) immer donnerstags um 10 Uhr; Treffpunkt am Haus des Gastes (gegenüber dem Blasturm).

Römerführungen in der Saison (Mai–Okt.) immer montags um 10.30 Uhr. Treffpunkt im Wechsel an der Tourist-Info bzw. am Waldbad am Limes. Sonderführungen durch Dr. Johann Schrenk auf Anfrage möglich (✆ 8809898).

Radelstadt Gunzenhausen: Gunzenhausen bildet für viele Radlurlauber einen idealen Start- und Zielpunkt für Radtouren in und aus dem Altmühltal bzw. rund um die fränkischen Seen (→ Radtouren-Vorschläge ab S. 50). Erste Adresse ist das „Zweirad-Center Gruber“ in der Weißenburger Str. 49 (stadtauswärts Richtung München). Der größte ZEG-Fachmarkt im Fränkischen Seenland bietet rundum alles, was man an Fahrrädern und entsprechendem Zubehör benötigt. Neu sind E-Bikes und Rikschas, die man zur Umrundung der Seen hier ausleihen kann. Repariert wird hier alles, was nicht mehr zu bewegen ist. Die Beratung ist fundiert und noch so ausgefallene Wünsche werden gerne erfüllt. ✆ 2177, ℻ 7767, www.radsport-gruber.de.

Übernachten/Essen & Trinken/Jugendherberge/Camping

Parkhotel Altmühltal (16), Vier-Sterne-Aktiv-Hotel mit 48 Zimmern und 19 Suiten, die individuell, modern und geschmackvoll zugleich eingerichtet sind. DZ mit DU/WC ab 148 €. Zum Angebot des Hauses gehören ferner 6 Konferenzräume, ein attraktives Erlebnishallenbad, der „Club Vital“ mit Saunalandschaft, Dampfbad, Thermarium, Fitness- und Gesundheitsprogramm sowie die verschiedenen Restauranträume mit vorzüglicher deutscher, fränkischer und internationaler Küche, eine schöne Freiterrasse an der Altmühl – und last but not least die bis spät in die Nacht geöffnete Luna-Bar. Zum Schießwasen 15, ✆ 5040, ℻ 89422, www.aktiv-parkhotel.de.

Gasthof-Hotel Zur Post (6), 26 Komfortzimmer mit 41 Gästebetten, alle mit DU/WC, Zimmertelefon, TV, Minibar. DZ ab 85 €; Tagungsräume für 20–40 Pers. mit Konferenzausrüstung. Bahnhofstr. 7, ✆ 67470, ℻ 6747 222, www.hotelzurpost-gunzenhausen.de.

Hotel-Gasthof Adlerbräu (10), historischer Brauereigasthof am Marktplatz, der in den letzten Jahren zum komfortablen 3-Sterne-Haus ausgebaut und beträchtlich erweitert wurde. Viel besuchtes, familienfreundliches Restaurant mit internationaler und fränkischer Küche. Moderne DZ mit DU/WC, Telefon und TV ab 84 €. Marktplatz 10, ✆ 88670, ℻ 886750, www.hotel-adlerbraeu.de.

Übernachten

2 Hotel Krone
3 Hotel Seerose
4 Hotel Linde
5 Hotel Garni Engel
6 Hotel 'Zur Post'
8 Jugendherberge Altmühlsee
9 Hotel Blauer Wolf
10 Hotel Adlerbräu
11 Pension Hedi
15 Hotel Garni 'La Vigne'
16 Parkhotel Altmühltal

Essen & Trinken

3 Hotel Seerose
6 Gasthof 'Zur Post'
10 Gasthof Adlerbräu
14 Gasthaus unterm Storchennest
15 Hotel Garni 'La Vigne'
16 Parkhotel Altmühltal

Cafés

13 Café am Wehrgang

Nachtleben

1 Kino Movie World
7 Cayman
12 Lauterbacher

150 m

Gunzenhausen

Hotel-Gasthof Krone (2), jüngst renoviertes Haus mit langer Tradition. Großes Raumangebot, auch für Busse und Veranstaltungen (mit Bühne). *Frankenlandstube* und Restaurant mit fränkischer und internationaler Küche. DZ mit Dusche/WC ab 72 € inkl. Frühstücksbüffet. Große, mediterran anmutende Freiterrasse mit Biergarten. Nürnberger Str. 7, ☎ 883395, 📠 883397, www.frankenlandstuben.de.

Hotel Blauer Wolf (9), 2004 neu eröffnetes Haus mit gehobenem Niveau. Komfortable DZ mit Dusche/WC, Internet und Klimaanlage ab 109 € inkl. Frühstücksbüffet. 45 Betten. Kosmetiksalon, Sauna und Restaurant mit internationaler Küche. 14 Garagenstellplätze. Marktplatz 9, ☎ 8900, 📠 890200, www.blauerwolf.de.

Hotel Garni Engel (5), mit 30 Gästebetten. Helles und freundliches Interieur, gemütlicher Aufenthaltsraum. DZ mit DU/WC ab 64 €. Osianderstr. 18, ☎ 67790, 📠 89879, www.hotel-garni-engel.de.

Hotel Garni La Vigne (15), zentrumsnah gelegenes, geschmackvoll und behindertengerecht eingerichtetes Nichtraucherhaus.

Frühstücksraum, Gartenterrasse, Weinlaube, *Fränkische Weinstube* (fränk. Spezialitäten, gute Brotzeiten; Mo Ruhetag), Radler-Parkhaus und hauseigener Pkw-Parkplatz. 12 Gästebetten. DZ mit DU/WC ab 66 €. Weißenburger Str. 36, ✆ 619680, 📠 619689, www.hotel-la-vigne.de.

Café am Wehrgang (13), familiär geführtes Café mit feinen hausgemachten Torten und Kuchen sowie mediterran ausgerichteter Küche. Die Gästezimmer sind mit Himmelbetten und viel Liebe eingerichtet. DZ mit Dusche/WC ab 66 €. Rennrad- und Mountainbikefreaks werden hier nicht nur gut beraten. Der Chef holt auch schon mal selbst den Schlüsselknochen raus und hilft beim Reparieren. Weißenburger Str. 15, ✆ 2081, 📠 2176, www.cafeamwehrgang.de.

Gasthof zur Linde (4), das Haus der Familie Arnold kann auf eine lange Tradition zurückblicken und besitzt mit der eigenen Metzgerei die ideale Grundlage für eine gute bodenständige Küche. Die erst jüngst renovierten 9 Doppel- und 3 Einzelzimmer bieten gediegenen Komfort. DZ mit Dusche/WC ab 72 €. Nürnberger Str. 4, ✆ 2483, 📠 89225, www.gasthof-arnold.de.

Gasthaus Unterm Storchennest (14), historische Gaststätte im Herzen der Gunzenhäuser Altstadt mit viel Platz und einem Biergarten unter dem Storchennest. Gediegene fränkische Küche in urgemütlichen Räumen (viel Holz), urige Biere und Bar mit großer Auswahl an Getränken. Weißenburger Str. 24, ✆ 89303, www.lehner-zumstorchennest.de.

Pension Hedi (11), komfortables 3-Sterne-Gästehaus in ruhiger Waldlage am Stadtrand. Gemütliches Kaminzimmer und große Terrasse mit mediterraner Bepflanzung. Reiki-Meister im Haus. DZ mit Dusche/WC ab 60 €. Goldmayerstr. 10, ✆/📠 3558, www.pension-hedi.de.

• *Außerhalb* **Landhotel Garni Seerose (3)**, im Ortsteil Frickenfelden, Hotel mit einem Faible für den Angelsport (Sonderprospekt und Angelkarten erhältlich). Radlerfreundliches Haus mit modernem Komfort und geschmackvoller Einrichtung. Im Garten bietet eine finnische Grill-Kota Grillspaß der besonderen Art. Nicht nur für die Hausgäste bietet sich das fränkische *Brotzeitstüberl* an (Di–So ab 19 Uhr). 24 Gästebetten; DZ mit Dusche/WC ab 86 €. Mühlstraße 2, ✆ 09831/4906, 📠 8515, www.landhotel-seerose.de.

• *Jugendherberge* **(8)** Spitalstr. 3, ✆ 67020, 📠 670211; neu errichteter massiver Bau mit Turm an der Altmühlbrücke (über Geschmack lässt sich bekanntlich streiten). 133 Betten (4- und 6-Bett-Zimmer), 2 Behindertenzimmer und eigene Zimmer für Begleitpersonal; Speisesaal, 4 Aufenthaltsräume, großer Mehrzweckraum; mit allen technischen Raffinessen ausgestattet. Zahlreiche Freizeitmöglichkeiten: Musikanlage, TV, Tischtennis, Disko, Video, Spielplatz und Bolzplatz an der Altmühl. Familienaufenthalte möglich. www.gunzenhausen.jugendherberge.de.

• *Camping* **Campingplatz Altmühlsee** → Seezentrum Gunzenhausen-Schlungenhof. **Campingplatz Schnackenmühle** → „Freizeit & Sport/Angeln".

Brauereigasthof/Nachtleben

Abends geht man/frau in die **Cayman-Bar (7)** (Marktplatz 3; ✆ 612929), wo es einen guten Whiskey und viele andere „heiße Drinks" gibt. Hier trifft sich die Szene!

Lauterbacher (12), Bühringer Str. 8, hier gibt es den längsten Tresen Gunzenhausens, und immer eine originelle Küchenidee! ✆ 1573.

Freizeit & Sport

• *Angeln* Angelkarten gibt es in der Tourist-Information und in **Breitis Anglertreff**. Am Lindermer 1, Unterwurmbach, ✆ 4328, 📠 80951, www.breitis-anglertreff.de. Neu ist die **„Angel-Szene"**, ein Angelgeschäft am „Kaufland" in der Alemannenstraße 21. Geöffnet Mo–Fr von 7–20 Uhr und Sa von 7–17 Uhr. ✆ 619195.

• *Armbrustschießen* In der „Römischen Waffenkammer" an der Teufelsmauer im urigen Gasthaus Lehner (→ Einkehren unter „Gasthaus unterm Storchennest"). Der Reiseveranstalter SAN-aktiv-Tours bietet neben dem Freizeitsport mit der Armbrust auch eine Sonderschau an römischen Waffen und Rüstungen (Repliken). Buchung ganzjährig möglich (→ Reiseveranstalter S. 40).

• *Baden* **Waldbad am Limes**, beheiztes, barrierefreies Freibad mit allem Komfort. Schwimmerbecken (50 x 21 m) mit Sprung-

Auf einen Campari Soda „da Sevo" mitten in Gunzenhausen

bereich und 5-m-Turm; Spiel- und Spaßbecken mit Wildwasserkanal, Regner, Wassergrotte, Whirlpool, Wasserliegen und Massagedüsen; Riesenrutsche (100 m); Breitrutsche mit 3 Bahnen (20 m); Mutter-Kind-Bereich mit Wasserfall, Springbrunnen, Schiffchenkanal und Rutsche; Massagebrunnen; Sitz- und Liegeterrassen. Kiosk und Restaurant. Mai bis Aug. 7–20 Uhr (im Sept. bis 19 Uhr). Leonhardsruhstr. 46, ✆ 3234, www.freizeitbaeder-gunzenhausen.de.

Freizeitbad Juramare mit Saunadorf, komfortables Freizeitbad: Schwimmhalle (28 °C) mit 25-m-Schwimmerbecken, Kinderbecken mit 100 m langer Black-Hole-Riesen-Rutsche, Sprudler und Wasserfall bei 31 °C; extra Kleinkind-Bereich mit eigener Rutsche. Außenwarmbecken (33 °C) mit Massagedüsen, Whirlpool, Dampfkammer und Gegenstromanlage, Solebad mit Warmwasser-Bewegungsbecken, Grotte, Wasserfällen und Massagedüsen (33 °C warmes Salzwasser). 35 m^2 großes Kneippbecken mit Wasserfontäne (15 °C), Hot-Whirl-Pool (38 °C).

Neues **Saunadorf** auf einem Areal von 2200 m^2; mit 4 verschiedenen Saunen im großzügig angelegten Saunagarten: Kelo-Erdsauna, Biosauna, Heusauna und klassische finnische Sauna, zusätzlich Ruhehütte, Dampfbad, Außenbecken mit Bachlauf, Sprudelliegen und Saunabar. Bistro mit kleinen kalten und warmen Gerichten.

Ganzjährig; Bahnhofplatz 16, ✆ 8004-147 und -150 (Infoband mit aktuellen Tipps), www.freizeitbaeder-gunzenhausen.de.

• *Beachvolleyball* 2 Plätze im **Waldbad am Limes** (→ „Baden").

• *Eislaufplatz* Mit Asphaltstockschießen, Oettinger Str., ✆ 50171.

• *Freizeitzentrum* **Spieloase Jola** in der ehem. Tennishalle am FC-Sportplatz, Indoor-Spielplatz mit umfangreichen Beschäftigungsmöglich-keiten: für die Kinder viel Platz zum Toben und Rutschen, Fußball, Boulderwand, Tischtennis, E-Karts, Trampolin, Hüpfburg u. v. m. und für die Erwachsenen Squash, Badminton, JAC-Ball und Klettern. Geöffnet April–Sept. Mo–Do 13–18.30 Uhr, Fr 13–19 Uhr und Sa/So 11–19 Uhr (Okt.–März verkürzte Öffnungszeiten). Schützenstr. 9, ✆ 9339, www.spieleoase-jola.de.

• *Go-Kart* 320-m-Outdoor-Kartbahn, 10-Min.-Fahrten mit Laserzählwerk und EDV-Fahrtprotokoll. Kinder-Karts ab 6 Jahren (bis 1,20 m Körperlänge), Mi–So 13.30–18 Uhr, ab 18 Uhr nach Reservierung. Im Hollerfeld 5, ✆ 4411, www.kartbahn-schneider.de.

Immer spannend: Gokart-Racing in Gunzenhausen

- *Inliner & Skateboard* Platz beim FC-Sportgelände, mit Half-Pipe, FUN-Box und Quarter-Pipe.
- *Kegeln* Im Hallenbad **Juramare** (s. o.).
- *Event-Kino* **Movieworld (1)** im Industriegebiet Nord (beim OBI). 4 topmoderne Säle, Open-Air-Kino, Bar- und Loungebereich. Ludwig-Erhard-Str. 10, ✆ 6139850, 📠 6139851, www.kino-gunzenhausen.de.
- *Klettern* Im Jola-Spielparadies, Schützenstraße 9 (ehem. Tennis-Halle), ✆ 9339.
- *Reiten* **Reiterhof Altmühlsee** in Gunzenhausen-Wald: 12 Pferde, 10 Gastboxen, Reitplatz, Reithalle, Reitbahn, Pferdekoppeln, Springgarten, Dressurviereck, Geländestrecke, Reitlehrer, Reitkurse mit Prüfung, Pferdepension, FN-Reit- und -Fahrschule (→ Übernachtung in Wald, S.95), Mooskorb 21, ✆ 67620, www.reiterhof-altmuehlsee.de.
- *Tennis* 7 Freiplätze beim FC-Gelände am Schießwasen mit Sportgaststätte (Busbewirtschaftung, gute Currywurst; ✆ 2414).

See- und Freizeitzentrum Gunzenhausen-Schlungenhof

- *Anfahrt/Parken* Direkt von der B 13 aus erreichbar. Parkplatz mit 470 Stellplätzen, gebührenpflichtig. Zu Fuß oder per Rad über den Rundwanderweg erreichbar.
- *Baden* Südlich des Surfzentrums erstreckt sich ein schön angelegter Badestrand bis zum Seezentrum Schlungenhof. Umkleidekabinen, Stranduschen, Liegewiesen und Spielflächen sind ausreichend vorhanden. Vor dem Strand befindet sich eine Badeinsel, zu der man bequem schwimmen kann.
- *Segeln* Bootshafen mit 108 Wasser- und 109 Landliegeplätzen, Bootskran (bis 2 t) und Slipanlage zum Einlassen der Boote ins Wasser, Bootsverleih, Seglergebäude mit Segelschule. Seglerheim der **Wassersportgemeinschaft Altmühl-Brombachsee (WAB)**, ✆ 508191.
- *Freizeiteinrichtungen* Kinderspielplatz, Spielflächen für Ballspiele, Elektrokartbahn „Altmühlsee-Ring" für Kinder ab 4 Jahren, täglich von 10–20 Uhr geöffnet; 1 € pro Fahrt (3 Min.) und Kind, Trampolinanlage, Grillplatz, Angelmöglichkeiten, Boots- und Fahrradverleih. 18-Loch-Minigolfanlage auf Kunstrasen (geöffnet von Anfang Mai bis Anfang September), tägl. von 10–22 Uhr (Infos unter ✆ 884644 bzw. www.familygolf.de).
- *Service* Seemeisterstelle des Talsperren-Neubauamtes Nürnberg, Wasserwachtstation, Infotafeln, Telefonzelle und Sanitärge-

bäude mit behindertengerechten Einbauten und Umkleideräumen.

• *Essen & Trinken* **Seegasthof** mit direkt am See gelegener, weiträumiger Terrasse für 200 Personen, wo es sich bis zum Sonnenuntergang gemütlich sitzen lässt Großes Platzangebot im Innern für 120 Personen (auch für Busgesellschaften). Geschmackvoll eingerichtetes Restaurant mit Schwerpunkt auf einheimischen Spezialitäten; zusätzlich Kioskbetrieb. Seestr. 19, ✆ 80505, 📠 80599. Im Sommer tägl. 10–24 Uhr; von Nov. bis Mitte März geschlossen, www.seegasthof-altmuehlsee.de.

• *Camping* **Campingplatz Altmühlsee**, mit viel Gespür für die Gäste geführter Familienbetrieb mit 250 Stellplätzen, modernen Versorgungseinrichtungen (z. T. behindertengerecht), Pizzeria Altmühlsee (ab 10 Uhr), Kiosk und Lebensmittelmarkt. Außerdem **8 Ferienwohnungen** für 2 bis 4 Personen und Matratzenlager (für 25 Pers.). Seestr. 12, ✆ 9033, 📠 611785, www.camping-herzog.de.

Surfzentrum Gunzenhausen–Schlungenhof

• *Anfahrt/Parken* Die Anlage ist ebenfalls mit dem Pkw direkt von der B 13 aus erreichbar. Sie liegt am Rundwanderweg und ist so zu Fuß oder per Rad ebenso leicht zugänglich. Der Parkplatz ist gebührenpflichtig und weist eine Kapazität von 300 Stellplätzen auf.

• *Surfen* Das Surfgebiet Altmühlsee ist wegen der idealen Windverhältnisse (der See liegt in einem breiten, nach Nordwesten sich öffnenden Tal) schon berühmt und unter Surfern äußerst beliebt. Am **Surfcenter Altmühlsee** befindet sich das Surfufer, ein eigener Bereich nur für die Fans des Surfsports! Hier besteht auch eine eigene Surfschule (Schnupper-, Einsteiger-, Aufbau-, Kinder-, Fortgeschrittenen- und Gruppenkurse). Surfbretter und -segel können hier gemietet und repariert werden. ✆ 1240, 📠 7087, www.surfcenter-altmuehlsee.de.

• *Freizeiteinrichtungen* Liegewiesen (kein Badestrand), Kiosk und Cafeteria mit Terrasse, Surf-Shop (Surfbretter, Segel, Neopren- und Beachwear), Fahrrad- und Rollerverleih sowie Angelmöglichkeiten.

• *Service* Sanitärgebäude für Surfer mit Umkleidekabinen, Duschen und Sauna. Telefonzelle und Info-Tafel.

• *Übernachten* **Wohnmobile** (keine Wohnwagen) können auf einem der 80 Plätze gegen eine Übernachtungsgebühr von April bis Oktober abgestellt werden (pauschal ca. 6 €/Nacht). Mit modernen Ver- und Entsorgungsstationen.

Altmühlsee/Südufer

Parkplatz mit 100 Stellplätzen (gebührenfrei), Zugang zu den Rad- und Fußwanderwegen. „Hirteninsel" mit Schutzhütte, Liegewiese, Bade- und Angelmöglichkeit.

Museen & Veranstaltungen

• *Haus des Gastes* Großzügig ausgestattetes Kulturzentrum und Sitz der örtlichen VHS, mit Jagdklause und Markgrafensaal. Schöne Parkanlage mit Falkenbrunnen (ehem. markgräflicher Hofgarten des 18. Jh.s). In der Saison bei gutem Wetter mittwochabends Musikveranstaltungen mit Bewirtung. Dr.-Martin-Luther-Platz 4, ✆ 508109.

• *Feste* **Bürgerfest** (1. Juliwochenende auf dem Marktplatz) und **Kirchweih** (ab 2. Sa im Sept. 9 Tage auf dem Schießwasen im Süden der Stadt).

• *Museen* **Städtisches Museum**, bürgerliche und bäuerliche Wohnkultur (17.–20. Jh.), einmalige Fayence-Fliesen mit Falkenjagdmotiven, Zunft- und Handwerksgeräte, Spezialsammlungen, Sonderausstellungen. 1. Mai bis 15. Okt., Di–So 10–12 und 13–17 Uhr.

In der Wintersaison Di–Fr 13–17 Uhr, So 10–12 und 13–17 Uhr. Ausführlicher Museumsführer (ca. 1,50 €) und Bücherangebot an der Kasse erhältlich. In den beiden Sonderschauräumen Ausstellungen des Kunstforums Fränkisches Seenland e. V. Rathausstr. 12, ✆ 508306.

Archäologisches Museum, neu eingerichtetes Museum in hochmodernem Design. In 5 Schauräumen von der Steinzeit zu den Germanen mit Schwerpunkt Römerzeit. Die Initiatoren haben diese Ausstellung nach neuesten Gesichtspunkten der Museumsdidaktik eingerichtet und in einem Führer ausführlich dokumentiert (1,50 €). Brunnenstr. 1 (schräg gegenüber dem Städtischen

Museum; gleiche Öffnungszeiten wie städt. Museum, dort auch Eintrittskarten und Info). Sonderführungen durch Dr. Johann Schrenk auf Anfrage (✆ 8809898).

Blasturm, mit historischen handwerklichen und landwirtschaftlichen Geräten, sog. Zunftstube aus den 30er Jahren und vollständig eingerichteter Türmerstube. In der Saison Do und So 11–12 Uhr.

• *Kulturelle Veranstaltungen* Kunstausstellungen in der **Galerie W** (✆ 611950) und ganzjährig an wechselnden Orten im Fränkischen Seenland. Infos unter www.kunstforum-fraenkisches-seenland.de. Vorträge und Lesungen werden ganzjährig vom Buchhaus Schrenk und von der **Goethe-Gesellschaft Gunzenhausen e. V.** angeboten (Programm in der Buchhandlung Dr. Schrenk, Weißenburger Str. 22, ✆ 9181).

Geschichte

Zu erster geschichtlicher Bedeutung gelangte Gunzenhausen unter den Römern. Nachdem diese unter Drusus und Tiberius im Jahre 15. v. Chr. die Alpen und das südbayerische Voralpenland erobert hatten und damit das Ende der keltischen Zeit besiegelten, drangen sie um 80 n. Chr. ins Altmühltal vor. Auf der Linie Dambach–Gunzenhausen–Theilenhofen–Ellingen zogen sie den nördlichsten Grenzabschnitt ihrer Provinz *Raetien* und errichteten den **Limes.** Insgesamt erstreckte sich dieser

Wanderung auf den Spuren der Römer

Im Burgstallwald, der wie eine grüne Lunge in das Stadtgebiet von Gunzenhausen ragt, verläuft ein Trimm-dich-Pfad (Vita-Parcours), der, wenn man beim Waldbad am Limes (Steintreppe) im Uhrzeigersinn einfädelt, zum *Bismarckdenkmal* führt, das man um 1900 aus den hier vorgefundenen Steinen des Limes und einer vor- und frühgeschichtlichen Ringmauer aufgerichtet hatte. Hier befindet sich auch der erste der drei römischen *Wachttürme* (WP 4/14; 4,7 x 6,3m) des Burgstallwaldes. Er wurde 1980 vom Bayerischen Landesamt für Denkmalpflege restauriert und ist heute im Gelände gut erkennbar. Selten, und daher historisch bedeutsam, ist seine Doppelkammer. Nur ca. 60 m davon entfernt wurden die Reste eines weiteren *Wachtturms* gesichert (WP 5/14; 5,5 x 7,4 m). Auch hier ist der Verlauf des Limes gut erkennbar, und es stellt sich für die Historiker die Frage, ob der Turm nachträglich an den schräg verlaufenden Limes angebaut wurde. Folgt man der römischen Grenze in östlicher Richtung, erreicht man nach ca. 500 m die Fundamentreste des nächsten Wachtturms (WP 6/14; 5,4 x 4,4 m), in dessen Nähe (ca. 50 m südlich) sich ein Kleinkastell (20 x 20 m) befand. Die noch gut erkennbaren Gräben und eine um 1900 errichtete Stele mit der Inschrift „Castrum Romanum" erinnern daran, dass die Römer im 3. Jahrhundert eine kleine Einheit römischer Soldaten hierher verlegten, um den Anstürmen der germanischen Verbände entgegenzuwirken – ohne Erfolg, wie wir heute wissen. Zum Burgstallwald gelangt man entweder zu Fuß von der Altstadt aus in Richtung Norden (über Hensoltstraße, Alter Friedhof und Krackerstraße; gut 30 Min. ansteigender Fußweg; vom Ende der Krackerstraße führt der Waldweg knapp 15 Min. hinauf zum Bismarck-Denkmal) oder vom Parkplatz des Waldbads am Limes aus. Hier kann man sich bequem in den Vita-Parcours einfädeln, am besten links rum, sodass man in knapp 30 Min. an der Hensoltshöhe vorbei und über die Himmelsleiter zum Bismarck-Denkmal hinaufgelangen kann.

Grenzwall vom Rhein zur Donau über eine Länge von mehr als 500 Kilometern. Verstärkt wurde er durch ca. 900 Wachttürme und 60 Kastelle. Gunzenhausen war als vorgeschobener Posten im Norden ein stets gefährdetes Gebiet am Rande des nördlich angrenzenden germanischen Landes. Heute erinnert eine Tafel an der evangelischen Pfarrkirche an die Lage des Gunzenhäuser *Numerus-Kastells* (86 x 80 m). Es dürfte um die Mitte des 2. Jh.s errichtet worden sein und diente der Sicherung der beiden strategisch bedeutsamen Altmühlfurten.

Judenverfolgung in Gunzenhausen

Im 3. Reich erlangte die Altmühlstadt traurige Berühmtheit. Bereits 1934 kam es hier zu einem der ersten Pogrome, vier Jahre vor der sog. Reichskristallnacht. Ein Grund für die Vorreiterrolle der Gunzenhäuser Nationalsozialisten ist das Interesse *Julius Streichers* für die Stadt an der Altmühl, in der sich über die Jahrhunderte hinweg eine bedeutende jüdische Gemeinde herausgebildet hatte, wovon noch heute ein beachtenswerter jüdischer Friedhof zeugt. Julius Streicher, der Herausgeber des NS-Hetzorgans „Der Stürmer“, hatte in einer Kampagne gegen den jüdischen Lehrer Kurzmann (1931) und gegen den jüdischen Bankier Gerst (1932) bereits frühzeitig den Nährboden für seine Aktivitäten im Raum Gunzenhausen geschaffen. Der ländliche Raum des südlichen Mittelfranken hatte es Streicher schon lange angetan. 1933 schrien die SA-Horden bereits ungeniert durch Gunzenhausens Straßen: *Lasst die Messer flutschen in den Judenleib! Blut muss fließen knüppelhageldick!*

Ian Kershaw schrieb 1979 in seinem Werk „Bayern in der NS-Zeit“ über das Jahr 1934: „Im überwiegend protestantischen Mittelfranken bildeten sich die radikalsten Formen des NS-Antisemitismus heraus. Unter dem Einfluss Streichers wurde oft erbarmungslos gegen die Juden vorgegangen. Obwohl auch hier bei den meisten Ausschreitungen die örtliche Parteileitung bzw. die SA, SS oder HJ die Regie führte, so zeigte sich doch, z. B. anlässlich des berüchtigten Gunzenhausen-Pogroms vom März 1934 – des schlimmsten Auswuchses von Judenhass vor der 'Reichskristallnacht' in Bayern – dass sich in extremen Situationen ein breiteres Publikum zu hysterischer Stimmung gegen die ansässigen Juden hinreißen lassen konnte.“

Nach den Einfällen der *Alamannen* (233–260 n. Chr.) waren die römischen Truppen zum Rückzug an die Donau gezwungen. Das Land an der mittleren Altmühl war frei für eine neue Besiedlung. Keltoromanische Bevölkerungsteile dürften sich bald mit germanischen Einwandererfamilien vermischt haben, darunter vermutlich Juthungen und Thüringer. In der aggressiven Politik der Franken im ostfränkischen Raum spielten die Klostergründungen eine entscheidende Rolle. Im Jahre 823 schenkte Frankenkönig *Ludwig der Fromme* das königliche Kloster *gunzinhusir* an Ellwangen, womit der Ort erstmals in schriftlichen Quellen erwähnt wurde. Ein Edler namens *Gunzo* verlieh der Stadt ihren Namen. Ellwangen übte noch für längere Zeit die Lehensherrschaft in Gunzenhausen aus. 1349 belehnte es *Burkart von Seckendorff* mit der Herrschaft Gunzenhausen, das zu dieser Zeit schon eine befestigte Stadt (oppidum) war. 1368 gelangte Gunzenhausen in den Besitz der *Nürnberger Burggrafen* aus dem Hause Zollern (fränkische Linie). Unter ihnen wurde Gunzenhausen mit Mauern und Türmen umwehrt und später dann zu einer bedeutenden markgräflichen Haupt- und Legstadt ausgebaut.

Mit *Carl Wilhelm Friedrich* trat ein Markgraf auf den Plan, dem Gunzenhausen viel zu verdanken hat. Wegen seiner sprichwörtlichen Jagdleidenschaft zog es ihn nach Gunzenhausen und zu den Wäldern, Flüssen und Teichen der Gegend. Hier konnte er besonders der Falknerei nachgehen, die er über alles liebte. 1745 ließ er sich vor den Toren der Stadt ein Jagdschloss errichten (heute in der Oettinger Straße bis auf einen kleinen Pavillonbau nicht mehr sichtbar). Auch den Oberamtshof, Sitz der Verwaltung, ließ er schlossartig ausbauen. Die häufige Anwesenheit des Fürsten veränderte das Gesicht der bis dahin eher mittelalterlichen Kleinstadt. Neben den zahlreichen Fachwerkhäusern traten jetzt repräsentative Barockbauten in den Vordergrund, in denen sich die Höflinge und Beamten des Markgrafen niederließen. Die so entstandene Stilvielfalt prägt noch heute das Gesicht des Marktplatzes, der guten Stube von Gunzenhausen.

Nach dem Tod des „Wilden Markgrafen“ und dem Verkauf der fränkischen Lande an Preußen im Jahre 1791 wurde Gunzenhausen im neuen bayerischen Königreich 1806 Sitz eines königlichen Bezirksamtes. Die industrielle Revolution und die verkehrsmäßige Erschließung des Landes ging auch an Gunzenhausen nicht spurlos vorüber. Die Anbindung an die Eisenbahn und Gunzenhausens günstige Lage an den großen Verkehrsstraßen (Würzburg–München/Nürnberg–Augsburg) ließen Wirtschaft und Handel gedeihen.

Sehenswertes

Die lutherische **Stadtpfarrkirche** wurde um das Jahr 1200 auf dem Gelände des römischen Kastells und des späteren Klosters errichtet. Von dieser ersten Bauzeit ist bis heute der untere Teil des mächtigen Kirchturms erhalten geblieben. Um die Mitte des 15. Jh.s entstand der noch immer das Bild der Kirche prägende, hoch aufstrebende gotische Chor, den Baumeister *Endres Embhard d. Ä.* im Jahre 1461 vollendete. Der würdevollen Schlichtheit des Kirchenäußeren, das mit hohem Aufwand vollständig restauriert wurde, entspricht eine unaufdringliche, eher nüchtern wirkende Innenarchitektur, die den Besucher nicht unbeeindruckt lässt. Die Innenausstattung stammt vorwiegend aus dem 18. Jh. Das Kruzifix des Kreuzaltars (1705) und die barocke Kanzel aus Nussbaumholz (1707) stammen von *Guiseppe Volpini* aus Ansbach. Die steinerne Grabplatte des Ritters *Paul von Absberg* zählt zu den schönsten gotischen Grabsteinen Süddeutschlands. Ein Christophorusfresko aus dem Jahre 1498 wurde im Jahre 2000 wieder restauriert. Die Glasfenster im Chor schuf der bekannte Künstler Prof. Dr. Gottfried von Stockhausen im Jahre 1989. Am ebenfalls neu gestalteten Kirchenplatz steht das **Mesnerhaus,** ein ansehnlicher Fachwerkbau aus dem 17. Jh.

Der **Storchenturm,** unweit der Kirche an der Sonnenstraße, wurde bereits um 1400 errichtet, dann aber 1450 teilweise abgetragen und erst 1749 für Wohnzwecke umgebaut. Heute stellt er in seiner ungewöhnlichen Umgebung eines der liebenswürdigen Ensembles der Altstadt dar. Er ist von der Kirchenstraße aus über ein kleines Gässchen erreichbar.

Der **Färberturm** zählt ebenfalls zur ehemaligen Stadtbefestigung und wurde vermutlich im 14. Jh. aufgerichtet. Der Turm, auch Diebs- oder Pulverturm genannt, kann Di/Do/So von 10 bis 17 Uhr besichtigt werden. Von oben bietet sich ein herrlicher Rundblick über die Stadt, das Seengebiet und das Altmühltal. Gegenüber

Die Gunzenhäuser Marienkirche im letzten Abendlicht

dem Färberturm ist noch ein Rest des ehemaligen, überdachten Wehrgangs erhalten geblieben. Er war Teil einer ausladenden Bastei, die einst das unsichere Eck der Mauer zur oft überschwemmten Altmühl hin absicherte. Das *Weeberseck* wird heute von der Stadt gehegt und gepflegt.

Das **Rathaus,** der ehemalige markgräfliche Oberamtshof, steht inmitten des Marktplatzes und reicht noch weit in die Rathausstraße hinein. Der nach außen eher schmucklose Bau wurde 1621 aus zwei Bürgerhäusern errichtet. Im 18. Jh. wurde der Regierungssitz zu einem herrschaftlichen Schloss ausgebaut. Hier starb auch der „Wilde Markgraf" Carl Wilhelm Friedrich von Brandenburg-Ansbach im Jahre 1757.

Das **Städtische Museum,** für kurze Zeit Rathaus der Stadt, wurde 1706 von dem Gunzenhäuser *Johann Wilhelm von Zocha,* markgräflicher Obristbaumeister in Ansbach, für seinen Eigenbedarf erbaut. Das Adelspalais, ein dreigeschossiger Walmdachbau, birgt heute wertvolle Exponate der lokalen Volks- und Handwerkskunst (Öffnungszeiten usw. siehe oben).

Der **Blasturm,** das 33 m hohe Wahrzeichen der Stadt, hat eine rege Baugeschichte hinter sich. Der auch unter dem Namen *Ansbacher Tor* bekannte Turm stammt aus dem 15. Jh., stürzte 1578 ein und wurde bis 1603 wieder neu aufgebaut. Der wuchtige Renaissancebau erhebt sich auf einem quadratischen Untergeschoss, durch das eine spitzbogige Durchfahrt führt. Drei Wappen zieren die Südfassade (links der fränkische Rechen mit dem brandenburgischen Adler, in der Mitte das Markgrafenwappen und rechts das Gunzenhäuser Stadtwappen). Sein elegantes Aussehen erhält der Turm durch den umlaufenden Sims unterhalb des Obergeschosses und die zierliche Turmlaterne, die das schlanke Zeltdach bekrönt.

Das **Haus des Gastes** wurde unter dem Ansbacher Fürsten Carl Wilhelm Friedrich im Jahre 1749 als Gartenhaus im Hofgarten errichtet. Nach dem Ende der Markgrafen-Ära kam die Anlage in private Hände. Prominentester Bewohner war *Johann Reichardt.* Der Heilpraktiker, Alchimist und ökumenische Christ machte sich über die Grenzen hinaus einen Ruf als „Goldmacher von Gunzenhausen". Adolf Hitler soll seinen Spezi Streicher (→ „Geschichte") zu Reichardt geschickt haben, um mit ihm zwecks Goldherstellung zu verhandeln. Das von Reichardt gewonnene Gold wollten die Nationalsozialisten dafür verwenden, Schulden des Dritten Reiches zu begleichen. Weder aus dem Gold noch aus der Schuldentilgung mit Hilfe des Gunzenhäuser Mystikers wurde jedoch etwas. Heute erstrahlt das ehemalige Gartenhaus in neuem Glanz.

Die **Spitalkirche Heiliggeist** geht auf eine Stiftung Burkarts von Seckendorff im Jahr 1352 zurück. Mit dieser Stiftung verwoben ist die Legende vom „Kreuz im Altmühltal"; danach soll der edle Ritter bei der Jagd seine Geliebte versehentlich getötet haben, weil er sie für ein Reh hielt. Eine Gedenksäule steht im Innenhof des Rathauses, nachdem sie an ihrem ursprünglichen Standort in der Nähe der Altmühlbrücke, dem Tatort sozusagen, den Autoabgasen nicht mehr Stand hielt (heute steht dort eine Kopie). Aus Reue über seine Tat entschloss sich der Seckendorffer, so die Sage, zu der großzügigen Spende des Heiliggeist-Spitals und der Spitalkirche. 1761 erfolgte unter Johann David Steingruber ein Neubau im spätbarocken Stil. Im Innern der Kirche befindet sich das Hochgrab des Burkart von Seckendorff, der 1365 starb. Er zeigt sich dem Besucher in voller Rüstung mit Gürtel, Schwert und Topfhelm. Sehenswert ist die Stuckdecke mit dem Wappen der Fürsten des Hauses Brandenburg-Ansbach. Besichtigung nach Anmeldung möglich (Schlüsselherr ist Hr. Schott, Spitalstr. 5, ✆ 2254). Das benachbarte ehemalige Spitalgebäude ist heute ein großzügig ausgestattetes *Jugendzentrum.* Ebenfalls in der Nachbarschaft erhebt sich der moderne Bau der Jugendherberge (→ „Übernachtungen").

Die Michelskirche zwischen Ober- und Unterasbach, das Wahrzeichen des Gunzenhäuser Landes

Oberasbach

Den kleinen Ort über dem Altmühltal erreicht man von Unterasbach (B 13) aus, mit dem es bis zum Jahre 1360 eine gemeinsame Ortschaft namens *Aspach* bildete. Auf halbem Weg steht die *St.-Michaels-Kirche,* deren zwiebelförmiger Turm schon von weitem sichtbar ist. Das Gotteshaus auf dem Michelsbuck erhielt sein Turmobergeschoss von *Johann David Steingruber* in den Jahren 1752–54. Das Langhaus und die Außenfassade wurden vor einigen Jahren mit viel Geschmack und hohem Aufwand restauriert. Im Ort selbst begegnen wir der *Wolfgangskapelle,* die einmal eine berühmte Wallfahrtsstätte war. Sie geht zurück auf einen Ablassbrief des griechischen Bischofs *Bessarion* aus dem Jahre 1460. Der Mann vom Mittelmeer war gerade auf einer Werbereise für einen Kreuzzug unterwegs. Bis zum Dreißigjährigen Krieg florierte das kleine Wallfahrtsunternehmen. Dann wurde die Kapelle bis auf die Grundmauern niedergebrannt und erst 1878 neu errichtet.

Übernachten/Essen & Trinken **Landgasthof Baumgärtner**, traditionsreiches Haus mit großem Platzangebot und urig-fränkischer Küche (schöner Biergarten). 13 Gästebetten; DZ mit DU/WC ab 55 €. Oberasbach 16, ✆ 2429, 📠 88943, www.gasthaus-baumgaertner.de.

Aha

Der früher als Fischerdorf bedeutende kleine Ort an der Altmühl kann auf eine lange Geschichte zurückblicken. Bereits 1208 ist von einem *Chunrad de Ahe* die Rede, einem Kanoniker aus dem Altmühlkloster Herrieden. Früh schon hatte Eichstätt das Sagen, sodass ein ortsadeliges Geschlecht sich nicht festsetzen konnte. Später geriet das Dorf wie Gunzenhausen unter den Einfluss der Ansbacher Markgrafen. Daher rührt auch der Umstand, dass der ansbachische Hofbaumeister *Johann David Steingruber* die Umbauarbeiten an der evangelisch-lutherischen Kirche 1747 betreute. Das Gotteshaus ist eine der typischen Markgrafenkirchen des Mittleren Altmühltals. Die Renovierungsarbeiten haben die Kirche zu einem Schmuckstück gemacht.

Der Hahnenkamm
(Spielberg, Heidenheim und Hechlingen)

Das **Schloss Spielberg,** weithin sichtbares Wahrzeichen des Gunzenhäuser Landes, thront über dem gleichnamigen Ort auf einer vorgeschobenen Kuppe am Nordrand des *Hahnenkamms* (600 m ü. d. M.). Weit schweift der Blick von hier oben über das fruchtbare *Ries* im Südwesten hinüber zum *Hesselberg* und zu den Erhebungen der Frankenhöhe im Westen. Die Herren von Spielberg wurden erstmals im 12. Jh. erwähnt. Ihre Erbschaft traten die Riesgrafen von Oettingen an. Mit Unterstützung des bayerischen Staates gelang es, die im Dreißigjährigen Krieg zerstörte Burg wieder zu restaurieren. Gut erhalten ist auch die Burgkapelle mit ihrer wertvollen Rokokoausstattung. Seit 1982 hat sich die namhafte Künstlerfamilie *Steinacker* in den Räumen des Schlosses niedergelassen. Mit Fantasie und Kreativität ging man daran, dem Schlossinnern ein neues Gesicht zu geben. Interessierten zeigt man jeden Sonntag gerne das Schloss und die Werke des jüngst verstorbenen Künstlers Ernst Steinacker (14–16 Uhr).

Der **Hahnenkamm** ist eine äußerst reizvolle Voralblandschaft der Altmühlalb. In den sanfthügeligen Bergen entspringt die Östliche Rohrach bei Heidenheim und schlängelt sich in einem idyllischen Tälchen über *Windischhausen* nach *Wettelsheim*, wo sie in die Altmühl mündet. **Heidenheim** bildet das kulturelle Zentrum des Hahnenkamms. Hier gründete der *Hl. Willibald* mit seinen Geschwistern *Wunibald* und *Walburga* im 8. Jh. ein Kloster. Die Klosterkirche von Heidenheim zählt zu den schönsten Hallenbasiliken aus der Zeit der Romanik. Schon nach wenigen Schritten umfängt den Besucher der in Stein gefasste Wunsch nach Ausgeglichenheit und das in klaren Formen sichtbare Harmoniestreben dieser Zeit. Noch heute spricht eine mönchische Strenge aus der Schwere der festen Formen. Ausgewogen erscheint das Spiel von Kreis und Kubus. Es verrät die Sehnsucht des romanischen Menschen nach einer Welt der Ordnung und des Friedens. Hinter den Mauern des ehemaligen Klosters regt sich neues, kulturell vielseitiges Leben. 1998 hat sich hier das Klosterforum Heidenheim e. V. gegründet, um das Kloster zu einer Begegnungs-

Künstlerschloss Spielberg

stätte für Künstler, Musiker und Literaten auszubauen (Programm unter www.buchhausschrenk.de). Im großen Stil soll das Kloster zu einer überregional bedeutsamen Bildungsstätte ausgebaut werden. In der Ortsmitte wurden enorme Anstrengungen zur Sanierung und Verschönerung des Areals rund um die Klosterkirche unternommen. **Hechlingen** ist der zweite größere Ort im Hahnenkamm, der schon Fremdenverkehrsgebiet war, als es noch kein Fränkisches Seenland gab. Wie in die Landschaft eingegossen liegt der **Hahnenkammsee** zwischen den bewaldeten Hügeln der Voralb. Ein geologischer Wanderpfad lockt nicht nur Wasserfreunde und Erholungssuchende an den See. Der Hahnenkamm ist ein einziges Naturerlebnis. Hier kann man noch durch die Lande stromern, die Füße im kleinen Quellbach kühlen und neben einem verwitterten Mühlstein in der Mittagssonne dösen.

- *Vorwahl/PLZ* 09833/91719.
- *Information* **VG Heidenheim**, Ringstr. 12, ✆ 9813-30, ℻ 9813-50, www.hahnenkamm.de.
- *Übernachten/Essen & Trinken* **Gasthof Alte Post**, alteingesessenes Haus in der Ortsmitte mit großem Raumangebot und guter, fränkischer Küche. Hier sind vor allem Radwanderer und Jakobspilger gern gesehene Gäste (Jakobsstation). Im Sommer lässt es sich gemütlich am Haus unter schattenspendenden Bäumen sitzen. 17 Gästebetten; DZ mit DU/WC ab 59 €. Marktplatz 7, Heidenheim, ✆ 202, ℻ 5099, www.hahnenkamm.de/Posthalter.

Café Hahnenkamm, die Keramikmeisterin und -künstlerin Susanne Feller-Köhnlein betreibt ein Café (mit kleiner Speisekarte; freitags Pizzaabend; geöffnet Do, Sa/So 14–18 Uhr, Fr 14–22 Uhr), vermietet Ferienwohnungen (3 Wohnungen, ab 7 Tagen Aufenthalt zwischen 25 und 30 € pro Nacht für 3, 4 oder 5 Pers.) und führt einen Keramikladen, in dem sie u. a. ihre eigenen Töpferwaren zum Kauf anbietet. Krankenhausstr. 3, 91719 Heidenheim, ✆ 09833/726 bzw. 0151/16650515, www.ferienwohnungen-koehnlein.de.

Gasthof Forellenhof, Landgasthof mit langer Tradition als Domizil für die Urlauber des Hahnenkamms. Aus eigener Zucht werden hier die besten Forellen weit und breit aufgetischt. Für die Gäste: Sauna, Solarium, Fitness, Frisör, SB-Markt und Parkanlage gegenüber. Kinderspielplatz und

Wildgehege tragen ebenfalls zur Attraktivität dieses Hauses bei. 50 Gästebetten; DZ mit DU/WC ab 65 €. Mo Ruhetag. Hechlingen, Unterhofer Str. 20, ✆ 705, 5065, www.forellenhof-hechlingen.de.

Ausflüge nach Wolframs-Eschenbach, Merkendorf und Mitteleschenbach

Wolframs-Eschenbach, die Stadt des gleichnamigen Minnesängers, bietet auf kleinstem Raum Beachtliches: Das ehemalige *Deutschordensschloss* gilt als eines der schönsten Renaissancebauwerke Frankens. Es wurde 1623 für den Landkomtur des Deutschen Ordens errichtet und in jüngster Zeit mit hohem Aufwand und viel Mut zu moderner Architektur restauriert und erweitert. Im neuen Bürgerhaus ist auch die Tourist-Information untergebracht. In dem historischen Bau finden heute ganzjährig Kunstausstellungen und vielfältige kulturelle Veranstaltungen ihren Platz. Daneben erhebt sich die *Alte Vogtei,* in deren historischen Gemäuern aus dem 17. Jh. einer der schönsten und ältesten Hotelgasthöfe seine Gäste verwöhnt. Die katholische Pfarrkirche *Mariä Himmelfahrt,* um 1250 erbaut, birgt wahre Kostbarkeiten, darunter ein sehenswertes Rosenkranzrondell. Zu den weiteren Sehenswürdigkeiten gehören der *Wolfram-von-Eschenbach-Brunnen,* das *Fürstenhaus,* das *Pfründehaus* und die noch gut erhaltene *Stadtmauer* mit zwei mächtigen Tortürmen. Eine weitere Attraktion ist das *Wolfram-von-Eschenbach-Museum* im alten Rathaus. Hier werden die mittelalterliche Handschriften des berühmten Minnesängers in ein neues Museumskonzept eingefügt, das seinesgleichen sucht – Literatur zum Sehen, Hören und Fühlen. Im Büchershop wartet ein ausgesuchtes Sortiment zur Wolframsliteratur auf die Besucher.

Inszenierung im neuen Wolfram-von-Eschenbach-Museum

• *Information/Museum* **Kultur- und Tourismusbüro**, Wolfram-von-Eschenbach-Platz 1, 91639 Wolframs-Eschenbach, ☏ 09875/9755-32, 📠 9671, www.wolframs-eschenbach.de. **Wolfram-von-Eschenbach-Museum**, April bis Okt. Di–So 14–17 Uhr (So auch 10.30–12 Uhr), Nov. bis März Sa/So 14–17 Uhr, ☏ 975534.

Merkendorf liegt an der viel befahrenen Bundesstraße 13, die Gunzenhausen mit Ansbach verbindet. Und doch schützt sich die historische Altstadt vor dem Durchgangsverkehr. Das Ortsbild hat sich in den letzten Jahren sehr vorteilhaft gewandelt. Im Bannkreis des Fränkischen Seenlandes hat man die gute Stube der Kleinstadt herausgeputzt. Der *Krautbrunnen* vor dem neuen Rathaus erinnert an die Tradition des Kohlanbaus, durch den das Merkendorfer Land einst über die Lande hinaus berühmt war. Um den Ort schmiegt sich eine vollkommen erhaltene Stadtmauer, der z. T. noch idyllische Wassergrabenpartien vorgelagert sind. Stadtkirche, die ehemalige Zehntscheune mit Heimatmuseum und Unterer Torturm zählen zu den weiteren Sehenswürdigkeiten Merkendorfs.

Krautbrunnen vor dem Merkendorfer Rathaus

Information **Stadtverwaltung**, Marktplatz 1, 91732 Merkendorf, ☏ 09826/650-0, 📠 650-50, www.merkendorf.de.

▸ **Mitteleschenbach**, im „Hinterland" des Fränkischen Seenlands, verfügt über ein buntes Gemisch aus historischer Bausubstanz (im Zentrum die alles überragende Pfarrkirche St. Nikolaus sowie die St.-Walburgis-Kirche aus dem 14. Jh., an deren Umbau Gabriel de Gabrieli mitgewirkt hat), aus lebendiger Gastronomie (zu Füßen der Pfarrkirche breitet sich der traditionsreiche Gasthof „Zur Krone" aus, der neben fränkischer Küche auch ein eigenes Gästehaus, ein Schwimmbad und eine Kegelbahn bietet) und aus Freizeitangeboten der besonderen Art (Skihang mit Schlepplift und Skihütte). Für Wanderungen im alten fränkischen Umland der neuen Seen bietet sich Mitteleschenbach als idealer Stützpunkt an.

Information **Gemeindeverwaltung**, Rathausstr. 2, 91734 Mitteleschenbach, ☏ 09871/501, 📠 7901, www.mitteleschenbach.de.

Rund um den Brombachsee

In der **Mandlesmühle**, unterhalb des Hauptdamms zwischen Allmannsdorf und Pleinfeld gelegen, hat das Wasserwirtschaftsamt für Gäste das Infozentrum Seenland eingerichtet, das über die Entstehung und den Bau des Fränkischen Seenlandes informiert. Zu der geschmackvoll hergerichteten Anlage gehören neben dem Infozentrum und dem noch mit einem Wasserrad ausgestatteten Mühlengebäude ein Sanitärgebäude und ein historischer Bauerngarten.

Informationszentrum Mandlesmühle, Infozentrum Seenland, Mandlesmühle 1, 91785 Pleinfeld, Geöffnet 1. Mai–30. September 10–16 Uhr, Filmvorführungen täglich 11 und 14 Uhr; Infos in der benachbarten Seemeisterstelle Brombachsee (Mühlenhauptgebäude), ✆ 09144/92110 bzw. beim **Zweckverband Brombachsee**, Obere Dorfstr. 3, 91785 Ramsberg, ✆ 09144/571, 📠 6701, www.zv-brombachsee.de.

Haundorf

Auf dem Landrücken zwischen Altmühlsee und Brombachsee erstreckt sich die Feriengemeinde Haundorf vom Mönchswald im Westen bis in den Gräfensteinberger Forst im Osten.

Die Distanz zu den beiden Seen macht den besonderen Reiz dieses Gemeindelandes aus. Vom Fischereilehrpfad rings um den Haundorfer und den Eichenberger Weiher, über die Legenden um das einst markgräfliche Jagdschlösschen Georgenthal reicht die Palette bis hin zu den Obstkulturen des Gräfensteinberger Landes. Zu Haundorf gehören die Ortsteile Aue, Brand, Brombach, Eichenberg, Gräfensteinberg, Obererlbach, Oberhöhberg und Seitersdorf.

• *Vorwahl/PLZ* 09837/91729.

• *Information* **Haus des Gastes**, Georgentalweg 4 a, ✆ 95940, 📠 95942, www.haundorf.de. Ganzjährig Mo–Fr 9.30–12 Uhr. Mit großer Infothek, Verkauf von Rad- und Wanderkarten. Ausstellungen, Freilandschach und umfangreiches Gästeprogramm (Nachtwanderungen, Kutschenfahrten und Bastelnachmittage). Montag 10 Uhr Gästebegrüßung mit Umtrunk und Kinderprogramm (bei schlechtem Wetter im benachbarten Gemeinschaftsraum der Feuerwehr).

• *Übernachten/Essen & Trinken* **Landhotel Falkenhof**, Hotel und Restaurant in ruhiger Lage; 120 Gästebetten in 2 modernen Gästehäusern. Zwei vollautomatische Bundeskegelbahnen; DZ mit DU/WC ab 80 €. In der Nebensaison stark ermäßigt! In der Saison durchgehend geöffnet, ab Herbst werktags ab 17 Uhr und Sa/So ab 11 Uhr Gartenweg 2, ✆ 1001, 📠 978264, www.Landhotel-Falkenhof.de.

Landgasthof Lindenhof, in Gräfensteinberg, elegantes Ambiente, feinste Fischspezialitäten und gepflegte internationale Küche (Tischreservierung empfohlen). Mo/Di Ruhetage. 4 Apartments, davon 1 behindertengerecht; ab 62 € für 4 Personen mit Frühstück (ohne ab 46 €) Dorfstr. 18, ✆ 97000.

Gasthof-Pension-Metzgerei Schwarzes Kreuz, in Gräfensteinberg, historisches Haus aus dem 15. Jh., 1992/93 vollständig renoviert, mit Nichtraucherzimmern, Restaurant, Bauernstube, Konferenzraum für Tagungen und Seminare; Liegewiese, Tischtennis. 39 Gästebetten, DZ mit DU/WC ab 68 €, Mo Ruhetag. Dorfstr. 34, ✆ 217, 📠 724, www.schwarzeskreuz.de.

Absberg

Absberg thront über den Ufern des Kleinen Brombachsees. Der geschichtsträchtige Ort hat sich zu einem der Zentren des Fremdenverkehrs im Fränkischen Seenland entwickelt und wie kaum ein anderer in der Region in den letzten Jahren sein Gesicht grundlegend verändert.

Vieles ist neu und schön. Vieles von dem ehemals typisch fränkischen Dorf ist aber auch verloren gegangen. Das Ortsbild wird beherrscht durch die Fassade des alten Deutschordensschlosses, in dem sich heute eine kirchliche Erziehungsanstalt befindet. Unterhalb des Ortes breitet sich im See die Badehalbinsel Absberg aus, die man zu den meistbesuchten Plätzen des Fränkischen Seenlandes rechnen darf. Mit der Kalbensteinberger *Rieterkirche* besitzt die Gemeinde Absberg ein kunsthistorisches Juwel! Neben Kalbensteinberg gehört zu Absberg noch der Ortsteil Igelsbach.

• *Vorwahl/PLZ* 09175/91720.

• *Information/Veranstaltungen* **Tourist-Information**, Hauptstraße 31, ✆ 1710, 📠 1585, www.absberg.de. Mit Buch-/Kartenverkauf und Bücherei. Mit kleinem Clubhaus, Park und Kinderspielplatz. Mo–Fr 9–12 Uhr, Mi auch 18–19 Uhr (Nov. bis März Mo/Mi/Fr 9.30–12 Uhr und Mi 18–19 Uhr). Gästeprogramm: Gästebegrüßung mit Sektempfang Di 10 Uhr (gleichzeitig Bastelangebot für Kinder). Open-Air-Aerobic im Juni/Juli, geführte Wanderungen des Heimatvereins, Nordic-Walking-Touren (jeweils Anmeldung erforderlich) sowie Gute-Nacht-Kirche im August (Mi in Absberg, Do in Kalbensteinberg, jeweils um 21 Uhr).

• *Übernachten/Essen & Trinken* **Landgasthaus Jägerhof**, zentral gelegen mit rustikalem Ambiente und bodenständiger Küche. Mittwoch Ruhetag. 11 Gästebetten. DZ mit DU/WC ab 64 €. Obstgarten mit Liegewiese und Sitzgelegenheiten. Deutschordenstraße 4, ✆ 865, 📠 9694, www.jaegerhof-absberg.de.

Ferienwohnungen Ottmann, in herrlicher Lage mit Blick auf den Kleinen Brombachsee! Zwei komfortable Ferienwohnungen in einem restaurierten Sandsteinbauernhaus. Der Garten ist paradiesisch und bietet neben der schönen Aussicht auch einen Naturgrill und einen Kinderspielplatz. Vom Haus führt ein Wanderweg hinunter zum See. Fewo I 45 €, und Fewo II 54 €/Tag und 4 Pers. (Nichtraucher, keine Tiere). Hauptstr. 41 a, ✆ 1210, www.fewo-ottmann.de.

Landgasthaus-Pension Zur Linde, in Igelsbach, mit eigener Landwirtschaft. Die hauseigenen Spezialitäten werden auch für den Außerhausverkauf angeboten (Spargel, geräucherte Bratwürste, Schinken im Stück, Dosenwurst und -fleisch und freitags selbstgebackenes Brot). Aufenthaltsraum, kleine Bibliothek (Wanderführer und -karten). Für Gäste bietet Hr. Rachinger auch Pilzwanderungen an – mit anschließender Zubereitung. Separates Gästehaus mit 7 Komfortzimmern; DZ mit DU/WC ab 64 €. Do Ruhetag. Igelsbach 26, ✆ 09837/274, 📠 774, www.pension-igelsbach.de.

Gasthof zur Post in Kalbensteinberg, zentral in Ortsmitte gelegenes Haus mit langer Tradition. Für die Gäste steht neben der Gastwirtschaft, wo die Spezialitäten der Kirschen- und Hopfengemeinde aufgetischt werden, ein eigenes, modern eingerichtetes Gästehaus mit 29 Gästebetten zur Verfügung. DZ mit DU/WC ab 46 €, Ferienwohnungen ab 58 € (2 Pers.). Vor dem Gasthof lädt ein gemütlicher Biergarten zur Einkehr ein. Kalbensteinberg 1, ✆ 09837/283, 📠 1361, www.gasthof-zur-post-kalbensteinberg.de.

• *Freizeit/Sport/Kultur* (→ Badehalbinsel Absberg) Mühlenweg, die Gemeinde Absberg hat mit dem neuen Mühlenrundweg einen neuen Themen-Wanderweg eingerichtet (Startpunkt Tourist-Information; 5 km Länge, reine Gehzeit ca. 1,5 Stunden). Über jede der Mühlen am Rundweg geben ausführliche Informationstafeln Auskunft.

Charly's Radlstadl, Griesbuck 28, ✆ 1518; großes Angebot an Freizeiträdern (Verkauf, Reparatur, Verleih).

Geschichte

Schon früh hatten die *Herren von Absberg* großes Ansehen (Otto Wolf von Absberg wird bereits 1165 urkundlich erwähnt). Sie übten das Erb-Cämmer-Amt des Hl. Römischen Reiches aus, hatten die Kaiserliche Freyung, das Geleitrecht, den Blutbann und die Hohe Jagd als Reichslehen inne. Als Haudegen in die Geschichte eingegangen ist *Paulus Ritter von Absberg zu Absberg und Dornhausen*, ein brandenburgisch-onoldsbachischer Haupt- und Amtmann zu Gunzenhausen, der sich bei Affalterbach erfolgreich gegen die Nürnberger schlug. Als Angehöriger des Schwanen-Ritter-Ordens zog er für Kaiser Maximilian I. nach Ungarn ins Feld. Sein Grabstein mit der Jahreszahl 1503 befindet sich in der Gunzenhäuser Pfarrkirche. Auch *Hans Thomas von und zu Absberg und Dornhausen* machte von sich reden; er hat Graf Joachim von Oettingen auf dem Gewissen. 1523 ließen die Augsburger sein Schloss in Absberg niederbrennen, 1531 starb der gefürchtete Recke. Ganz anders *Hans Veit*, der letzte seines alten Geschlechts, der sich 1611 an der Universität zu Altdorf einschrieb und sich Zeit seines Lebens bemühte, die katastrophalen Folgen des Dreißigjährigen Krieges für Absberg zu lindern. Nach seinem Tod griff der Deutsche Orden nach der Herrschaft Absberg, mit der er 1651 von Kaiser *Ferdinand III.* auch belehnt wurde. 1723 begann der Orden mit dem Neubau des Schlosses. 1796 wurde die Herrschaft dem Land Preußen unterworfen. 1806 kam das Schloss

Brombachsee
350 m
Igelsbach
Keilberg
Hagsbornn
Spalt
Großweingarten
Ober-
breitenlohe
Unter-
breitenlohe
Stockheim
Igelsbachsee
Enderndorf
Freizeitzentrum
Enderndorf-
Igelbachsee
Ottmannsberg
Erlingsdorf
Stirn
Griesbuck
Geiselsberg
Absberg
Freizeitzentrum
Absberg-
Seemeisterstelle
Freizeitzentrum
Enderndorf-
Brombachsee
Birklein
Röthenhof
Müssighof
Freizeitzentrum
Absberg-
Badehalbinsel
Freizeitzentrum
Absberg-
Seespitz
Allmannsdorf
Freizeitzentrum
Allmannsdorf
Hohenweiler
Kleiner
Brombachsee
Neuher-
berg
Großer Brombachsee
Altmühl-
überleiter
Ost
Freizeit-
zentrum
Langlau
Gunzenhausen
Tannhäuser Rundweg
Regelsberg
Freizeitzentrum
Ramsberger
Strand
Freizeitzentrum
Pleinfeld
Langlau
Rehenbühl
Sorghof
Ramsberg
2222
Veitserlbach
Thannhausen
Pfofeld
Rittern
Sankt Veit
Pleinfeld
Nürnberg
2
Walkerszell
Dorsbrunn
Weißenburg
Weißenburg

in den Besitz des Königreichs Bayern; nach dem Verkauf blieb es bis 1909 in Privatbesitz. Heute ist im Schloss das St. *Ottilienheim* der Franziskanerinnen von Dillingen untergebracht, in dem geistig und körperlich behinderte Frauen und Mädchen betreut werden.

Sehenswertes

Das **Deutschordensschloss** prägt das Bild der Ortschaft Absberg. Über dem Eingang prangt das Wappen des Hoch- und Deutschmeisters Franz Ludwig Pfalzgraf von Neuburg. Die dreiflügelige Anlage wurde 1725 von Franz Keller erbaut. Im Schlossareal steht die katholische Pfarrkirche **St. Ottilia.** Die Namenspatronin und Augenheilige Ottilie ist auf dem Bild des Hochaltars, der ursprünglich im protestantischen Ansbach stand, verewigt. Ansonsten besticht das Kircheninnere durch sein opulentes Stuckwerk, das von Franz Roth mit zahlreichen Blumenvasen, Akanthusranken und Puttengruppen geschmückt wurde. Die Anlage wurde vor einigen Jahren um einen Trakt erweitert.

St. Georgsbrunnen vor dem Deutschordensschloss in Absberg

Die evangelische *Pfarrkirche* wurde bereits 1598 erbaut. Aus jener Zeit ist hinter dem neugotischen Altar noch eine ältere Anlage aus Kalkstein zu sehen. Sehenswert sind die zahlreichen Grabsteine der *Herren von Absberg.* Das katholische Pfarrhaus von 1729 ist ebenso sehenswert wie das evangelische, das Johann David Steingruber Mitte des 18. Jh.s erbaute.

Kalbensteinberg ist vor allem wegen seiner berühmten *Rieterkirche* einen Besuch wert. Den Schlüssel zur Kirche muss man sich allerdings vom Mesner besorgen lassen. 1437 gelangte die Familie des Nürnbergers *Hans Rieter* in den Besitz des Gotteshauses, das man kurz darauf umbaute und vergrößerte. Zeit seines Lebens hat der neue Hausherr Kunstschätze aus aller Welt gesammelt. Noch heute ist ein Großteil davon in der Kirche zu bestaunen: gotische Tafelbilder, ein geschnitzter Palmesel, Glasbilder, Madonnenfiguren, Schnitz- und Bildwerke aus dem 15. Jh. Hinter dem Altar befindet sich die Grablege der Rieter (nicht zugänglich). Nach dem Aussterben des Geschlechts im 18. Jh. fiel der Besitz an das Nürnberger Heiliggeistspital. Im Mai erblüht das ganze Land um Kalbensteinberg, das zu den bedeutenden Obstanbaugebieten des südlichen Mittelfranken zählt, in den üppigsten Farben.

Badestrand am Kleinen Brombachsee

Badehalbinsel Absberg

• *Anfahrt/Parken/Camping* Von Gunzenhausen bzw. Pleinfeld kommend, zweigt man auf der Höhe von Rehenbühl in Richtung Absberg ab. Ein übersichtliches System von Hinweisschildern führt zum **Hauptparkplatz** an der Halbinsel, der ca. 2.400 Stellplätze bietet. Ein weiterer Parkplatz nördlich davon hat nochmals 550 Plätze (beide gebührenpflichtig). Für **Wohnmobile** wird ein eigener Stellplatz mit 130 Einheiten angeboten (zusätzlich 20 Parzellen für übergroße Fahrzeuge). Der „Reisemobilhafen" ist als „Top-Platz" ausgezeichnet worden. Er verfügt über alle erforderlichen Ver- und Entsorgungsstationen und besitzt ein eigenes Sanitärgebäude. Mit Frühstücksservice, Kiosk und Minigolf. Geöffnet von Ende März bis Ende Oktober.

• *Baden* Gebadet wird am **Südstrand** der Halbinsel (ca. 1300 m), die noch von einem Reststück „Steckerlaswald" (Kiefern) bedeckt ist. Der Badebereich ist vom angrenzenden Surfbereich deutlich getrennt. Der 1300 m lange, helle Sandstrand zieht an warmen Wochenenden Tausende an, weshalb es sich empfiehlt, rechtzeitig anzureisen! Umkleidehaus mit Warmduschen in Strandnähe, Duschen, Umkleideschnecken, Liegewiesen und Spielflächen. Am **Nordufer** der Halbinsel ist ein weiterer kleiner Strand zum Baden ausgewiesen. Liegewiesen befinden sich über die Halbinsel verstreut.

• *Jugendzeltplatz* direkt am Sandstrand gelegener Platz für Familien und Jugendgruppen. Eigene Sanitärgebäude. Mindestaufenthalt zwei Nächte. Nachtruhe ab 24 Uhr. Für „Ruhe und Ordnung" sorgt der Betreiber selbst, der SOB Sicherheitsdienst. ✆ 09142/202583, weitere Infos unter www.zeltwiese-absberg.de.

• *Segeln* 187 Landliegeplätze, 116 Wasserliegeplätze, Sliprampe und Trailerparkplätze. **Segelschule Brombachsee** (Absberg und Enderndorf) für alle Segelbootführerscheine mit Segelbootvermietung (Badehalbinsel 1, ✆ 09831/50169). Hafenmeister ✆ 09175/9181.

• *Surfen* Eigener Surfstrand (abgegrenzt gegen den Badebereich), Sliprampe und Surfregale mit 36 Plätzen, Surfschule Absberg und Allmannsdorf mit Board-Verleih (April bis Sept., Kurse nach den Richtlinien des VDWS. ✆ 09175/597 bzw. 09171/7929), www.surfschulebrombachsee.de.

• *Freizeiteinrichtungen* Drei Kioske mit Freisitzen (Strandhaus, Hafenkiosk und Strandkiosk), Hartplatz, Bolzplätze, Sportfeld, Bocciabahn, Trampolinanlage (✆ 854), Bootsverleih am Hafenkiosk (Tretboote; ✆ 09175/9941), Minigolfplatz mit Terrasse und kleinem Bistro (10–22 Uhr; ✆ 09175/908844, www.minigolf-am-brombachsee.de), Heißluftballonstartplatz (Rundflug für 180 €/Pers. weitere Infos unter ✆ 09141/92764), Beachvolleyball, Grillplatz (8 Plätze in Grillmulde) und Fahrradverleih (→ Surfschule).

Neu ist das **SAN-Shine-CAMP Brombachsee** des Reiseveranstalters SAN-aktiv-TOURS. Ganz dem heutigen Tourismusdeutsch entsprechend handelt es sich hier um ein Outdoor- und Eventgelände auf der Badehalbinsel, auf dem neben Teambildungsprogrammen und Events auch thematisch ausgerichtete Veranstaltungen für die Urlauberfamilien angeboten werden: Wagenrennen à la Ben Hur, Bogenschießen, Lagerfeuer usw. Auch Kindergeburtstage und Firmenjubiläen können hier ausgerichtet werden. Mit röm. Wachtturm, Trapperhütte und Streichelzoo. Ganzjährig geöffnet, ✆ 09831/4936, www.san-aktiv-tours.de.

• *Service* Rettungsstation der DLRG, Mehrzweckgebäude, Münztelefon und SOS-Säule.

Freizeitanlagen Absberg Seemeisterstelle/Absberger Seespitz

• *Anfahrt/Parken* Die Freizeitanlagen liegen am Damm des Kleinen Brombachsees. Mit dem Pkw sind sie nur über die Straße von Absberg aus (beim Schloss rechts) erreichbar. Parkplätze mit 100 und 120 Stellplätzen.

• *Freizeiteinrichtungen* Sandstrände (FKK-Badestrand an der Seemeisterstelle), Sanitäranlagen, Angelmöglichkeiten. Von beiden Parkplätzen aus führt ein Weg auf die Dammkrone des Kleinen Brombachsees.

• *Segeln* 50 Wasser- und 50 Landliegeplätze, mit **Segelschule** (u. a. mit Schnupper- und Grundkursen; Fa. Greubel, ✆ 0911/5882626 und 09834/978179; www.greubel.de); **Hafenmeisterei**: Mi/Fr 10–11 Uhr und Sa 13–14 Uhr, ✆ 0173/3945777 o. 0173/3945999.

• *Tauchbasis Großer Brombachsee* Direkt am See, mit Tauchschule (umfangreiche Tauchausbildung UDI/CMAS), Sanitärgebäude und Tauch-Shop mit Ausrüstungsverleih (Fa. Greubel, ✆ 0911/5882626 und 09834/978179, www.greubel.de).

• *Essen & Trinken* **SB-Restaurant Seeklause**, sehr geschmackvoll eingerichtet! Familie Aust bemüht sich um eine gastfreundliche Atmosphäre. Mit schöner Terrasse, Biergarten und Spielplatz. Sanitärgebäude mit Behinderten-WC und Grillstation am Haus. Am Seespitz 3, ✆ 9139, ℻ 907393.

Servicestation für Segler und Taucher am Großen Brombachsee

Segelhafen Ramsberg

Pfofeld

Pfofeld liegt zwar im Hinterland des Brombachsees, das Gemeindegebiet reicht mit dem Ortsteil Langlau jedoch bis direkt an die Ufer des Freizeitgewässers heran.

Dort hat sich mit dem **Fremdenverkehrszentrum Langlau** eine der meistbesuchten Freizeitanlagen des Fränkischen Seenlandes etabliert. Magnete sind hierbei das renommierte „Strandhotel Seehof" und die mit zahlreichen Preisen gekürte Anlage „See-Camping Langlau". Pfofeld selbst kann mit zwei kunsthistorisch bedeutsamen Kirchenbauten aufwarten und bietet seinen Gästen abwechslungsreiche und unternehmenslustige Gastronomiebetriebe, so z. B. die „Pfofelder Weinstube". Zur 1500 Einwohner zählenden Gemeinde gehört neben Langlau, Rehenbühl und Gundelshalm auch das geschichtsträchtige Thannhausen, wo, so vermutet man, der berühmte Tannhäuser, ein Minnesänger des Mittelalters, zu Hause war. Die Diskussion um seine Herkunft ist allerdings in jüngster Zeit wieder neu entbrannt.

Informationen/Übernachten/Essen/Camping

- *Vorwahl/PLZ* 09834/91738.
- *Information/Veranstaltungen* **Tourist-Info Pfofeld-Langlau**, neu eingerichtetes Urlauberzentrum mit Veranstaltungsraum im OG (u. a. für Gästebegrüßungen), Infothek und Bücherei, in der auch Kinderstunden mit Lesen und Basteln angeboten werden (geöffnet Mo 10–12 Uhr, Mi u. Fr 16–18 Uhr). Seestraße 12 a, ✆ 09834/697, ✆ 975662, www.pfofeld.de. Gästebegrüßung immer Mo 10 Uhr sowie Brotbackfest (Mitte Juli), Sandburgen- und Skulpturenwettbewerb (Anfang August), „Kunst im Garten" (2. Augusthälfte) & Open-Air-Konzerte am Strandhotel-Seehof (→ Übernachten).
- *Verbindungen* **Anreise mit der Bahn**: Der historische Bahnhof in Langlau liegt an der Strecke Gunzenhausen–Pleinfeld (von dort geht es weiter nach Nürnberg). Der Zug verkehrt stündlich (am Wochenende im 2-Stunden-Takt).
- *Übernachten/Essen & Trinken* **Gasthof Kleemann**, traditioneller Landgasthof mit fränkischer Küche (eigene Metzgerei).

Großzügiges Raumangebot (der Saal hat den Härtetests aller noch so ausschweifender Faschingsfeiern bestens überstanden); neu errichtetes **Ferienhaus** mit geschmackvoller Inneneinrichtung. 20 Gästebetten, DZ mit DU/WC ab 68 €. Ringstraße 17/19, ✆ 239, 📠 1051, www.gasthof-kleemann.de.

Strandhotel Seehof, in Langlau, 4-Sterne-Hotel mit 85 Komfortzimmern (rutschsichere Duschwanne, WC, Bidet, Satelliten-TV, Radio, Telefon, Essecke, Kühlschrank, Fön und Bioschalter). 170 Gästebetten, DZ ab 150 €, 7 Konferenz-Räume (bis 100 Personen) und Erlebnis-Hallenbad mit Warmbecken, Sauna, Dampfbad, Kneippbecken, Kegelbahnen u. v. m. 2 großzügige Restaurants, à la carte und mit Selbstbedienung, überdachte Sonnenterrasse mit Blick auf den See, Biergarten und Pavillon (insgesamt ca. 1000 Freiplätze), Wintergarten-Café mit faszinierendem Blick auf den Kleinen Brombachsee, Veranstaltungsräume für 30 bis 200 Personen (Rahmen- und Incentive-Programme), Musikveranstaltungen während der Sommermonate (Open-Air-Konzerte u. v. m.). Sonderprogramme auch im Winter. Deutsche und internationale Küche von erlesener Qualität sowie „Kulinarische Wochen" je nach Saison und vegetarische Spezialitäten. Ganzjährig, ohne Ruhetag. Langlau, Seestraße 33, ✆ 988-0, 📠 988-988, www.strandhotel-seehof.de.

Gasthof zum Tannhäuser, in Thannhausen, zentral gelegen, mit viel Platz (4 Gasträume) und reicher Tradition (Bauzeit 17. Jh.). Restaurant mit naturbelassenen Zutaten und fränkischer Küche. Sammlung historischer Musikinstrumente und Musikspielautomaten. 4 DZ mit DU/WC ab 47 €. 3 Maisonette-Appartements im Neubau, sehr komfortabel mit kompl. Kücheneinrichtung, ab 35 € für 2 Personen ohne Frühstück. Schöner Biergarten mit Minnesänger-Scheune. Kinderspielplatz, Tischtennis, Fahrradverleih für Hausgäste. Thannhausen, Thannhäuser Platz 31, ✆ 1278, 📠 9852, www.zum-tannhaeuser.de.

• *Camping* → Seezentrum Langlau.

See-Camping und Seezentrum Langlau

• *Anfahrt/Parken* Das Seezentrum Langlau ist auf einer eigenen Straße zu erreichen, die von Langlau aus in nördlicher Richtung abzweigt. Für die Besucher des Hotels und Restaurants Seehof wurde ein eigenes Parkhaus errichtet. Darüber hinaus gibt es hier einen kleinen Parkplatz und diverse Kurzparkzonen.

• *Segeln/Surfen* 52 Wasserliegeplätze am Segelsteg, 50 Landliegeplätze, Segelschule See-Camping Langlau und Ramsberg für alle Segelbootführerscheine; Vermietung von Segelbooten und Katamaranen (✆ 0911/5882626 o. 09834/978179, www.greubel.de), Surfschule See-Camping Langlau und Ramsberg mit Brettvermietung, Grundkurse, VDWS-Grundschein und Privatstunden (✆ 0177/3245083 und beim Campingplatz), Surfufer, www.windsurfingschule.de.

• *Baden* Sandstrände mit Liegewiesen, Umkleidemöglichkeiten und Sanitäreinrichtungen.

• *Freizeiteinrichtungen* Tretbootverleih (→ Absberg) und Kinderspielplatz.

Der **Amigo Spiel!Golf-Park** unterscheidet sich von einer traditionellen Minigolfanlage. Hier spürt man bereits Golf-Flair, wenn man mit richtigen Golf-Puttern und Golfbällen über die Bunker und auf Kunstrasen in die Grüns spielt. Mit schönem Bistro, Biergarten, Outdoor-Kicker und Kinderspielplatz. An der Straße von Langlau zum Campingplatz, Ende März bis Oktober; Seestraße 28, ✆ 978230, www.Amigo-Langlau.de.

• *Camping* **See-Camping Langlau**, Seestr. 30, ✆ 96969, www.seecamping-langlau.de. Der Drei-Sterne-Platz (DTV-Klassifizierung) liegt ideal am Südufer des Kleinen Brombachsees, umgeben von ausgedehnten Waldgebieten. Bett & Bike-Betrieb nach ADFC Richtlinien. 420 Stellplätze à 100 m^2 für Wohnmobile und Wohnwagen mit Stromanschluss (CEE); Wasserzapfstellen und Abwasserabläufe in unmittelbarer Nähe, Antennenanschlüsse. Zum Zelten empfiehlt es sich, frühmorgens präsent zu sein, um einen der frei gewordenen Plätze zu ergattern (Reservierung nicht möglich). Die Nachtruhe um 22 Uhr wird strikt durchgesetzt! Ausreichend Wasch-, Dusch- und WC-Anlagen mit modernstem Komfort; Einrichtungen für Behinderte (z. B. eigene Baderampe für Rollstühle), Aufenthaltsraum Veranstaltungshaus mit Mehrzweckraum, gut sortierter SB-Laden, Gasflaschenservice, Küchen- und Geschirrspülräume, Wickelraum, Bücherei und Frisörladen. Station der Segelschule Greubel (Nürnberg), Infos und Anmeldung unter ✆ 09834/978179.

Sehenswertes

Das etwas abseits des Sees gelegene **Pfofeld** wartet mit einer kulturhistorischen Besonderheit auf: Die in den Jahren 1125 bis 1139 errichtete evangelisch-lutherische Pfarrkirche *St. Michael* zählt zu den ältesten Kirchen des Fränkischen Seenlandes. Sichtbares Relikt aus der romanischen Zeit ist die Apsis an der Ostseite des Gotteshauses. Kunsthistoriker schätzen ihren Schmuck, einen Rundbogenfries und gut profilierte Gurtbänder, die sich um den Halbrundbau ziehen. Am Langhaus sind noch die für die Romanik typischen Rundbogenfenster, ferner gut erhaltene Fresken aus dem 15. Jh., darunter die Legende von den „törichten und den klugen Jungfrauen". Eine zweite Kirche erregt Aufmerksamkeit: Nur unweit des Ortes, auf halber Strecke nach Dornhausen, steht in freiem Feld die Ruine der ehemaligen *Heilig-Kreuz-Kirche*. Sie stammt aus dem späten 13. Jh. Man vermutet, dass sie im Dreißigjährigen Krieg zerstört wurde. Von besonderem Interesse ist das noch passierbare, spitz zulaufende Portal, das von groben Steinblöcken gebildet wird. Ein äußerst seltenes Baudenkmal des ausgehenden Mittelalters. Westlich von Pfofeld stand auf einem Hügel vermutlich die Burg eines Ortsadeligen (Turmhügelburg), wovon die Ringwallanlage noch erkennbar ist. Die Adeligen von Pfofeld sind für das Jahr 1208 bezeugt.

Auf den Spuren der Römer in Pfofeld und Theilenhofen

Pfofeld ist einer der wenigen Orte am Limes, dessen Name sogar mit dem Denkmal zusammenhängt. Pfofeld bedeutet „Feld am Pfahl". Pfahl ist eine andere historische Bezeichnung des Limes. Vor dem Bau der bekannten Steinmauer wurde die Grenze mit einer Holzpalisade, also mit Pfählen, gebildet. Entsprechend besteht das Ortswappen symbolisch aus drei miteinander verbundenen Holzpfählen. In Bayern weist sonst nur Pfahldorf bei Kipfenberg in seinem Namen auf den Limes hin. Der römische Limes verläuft auf etwa 4 km durch das Gebiet der Gemeinde Pfofeld. Auf dieser Strecke sind fünf Limestürme bekannt. Sie boten meistens direkten Blickkontakt zum Kastell Theilenhofen.

Die Gemeinde Pfofeld errichtete nun im Gemeindegebiet 8 Informationstafeln, die Aufschluss über verschiedene Themen im Zusammenhang mit dieser Epoche geben und hat einen neuen Limeswanderweg angelegt. Der neue Wanderweg der Gemeinde Pfofeld erschließt dem Wanderer die historischen Gegebenheiten des Limes in den Gemeindefluren Pfofeld und Theilenhofen. Sehenswert ist hierbei vor allem das Römerbad bei Theilenhofen und der teilweise Nachbau eines Limesturmes bei Rittern. Der Wanderweg ist insgesamt etwa 11,6 km lang, landschaftlich sehr reizvoll und nicht besonders anstrengend.

Der Verlauf des Limes bei Theilenhofen befindet sich unweit des Ortes auf dem Hochplateau, auf dem die Römer zum Schutze das Kastell mit dem Namen „Iciniacum" errichteten. Eine Steinsäule bezeichnet die Nordostecke; Feldwege markieren den Verlauf der Umfassungsmauer, Baumbepflanzungen die Kastellecken. Sehenswert ist vor allem das rekonstruierte Römerbad (gut ausgeschildert).

Thannhausen liegt etwas abseits des Großen Brombachsees an der Straße Gunzenhausen – Pleinfeld. Das lässt den Ort zum Geheimtipp werden, zumal sich hinter dem Namen die Geschichte des berühmten Minnesängers, des Tannhäusers, verbirgt. Unweit des Ortes finden sich noch heute die Überreste der ehemaligen Burg des Thannhäuser Ortsadels (Am neuen *Tannhäuser-Rundweg* gelegen). Zu erkennen ist ein Ringwall mit einem Ausmaß von 50 x 30 m. Der Ort selbst gilt als denkmalgeschütztes Ensemble. 1977 erhielt er im Wettbewerb „Unser Dorf soll schöner werden“ eine Goldmedaille für den Bundessieg. Zu den Kostbarkeiten zählt die 1869 neu errichtete evangelisch-lutherische Pfarrkirche *St. Bartholomäus*, deren Kanzel aus dem Jahre 1470 zu den seltensten ihrer Art im südlichen Franken zählt. Sie ist mit außergewöhnlich schönen Schnitzereien versehen. Überhaupt lohnt sich ein Spaziergang durchs Dorf, in dem sich noch große Höfe, meist eingeschossige, verputzte Satteldachbauten des 19. Jh.s, befinden (sog. Haufendorf). Dem Dorfbild wird vom Amt für Denkmalsschutz eine „hohe einheitliche Wirkung“ zugesprochen.

Der Tannhäuser – Minnesänger und Vorbote der Sinnlichkeit

Der berühmte Minnesänger dürfte nach Ansicht der meisten Forscher mit dem Weißenburger Amtmann *Seifrid der Minner von Tanhusen* identisch sein, auch wenn in jüngster Zeit daran Zweifel gehegt werden. Letztlich kann natürlich keine Seite die endgültige „Wahrheit“ für sich reklamieren, solange keine eindeutigen urkundlichen Belege oder archäologischen Befunde vorliegen. So wird man wohl stets auf die Kombination verschiedener Deutungsmuster zurückgreifen müssen. 1955 erhielt Thannhausen von der Bayerischen Staatsregierung das Recht, das Wappen des Tannhäusers im Gemeindewappen zu tragen. Als Vorbild dafür diente die Abbildung in der Manessischen Liederhandschrift, die den Minnesänger im weißen Mantel des Deutschen Ordens zeigt, auf dem unübersehbar das schwarze Kreuz prangt.

Der Tannhäuser (um 1200 bis nach 1267) war ein fahrender Berufsdichter mit einem Gesamtwerk von 6 Leichs und 12 Liedern, darunter das Gedicht „Fürstenleich“, in dem er sich ausführlich den Gönnern der höfischen Literatur und dem Leben der Minnesänger widmet. Ihm verdankt die Forschung intime Einblicke hinter die Kulissen des höfischen Lebens des 13. Jh.s. Während sich so namhafte „Liedermacher“ wie *Heinrich von Veldecke, Albrecht von Halberstadt* und *Wolfram von Eschenbach* am Hof ihres Mäzens Hermann I. von Thüringen aufhielten, fühlte sich der Tannhäuser bis 1246 am österreichischen Hof des Babenbergerherzogs Friedrich II. wohl.

• *Wandern* Neu ist der **Tannhäuser-Rundweg**, der von Thannhausen entlang von 6 Stationen auf die Spuren des Minnesängers führt (7,3 km mit eigener Markierung und 6 Info-Tafeln). Der Weg ist sehr abwechslungsreich und erfordert gutes Schuhwerk. Ideal für Familien mit Kindern! Ausgangs- und Zielort ist die Platane am Gasthof zum Tannhäuser. Literatur über den Tannhäuser findet sich in dem Buch „Walther von der Vogelweide und die höfische Lieddichtung des Mittelalters in und aus Franken“ von Horst Brunner, von dem auch eine neue Monographie über den Tannhäuser geplant ist (Details dazu unter www.buchhausschrenk.de).

Passend zum Tannhäuser: der Minnesängerspieß

Spalt

Der Ort ist ein Juwel unter den Städtchen des Fränkischen Seenlandes. Er geht auf eine Klostergründung im 8. Jahrhundert zurück und war schon früh ein Träger der Reichskultur im ostfränkischen Raum. 2010 feiert die Hopfenstadt ihr 1200-jähriges Stadtjubiläum.

In der Stadt an der Fränkischen Rezat drängen sich zahlreiche Fachwerkhäuser mit prächtigen Barockbauten auf engstem Raum. Berühmt wurden der Ort und die Gegend durch den Hopfenbau, der das Spalter Land, im 19. Jh. auch **Spalter Schweiz** genannt, noch heute prägt: „In Spalt sieht man nur Himmel und Hopfen", heißt es in einem alten Sprichwort. Das trifft vor allem auf die Zeit der Hopfenernte zu, die zweite Augusthälfte. Mit den Ortsteilen **Enderndorf am See, Großweingarten** und **Wernfels** besitzt die Hopfenstadt drei weitere Trümpfe im Wettbewerb um die Gäste. Der Ortsteil Enderndorf wurde mit großzügigen Mitteln zum „Zwei-Seen-Urlaubsort" ausgebaut.

Information

- *Vorwahl/PLZ* 09175/91174.
- *Information* **Tourist-Information Stadt Spalt**, Herrengasse 10, ✆ 79650, ℻ 796580, www.spalt.de. Mo–Fr 8–18 Uhr, Sa und Feiertage 10–13 Uhr (Hauptsaison). Historische Stadtführungen.

Info-Zentrum Enderndorf am See, in den historischen Räumen des aus dem 16. Jh. stammenden Harsdorfer Schlößchens (ehem. Fuettersches Schlößchen, ein Sandsteinquaderbau mit Mansarddach aus dem 18. Jh.), mit Infothek, Beratung, Spiel- und Lesezimmer, Sanitäreinrichtungen, Tagungsräumen u. v. m. Freiherr-von-Harsdorf-Str. 23, 91174 Enderndorf am See, ✆ 09175/688, ℻ 825. April bis Oktober Mo–Fr 10–12 und 14–18 Uhr, Sa 10–14 Uhr, www.urlaub-roth.de.

Übernachten/Jugendherberge/Essen & Trinken/Bierkeller

Gasthaus Bayerischer Hof, Restauration mit internationaler und fränkischer Küche (Hausschlachtung). Komfortable, familienfreundlich eingerichtete Zimmer! DZ mit DU/WC ab 58 € Parkplatz, Garage, Liegewiese und Kinderspielplatz. Albrecht-Achilles-Str. 2, ✆ 79600, 📠 796050, www.bayerischer-hof-spalt.eu.

Gasthof Hoffmanns Keller, am westlichen Ortseingang gelegenes Haus mit langer Tradition als Ausflugslokal. 8 moderne Appartements (2–4 Pers.) ab 55 €. Kegeln, Tischtennis, Billard und Kinderspielplatz. Schöner Biergarten. Windsbacher Str. 21, ✆ 857, 📠 9858, www.hoffmanns-keller.de.

Gasthof Zur Krone, alteingesessenes Haus im Zentrum der Stadt, internationale und fränkische Küche; DZ mit DU/WC ab 54 €. Parkplatz, Garage, Liegewiese, Aufenthaltsraum mit TV, Terrasse mit Tischtennis, Balkon. Gäste werden vom Bahnhof abgeholt. Hauptstr. 23, ✆ 370, 📠 223.

Gasthof zum Roten Ross, traditionsreiches, gemütlich eingerichtetes Haus mit guter, bodenständiger Küche; Spezialität im Frühjahr: frisch gezupfter Hopfensprossensalat – eine Delikatesse! Mi Ruhetag. Hauptstr. 34, ✆ 486, www.rotes-ross-spalt.de.

Landhotel Zur Hopfenkönigin, Appartementanlage und 4-Sterne-Hotel mit herrlichem Blick auf den Brombachsee. Tagungs- und Freizeitservice, Wellness- und Fitnessprogramm, Lebensmittelladen, Wasser- und Landliegeplätze für Segelboote. DZ mit Dusche/WC ab 130 €. Enderndorf am See 99, ✆ 79790, 📠 797979, www.hopfenkoenigin.de.

Café-Restaurant Zum Hochreiter, am Ortsausgang von Enderndorf gelegenes Haus mit überregional anerkannter Küche und schöner Café-Terrasse über dem See; Ferienwohnungen auf Anfrage. Seeweg 1, Enderndorf am See, ✆ 9749, 📠 907999, Mo Ruhetag, www.zumhochreiter.de.

Weinstube-Pension Zum Schnapsbrenner, in Großweingarten, mit geschmackvoller Einrichtung, gemütlicher Weinstube und naturnaher fränkischer Küche. Blickkontakt zum Lokal: die neue, hauseigene Schnapsbrennerei mit eigenem Verkaufsraum (Spezialität: Obstschnäpse des Spalter Landes). DZ mit DU/WC ab 68 €. Weinstube Fr/Sa ab 17 Uhr oder nach Vereinbarung. Hintere Dorfstr. 67, ✆ 79780, 📠 797833, www.pension-schnapsbrenner.de.

Gasthaus-Pension Zur Frischen Quelle, in Hagsbronn, mit freundlicher Gaststube, fränkischen Spezialitäten, üppiger Vesperkarte und schön gelegener Terrasse. Wie das Haus, so auch die Wirtsleute: freundlich und kinderlieb! Wickelkommode und Kinderspielplatz sind hier eine Selbstverständlichkeit. 6 geschmackvoll, modern und komfortabel eingerichtete Gästezimmer. DZ mit DU/WC, Telefon, TV, Tresor und Radiowecker ab 60 € (starke Preisnachlässe bei mehreren Nächten). 72 m^2 große Fewo für 3–7 Pers. (50 € pro Tag für 3 Pers.) Unteres Dorf 6, ✆ 591, 📠 9579, www.gasthaus-zur-frischen-quelle.de.

Gasthof Adler, in Großweingarten, traditionsreiches Haus mit ausgezeichneter fränkischer Küche und freundlichem Service. Schöner, schattiger Biergarten. Separates Gästehaus mit 2 Wohnungen ab 35 € für 2 Pers. Dorfstraße 2, ✆ 880, 📠 9880, www.gasthof-adler-grossweingarten.de.

Gasthof Blumenthal, im idyllischen Tal der Fränkischen Rezat zu Füßen der Burg Wernfels (ehem. Eichstättisch, heute Jugendheim des CVJM; s. u.) gelegen. Anspruchsvolle Küche: Hier werden die internationalen und heimischen Gerichte auf meisterliche Art zubereitet und serviert! Wegen des Andrangs empfiehlt sich telefonische Voranmeldung! Die großzügigen Räumlichkeiten sind mit viel Geschmack eingerichtet. Schön angelegter Biergarten vor dem Haus. Mi–So 10.30–22 Uhr. Stiegelmühle 42, ✆ 09873/332, 📠 1375, www.gasthof-blumenthal.de.

Café- und Brotzeitstube, mit Ferienwohnungen und „Renates Bauernladen" (Brot und andere frische Produkte aus der Region sowie „Urlaubsmitbringsel"), Freiherr-von-Harsdorf-Str. 32, Enderndorf, ✆ 797190, www.ferienhof-straussberger.de.

• *Jugendherberge* **CVJM Burg Wernfels**, 2002 zur beliebtesten Jugendherberge in Deutschland auserkoren! Schullandheim, Ferienangebote für Familien, Freizeiten und Tagungen für 200 Gäste in 6 Häusern auf 4 Etagen; DZ mit Dusche/WC ab 56 €. Übernachtung in Mehrbettzimmern ab 20 €/Pers.

11 Tagungsräume, Sportzentrum im Burggraben, Grillplatz, Freilichtbühne, Lagerfeuerplatz und ausgezeichnete Burgküche. Eigenes beheiztes Freibad! Mehrzweckhalle für 260 Pers. Die historische Bausubstanz der einst Eichstättischen Burg ist bestens erhalten. Mehrfach wurden der Palas und die einstige Vorburg in den vergangenen Jahrzehnten restauriert. Burghof mit Aussichtsplattform frei zugänglich. Burgweg 7–9, ✆ 09873/976120, ☏ 244, www.burg-wernfels.de.

• *Bierkeller* **Hoffmanns Keller**, Ausflugslokal mit großem Platzangebot. Streichelzoo, Wildgehege und 4 Bundeskegelbahnen; Mi Ruhetag. Windsbacher Str. 21 (s. o.).

Hans-Gruber-Keller, südwestlich der Stadt (Verlängerung der Hans-Gruber-Straße nach Westen). Mit gemütlichem Speiselokal „Frankenstube" und klassisch angelegtem Biergarten unter alten Linden. Mi 19–22 Uhr Grillabend mit Musik (Eintritt frei). Do Ruhetag. ✆/☏ 340, www.hansgruberkeller.de.

Freizeitanlage Enderndorf (Zwei-Seen-Platz)

Mit dem „Zwei-Seen-Platz" wurde für den Igelsbachsee und den Großen Brombachsee südlich von Enderndorf ein neues, modern ausgestattetes Seezentrum geschaffen.

• *Anfahrt/Parken/Wohnmobilstellplatz* Von Spalt aus führt eine Straße südlich über den Kreisel bei Hagsbronn zu einem zweiten Kreisel, von dem rechter Hand die Straße abzweigt zum neuen Wohnmobilstellplatz „Panorama" (60 Stellplätze mit allem Komfort; ✆ 09837/929988, www.wohnmobil stellplatz-brombachsee.de), zum „Barfuß-Wonnenweg", zum „Abenteuer-Wald", zum Großparkplatz (470 Stellplätze) und schließlich zum neuen Seenzentrum selbst (dort 230 Parkplätze). Zum Segelhafen und zu den großen Clubheimen gelangt man, wenn man vom zweiten Kreisel linker Hand nach Enderndorf hinunter fährt (am Hotel zur Hopfenkönigin vorbei). Dort befindet sich wiederum ein PKW-Parkplatz (100 Stellplätze).

• *Freizeiteinrichtungen* Badestrand, Surfstrand, Surfschule, Rotkreuz- und Wasserwachtstation mit öff. WC, Bootsverleih mit Kiosk (Eis und Getränke), **Strandhaus** (bewirtet) mit großer Terrasse am Zweiseenplatz, Beachvolleyball, Grillplatz, Fahrrad- und Rikscha-Vermietung (✆ 09831/4936), Spielplatz, Sanitäreinrichtungen, Schiffsanlegestelle (MS Brombachsee, Abf. 10.10, 11.40, 13.10, 14.55, 16.25 und 17.55 Uhr) mit eineinhalbstündigen Rundfahrten (→ Ramsberg), Segelschule (→ Badehalbinsel Absberg), Seglerheime (Wassersportgemeinschaft Rangau www.wsgr.info), Doppelsliprampe, Segelhafen mit 150 Wasserliegeplätzen und 100 Landliegeplätzen.

Mit dem neuen **Abenteuer-Wald Enderndorf** ist das Fränkische Seenland um eine Attraktion reicher. In einem alten, dicht stehenden Kiefernbestand klettern die Besucher von Baum zu Baum. Die Stationen mit unterschiedlichen Schwierigkeitsgraden bieten viel Abwechslung im Erlebnis-Kletterwald am Brombachsee: Hängebrücken, Steigbügelpassagen, Röhren oder Schwebebalken stellen einen abwechslungsreichen Parcours dar (insgesamt 3 Stunden, wenn man alle Herausforderungen annehmen möchte). Gurtsicherung auf der gesamten Strecke. Erw. 19 €, Kinder 14 € Eintritt. In den Ferien täglich von 10–19 Uhr geöffnet, ansonsten Anfang April bis Ende Oktober Fr 13–19 Uhr Sa/So von 10–19 Uhr. Infos und Anmeldung unter ✆ 09175-907257. Weitere Infos unter www.abenteuer-wald.com.

Kultur & Freizeit

• *Feste & Veranstaltungen* **Sommernachtsspiele** des gleichnamigen Vereins im Rathausgarten, alljährlich mehrere Aufführungen im Juli.

Die **Nürnberger Reis**, Festspiel, das alle 5 Jahre aufgeführt wird. Nächster Termin: 2010.

Spalter Sommer: verschiedene Veranstaltungen, u. a. im „Kulturbahnhof" (Programm bei der Stadt anfordern!). **Volksfest** im Mai, **Kirchweih** im Oktober und **Stephansritt** nach Waserzell zwischen Weihnachten und Neujahr.

Stadtführungen nach Absprache möglich (Anmeldung und Auskunft bei der Stadt).

Bierseminare über ein Wochenende oder 5-tägig; Anmeldung bei der Stadt.

Weihnachtsmarkt: das Schönste, was Franken nach dem Christkindlesmarkt in Nürnberg zu bieten hat! Die ganze Altstadt ein einziger Weihnachtsmarkt! Die Spalter öffnen ihre Hinterhöfe, Flure und Keller, um

Kleinkunst, Literatur und Musik im ehemaligen Spalter Bahnhof

Punsch auszuschenken, Weihnachtsschmuck zu verkaufen oder auf gewohnt freundliche Art für das leibliche und seelische Wohl ihrer Besucher zu sorgen. Termin bei der Stadt anfragen. Beginn 17 Uhr (Anreise früher empfohlen; parken, wenn möglich, außerhalb der Altstadt!). Wegen seiner Beliebtheit kann es an diesem Tag in Spalt eng werden und ein großes Gedränge herrschen. Ob das der weithin gerühmten Gemütlichkeit wohl tut, müssen die kommenden Jahre zeigen.

• *Veranstaltungsorte & Museen* Im **Kulturbahnhof**, dem ehemaligen Bahnhof der Stadt, wird ganzjährig Anspruchsvolles geboten (Konzerte, Lesungen, Ausstellungen, Kleinkunst u. v. m.). Das Programm liegt in der Tourist-Information auf.

Kornhaus (Hopfensignierhalle am Gabrieliplatz), auf 460 m^2 Sonderausstellung „Kein Bier ohne Hopfen – auch das 'goute' Spalter nicht". Gezeigt wird alles Wissenswerte über den Hopfen (Anbau, Ernte, Trocknung, Vermarktung u. v. m.) und Arbeits- und Lebensweisen der Hopfenpflücker vergangener Zeiten. 1. Juli bis Mitte Sept. Di, Fr, Sa/So 14–17 Uhr; ✆ 796525.

Museum Heimatstuben im ehemaligen Arresturm. Flecklasmasken (Spalter Fasching!), Hopfenbau, bäuerliche Geräte und eine Originalzelle für Arrestanten während der Hopfenernte (nicht mehr in Gebrauch). Eintritt frei, Besuch für Gruppen auch nach Vereinbarung mit der Stadt Spalt. Im Juli sonntags, im August bis Mitte Sept. samstags und sonntags 13.30–16.30 Uhr, ✆ 796525.

Handwerkerstuben im Oberen Tor, mit Türmerstube, Frisörsalon, Zinngießerei u. a. Öffnungszeiten wie Museum Heimatstuben.

Feuerwehr-Museum im Alten Rathaus, Hauptstraße 27; 1. Juli bis 15. Sept. Di 14–15.30 Uhr und n. V. für Gruppen; ✆ 796525.

Der Nagelhof, Tagungshaus linker Hand an der Straße nach Wassermungenau, bei Höfstetten, kurz vor dem Abzweig nach Obererlbach. Bestens ausgestattet für Tagungen, Kurse, Veranstaltungen etc. (z. B. Fastenwandern, Selbstverteidigung für Frauen, Aromatherapie, Heilpflanzen der Region, Massagen, indianische Kraft, Meditation oder archäologische Wanderungen). Hinfahren und mit den Leuten reden! Oder schreiben (Seminarhaus Der Nagelhof, Nagelhof 1, 91174 Spalt).

• *Kinder* **Spielplätze** im Bürgergarten (hinter dem Rathaus) und Waldspielplatz in der Gaisrück (Irrlacher Weg).

Ferien- und Freizeitprogramm für Kinder und Jugendliche (Ausflug nach Nürnberg, Kinobesuch, Indianernachmittag u. v. m.); jährlich erscheinendes Programm in der Stadtverwaltung.

• *Sport* **Angeln** im Kleinen Brombachsee und im Igelsbachsee (Raub- und Friedfische).

Infos beim Sportfischereiverein Spalt e. V., Spalatinstr. 22, ✆ 672 und bei Heinz Puff, ✆ 207.

Die Stadt Spalt hat Ende der 90er Jahre ein eigenes **Wanderwegenetz** mit zehn Wanderwegen angelegt, die in der Freizeitkarte „Fränkisches Seenland" 1:40.000 eingezeichnet und beschrieben sind (erhältlich in der Tourist-Information).

3 Sandplätze in der Hopfenstraße, ✆ 796525 und bei Heinz Jung, ✆ 658.

Geschichte

792 wird bereits von einem Kloster (monasterium) in Spalt berichtet, das auf Initiative des Regensburger Abtbischofs *Adalwin* gegründet wurde. Das dem Erlöser (lat. Salvator) geweihte Benediktinerkloster wurde im 10. Jh. in ein Chorherrenstift des Regensburger Klosters St. Emmeram umgewandelt. Das führte zu Spannungen mit dem Altmühlbistum in Eichstätt. Es bildeten sich zwei Stiftsbezirke – St. Salvator und St. Nikolaus – heraus, um die herum die Ortschaft wuchs. Im 14. Jh. erfolgte die Befestigung und Erhebung des Marktes zur Stadt. 1619 wurden beide Stifte zusammengelegt. Das so gebildete Doppelkloster hatte bis 1803 Bestand. St. Nikolaus wurde 1863 durch die Stadt erworben und wird seitdem von den Bürgern betreut und unterhalten.

Sehenswertes

Die katholische Pfarrkirche St. Emmeram (Mariä Himmelfahrt) geht in ihrer heutigen Form auf einen vom Eichstätter Baumeister *Jakob Engel* errichteten Neubau aus dem Jahre 1698 zurück. Vom Vorgängerbau (12. Jh.) blieb das Untergeschoss des Nordturmes erhalten, in dem sich die *Laurentiuskapelle* befindet. Die 12 Apostel an den Pfeilern der Arkaden werden der berühmten *Holzschuherschule* zugerechnet. Zahlreiche Grabsteine erinnern an die Kanoniker des ehemaligen Stifts St. Emmeram, darunter eine wertvolle Arbeit von *Loy Hering* aus der Zeit um 1520.

Der Mühlreisighof, einer der schönsten Hopfenspeicher Deutschlands

Die ehemalige Stiftskirche **St. Nikolaus,** die 1320 für das neu gegründete Stift errichtet wurde, wurde 1767 völlig neu gestaltet. Der Ellinger Deutschordensbaumeister *Matthias Binder* schuf eine Kirche im Stil des katholischen Barock. Als Schauseite gilt die dreiachsige Westfassade, die man durch eine schmale Gasse vom Marktplatz aus sehen kann. Die Deckenstuckaturen stammen aus der bekannten *Wessobrunner Schule.* Sehenswert ist das eichene Chorgestühl, das wertvolle Schnitzereien des Künstlers *Leonhard Meyer* aufweist. Hochaltar und Seitenaltäre stammen aus dem 17. Jh.

Sehenswerte historische Gebäude: das Eichstättische *Kastnerhaus* von Maurizio Pedetti aus dem Jahr 1758, später Pfarrhof (Am Kirchplatz 2); das *Siechenhaus* von 1606 (Am Pleinfelder Weg 1); der *Dekanatshof,* von Gabriel de Gabrieli 1751–1756 errichtet, mit einer Gartenanlage von 1830, seit 1933 Rathaus (Herrengasse 10); das ehemalige *Rathaus*, ein Giebelbau von 1524 (Hauptstr. 27); die *Stadtmühle* von 1537, ein stattliches Gebäude mit Aufzugserkern und Fachwerk (Hauptstr. 40); das *Handwerkerhaus* von 1788 (Hofgasse 9); und das ehemalige *Kurbad* auf dem Kapellenberg.

Stadtbefestigung: Erhalten und daher für einen Rundgang sehr empfehlenswert sind der *Obere Torturm* von 1422 (s. o.), der *Arrestturm* (→ „Museen") sowie *Herculesturm, Schäferturm, Drechslerturm, Reifenturm* und *Diebsturm* (alle 14. Jh.) und Teile der Stadtmauer bzw. Reste der Grabenanlagen.

Die Hopfenstadt

Spalt ist ein Mekka für die Liebhaber des goldgelben Gerstensaftes. Dabei hat es, was die wenigsten wissen, als Weinort eine viel ältere Tradition. Dem Lokalhistoriker *Willi Ulsamer* verdanken wir viel Wissenswertes über die Geschichte des Wein- und Hopfenbaus von Spalt. Wir erfahren, dass bereits im Jahre 1031 der Spalter Wein *(vinifer spalticus)* als begehrtes Getränk am fränkischen Königshof gehandelt und genossen wurde. Ab dem Jahre 1341 ist der Anbau des Hopfens in dieser Gegend bezeugt, die sich durch große Sandsteinvorkommen auszeichnet und deshalb auch *am Sand* genannt wird. Um 1450 tauchten die ersten Hopfenkäufer aus nah und fern auf. Zu dieser Zeit dürften sich Wein- und Hopfenbauern noch die Waage gehalten haben. Im späten 15. Jh. wurden jedoch bereits 43 Hopfengärten gegenüber 23 Weingärten gezählt.

Der *Spalter Hopfen* ist wegen seines hohen Gehalts an ätherischen Ölen und Duftbestandteilen bekannt. Bei ihm dominieren nicht wie andernorts die Hopfenbitterstoffe. Das stark gehopfte *Spalter Bier* zeichnet sich durch ein kräftiges Malzaroma aus. Süß und kräftig schmeckt vor allem der *Bock*. Auch das *dunkle Export* ist stark gewürzt.

Das *Spalter Hopfengebiet* erstreckt sich auf das Gebiet von Gunzenhausen im Westen, Schwabach im Norden, Hilpoltstein im Osten und Weißenburg im Süden (ca. 15 km im Umkreis von Spalt). Auf dem heute noch lebendigen *Saumarkt*, dem traditionellen Fest der Hopfenbauern und -pflücker, wird die Hopfenkönigin geehrt, die sich mit einem kunstvollen Gebinde aus gülden glänzenden Hopfendolden schmückt. Ihren Hofstaat bilden die Hopfenpflücker und -pflückerinnen, die durch die Einführung von Hopfenpflückmaschinen inzwischen allerdings weitgehend überflüssig geworden sind. Dennoch bemüht man sich auch heute noch, dem Fest, das nach der Hopfenernte (Anfang September) stattfindet, einen historischen Gehalt zu geben. Natürlich fließt dann das edle Nass, das beliebte Spalter Bier, in Strömen! Als Delikatesse gilt übrigens der *Spalter Hopfensprossensalat*.

Zahlreiche historische Gebäude in Spalt und Umgebung erinnern an die reiche Hopfenbautradition. Darunter die *Hopfensignierhalle*, ein monumentaler, dreigeschossiger Fachwerkbau aus der Zeit um 1490 (Gabrieliplatz 1, mit Sonderausstellung zum Spalter Hopfen, s. o.), und vor allem das bekannte Hopfengut *Mühlreisig*, das auf der Straße nach Wassermungenau etwas außerhalb der Stadt liegt. Es zählt zu den bedeutendsten seiner Art in ganz Deutschland. Das vierfach gebrochene Steilsatteldach überdeckt fünf Geschosse, die mit zahlreichen Trockenschlitzen versehen sind (um 1746).

„Af Ramschberch mouscht und wennscht verreckscht!"

Ramsberg

Der Ort liegt in idealer Hanglage direkt am Ufer des Großen Brombachsees und ist umgeben von Hopfengärten. Von hier bietet sich ein herrlicher Blick auf den Großen Brombachsee. Ramsberg hat sich im Lauf der letzten Jahre als Hauptanziehungspunkt am See etablieren können. Hierzu hat auch die Erlebnisschifffahrt mit der „MS Brombachsee" beigetragen, die sich zu einem neuen Tourismuszweig im Fränkischen Seenland entwickelt hat.

Lange Zeit war Ramsberg eines der vielen Absbergischen Eigendörfer, in dem nach dem Dreißigjährigen Krieg auch der *Deutsche Orden* an Einfluss gewann. In der St.-Josefs-Kirche von 1887 steht ein dekorativer Spätrokokoaltar aus dem Jahre 1766. 1975 wurde die kleine Kirche vollständig renoviert. Bis 1978 war Ramsberg eine selbstständige politische Gemeinde, bevor man Pleinfeld eingemeindet wurde. Mit dem Sitz der Verwaltung des Zweckverbandes Brombachsee und dem neu eingerichteten *Haus des Gastes* hat Ramsberg wieder an Bedeutung gewonnen. Auch das *Ramsberger Bauernbrot* ist „in aller Munde". Das größte Plus stellt zweifelsfrei der neue Segelhafen dar, den man mit seinen 600 Wasserliegeplätzen zu den größten Binnensegelhäfen Europas rechnen darf.

Information/Diverses

- *Vorwahl/PLZ* 09144/91785.
- *Information* **Tourist-Information** im Haus des Gastes, Rathaus, Obere Dorfstr. 3, ✆ 926436, 📠 924681. In der Saison Mo–Fr 10–13 und 14–16 Uhr, Sa 13–15 Uhr („Von Ostern bis Ende Oktober geöffnet. Die genauen Öffnungszeiten entnehmen Sie bitte dem Aushang oder fragen Sie in der Kultur- und Tourist-Information Pleinfeld nach."). Mit behindertengerechter Eingangsrampe, Sanitärgebäude (mit Behinderten-WC), Ausstellungsraum, Spielplatz und Grillpavillon. Vor dem Haus befindet sich eine künstlerisch attraktiv gestaltete Brunnenplastik. Sie

erinnert an die harten Zeiten, als man hier ausschließlich von der Landwirtschaft lebte und selbst die Ziege sich weigerte, ihren angestammten Weideplatz in Wasserzell zu verlassen und nach Ramsberg hinaufzuziehen, das wegen seiner sandigen und kargen Böden einen schlechten Ruf genoss. Doch der Hirte ließ nicht locker und trieb das Tier unbarmherzig an: „Af Ramschberch mouscht und wennscht verreckscht!".

• *Museum* **Ländliches Museum**, Ausstellungsgegenstände des dörflichen Alltags des 18.–20. Jh. So 14–17 Uhr, Gruppen n. V. Eintritt freiwillige Spende. Untere Dorfstraße 14, ✆ 6106.

• *Sport* Vom Sportzentrum Ramsberg an der Straße Gunzenhausen–Pleinfeld (Sportzentrum Ramsberg) bietet sich für **Inlineskater** eine ideale Route nach Pleinfeld und vom dortigen Bahnhof zurück über St. Veit (Fitnesstour 10 km). Informationen unter ✆ 09831/500120.

Übernachten/Essen & Trinken/ Camping

• *Übernachten/Essen & Trinken* **Café-Pension Zottmann**, am östlichen Ortsrand von Ramsberg. Idealer Blick auf den See, besonders von der Café-Terrasse! DZ mit DU/WC ab 48 € und 9 Ferienwohnungen, z. T. in der Pension, z. T. im neuen Haus „Seeblick" ab 32 € für 2 Pers. Hier auch Sauna, Solarium und Fitnessraum. Ramsberg, Untere Dorfstr. 39, ✆ 6420, 📠 608503, www.pension-zottmann.de.

Pension Seerose, mit Seeblick, 11 Gästebetten (DZ mit Dusche/WC ab 58 €) und 4 komfortablen Wohnungen ab 50 € für 2 Pers. Spielplatz, Gartengrill und Hobbyraum. Hafenstr. 4, ✆ 575, 📠 576, www.pensionseerose.de.

Beim Seebär, originelles und auf Gesundheit bedachtes Holzhaus mit DZ und gemütlichen Ferienwohnungen ab 60 €/4 Pers. (Nichtraucher); Kinderspielplatz, und Südbalkon. Ramsberg, Am Sturz 4, ✆ 8755 u. 0173/3959654.

Restaurant-Café-Bistro Kastl-Stub`n, in der Ortsmitte gelegenes Haus mit gemütlichen Räumen und schönem Biergarten. Untere Dorfstr. 16, ✆ 927593.

Restaurant Seestern, am Ufer des Brombachsees gelegenes Haus mit gemütlicher Café-Terrasse (80 Plätze) und Biergarten (150 Plätze) vor dem Haus, mit Blick auf das Strandleben in Ramsberg. Leitenbuckstr. 10, ✆ 927930, 📠 924121, www.seestern.ramsberg.org.

Freizeitzentrum Ramsberg am Südufer des Großen Brombachsees

Freizeitanlage Ramsberger Strand

• *Anfahrt/Parken* Ramsberg besitzt einen eigenen Bahnhof an der Regionalbahn-Strecke Pleinfeld–Gunzenhausen (Seenlandbahn R 62 des VGN). Mit dem Pkw erreichbar von der Straße Gunzenhausen–Pleinfeld. An der Freizeitanlage bieten 2 Parkplätze insgesamt 900 Stellplätze an!

• *Freizeiteinrichtungen/Service/Essen&Trinken* 2 Sanitärgebäude am Strand, DLRG-Rettungsstation, SB-Restaurant „Zum Jachthafen" mit Biergarten, Terrasse und Hafen-Shop (✆ 927344), Café und Restaurant Seestern (→ „Übernachten/Essen"), Fahrradverleih (Fa. Ritzer, ✆ 09144/1536; SAN-Aktiv-TOURS, ✆ 09831/4936), Kneippanlage, Spielplatz, Aussichtsturm mit Event-Plattform, Anlegestelle der neuen Schifffahrtslinie (→ „Erlebnisschifffahrt Brombachsee") und großer Badestrand mit Liegewiesen.

• *Segeln* Größter deutscher Binnensegelhafen mit 590 Wasser- und 150 Landliegeplätzen, Doppelsliprampen, 3 Bootskrananlagen (bis 5 t), Seglerzentrum mit 3 Seglerclubheimen, Hafenmeisterei und Sanitäranlagen am Hafen.

• *Surfen* Surfstrand mit vorgelagerter Insel und eigener Liegewiese. Surfschule Nehmeier für Grundkurse, VDWS-Grundschein und Privatunterricht; Board-Verleih. ✆ 09122/62204 bzw. im See-Camping Langlau (✆ 09834/1816).

• *Erlebnisschifffahrt Brombachsee* 90-Min.-Rundfahrten mit dem Fahrgast-Trimaran. **„MS Brombachsee"**, ein Drei-Rumpfschiff der Extraklasse, mit Panoramaaufzug (barrierefreier Zugang zu allen Decks). Haupt-, Ober- und Sonnendeck bieten Platz für 750 Passagiere. Mit Tanz- und Aktionsfläche, SB-Restaurant und Spielschiff für Kinder („Brommi") sowie mit zahlreichen Sonderbuchungsmöglichkeiten für Gruppen, Vereins- und Familienfeiern.

Abfahrtszeiten ab Ramsberg: Anfang April bis Ende Okt. 11, 12.30, 14.15 und 15.45 Uhr, zus. Anfang Mai bis Mitte Sept. 9.30 Uhr und Ende Juni bis Mitte Sept. 17.15 Uhr). Das Schiff hält nach der Abfahrt in Ramsberg in den Häfen Absberg (11.25 Uhr), Enderndorf (11.40 Uhr), Allmannsdorf (12.05 Uhr) und Pleinfeld (12.20 Uhr). Für eine eineinhalbstündige Rundfahrt zahlen Erw. 9 € und Kinder 4,50 €. Freitagvormittags (bis 12.30 Uhr) Happy-Hour-Kreuzfahrten, Sonntagsbrunch (9.30–12.30 Uhr), Kinderferienaktionen, Mitsommernacht, Dinner-Krimi, Wies'n-Party und großes Oktoberfest auf

Die „MS Brombachsee" vor dem Enderndorfer Hafen

dem See (Sonderprospekt für Gruppenangebote etc. anfordern!). Kontakt: Lux – Werft und Schifffahrt GmbH, Am Anger 10, ✆ 927050, ℻ 9270519; ✆ (Schiff) 0172/5925130, www.msbrombachsee.com.

Sonderangebot für **Radler**: Leihrad für 1 Tag und Rundfahrt für 14 € (Buchung ✆ 09831/4936).

Pleinfeld

Pleinfeld tanzt gleich auf zwei Hochzeiten: Zum einen wirbt es damit, Tor zum Naturpark Altmühltal zu sein. Andererseits ist es als Anliegergemeinde des Großen Brombachsees natürlich eines der Zentren des Fränkischen Seenlands.

Die Marktgemeinde kann auf eine lange Geschichte zurückblicken. Im ehemaligen Schloss der Eichstätter Vögte befindet sich heute das liebevoll eingerichtete Heimat- und Brauereimuseum. Vor den Toren Pleinfelds hat die Zukunft bereits begonnen. 2000 wurde der *Große Brombachsee* eingeweiht. Bereits zehn Jahre zuvor kürte man Pleinfeld zum staatlich anerkannten Erholungsort. Die Ortsmitte wurde in den vergangenen Jahren mit viel Aufwand und Geschmack saniert. Am Hauptstaudamm sind in Allmannsdorf und am Südufer des Großen Brombachsees opulent ausgestattete Freizeiteinrichtungen entstanden.

Information/Diverses

- *Vorwahl/PLZ* 09144/91785.
- *Information/Veranstaltungen* **Kultur- und Tourist-Information** im Rathaus, Marktplatz 11, ✆ 920070, ℻ 920060, www.pleinfeld-am-brombachsee.de. Brombachseemarathon mit Halbmarathon.
- *Verbindungen* Anreise per Bahn von Nürnberg oder von München/Ingolstadt zum Bahnhof Pleinfeld. Von hier Umsteigemöglichkeit zur Seenlandbahn nach Gunzenhausen (R 62 des VGN; www.vgn.de). Mit dem Pkw über die B 2 von Nürnberg oder von Weißenburg (Ausfahrten Pleinfeld Nord und Pleinfeld Süd). Von der A 6 Ausfahrt Roth/Weißenburg.

Sport & Freizeit

- *Sommerrodelbahn* Am Ortsrand nahe der B 2 (Anfahrt gut ausgeschildert). 2 Stahlbahnen mit je 550 m Länge und 11 Steilkurven (Höhenunterschied 65 m), Schlepplift, Wildschaugehege (ganzjährig), Bungee-Trampolin, 18-Loch-Minigolf und Imbiss-Station mit Biergarten. März bis Okt. (wetterabhängig) Mo–Fr 13–18 Uhr, Sa/So 13–18 Uhr und in der Ferienzeit 10–18 Uhr täglich. ✆ 09141/97860, www.sommerrodelbahn-pleinfeld.de.

Übernachten/Essen & Trinken/Camping

- *Übernachten/Essen & Trinken* **Landhotel Der Sonnenhof**, Hotel und Restaurant am Waldcampingplatz (s. u.). Die Küche bietet internationale und fränkische Gerichte. Biergarten, Sonnenterrasse, Kaminecke mit Grillmöglichkeit für 20 Personen, Bauernstube, großzügige Einrichtungen für Tagungen und Seminare. 55 modern ausgestattete Komfortzimmer; DZ mit DU/WC ab 92 € (Radlerpauschalen im Angebot). Sauna, Solarium, Fitnessraum, hauseigene Minigolfanlage, Biergarten und „Das Kleine Brauhaus" (Probierstube und Seminarraum für Braukurse und Bierseminare; eigenes Jahresprogramm anfordern). Sportpark 9–11, ✆ 9600, ℻ 960190, www.landhotel-sonnenhof.de.

Gasthof-Pension Zum Blauen Bock, an der Rezatbrücke gelegenes, alteingesessenes Haus; Hausmetzgerei und bodenständige Küche. Moderne Appartements ab 30 € pro Person. Aufenthaltsraum mit TV, abschließbare Einstellmöglichkeit für Fahrräder und Surfbretter, Spielwiese und Kinderspielplatz. Brückenstr. 5, ✆ 1851, ℻ 8277, www.blauer-bock.de.

Beliebter Treff der Radler: die „Arche" bei Allmannsdorf.

Landgasthof Siebenkäs, gepflegtes, gediegen eingerichtetes Speiserestaurant mit gehobenem Niveau. Auf der Karte stehen vornehmlich fränkische Gerichte. Empfehlenswert sind die frischen Wild- und Fischgerichte. DZ/F 95 € für 2 Pers. Kirchenstr. 1, ✆ 8282, ℻ 8307, www.landgasthof-siebenkaes.de.

Ritzers Gasthof-Landhotel Karpfenhof, in Hohenweiler, traditionsreiches Haus ca. 1 km östlich des Großen Brombachsees, bekannt für seine Karpfengerichte in den Monaten von September bis April. DZ mit DU/WC ab 59 € sowie mehrere Ferienwohnungen in verschiedenen Häusern. Hohenweiler 24, ✆ 291, ℻ 6534, www.karpfenhof.de.

Landgasthof im Wiesengrund, idyllisch in einem Tal nahe Mischelbach (Abfahrt von der B 2 zwischen Weißenburg und Roth) und zu Füßen von Schloss Sandsee gelegenes kinderfreundliches Haus (Spielplatz, Streichelzoo). Die Küche ist sehr bodenständig, und die jungen Wirtsleute sind sehr aufgeschlossen. Im Garten vor dem Haus fühlt man sich in der ruhigen Umgebung sehr wohl. Wochentags wechselnde Mittagsgerichte (Di ab 18 Uhr Schaschlikessen satt für nur 5,70 €/Pers.). Aus der eigenen Schlachtung kann man hier Wurst im Glas kaufen. Bachstr. 7, 91785 Mischelbach, ✆ 09144/94732, ℻ 924417; Mo Ruhetag, www.landgasthof-mischelbach.de.

Landgasthof Zum Kreuz, in Dorsbrunn, mit gemütlich-rustikaler Inneneinrichtung, helle und freundliche Atmosphäre. Fränkische Küche und Spezialitäten vom Wild. DZ mit DU/WC ab 44 €. Kinderspielplatz und Biergarten. Dorsbrunn 2, ✆ 9270170, ℻ 8680, www.landgasthof-zum-kreuz.de.

• *Camping* **Waldcamping Brombach**, privater, kinderfreundlicher Komfortcampingplatz am Südostufer des Großen Brombachsees (800 m bis zum Strand). 600 Stellplätze à 100 m² mit Versorgungseinrichtungen nach modernstem Standard; geöffnet von Mitte Dez. bis Ende Okt.). Professionell eingerichtetes Info-Zentrum. SB-Markt, Freizeiteinrichtungen unterschiedlichster Art und **Camperklause** mit reichhaltiger Tageskarte für kleine Gerichte zu günstigen Preisen und gemütlicher Freiterrasse (in der Saison tägl. 10–24 Uhr). Sportpark 13, ✆ 1721, ℻ 6934, www.waldcamping-brombach.de.

Freizeitanlage Allmannsdorf

• *Anfahrt/Parken* Erreichbar von Pleinfeld aus, linker Hand der Straße nach Stirn bzw. von Spalt aus über Großweingarten südlich. Parkplatz mit 500 Stellplätzen.

• *Freizeiteinrichtungen* Sanitäreinrichtungen, Fahrradverleih, Info-Zentrum zum

Fränkischen Seenland, Abenteuerspielplatz, Badestrand mit Liegewiesen, Wasserwachtstation und Umkleidekabinen, Surfschule (→ Badehalbinsel Absberg), Bootsverleih (Tretboote), Anlegestelle der neuen Schiffslinie.

• *Essen & Trinken* Sehr attraktives, direkt an der Dammkrone gelegenes **SB-Restaurant Die Arche** (✆ 93070), mit schöner Terrasse und großem Biergarten, www.arche-brombachsee.de.

Freizeitanlage Pleinfeld

• *Anfahrt/Parken* Von der Verbindungsstraße Pleinfeld–Stirn linker Hand abzweigen. An der Dammkrone wieder links zum Parkplatz. 500 Stellplätze für Pkw.

• *Service/Freizeiteinrichtungen* Sanitäranlagen, Strandhaus West (Hotel Sonnenhof) mit Kiosk und Biergarten (nur Mai bis Mitte Sept.), DLRG-Rettungsstation, Badestrand, Segelhafen mit 100 Wasser- und 70 Landliegeplätzen, Sliprampe, Hafenmeisterei (Di/Do/Sa 10–12 Uhr; ✆ 0160/95831-335); Segelzentrum Kagerer (Vertrieb, Service und Reparatur), ✆ 927217, www.szk.de; Sportzentrum der Universität Erlangen-Nürnberg und Schiffsanlegestelle.

Geschichte

Nur 2 km südöstlich des Orts wurden die Reste eines spätkeltischen Kultbaus entdeckt. Die Anlage misst 105 x 100 m und zählt damit zu den größeren Viereckschanzen aus der Keltenzeit (ca. 500–15 v. Chr.). Die mittelalterliche Geschichte von Pleinfeld setzt mit einer *Kunigunt de Blienvelt* ein, die für das ausgehende 8. Jh. bezeugt ist. Bis ins 14. Jh. hinein war ein niederes Adelsgeschlecht ansässig. Ab 1420 sind die *Herren von Pleinfeld* benannt, die die alte Turmhügelburg zu einer Wasserburg umbauten. Doch bereits 1435 gelangt das Bistum Eichstätt in den Besitz der Herrschaft und Burg von Pleinfeld, nachdem die Herren von Pleinfeld sich auf ihre Güter in Dürrenmungenau zurückgezogen hatten. Die Eichstätter ließen nur wenig Zeit verstreichen, bis sie den Ort mit Marktrechten versahen und befestigten. Bis 1806 blieb Pleinfeld eichstättisch, bevor es zu Bayern kam. Neben dem Abbau und der Verarbeitung von Quarzsand ist es heute vor allem der Fremdenverkehr, der das wirtschaftliche Gefüge der Marktgemeinde prägt.

Ehem. Vogteischloss mit Wolframsbrunnen

Sehenswertes

Ehemaliges Vogteischloss, heute Heimatmuseum: Die einfache zweiflügelige Anlage wurde im Mittelalter (15. Jh.) errichtet und im 17. und 18. Jh. weitgehend umgebaut. 1984 wurde unter großem Aufwand eine Restaurierung vorgenommen und anschließend dort das Heimatmuseum untergebracht. 1991 wurde der ganze Bau nochmals neu gestaltet, wobei man viel Geschmack bewies. In vier Geschossen ist die Geschichte des heimischen Handwerks und Gewerbes dargestellt. Zu sehen sind u. a. eine vollständig eingerichtete Sattlerei, eine Büttnerei, eine Schuhmacherwerkstatt, eine Schmiede und eine Schreinerei. Darüber hinaus sind sakrale Kunstgegenstände und forstwirtschaftliche Exponate ausgestellt. Im Dachgeschoss befindet sich das erste **Brauereimuseum** Mittelfrankens. Hier ist alles zu sehen, was für die Herstellung des edlen Gerstensaftes notwendig war und ist.

Ostern bis Ende Nov. So 14–16 Uhr; Gruppen n. Vereinbarung. Kirchenplatz 3, ✆ 92000.

Die **Pfarrkirche St. Nikolaus** wurde bereits unter dem Eichstätter Bischof *Otto I.* (1182–1196) geweiht. Von der romanischen Anlage ist nur noch der Turmraum erhalten geblieben. 1770 wurde das Gotteshaus grundlegend umgebaut. Der Eichstätter Domkapitelbaumeister *Dominikus Sale* fügte Seitenkapellen hinzu und ließ die romanische Apsis entfernen. Bei einer erneuten Restaurierung in den Jahren 1926 und 1927 wurde das alte Langhaus als westlicher Querbau in einen Neubau einbezogen. Die barocke Innenausstattung hatte man damals übernommen. Sehenswert ist der geschnitzte Taufstein von 1692, ein Halbkugelbecken auf kandelaberförmigem Fuß mit reichem Akanthuszierrat. Auf der Innenseite der alten Friedhofsmauer befinden sich wertvolle, in die Wand eingelassene Grabsteine.

Das **Spalter Tor** von 1568, auch Nürnberger Tor genannt, steht im Westen der Stadt und stellt den einzig noch verbliebenen Teil der Befestigungswerke Pleinfelds dar. Hier sind Teile der Stadtmauer erkennbar, die sonst weitgehend abgebrochen bzw. umbaut wurde.

Historische Gebäude: Eichstättische *Mautnerhaus*, ein zweigeschossiger Giebelbau von 1695 mit Fachwerkstadel (Brückenstr. 7); Eichstättisches *Kastnerhaus* (Stirnerstr. 14), ursprünglich spätgotischer Giebelbau mit dem Sandsteinwappen des Eichstätter Bischofs *Wilhelm von Reichenau*, dem Pleinfeld seinen Aufstieg zum Markt zu verdanken hat.

Stirn

Das seit dem 11. Jh. bezeugte Kirchdorf liegt auf einer Anhöhe (450 m ü. d. M.) oberhalb des Hauptdammes des Großen Brombachsees. Der Tourismus hat hier noch keine tief greifenden Veränderungen der bäuerlichen Dorfstruktur bewirkt, was den Ort mit seinen 450 Einwohnern liebenswert macht. Hier steht auch noch die Kirche mitten im Dorf. Ihre Ausstattung stammt aus dem 17. Jh., aus der Zeit, als man den Ort nach einem verheerenden Brand wieder aufbaute. Heute überwiegen im Straßenbild die rötlichen Sandsteinquaderhäuser der Hopfen- und Obstbauern. Sie stammen vorwiegend aus der Zeit um 1850. Älter ist das Gasthaus Adler, dessen zweigeschossiger Fachwerkbau in das 17. Jh. zurückdatiert.

Sankt Veit

Hier ließ der Deutsche Orden 1786 durch den Konstanzer Baumeister Pickel die katholische Pfarrkirche St. *Vitus* neu errichten. Das Portal trägt das Wappen des Ordens. Hochaltar und Seitenaltäre sind Schöpfungen des Rokoko und des Klassizismus. Um das Gotteshaus gruppieren sich eine Reihe von sehenswerten historischen Gebäuden: die *Mühle* von 1590, das *Schulhaus* von 1782, das *Gemeindehaus* und einige Hopfenbauernhäuser. Zusammen bilden sie ein idyllisches Ortsensemble, das lediglich durch die moderne Straßenführung beeinträchtigt wird.

Kastell Weißenburg (rekonstr. Nordtor)

Weißenburg und Ellingen

Mit dem teilrekonstruierten Kastell Biricianae, den römischen Thermen und dem größten römischen Schatzfund in Deutschland ist Weißenburg eine Römerstadt von besonderer Bedeutung. Das Römermuseum der Stadt beherbergt zudem das zentrale Bayerische Limes-Informationszentrum. Dieses beeindruckende römische Erbe erlebt man in Weißenburg auf eigene Faust oder bei Führungen für Einzelreisende und Gruppen.

Auch Ellingen besitzt mit seinem ca. 1,7 km südlich des Limes gelegenen „Castellum Sablonetum" ein bedeutendes Bodendenkmal am Welterbe Limes. Der Name verweist auf „den Sand" (lat. sabulum), wie die Gegend noch bis ins Mittelalter hinein bezeichnet wurde.

Weißenburg ist aber auch als Reichsstadt mit seinen herausragenden Baudenkmälern sehenswert: Stadtpfarrkirche St. Andreas, Altes Rathaus von 1470 (freistehender Söller im Schnittpunkt der großen Straßenplätze), ehem. Karmelitenklosterkirche, (um 1325 errichtet, 1981/83 zum städt. Kulturzentrum umgebaut), Stadtbefestigung mit dem Ellinger Tor (schönster Torturm Südfrankens), Seeweihermauer und mehreren Türmen, stattliche Wohn- und Geschäftshäuser aus allen Epochen, Bergwaldtheater (Freilichtbühne auf der Ludwigshöhe) und Renaissancefestung Wülzburg über der Stadt.

Ellingens große Zeit kam mit dem Deutschen Orden. Landkomtur Karl Heinrich Freiherr von Hornstein (1718–1745) engagierte mit dem Ordensbaumeister Franz Keller (1682–1724) und dessen Nachfolger Franz Joseph Roth (1724–1750) zwei der namhaftesten Architekten der Zeit. Unter ihrer Leitung erhielten Schloss und Stadt Ellingen ein völlig neues Gesicht – und das aus einem Guss!

• *Informationen für Weißenburg & Ellingen* **Amt für Kultur und Touristik im Römermuseum Weißenburg**, Martin-Luther-Platz 3–5, 91781 Weißenburg, ✆ 09141/907124, ✆ 907121, www.weissenburg.de.

Das **Bayerische Limes-Informations-Zentrum** im Erdgeschoss des Römermuseums ist wochentags (auch während der Winterpause der Museen) wie folgt geöffnet: Mo–Do 9–12.30 und 14–17 Uhr, Fr 9–12.30 Uhr. Eintritt frei.

Römische Thermen Weißenburg, am Römerbad, ✆ 09141/907-126, ✆ 09141/907-121, April bis Anfang Nov. 10–17 Uhr.

Kultur- und Touristinformation Ellingen, Weißenburger Str. 2, 91792 Ellingen, ✆ 09141/86580, ✆ 865858, www.ellingen.de.

Deutschordensschloss Ellingen, von April–Sept. Di–So 9–18 Uhr, Okt.–März Di–So 10–16 Uhr. Führungen stündlich.

Kulturzentrum Ostpreußen, mit landeskundlicher und kulturgeschichtlicher Abteilung, Bernsteinkabinett und Sonderausstellungen. Täglich (außer Mo) 10–12 und 13–17 Uhr. ✆ 09141/86440, www.kulturzentrum-ostpreussen.de.

• *Einkehren/Übernachten in Weißenburg & Ellingen* **Hotel Am Ellinger Tor**, Flair-Hotel in historischem Haus mit gediegener Küche und erst jüngst renovierten Zimmern (75 Betten), DZ mit Dusche/WC ab 68 €. Ellinger Str. 7, 91781 Weißenburg, ✆ 09141/86460, www.ellingertor.de.

Osteria Castello, neues Restaurant im Herzen der Altstadt (gegenüber dem Rathaus), gepflegtes italienisches Restaurant mit herzlicher Atmosphäre, großen Pizzen und guter Getränkeauswahl. Di Ruhetag, So nur nach Voranmeldung. Schloßstr. 2, 91792 Ellingen, ✆ 09141/997755. **Sommerkeller**, gegenüber dem Golfplatz Zollmühle (18-Loch-Anlage), beliebtes Speiselokal mit ausgezeichneter heimischer Küche. Sommerkellerweg 1, 91792 Ellingen, ✆ 09141/874262, www.ellinger-sommerkeller.de.

Römischer Kaiser, historischer Barockgasthof, der heute von Hubertus von Kerssenbrock als Event-Lokal betrieben wird, mit barockem Festsaal und stilvoller Einrichtung (Anmeldung erforderlich). Weißenburger Str. 17, 91792 Ellingen, ✆ 09141/8731810.

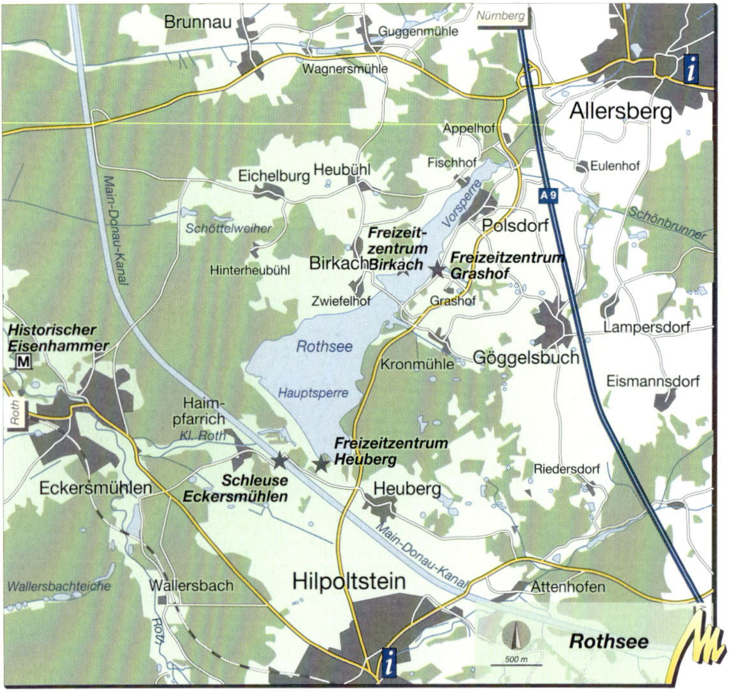

Der Rothsee

Im Konzept des wasserwirtschaftlichen Projekts Fränkisches Seenland übernimmt der Rothsee die Funktion, das via Kanal aus der Donau bis Hilpoltstein gepumpte Wasser zwischenzuspeichern. Es wird bei Bedarf in die Rednitz eingespeist, um die Qualität der nordfränkischen Flüsse Rednitz, Regnitz und Main zu verbessern und deren Niveau aufzuhöhen. Touristisch ist der Speichersee nur beschränkt nutzbar, sodass im Dreieck Allersberg-Hilpoltstein-Rotz mehr die Badefreunde, Radler und Wanderer zu ihrem Vergnügen gelangen. Landschaftlich reizvoll ist vor allem die Vorsperre mit ihren ausgedehnten Naturschutzgebieten.

• *Information* Landratsamt Roth – Kultur und Tourismus, Weinbergweg 1, 91152 Roth, ✆ 09171/81329, ℻ 81399, www.landratsamt-roth.de. (Hier auch Sitz des Zweckverbands Rothsee, ✆ 81310, ℻ 817310) Hier sind folgende empfehlenswerte Sonderprospekte erhältlich: „Freizeitführer Landkreis Roth", „Landkreis Roth – Veranstaltungen", „Radfahren im Landkreis Roth" und der graphisch ansprechend gestaltete Image-Prospekt „Rothesee – Das sanfte Mehr".

• *Karten* **Appelt-Freizeitkarte** 1:40.000, Fränkisches Seenland. **Wandern im Landkreis Roth**, Karte 1:50.000, hrsg. v. Landkreis Roth. Vom Landkreis Roth herausgegeben wird die Freizeitkarte **Radwandern im Landkreis Roth** im Maßstab 1:100.000 (Radfernwanderwege). Vom Verkehrsverbund Großraum Nürnberg (VGN) ist eine Broschüre **Wandern am Rothsee** mit Karte im Maßstab 1:50.000 erschienen, in der 11 Wanderrouten detailliert beschrieben sind (erhältlich im Landratsamt, s. o.).

Roth

Roth ist die größte Stadt im nördlichen Fränkischen Seenland. Die über 24.000 Einwohner zählende Große Kreisstadt liegt am Zusammenfluss von Roth und Rednitz.

Kultureller Mittelpunkt von Roth sind das markgräfliche *Schloss Ratibor*, das neben Museum und Galerie auch ein weithin bekanntes und geschätztes Speiserestaurant besitzt, sowie die *Kulturfabrik* mit ihrem experimentierfreudigen Programmangebot – ein Juwel der regionalen Kulturszene. Leider lässt, ganz im Gegensatz zur Restauration, die Hotellerie der Stadt noch Wünsche offen! Wesentlich verbessert wurde die Infrastruktur für das Einkaufen in Roth. Mit dem Einkaufszentrum „Valentins-Passagen" am Marktplatz und dem nur unweit davon entfernten neuen Einkaufszentrum „Rothmühl-Passagen" ist Roth wieder eine lebendige Einkaufsstadt geworden, deren Innenstadt durch die Neubaumaßnahmen stark gewonnen hat. Dazu kommt, dass der im Zent-

Schloss Ratibor

rum der Altstadt gelegene Kugelbühlplatz mit viel Aufwand und Geschmack neu hergerichtet wurde. Zahlreiche kleine Fachgeschäfte und Restaurationsbetriebe haben sich hier niedergelassen und eine „schnuckelige" Einkaufs- und Verweilzone geschaffen.

Bedeutend wurde Roth durch seine *Drahtherstellungsindustrie* (sog. Leonische Industrie), die im 16. Jh. aus dem französischen Lyon hierher kam. Seit 1956 ist Roth Garnisonsstadt (3000 Soldaten eines Heeresfliegerregiments). Sportlich Interessierten gilt Roth als heimliche Hauptstadt des Triathlons, wobei der Kanal als Schwimmstrecke genutzt wird.

Information/ Veranstaltungen

- *Vorwahl/PLZ* 09171/91154.
- *Information* **Tourist-Information** im Schloss Ratibor, Hauptstr. 1, ✆ 848513, 📠 848519, www.stadt-roth.de.

April–Okt. Mo–Fr 9–12 u. 13–17 Uhr, Nov.–März Mo–Fr 9–12 Uhr, Mo/Di/Do 13–16 Uhr, im Aug. zusätzl. Sa 10–12 Uhr. Empfehlenswert ist der Prospekt „Highlights in Roth", in dem alle Jahresveranstaltungen übersichtlich aufgelistet sind (inkl. Triathlon).

Stadtführungen im Aug. jeden Sonntag um 14 Uhr; Treffpunkt im Innenhof von Schloss Ratibor.

- *Veranstaltungen* **April**: Bluestage; **Mai**: Frühlingsfest (2. Wochenende); **Juni**: Rothsee-Triathlon; **Juli**: Künstlerfest in der Kulturfabrik; IRONMAN Europe (2. Sonntag); **August**: Kirchweih (2. Wochenende Fr–Di); Schlosshofspiele im Schloss Ratibor (mehrere Samstagabende, Beginn 20.15 Uhr); **September**: Altstadtfest (2. Sonntag).

Übernachten/Essen & Trinken/Einkaufen

Hotel Seerose, gutbürgerliche Küche, DZ mit DU/WC ab 60 €. Garage, Liegewiese, Aufenthaltsraum mit TV, Terrasse, Balkon, Bootsverleih für den Schleifweiher (Tret- und Ruderboote), Spielplatz. Mo Ruhetag. Obere Glasschleife 1, ✆ 892480, 📠 2899.

Restaurant Gartenlaube (da Franco), das italienische Restaurant in der Münchner Straße gilt als Geheimtipp! Die Nudel-, Fisch- und Fleischgerichte werden hier vorzüglich zubereitet. Natürlich gibt es auch reichlich gute Pizzen. Hier ist immer was los, sodass es lohnt, sich anzumelden. Geöffnet täglich 11.30–14 und 17–23 Uhr (So 22 Uhr); Münchener Str. 22, ✆ 981589, www.gartenlaube-da-franco.com.

Mexikanisch-Spanisches Restaurant El Bandito, sehr gut geführtes Spezialitäten-Restaurant, in dem sich die Rother Szene gern trifft, auch bei gutem Wetter vor dem Haus in gemütlicher Atmosphäre! Ob Nachos, Wedges, Salate oder Tortillas, ob Steaks, Ribs, Spieße oder Garnelen, ob Pollos, Chilis oder Ofenkartoffeln in x Varianten: Hier schmeckt alles lecker, und wer nur etwas trinken möchte, dem sei die gut sortierte Bar empfohlen! Traubengasse 23, ✆ 8954820, geöffnet täglich ab 17.30 Uhr.

Hotel-Landgasthof Jägerhof, in Pfaffenhofen, deutsche, Vollwert- und internationale Küche auf hohem Niveau zu erschwinglichen Preisen. DZ mit DU/WC ab 74 €. Garage, Aufenthaltsraum mit TV, Konferenzräume für 80 Personen und Biergarten. Di Ruhetag. Äußere Nürnberger Str. 40, ✆ 2038, 📠 892402, www.jaegerhof-ag.de.

Landhotel Böhm, in Rothaurach, umwelt- und kinderfreundliches Haus im Landhausstil. Hier werden ganzjährig Spezialitäten der Region angeboten: Spargelwochen (Mai/Juni), Karpfen (Sept.–April), Gänse (ab Martini), Bärlauch, Wild und Lamm (ganzjährig). Beliebt sind auch die Nudelwochen, wenn sich im Juni und Juli die Triathleten der ganzen Welt in Roth abstrampeln. DZ mit DU/WC ab 70 €. Schwabacher Str. 1–3, ✆ 97150, 📠 9715333, www.landhotel-gasthof-boehm.de.

Haus Renate, in Heubühl, nahe dem Rothsee gelegenes Haus mit modern eingerichteten Zimmern und Wohnungen. DZ mit Du/WC ab 60 €, Wohnung für 4 Pers. 80 €. Aufenthaltsraum, Fahrradverleih, Sauna/Solarium, Spielgeräte, Tischtennis, Terrasse und Grillplatz. Herrnwiesenweg 2, ✆ 09176/1735, 📠 1777, www.renates-haus.de.

Ferienhof Siebensohn, in Zwiefelhof, nahe am Rothsee gelegener Gutshof mit Seeblick, Spielplatz und Ferienwohnungen ab 60 € für 4–5 Pers. Zwiefelhof 9, ✆ 09176/997300, www.ferienhof-siebensohn.de.

Reges Leben im Strandhaus Birkach am Rothsee

Eichelburger Hof, in Eichelburg, nahe dem Westufer des Rothsees mit eigener Landwirtschaft und Hausschlachtung. Karpfen aus eigenen Weihern, Kartoffeln vom eigenen Feld und Fleisch und Wurst vom eigenen Hof (Schwein und Rind). Idyllischer Biergarten. Modernes Gästehaus, DZ mit Dusche/WC, Balkon, SAT-TV und Telefon ab 52 €. Auch Mehrbettzimmer vorhanden. Eichelburger Hauptstr. 2, ✆ 09176/996980, 📠 9969825, www.eichelburger-hof.de.

Strandhaus Birkach, Café-Bistro direkt am Rothseeufer. Im Sept. Gemüsespezialitäten aus eigenem Anbau, Kartoffelwochen im Okt. Selbstgebackene Kuchen und Torten. Ganzjährig durchgehend geöffnet! Birkacher Hauptstraße 3, ✆ 09176/1700, 📠 998441, www.strandhaus-birkach.de.

• *Camping* **Waldsee** in Wallesau (zwischen Wernsbach und Eckersmühlen). Badeweiher mit Gaststätte, Angelmöglichkeit und Campingplatz: 250 Plätze, davon 50 Touristenstellplätze. Moderne Sanitäranlagen, Entsorgungsstation für Reisemobile, SB-Markt, Tischtennis, Spielplatz und Café mit schöner Terrasse. Blockhütten und Mietwohnwagen vorhanden; ganzjährig 7–22 Uhr. Waldsee bei Wallesau, ca. 10 km südlich von Roth in großem Waldgebiet. Badstraße 37, 91154 Roth-Wallesau, ✆ 09171/5570, 📠 843245, www.camping-waldsee.de.

Einkaufen am Kugelbühlplatz, am neu gestalteten Kugelbühlplatz, nahe dem Schlosses Ratibor, haben sich zahlreiche Geschäfte und Restaurationsbetriebe niedergelassen. Beides in einem gibt's im „Weinhaus am Kugelbühlplatz" bei Friederike Tilse, die nicht nur gute Weine anbietet (auch zum Verkosten), sondern auch ausgefallene Teigwaren aus Italien, Schokoladen aus feinster Produktion und Geschenkartikel rund ums Genießen. Auch ein kleines Bistro und ein wunderschöner „Weingarten" im Hof lassen das Einkaufen hier zum Erlebnis werden. Kugelbühlplatz 13, ✆ 97510.

Fränkisches Seenland

Freizeit & Sport

• *Angeln* Information/Verkauf in der BP-Tankstelle, Allersberger Str. 33 a, ✆ 2530.

In **Rednitz** und **Roth** (im Bereich des Fischereivereins Roth): Karpfen, Schleie, Aal, Weißfisch. Tageskarte gegen Vorlage des Sportfischerpasses des VDSF.

Im **Stadelweiher**: Karpfen, Schleie, Aal, Weißfisch, Forelle und Hecht.

• *Baden* **Freizeitbad** an der Roth, beim Rothtalübergang im Norden der Stadt.

Parkplatz mit 160 Stellplätzen, Zufahrt über Gartenstraße, Sportbecken (50 x 20 m; beheizt) mit 8 Bahnen; Erlebnisbecken mit Sprudelliegen, Strand, Strömungskanal, Wellenball, Schaukelgrotte, Breitwellenrutsche und Großrutsche; Springerbecken (17 x 13 m) mit Sprungturm (bis 5 m Airkick); Kinderplanschbecken mit Schiffchenkanal, Strand, Spielbach, Wasserrutsche und Rutsche; (160 m^2) und „Fun-Arena" mit Ballspielfeldern, Badminton, Tennis, Mutter-Kind-Station, große Liegewiese, Bad-Bistro mit Terrasse im Obergeschoss (auch für Nichtbadegäste). 15. Mai bis 15. Sept. 7.30–20.30 Uhr. Information unter ✆ 97270.

• *Diskotheken* **Studio 3**, Bahnhofstraße 9, ✆ 2632; **Hair**, Pfaffenhofen, Industriestr. 69, ✆ 1767.

• *Kinderspielplätze* Adlerstraße, Ostring, Schwalbenstraße, Stadtbleiche, Stadtpark, Waldstraße und Weinberg.

• *Kino* **Bavaria-Kino-Center**, Bahnhofstr. 66–68, ✆ 892256; einmal im Monat donnerstags um 20 Uhr „Kleinkunst im Kino".

• *Reiten* Reitschule Heubühler Hof (Reitstunde: Gebühr n. V.), Fischhofer Weg 16, 91154 Roth-Heubühl, ✆ 09176/996348.

• *Sommerstockbahn* In Pruppach, Information J. Riedel, ✆ 899073, 2 Asphaltbahnen.

• *Tennis* TC Roth, 6 Sandplätze, April bis Okt., Otto-Schrimpf-Str. 34, ✆ 6690. **Tennishalle**, 3 Teppichplätze mit Granulatboden, tägl. 7–24 Uhr, Ostring 15, ✆ 88912.

• *Triathlon* **Rothsee-Triathlon**, überregional bedeutendes Sport-Event (Schwimmen, Fahrradfahren und Laufen); meist Ende Juni/Anfang Juli. Etwa 2 Wochen später findet dann der **Quelle-Challenge Roth** statt, ein Triathlon der Ultradistanz mit umfangreichem Begleitprogramm (Jazz, Beach-Party etc.). Auskünfte in der Tourist-Information (s. o.).

Erholungszentrum Birkach (Rothsee)

• *Anfahrt/Parken* Von Roth aus in östlicher Richtung (Hilpoltstein) gut erreichbar (an der Guggenmühle rechts). 700 Pkw-Stellplätze. Haltestelle der Buslinie Nürnberg–Rothsee.

Die Kulturfabrik in Roth: ein moderner Musentempel im Fränkischen Seenland

• *Freizeiteinrichtungen/Service* Badestrand mit Liegewiesen, Badesteg, Umkleideschnecken und Freiduschen. „Strandhaus Birkach" (→ „Übernachten/Einkehren"). Beachvolleyball, Spielplatz, Sanitäreinrichtungen (mit Behinderten-WC), BRK-Rettungsstation, und Malschule.

Veranstaltungsorte & Museen

• *Kulturfabrik im Bürgerhaus* Am westlichen Rand der Altstadt, „unterhalb" des Ratiborer Schlosses gelegenes Kulturzentrum mit anspruchsvollem und breit gefächertem Programm. Von Okt. bis Juli: Konzerte, Theater (Kindertheaterfestival im Juni, Seniorentheater im Juli), Kabarett, Kleinkunst, Ausstellungen, Lesungen, Disco, Workshops, Filmwochen etc. Der „Rother Musentempel" (gegr. 1992) ist mittlerweile ein viel beachtetes und angesehenes kulturelles Zentrum der mittelfränkischen Region. Aktuelles Programm → Tagespresse/Programmzeitschriften. Stieberstr. 7, ✆ 848762, 📠 848750, www.kulturfabrik.de, Parkplatz am Haus. Büro Di–Fr 9–12.30 und 13.30–17 Uhr. Kartenreservierung über Internet (s. o.) oder Ticket-Hotline ✆ 0180/5170517. Kartenvorverkauf u. a. in der Buchhandlung Hilde Genniges, Hauptstr. 28, ✆ 7170.

• *Schlosshofspiele* Im Schloss Ratibor, Aufführungen jährlich im Juli/August. Auskunft → „Information".

• *Fabrikmuseum* Ausgezeichnete industriegeschichtliche Präsentation der Rother **Drahtfabrikation**. Kleiner Führer an der Kasse erhältlich. 21. März bis Ende Okt. Sa/So 13.30–16.30 Uhr, im August mit Ferienpass auch Mi 13.30–16.30 Uhr. Obere Mühle 4, ✆ 60564 o. 3977, www.fabrikmuseum-roth.de.

• *Historischer Eisenhammer* Interessante Vorführungen zur Wasserkraft der Rednitz. Roth-Eckersmühlen. ✆ 09171/81329 o. 4784. März Sa/So 13–17 Uhr, April bis Okt. Mi–So, Feiertage 13–17 Uhr.

Geschichte

Roth ist, wie der Name verrät, eng mit der fränkischen Rodungsperiode des 11. Jh.s verbunden. König *Heinrich II.* schenkte an seinem 34. Geburtstag der Kirche zu Bamberg u. a. seine Besitzungen an der Rednitz, womit er einen der Grundsteine für die Gründung des *Bistums Bamberg* legte. Dieser königliche Besitz kann als Siedlungskern der Stadt angesehen werden. Das Bistum Bamberg setzte als weltliche Vögte die *Grafen von Abenberg* ein. 1060 wird der Ort als *rote* erstmals erwähnt. Zwischen 1120 und 1143 wird ein Meierhof *(curia dominicalis)* genannt. Aus den Meiern, den Verwaltern des Königshofes, entwickelte sich ein ortsadeliges Geschlecht. 1181 ist in den Urkunden ein *Conradus de Rote* bezeugt. Das Geschlecht der Roter setzte sich jedoch bald nach Nürnberg ab, wo es zu Ruhm und Ansehen gelangte. 1199 starben die Abenberger aus. Da der Nürnberger Burggraf *Konrad III.* mit *Hildegard von Abenberg*, der Letzten ihres Geschlechts, verheiratet war, gelangten die Zollern, die das Nürnberger Burggrafenamt innehatten, in den Besitz von Roth. Die Lehensherrschaft Bambergs konnten sie abschütteln, um den Ort für ihre Interessen auszubauen.

Roth erhielt im 12. Jh. das Marktrecht. Im 14. Jh. wurde der Ort zur Stadt erhoben. Auch das Gerichtswesen der Stadt entwickelte sich schon frühzeitig. Das bekannte Rother Asylrecht hatte vom 14. bis zum 18. Jh. Geltung und wurde auch rege in Anspruch genommen. 1497 wurde die Stadt Sitz eines markgräflichen Oberamts und Hochgerichts. Nachdem Markgraf *Georg der Fromme von Brandenburg-Ansbach* 1512 die schlesischen Herzogtümer Oppeln, Jägerndorf und Ratibor geerbt hatte, ließ er in der Zeit von 1535 bis 1537 ein repräsentatives Jagdschloss in Roth errichten, dessen Namen er in Anlehnung an das schlesische Herzogtum Ratibor wählte und von dessen Einkünften er den Frührenaissancebau finanzierte. Das Schloss wurde an exponierter Stelle, an einem Abhang zum Rednitztal, errichtet. Baumeister war der Ansbacher *Sixt Kornhuber*.

Für die Stadtentwicklung von entscheidender Bedeutung war der Aufbau der Drahtherstellungsindustrie *(Leonische Industrie)*. Die Produktion unechten Gold- und Silberdrahtes reicht bis ins 16. Jh. zurück, als *Georg Fournier*, Sohn eines aus Lyon vertriebenen Hugenotten, das Asylrecht in Roth in Anspruch nahm (1574). Die Entwicklung des Drahtzuges im ausgehenden Mittelalter war die technische Grundlage für die serienmäßige Herstellung von groben und feinen Drähten. 1745 beauftragte Markgraf *Carl Wilhelm Friedrich* den in Roth ansässigen Tressenfabrikanten *Caspar Stieber* damit, die von *Sebastian Weiß* 1730 gegründete „Drahtfabrique" zu übernehmen und auszubauen. Zunächst bezog man die Gebäude einer ehemaligen Brauerei.

1791, als das Fürstentum Brandenburg-Ansbach in den letzten Zügen lag, kaufte *Philipp Friedrich Stieber* das Schloss Ratibor. Welche Symbolik für den untergehenden Feudalismus und das aufstrebende frühkapitalistische Bürgertum! 1810 waren in der neuen Fabrik im ehemaligen Schloss bereits 130 Arbeiter beschäftigt. Die Fabrikation wurde um die Herstellung von Kupferdrähten und Zubehörleitungen für die zu dieser Zeit enorm wachsende elektrische Industrie erweitert. *Friedrich Wilhelm Stieber* ließ das Schloss zu einem prachtvollen Wohnsitz für sich und seine Familie ausbauen. 1915 wurde er in den Freiherrenstand erhoben. 1942 schenkte *Freifrau Wilhelmine von Stieber* das Schloss der Stadt Roth, in deren Besitz es noch heute ist.

1972 wurde Roth Große Kreisstadt und gilt seither als bedeutendes Wirtschaftszentrum im Süden der Metropole Nürnberg. Noch heute zählt die Kabel-, Stanniol- und Folienherstellung zu den wirtschaftlichen Standbeinen der Rednitzstadt. Eine Zukunft als Fremdenverkehrszentrum steht Roth noch ins Haus. Der Rothsee im Städtedreieck Roth–Hilpoltstein–Allersberg übt bereits heute eine Sogwirkung auf das benachbarte Ballungsgebiet Nürnberg–Fürth–Erlangen aus.

Sehenswertes

Schloss Ratibor stellt heute das kulturelle Zentrum der Stadt Roth dar. Neben dem **Museum** beherbergt das ehemals markgräfliche Jagdschloss die Stadtbibliothek. Der Prunksaal, die Galerie und der Schlosshof stehen für Festveranstaltungen, Ausstellungen, Konzerte und Festspiele offen. Im neu geschaffenen Markgrafensaal tagt der Rat der Stadt. Zu guter Letzt kann man im Schlossrestaurant (Ratsstuben) die hohe Kunst des Essens und Trinkens genießen. Ein wahres Prachtstück, dieses Schloss!

Schloss Ratibor

Zur Hauptstraße hin erstreckt sich das *Marstallgebäude*, ehemals der Pferdestall mit Kutschen- und Wagenhalle. Es wurde vom Industriellen Stieber aufgestockt, um zusätzlichen Raum für die Drahtfabrikation zu erhalten. Daneben erhebt sich der *Straßenturm*, der 1585 angebaut wurde. Durch die Torhalle des *Gesindehauses* gelangt man in den **Schlosshof.** Seine Atmosphäre mutet idyllisch an, was durch die Stilvielfalt der ihn einschließenden Gebäude verstärkt wird. Vom *Eingangsportal*, das für sich schon sehenswert ist, führt eine Freitreppe in das Obergeschoss des Torhallenbaus. Eine hölzerne Galerie umläuft die Hofseite im Osten und Süden des Schlosstraktes. Bemerkenswert sind die kupfernen Wasserspeier, die das Regenwasser von den Dächern in den Hof ausfließen lassen. Während der Schlossfestspiele in den Monaten Juli und August wird dieses malerische Ensemble als Kulisse verwendet. Eine Rother Laienspielgruppe zeigt dann Thea-

Einkaufen als Genuss: Weinladen am Kugelbühlplatz

teraufführungen vor meist ausverkauftem Haus. Eine natürliche Kulisse gibt die mächtige Linde in der Mitte des Schlosshofes ab. Unter ihrer weit ausladenden Krone spendet der zierliche *Jagdbrunnen* aus dem 19. Jh. sein edles Nass.

Am *Oberamtmannsgebäude* zeigt das lang gestreckte Bild zwischen den Fensterreihen des ersten und zweiten Obergeschosses Burggraf *Friedrich III.*, der *Rudolf von Habsburg* gerade die Mitteilung von dessen Wahl zum deutschen Kaiser überreicht. Für die Porträts der Beteiligten hat Auftraggeber Stieber einige Mitglieder seiner Familie Modell stehen lassen. Das Hauptschloss stellt eine symmetrische Anlage mit sechs viergeschossigen Giebeln dar, deren Felder durch je drei Gesimse unterteilt sind. Dekorativ wirken sowohl die schwarz-weiß gestreiften Fensterläden als auch das Rundfenster des obersten Giebelfeldes.

Das *Schlossinnere* ist vom Kunstgeschmack des letzten Besitzers, *Wilhelm von Stieber*, geprägt, der das Anwesen 1892 im Stil der deutschen Renaissance einrichten ließ. Dabei dienten ihm die prachtvollen Palazzi Oberitaliens als Vorbild, was vor allem im *Prunksaal* deutlich wird, der seinem Namen mehr als gerecht wird. Eine überdimensionale Decke mit insgesamt 33 Ölbildern überspannt den Saal, der durch seine ornamentale Fülle fast bedrückend wirkt. Der Künstler *Ferdinand Wagner*, Haus- und Hofmaler der Freiherren von Stieber, hat sich in den Gemälden mit Motiven aus der griechischen Mythologie verewigt. Den Blickfang bildet der „Triumph der Aphrodite“ im Zentrum der Decke. Wertvolle Gobelins nach Entwürfen des Münchner Malers *Rudolf von Seitz* füllen die Flächen zwischen den hohen Fenstern und den wuchtigen Portalen. Im Nordflügel hat Wagner die *Galerie* ausgestaltet. Drei große Rundbogenfenster lassen das Licht in den gewölbten Raum fluten. Die Vielfalt der Stile wirkt hier eher aufdringlich. Eine warme Atmosphäre erfüllt den *Speisesaal*, der im Stil der Nürnberger Renaissance gehalten ist. Die kunstvoll gefertigte Kassettendecke ergänzt sich harmonisch mit der nicht minder wertvollen Wandvertäfelung. Um den lang gestreckten Tisch gruppieren sich 26 reich verzierte Stühle. Die Einrichtung stammt aus der Nürnberger Möbelfabrik *Eysser*, die zur Avantgarde der Einrichtungshäuser der Gründerzeit zählte.

• *Stadtmuseum im Schloss Ratibor* April–Oktober Di–So 13–17 Uhr; Gezeigt werden Dokumente zur Stadtgeschichte, historische Gegenstände des Alltags und Kunstwerke Rother Künstler aus dem 19. Jh. Hauptstr. 1, ✆ 848-532; Führungen im Schloss und Stadtmuseum jeden 1. Samstag im Monat um 14 Uhr (Treffpunkt im Schlosshof, 90 Min.; Anmeldung unter ✆ 848-513).

Bürgerhäuser: Als schönstes Haus Roths gilt das *Riffelmacherhaus*, im 16. Jh. ein gut besuchtes Wirtshaus mit eigenem Braurecht. Der dreigeschossige Giebelbau am Marktplatz trägt ein äußerst dekoratives Fachwerk im zweiten und dritten Geschoss. Auch der spitz zulaufende Giebel ist mit reichem Zierfachwerk ausgestaltet. Flankiert wird er von zwei zierlichen Ecktürmen. Am Nordosteck des Hauses befindet sich eine gedrehte sog. Schwursäule. Um den *Marktplatz* gruppiert sich eine Reihe von stattlichen Bürgerhäusern. So das *Haus Nr. 39*, ebenfalls ein ehemaliges Gasthaus, dessen beide Geschosse von einem Fachwerkgiebel bekrönt werden. Der **Markgrafenbrunnen** aus dem Jahr 1757 zählt ebenso zu den Sehenswürdigkeiten der Stadt.

Das **Alte Rathaus** in der Hauptstraße (neben der Post) wurde in der Zeit von 1757 bis 1759 unter Markgraf Alexander von *Johann David Steingruber* errichtet. Der zweigeschossige Mansarddachbau im Stil des Ansbacher Rokoko steht an der Stelle eines Vorgängerbaus aus dem Jahre 1533, der nach mehreren Bränden abgebrochen werden musste.

Die evangelisch-lutherische **Pfarrkirche** (ehem. Unsere Liebe Frau) wurde 1510 in Nachfolge einer gotischen Kirche neu erbaut. Ihr heutiges Aussehen erhielt sie durch Johann David Steingruber in den Jahren 1732 bis 1738. Nach einem Brand im Jahre 1878 musste der Kirchturm neu errichtet werden. Auch das Kircheninnere wurde bei dieser Gelegenheit umgestaltet. Altar und Kanzel sind sehenswerte Neuschöpfungen des 19. Jh.s. Der Gemeindesaal strahlt eine gewisse Eleganz aus, die durch die umlaufende Empore noch betont wird. Im Blickfeld vier hölzerne Totengedenktafeln aus der Renaissance. Zahlreiche Grabdenkmäler erinnern an Rother Amtsmänner und ihre Familien. Sehenswert ist der Grabstein des Ritters *Ulrich von Kühedorf*, der 1570 starb.

Hilpoltstein

In Hilpoltstein hat die Erschließung des Seenlandes vor den Toren der Stadt die Attraktivität der fränkischen Kleinstadt, die auf eine bedeutungsvolle Geschichte zurückblicken kann, enorm gesteigert. Mit immensem Aufwand wurde auch die Burg Hilpoltsteins archäologisch untersucht und restauriert. Dabei stießen die Archäologen fast täglich auf wertvolles Material.

Mit dem ehemaligen Kornkasten aus dem 15. Jh. erhielt die Stadt ein neues Kulturzentrum. Mit der Restaurierung des historischen Gasthauses „Schwarzes Ross“ und der damit verbundenen Einrichtung eines neuen Museums hat Hilpoltstein eine weitere Attraktion erhalten. Ganz Hilpoltstein erscheint wie im Umbruch, was man nicht zuletzt am neu gestalteten Marktplatz erkennen kann. Der Main-Donau-Kanal, der hier seinen höchsten Punkt erreicht, hat den Hilpoltsteinern eine eigene Schiffsanlegestelle an Europas größter Wasserstraße beschert. Die aus der Donau via Kanal hierher gepumpten Wasser werden im Rothsee zwischengespeichert. An dessen Ufer ist mit dem *Seezentrum Heuberg* das attraktive Freizeitzentrum der Stadt Hilpoltstein entstanden.

Information

• *Vorwahl/PLZ* 09174/91161.

• *Information* **Amt für Kultur und Tourismus**, Maria-Dorothea-Str. 8, ✆ 978607, 📠 978609, www.hilpoltstein.de. Ganzjährig Mo–Fr 9–17 Uhr (Fr bis 12 Uhr).

• *Stadtführungen* Letzter Sa im Monat (Mai bis Okt.) um 15 Uhr. Treffpunkt: Haus des Gastes.

Übernachten/Essen & Trinken/Camping

• *Übernachten/Essen & Trinken* **Brauereigasthof Schwarzes Ross**, errichtet im 12. Jh., 1542 als „Preuhauß" beurkundet, bis 1870 Brauhaus und von 1993 bis 1996 mit viel Liebe und Sachverstand vom Eignerpaar Ursula und Walter Mehl restauriert. Großes Platzangebot mit 3 historisch getreu eingerichteten Wirts- und Restaurantstuben und zwei großen Sälen. Der Biergarten im Innenhof der 4-flügeligen Anlage bietet einen besonderen Flair. 11 moderne Komfortzimmer und 1 Hochzeitssuite mit jeweils individueller Einrichtung und eigenem Namen: Hier stimmt jedes Detail, hier wurden jedes Türschloss und jeder Schrankknopf originalgetreu wieder instand gesetzt. DZ mit DU/WC ab 72 €. Vom Innenhof aus ist das städtische Museum zu erreichen (→ „Museen"). Mi Ruhetag in der Gastronomie. Marktstr. 10, ✆ 47950, 📠 479528, www.hotel-schwarzes-ross.de.

Hotel-Gasthof zur Post, restauriertes Haus in historischem Gewand, erbaut 1544, später Posthalterei von Hilpoltstein. Fränkische und deutsche Küche, Weinkeller mit Gewölbe. Neu eingerichtete DZ mit DU/WC ab 67 €. TV-Raum, Bar, Solarium, Biergarten an der Stadtmauer. Marktstr. 8, ✆ 976980, 📠 9769850, www.hotel-post-hip.com.

Café-Bistro 1601, direkt am neu gestalteten Marktplatz gelegenes Haus mit großer Tradition und neuem Outfit. Schöne Freiterrasse zum Marktplatz hin. Kleine Nudel- und Salatgerichte, Snacks, Cocktails, Eisspezialitäten. 10–24 Uhr, Di Ruhetag. Marktstr. 3, ✆ 6636.

Gasthof am Rothsee, am Ufer des Rothsees, mit geschmackvoll eingerichtetem Restaurant und freundlichem Service. Fränkische Küche mit Verwendung naturnaher Produkte. Biergarten, Terrasse und SB-Kiosk „Seeblick". Platz für 400 Pers., durchgehend

Das „Schwarze Ross" bietet hohen Komfort in alten Mauern.

ganzjährig geöffnet. Heuberg 84, ✆ 492420, 📠 492421, www.gasthausrothsee.de.

Fuchsmühle, Ausflugslokal mit deftigen Brotzeiten (Schinken, Käse, Wurst aus eigener Produktion). Auch Außerhausverkauf. Wildgehege, Biergarten und Kinderspielplatz; ganzjährig, Mo/Di Ruhetag. Fuchsmühle 1 (ca. 3 km südöstlich von Hilpoltstein), ✆ 9385, 📠 491888, www.gaststaette-fuchsmuehle.de.

• *Camping* **Kauerlach**, südöstlich des Rothsees, am Landschaftsschutzgebiet Kauerlacher Weiher gelegen. Mit Gaststätte. 100 Stellplätze, ganzjährig 6–22 Uhr. Kauerlach 4, ✆ 09179/97231, 📠 97232.

Freizeit & Sport

• *Freibad und Sportzentrum* Beheiztes Bad mit Schwimmerbecken (50 x 15 m), Nichtschwimmerbecken (50 x 10 m), 45 m-Riesenrutsche, Beachvolleyball und Kinderplanschbecken. 15.5.–15.9. Mo–Fr 6.30–20, Sa/So/Feiertage 9–20 Uhr, Stadthalle mit Restaurant. Badstraße 3, ✆ 97876.

• *Reiten* **Reitstall Stephansmühle**, zwischen Hilpoltstein und Eckersmühlen an der Roth gelegen. Inh. K. Nahr (✆ 09174/3157).

• *Segeln/Surfen* auf dem Rothsee (s. u.).

• *Tennis* **Tennis-Center**, Halle mit 4 Plätzen (Wimbledon-Green-Boden), im Winter tägl. 9–22 Uhr, im Sommer nach Anmeldung. Dieselstr. 8, ✆ 48483.

Tennisplätze (10 Sandplätze und 1 Hartplatz) in der Badstraße, ✆ 6962.

Tennis-Zentrum Weinsfeld, mit 3 Granulatplätzen in der Halle und 2 Sandplätzen; Ballmaschine, Sauna, Terrasse und Liegewiese. Ende Sept. bis 24. April tägl. 8–23 Uhr. Dazugehöriger **Gasthof**, DZ mit DU/WC ab 41 € (mit Kochgelegenheit). ✆ 6347.

Seezentrum Heuberg

• *Anfahrt/Parken* Nördlich von Hilpoltstein (Straße führt über den Main-Donau-Kanal direkt zum See). 450 Pkw-Stellplätze. Bushaltestelle der Buslinie Nürnberg–Rothsee (mit Fahrradbeförderung).

• *Freizeit/Service/Einkehren* Segelhafen mit Wasser- und Landliegeplätzen (Hafenmeister und Information ✆ 09174/492423), Slipanlagen und Segelschule Rothsee (✆ 09177/259466; www.segelschule-rothsee.de); Gasthaus Rothsee (→ „Übernachten"); Spielplatz, Jugendzeltplatz, Sanitäranlagen mit Behinderten-WC, Badestrand mit Umkleidekabinen und Strandduschen, Surfufer, Fahrradverleih, BRK-Rettungsstation. Weitere Infos unter www.rothsee.de.

Museen/Veranstaltungsorte und Veranstaltungen

• *Museum Schwarzes Ross* Im historischen Gasthof Schwarzes Ross (→ „Übernachten"). In dem völlig neu eingerichteten und als handwerksgeschichtliches Museum konzipierten Haus wurde viel Wert auf Dokumentation und Demonstration gelegt. Enttäuschend ist die Präsentation des historischen „Preuhaußes". Sehenswert ist dagegen das Stadtmodell, das Hilpoltstein um 1670 zeigt. Geöffnet von Mai bis Okt. Di–So 13–17 Uhr, Nov. bis April So/Feiertage 13.30–16.30 Uhr. Marktstraße 10, ✆ 970640, 📠 970641, www.hilpoltstein.de.

• *Feste & Veranstaltungen* **KULT-TOUR**, facettenreiche Veranstaltungsserie der Stadt Hilpoltstein jeweils im September (Programm liegt in der Tourist-Information aus). Was den Rothern ihre Kulturfabrik, das ist den „Hips" ihre herbstliche KULT-TOUR! Sie beginnt z. B. mit einer Oldies-Party, fährt mit dem Altstadtfest und dem Künstlermarkt fort und bietet außerdem Livemusik, ein Kinderprogramm, das Drachenfest am Kanal, eine Schmankerlmeile in der Sternsingerstraße, Jazz-Matineen, Konzerte, Kabarett, Kunstausstellungen und vieles mehr!

Burgfest an jedem 1. Wochenende im August mit großem Trödelmarkt am Samstag, historischem Festspiel auf der Burg und Festzug am Sonntag (700 Hilpoltsteiner in historischen Kostümen), Festplatzrummel, Feuerwerk etc.

• *Kultur-Wanderweg* 125 km Kultur und Kunstgeschichte pur auf der Strecke Rothsee–Naturpark Altmühltal. Routenkarte in der Tourist-Information erhältlich.

Stadtpfarrkirche im Herzen der Altstadt

Geschichte

Erste gesicherte Quellen zur Stadtgeschichte von Hilpoltstein liegen für das 12. Jh. vor. 1154 ist von einem „castellum" die Rede. Den Ortsadel bildeten die *Hilpolte von Stein*. Als deren Stammvater gilt *Heinrich von Stein*, der für 1250 bezeugt wird. Er zählte zu den reichsfreien fränkischen Adelsgeschlechtern und hielt das einflussreiche und angesehene Amt eines Reichsbutiglers von Nürnberg inne. Bisher nahm man an, dass die Hilpoltsteiner Burg erst im 13. Jh. errichtet wurde. Neue Grabungsfunde haben ergeben, dass die Baugeschichte der Anlage ins 11. Jh. zurückreicht, womit die Burg von Hilpoltstein zu den ältesten mittelalterlichen Burgen Frankens gerechnet werden kann. Das Geschlecht der Hilpolte von Stein starb 1385 aus. Daraufhin wurde ihr Besitz an die *Herzöge von Baiern-Landshut* verkauft.

Bereits um das Jahr 1300 hatte der Ort das Marktrecht erhalten. 1345 wurde Hilpoltstein erstmals als *stadt datz dem Stain* urkundlich erwähnt. 1506 wurde es im Zuge einer Landreform dem neu gegründeten bayerischen Herzogtum Pfalz-Neuburg zugeschlagen. 1542 wurde Hilpoltstein zusammen mit Heideck und Allersberg an Nürnberg verpfändet, wobei auch die evangelische Kirchenordnung eingeführt wurde. Als handelte es sich bei den Bürgern der Stadt um Stückgut, wurde das Pfand 1582 wieder eingelöst und die Glaubensetiketten ein weiteres Mal ausgetauscht. Auf der Burg residierte ab 1606 die verwitwete Pfalzgräfin *Dorothea Maria*. Im Ort selbst nahm Pfalzgraf *Johann Friedrich* Domizil. 1619 ließ er ein neues Schloss errichten, wodurch Hilpoltstein bayerische Residenzstadt wurde. Nach dem Tod der Pfalzgräfin im Jahre 1639 verwaiste die Burg, und der Ort verlor rasch an Bedeutung. Längst hatten die oberbayerischen und niederbayerischen Städte ihm den Rang abgelaufen. Die Burg wurde teilweise abgetragen und kam erst nach mehrmaligem Besitzerwechsel 1878 in den Besitz des Bezirksamtes.

Sehenswertes

Die **Burg** erstreckt sich auf ein größeres Gebiet, als es auf den ersten Blick den Anschein hat. Zunächst betritt man den Bereich der *Vorburg*. Hier steht der alles überragende Bau des ehemaligen *Kornspeichers* aus dem 15. Jh. Bis 1972 war das Landratsamt darin untergebracht. Heute dient das restaurierte Gebäude als *Haus des Gastes*. Es beherbergt u. a. die Tourist-Information und die Stadtbücherei. Durch den mittelalterlichen Torbau betritt man die innere Vorburg, eine dreiflügelige Anlage, in der sich heute ein Krankenhaus befindet. Die eigentliche *Hauptburg* erreicht man über das Treppenhaus, das Gräfin Dorothea Maria im Jahre 1606 errichten ließ. Den Eingang ziert ein sehenswertes Portal aus dieser Zeit (Renaissance). Im Bereich der Hauptburg konnten im Verlaufe der Grabungen des Landesamtes für Denkmalspflege mehrere Räume der ehemaligen Wohnburg freigelegt werden. Ganze Gewölbekeller, zuvor von Efeugestrüpp und Unkraut überwuchert, kamen zum Vorschein. Am *Bergfried* lassen sich die Spuren der einst vier Stockwerke hohen Wohnanlage gut erkennen. Den Anstoß für die Restaurierung der Burg gaben die Hilpoltsteiner selbst. Die Werbegemeinschaft e. V., ein Zusammenschluss örtlicher Handels- und Gewerbebetriebe, allen voran der Buchhändler Robert Schmid, ließen nicht locker, bis die Mittel zur Renovierung genehmigt waren.

Die katholische **Pfarrkirche St. Johann Baptist** wurde 1271 erstmals erwähnt, 1473 als gotische Kirche geweiht und 1714 barockisiert. Die gewaltige Fassade birgt in einer Nische eine beachtenswerte Marienfigur aus Terrakotta (1431). Im Innern beeindruckt der opulente Stil des katholischen Barock. *Franz Keller*, der namhafte Baumeister aus Ellingen, war maßgeblich an der Ausgestaltung des Gotteshauses beteiligt. Das Langhaus wird in seiner ganzen Breite von einem reich verzierten Stuckgewölbe überspannt (1733). Das Deckengemälde mit der „Vertreibung der Händler aus dem Tempel“ stammt vom Ingolstädter Maler *Martin Puchner*. Der Chor ist mit wertvollen Stuckaturen von *Joseph Bolz* und *Hieronymus Andrioli* ausgestattet. Der Hochaltar aus dem Jahre 1702 bildet zusammen mit den beiden Seitenaltären (um 1680, mit zwei Figuren von *Christian Haunschuher*) ein sehenswertes Ensemble. Die Wuchtigkeit des Hauptaltars wird durch das in den eingezogenen Chor einströmende Licht gemindert. Das Chorgestühl von 1630, die Kanzel von 1758 und die über der zweistöckigen Empore thronende Orgel aus dem Jahre 1630 zählen zu den weiteren Schätzen der Hilpoltsteiner Pfarrkirche.

Die ehemalige **Residenz** ist heute der Sitz des Amtsgerichts. Die Fassade des Gebäudes beherrscht das Marktplatz-Ensemble. In dem dreigeschossigen Giebelbau aus dem Jahre 1619 befinden sich bemerkenswert schöne Stuckdecken des Nürnberger Künstlers *Heinrich Kuhn*. Bei der Ausgestaltung der Decken inspirierten ihn Motive der antiken Mythologie. Zur Residenz gehörte der eigens errichtete **Festsaaltrakt** im sog. Malerwinkel von Hilpoltstein (Spitalwinkel 1). Der Bau, in dem sich später das Rentamt befand und der 1818 teilweise abgetragen wurde, fasziniert durch sein Äußeres: Unter dem hohen Halbwalmdach machen sich zwei sehenswerte Renaissancegiebel breit.

Das **Jahrsdorferhaus** (Johann-Friedrich-Str. 13) zählt zu den schönsten ehemaligen Adelssitzen Frankens. Die heutigen Besitzer haben das Anwesen unter großen Mühen und mit enormem Aufwand restauriert. 1523 ließen es die Herren von Jahrsdorf errichten. Der dreigeschossige Wohnbau fasziniert durch sein kunstvolles Fachwerk, die hervorragenden Giebelgeschosse und das hohe Schopfwalmdach.

Das **Rathaus** steht noch frei auf dem Marktplatz. Der Bau reicht ins 16. Jh. zurück, wurde 1885 aber umgebaut. Die zweigeschossige Anlage weist im Obergeschoss und im Giebel reiches Fachwerk auf. Auf dem hohen Halbwalmdach sitzt ein zierlicher Dachreiter auf.

Bürgerhäuser: Hilpoltstein kann mit einer Reihe gut erhaltener historischer Bürgerhäuser aufwarten, darunter das *Reichlerhaus* (Christoph-Sturm-Str. 16) mit herausragendem Fachwerk aus dem Jahre 1499 und das *Chorherrenstiftshaus* von 1491, das 1988 restauriert wurde. Von besonderer bauhistorischer Bedeutung sind darüber hinaus die Gasthäuser *Zum Hirschen*, Zwingerstr. 8, das *Café Grimm*, Christoph-Sturm-Str. 4, das *Café Sternsinger* (Kolpingstr.) von 1385 (!) und das restaurierte Gasthaus *Schwarzes Ross*, Marktstr. 10 (→ „Übernachten").

Der **Stadtweiher** nahe dem Marktplatz lässt sich in einem Spaziergang gemütlich umrunden. Dabei kann man die Silhouette von Hilpoltstein aus den verschiedensten Winkeln betrachten. Im Winter trifft man sich hier zum Schlittschuhlaufen und Eisstockschießen.

Allersberg

Markt Allersberg rühmt sich, bayerischer Durchschnitt zu sein. Und das nicht nur als kartographischer Mittelpunkt Bayerns. Auch die Einwohnerzahl, das Wählerverhalten, die Konfessionsverteilung, die Gewerbedichte und der Bestand an Rindviechern liegen, so der Historiker Frommer, im bayerischen Landesdurchschnitt.

Dessen ungeachtet fasziniert Allersberg seine Besucher durch das historische Marktplatzensemble und die vielen ringsum liegenden kleinen Straßenzüge und Plätze. Die beiden Pioniere der Leonischen Drahtindustrie, Gilardi und Heckel, haben

Heckelhaus und Rathaus (links)

durch ihre Fabrik- und Wohnbauten das Ortsbild geprägt. Der im Fremdenverkehr bereits erfahrene Marktflecken (Autobahntourismus) schickt sich an, ein attraktives Ferienzentrum auch für Langzeiturlauber zu werden.

- *Vorwahl/PLZ* 09176/90584.
- *Information* Markt Allersberg, **Verkehrsamt**, Kirchstr. 1, ✆ 509-60, ✆ 509-61, www.allersberg.de. Info-Pavillon am alten Festplatz, beim Torturm, Hilpoltsteiner Str. 4 (neben großem Parkplatz), zentrale Zimmervermittlung während der Hauptsaison.
- *Übernachten/Essen* **Hotel-Café Weißes Lamm**, 30 Betten-Haus mit komfortablen Zimmern. DZ mit DU/WC ab 96 €. Aufenthalts- und Fernsehraum, Terrasse, warmes Abendessen. Im Café Kuchen und Gebäck aus eigener Herstellung. Di Ruhetag. Marktplatz 15, ✆ 98850, ✆ 988580, www.weisseslamm-allersberg.de.

Hotel-Café Kattenbeck, am unteren Stadttor. DZ mit DU/WC ab 60 €. Gemütliche Räume, Platz für Gruppen bis 110 Personen, Terrasse, eigene Konditorei seit 1855. Mo Ruhetag. Marktplatz 12, ✆ 98300, ✆ 1702, www.hotel-kattenbeck.de.

Gasthof zum Lamm, in Göggelsbuch, traditionsreiches Haus mit fränkischer Küche, Wintergarten und schönem Biergarten. Im Gästehaus Endres DZ mit DU/WC ab 48 €. Göggelsbuch, Hauptstraße 27, ✆ 9052, ✆ 9051, www.gasthof-endres.de.

Gästehaus Hasenbruck, in Grashof. Komfortabel, gediegen und zugleich geschmackvoll eingerichtete Appartements und Ferienwohnungen ab 45 € für 2 Pers. Liegewiese am See, Spielplatz, Tischtennis, Kleintiere. Fahrradverleih für Hausgäste. Grashof 3, ✆ 98910 o. 6828, ✆ 989120.

- *Baden* **Freibad**, beheizt, mit Schwimmerbecken (50 x 21 m), Springerbecken (25 x 20 m), Sprungturm mit Sprunghöhen bis 10 m (war mal Trainingsbad der bundesdeutschen Turmspringer), Erlebnis-Kinderplanschbecken mit Eltern-Kind-Station; Bolzplatz, Beachvolleyball, Streetball, Tischtennis, Riesenschach u. v. m. Gaststätte. 1.5.–15.9. 9–20 Uhr; Nürnberger Str. 42, ✆ 50990.
- *Minigolf* April bis Okt. Sa/So/Feiertage 13–21 Uhr. Am Weinberg 28 a, in der Nähe des Freibades. ✆ 0160/7869419.
- *Feste & Veranstaltungen* Brünnelefest am Brünnele, ganztägig im **Juli**; Brunnenfest am Hinteren Markt an **Fronleichnam**; Platzfest und Trempelmarkt am Feuerwehrplatz im **August**; Kirchweih an 4 Tagen am letzten Wochenende im **Juli** mit Jakobimarkt.

Erholungszentrum Grashof

- *Anfahrt/Parken* Am Ostufer des Sees, auf halber Strecke zwischen Allersberg und Hilpoltstein. Gut ausgeschildert. 250 Stellplätze für Pkw.
- *Freizeit/Service* Badestrand mit Liegewiesen, Umkleideschnecken, Badesteg (mit Rollstuhlrampe) und Freiduschen. Spielplatz, Kiosk „Strandhaus Grashof" mit Freisitzen, Lehrpfad, Sanitäreinrichtungen mit Behinderten-WC, 5 Aussichtskanzeln und Bushaltestelle der Linie Nürnberg–Rothsee.

Geschichte

Noch vor der Ersterwähnung des Ortes als *Alrsperch* im Jahre 1254 dürfte um die alte katholische Allerheiligenkirche herum eine erste Siedlung bestanden haben. Auch eine frühe Burganlage wird in ihrer Nähe vermutet. Hier saß das Geschlecht derer von Wolfstein, eine Nebenlinie der Reichsministerialen von Wolfstein-Sülzburg. 1323 erhielt Allersberg das Markt- und Befestigungsrecht, das Kaiser *Karl IV.* um das Halsgericht, den Wildbann und das Geleitrecht erweiterte. 1339 begründeten die Wolfsteiner eine Spitalstiftung. Für sich selbst errichteten sie ein Wasserschloss, das später in Folge des Landshuter Erbfolgekrieges zerstört und aus dessen Resten 1708 die neue Pfarrkirche erbaut wurde. 1475 musste *Georg von Wolfstein-Allersberg* seine von Eichstätt zu Lehen übertragene Herrschaft dem bayerischen Herzog *Ludwig dem Reichen* überlassen, nachdem er sich diesem gegenüber heillos verschuldet hatte. Freiwillig verließ er seinen geliebten Marktflecken jedoch nicht:

800 Mann zu Fuß und 200 zu Ross waren nötig, um ihn zur Aufgabe zu zwingen. 1505 kam Allersberg wie auch Hilpoltstein zum neu gegründeten Herzogtum Pfalz-Neuburg.

Auch in Allersberg fasste die leonische Industrie Fuß (→ Roth). *Johann Georg Heckel* und *Jakob Gilardi* waren die Pioniere und Begründer der „Leonischen Draht-, Lametta- und Metallgespinstfabrik“ in Allersberg (1689), deren Produkte bis nach Paris, Venedig, Lissabon, Cadiz, Moskau, Havanna und Lima exportiert wurden. Bis zu 700 Arbeiter und Angestellte waren in den Leonischen Betrieben beschäftigt. Die *Gilardis* richteten sich in Allersberg ein kleines Versailles ein, wurden von den Bürgern als Drahtbarone geachtet und schließlich in den Adelsstand erhoben. Der Ort profitierte vom Wohlergehen der Industrie. Die neue Pfarrkirche, das Heckelhaus, das Gilardihaus, das neue Spital und das Pflegehaus – das spätere Rathaus – verdankt der Ort der goldenen Ära der Drahtherstellung. Im 19. Jh. konnten die beiden Unternehmen jedoch nicht mehr an die Erfolge ihrer Blütezeit im 18. Jh. anschließen. Während die Fa. Heckel 1905 erlosch, wurde die Fa. Gilardi 1894 von den Nürnberger Kaufleuten Geiershöfer übernommen, die das Sortiment auf Christbaumschmuck und Dekorationsartikel umstellten.

Noch in den letzten Tagen des Zweiten Weltkriegs kam es in Allersberg zu folgenschweren Rückzugsgefechten der Reichswehr, die zahlreichen Bürgern das Leben kosteten, und bei denen über die Hälfte der Gebäude des Marktes zerstört wurden. Nach dem Krieg war es der Bausektor, der mit seinen zahlreichen Betrieben zu einer neuen wirtschaftlichen Blüte Allersbergs beitrug. Mit dem Anschluss an die Bundesautobahn Nürnberg–München (A 9) stabilisierte sich die Lage. Es kam sogar zu einem ganz neuen Erwerbszweig, zum so genannten Autobahntourismus: Viele Reisegruppen machen hier auf ihrem Weg in die südlichen Gefilde Halt, sodass Allersberg heute große Erfahrungen im Umgang mit Fremdenverkehrsströmen besitzt.

Sehenswertes

Der **Marktplatz** ist die gute Stube von Allersberg. Man erreicht ihn durch das *Untere Tor*, ein sehenswerter Bau aus dem Spätmittelalter (im Kern 14. Jh.). Dahinter erstreckt sich die lang gezogene Fassade des ehemaligen *Spitals*, in dem heute das Kolpinghaus mit Gaststätte untergebracht ist. Das Haus geht auf die *Wolfsteinische Stiftung* des Jahres 1339 zurück. Der zweigeschossige Walmdachbau wurde in der Gilardi-Ära (1736–1738) von *Johannes Puchtler* errichtet.
Daneben erhebt sich der schlanke Turm der neuen katholischen *Pfarrkirche Mariä Himmelfahrt*, die in den Jahren 1708–1710 nach Plänen von *Johann Baptist Camesino* erbaut wurde. Große Teile der Inneneinrichtung, darunter wertvolle Ölgemälde, gehen auf eine Stiftung des Fabrikanten Gilardi aus der Zeit um 1730 zurück. Zahlreiche Grabsteine erinnern an die beherrschende Stellung der beiden Fabrikantenfamilien Gilardi und Heckel. *Gabriel de Gabrieli* ließ von 1723 bis 1728 das *Gilardihaus* am Marktplatz erbauen. Neben der herrlichen Barockfassade fällt das Eingangsportal ins Auge. Über diesem prangt das Wappen der Gilardis. Im Giebel zeigt eine dekorative Uhr den Allersbergern, was die Stunde geschlagen hat. Kunsthistorisch von Interesse sind das Treppenhaus und die eleganten Stuckaturen.
Das *Heckelhaus* steht gleich gegenüber. Der im 17. Jh. errichtete Bau wurde 1721 vermutlich ebenfalls von Gabrieli umgestaltet. Seine Fassade, der reizvolle Turmpavillon und das nebenstehende *Rathaus* bilden ein eindrucksvolles Ensemble.

Ausflüge nach Abenberg, Georgensgmünd und Heideck

▸ **Abenberg** ist ein geschichtsträchtiger Ort im Süden von Nürnberg. Bereits um 1040 wurde hier eine Höhenburg errichtet. Nach dem Aussterben der Abenberger kamen die Hohenzollern in den Besitz der Anlage, die dann um 1250 neu gestaltet wurde. Unter Fachleuten gilt die Burg als eine der wenigen einheitlichen Burgen des 13. Jh.s. Die **Burg Abenberg** präsentiert sich heute wieder in einem attraktiven Gewand. Mit hohem Kostenaufwand durch den Bezirk Mittelfranken, den Landkreis Roth und die Stadt Abenberg wurden die mittelalterlichen Bauten restauriert und die Anlage durch Neubauten erweitert. Von besonderem Interesse für viele Besucher ist das neue *Haus der Fränkischen Geschichte*. Bezirksheimatpfleger Dr. Kurt Töpner hatte den Impuls gegeben, und so präsentiert sich heute den Besuchern eine multimediale „Zeitreise durch Franken". Sonderausstellungen zur Geschichte, Kunst und Volkskunde Frankens ergänzen das Programm. Im neuen *Klöppelmuseum* lebt eine Jahrhunderte alte Tradition wieder auf, in den Tagungsräumen steht moderne Kommunikationstechnik bereit, im Burgrestaurant lässt es sich gut speisen und das „Hotel im Schottenturm" bietet Schlafkomfort. Für manche auch etwas mehr, wenn sie sich hier in Abenberg trauen lassen und die Hochzeitsnacht in der Hochzeitssuite verbringen.

Wohnen und schlafen im Schottenturm auf Burg Abenberg

In der Stadt lohnt ein Besuch der *Klosterkirche Marienburg*. Abenbergs Stadtpatronin, die Hl. Stilla, ließ das Kloster im 12. Jh. gegenüber der Burg errichten. Ihr Sarkophag steht im Gotteshaus und in einer separat zugänglichen Krypta befinden sich die Grabstätten der Nonnen. Für einen Besuch in Abenberg spricht auch ein *18-Loch-Meisterschafts-Golfplatz* Par 72 (✆ 09178/9896-0)!

• *Information* **Stadtverwaltung**, Stillaplatz 1, 91183 Abenberg ✆ 09178/98800, 📠 988080, www.abenberg.de. Mo–Fr 8–12 Uhr, Do 13–18 Uhr, www.stadt-abenberg.de.

• *Museen Burg Abenberg* **Haus der Fränkischen Geschichte** und **Klöppelmuseum**, Burgstr. 16, ✆ 90618, 📠 905185, www.museen-abenberg.de. April bis Okt. Di–So 11–17 Uhr; Nov./Dez. und März Do–So 11–17 Uhr; Jan./Febr. geschlossen.

▸ **Georgensgmünd** besitzt wie Bechhofen einen bedeutenden *Judenfriedhof*, der auf das Jahr 1545 zurückgeht. 2000 Gräber stehen hier auf einer Fläche von 11.800 m². Das verwundert nicht, betrug doch der Anteil jüdischer Familien an der Georgensgmünder Bevölkerung

Das Georgensgmünder Wasserrad

im 20. Jh. zeitweise 35 %! Auch eine *Synagoge* hat in Georgensgmünd überlebt (1734). Sie befindet sich am Anger, nur unweit des Marktplatzes. Zwei Ritualbäder (Mikwen) und ein kleines Museum sind der Öffentlichkeit zugänglich. Die *St.-Georgs-Kirche* wurde von *Johann David Steingruber* im Stil der Markgrafenkirchen errichtet (1757). Schon von weitem fasziniert der vieleckige Turmhelm mit seinen grün und schwarz lasierten Ziegeln. An der Fränkischen Rezat sind alte *Wasserräder* zu besichtigen.

Georgensgmünd hat in den letzten Jahren enorme Anstrengungen unternommen, um sein Image als kulturbeflissene Gemeinde zu etablieren – und dies mit Erfolg: Das ehemalige *Jagdschlösslein*, 1666 unter Markgraf Albrecht V. errichtet, beherbergt heute ein Museum, die Saazer Heimatstuben und geschmackvolle Räumlichkeiten für Kunstausstellungen.

Nebenan im *Büchereistadel* (auch Haus des Gastes), einst eine Brauereischeune, bietet die Bücherei ausgesuchte Literatur u. a. zur Geschichte der jüdischen Gemeinde in Georgensgmünd sowie eine gut sortierte Abteilung mit Franconia. Im Literatur-Café kann das eine oder andere Werk noch genauer besehen werden; geschultes Personal steht beratend zur Seite.

Im historischen Gasthof „Bürgerhaus Krone“, das auf eine lange Geschichte zurückblicken kann, werden die großzügig ausgestatteten Räumlichkeiten auch für kulturelle Veranstaltungen genutzt.

Doch damit nicht genug der Kultur: der *Georgensgmünder Skulpturenweg*, der am Freizeitpark Bruckespan beginnt, und der einmal bis Roth weitergeführt werden soll, zeigt auf einer Strecke von 2,5 km derzeit Skulpturen von 15 Künstlern. Als weiteres kulturelles Schmuckstück gilt der neu angelegte *Planetenweg*, ein wissenschaftlicher Lehrpfad für Radler und Wanderer. Auf einer Gesamtlänge von 7 km, von der Rezatbrücke in der Ortsmitte bis zum Bahnhof in Spalt, werden die Sonne

Johann David Steingruber ist der Architekt von St. Georg (1757)

und ihre 9 Planeten gezeigt, jeweils in aufwendig gestalteter und künstlerisch ansprechender Form.

Information **Tourist-Information**, Bahnhofstr. 4, 91166 Georgensgmünd. ✆ 09172/70371, 📠 70350, www.georgensgmuend.de.

Heideck liegt zwischen Pleinfeld und Hilpoltstein, im Grenzbereich zwischen Fränkischem Seenland und Naturpark Altmühltal. Das über 4000 Einwohner zählende, typisch fränkische Kleinstädtchen hat mit den Herren von Heideck Geschichte geschrieben. Bereits im 16. Jh. war deren Burg verfallen. Nur Fundamente und Wälle lassen etwas von der einstigen Burgherrlichkeit erahnen. Die Stadtpfarrkirche *St. Johannes* birgt die wertvolle Leinberger Madonna. Die *Frauenkirche* von 1419 weist einige sehenswerte Grabsteine der Heidecker auf. Vom Schlossberg bietet sich ein bezaubernder Blick ins Heidecker Land und bei guter Sicht sogar darüber hinaus bis zur Fränkischen Schweiz. Sehenswert ist auch die Heimatkundliche Sammlung im Erdgeschoss des Rathauses (März bis Okt. So 14–16 Uhr).

Information **Stadtverwaltung**, Marktplatz 24, 91180 Heideck, ✆ 09177/49400, 📠 494040, www.heideck.de.

Was haben Sie entdeckt?

Da ein Reiseführer von den Zuschriften der Leser lebt, wäre es erfreulich, wenn Sie schreiben würden, falls Sie eine schöne Wanderung, ein gemütliches Wirtshaus oder einen lauschigen Biergarten entdeckt, beziehungsweise aktuelle Änderungen festgestellt haben. Ihr Tipp kommt der nächsten Auflage zugute.

Schreiben Sie bitte an:

Dr. Johann Schrenk
Stichwort „Altmühltal und Fränkisches Seenland“
c/o Michael Müller Verlag
Gerberei 19
91054 Erlangen
E-Mail: johann.schrenk@michael-mueller-verlag.de

Die Altmühl bei Walting

Naturpark Altmühltal

Der Naturpark Altmühltal ist mit knapp 3000 km² einer der größten Naturparks Deutschlands. Die Natur ist das Kapital dieser Region. Mit dem neu eingerichteten Informationszentrum in der ehemaligen Notre-Dame-Kirche von Eichstätt hat man deutliche Signale in diese Richtung gesetzt.

In der Universitäts- und Domstadt **Eichstätt** besitzt der Naturpark ein kulturelles und historisches Zentrum, das seinesgleichen sucht. Doch auch all die anderen Orte zwischen Treuchtlingen und Kelheim bieten reichlich Kultur und Geschichte.

Die Altmühl tritt bei Dittenheim in den Naturpark ein, den sie über Treuchtlingen, Eichstätt, Beilngries, Riedenburg und Kelheim durchfließt. Der Naturpark selbst erstreckt sich von Dittenheim im Nordwesten bis an den Riesrand im Südwesten und von Kelheim im Osten bis Thalmässing im Norden. Wir konzentrieren uns hier auf die Landschaft und die Orte, die an der Altmühl liegen. Unter „Ausflüge“ werden aber die Seitentäler der Altmühl und die attraktiveren Ortschaften in der weiteren Umgebung vorgestellt.

- *Information* **Zentrale Tourist-Information Naturpark Altmühltal**, Notre Dame 1, 85072 Eichstätt, ✆ 08421/98760, ℻ 987654, www.naturpark-altmuehltal.de. Nähere Informationen → Eichstätt, S. 183.
- *Kartenmaterial* Freizeitkarte **Mittleres Altmühltal** (1:40.000) und Freizeitkarte **Unteres Altmühltal** (1:40.000) mit vor Ort überprüften Rad- und Wanderwegen, zahlreichen Informationen, Fotos und Streckenprofilen (Appelt-Verlag).

Naturpark Altmühltal (1:50.000), drei Karten: westlicher, mittlerer und östlicher Teil, topograf. Karten mit Rad- und Wanderwegen (hrsg. v. Bayer. Landesvermessungsamt München)

Treuchtlingen

Wo Altmühl und Schambach, Hungerbach und Möhrenbach zusammenfließen, wo sich der Nagelberg wie ein Wächter über die Zuflusstäler der Altmühl erhebt, und wo diese beginnt, ihr schönes, wildromantisches Tal zu bilden, genau dort liegt Treuchtlingen, das sich gerne als Pforte des Naturparks Altmühltal anpreist.

Die einstige Eisenbahnerstadt hat ihren grauen Mantel längst abgestreift und ist in das bunt schillernde Kleid eines freundlichen Fremdenverkehrsortes geschlüpft, auch wenn sich die angebotenen Bettenkapazitäten noch sehr in Grenzen halten. Mit Erfolg hat man sich darum bemüht, nicht nur staatlich anerkannter Erholungsort zu sein, sondern auch Kurstadt mit staatlich anerkanntem Heilquellen-Kurbetrieb. Was wäre Treuchtlingen jedoch ohne seine herrliche Umgebung und die z. T. idyllisch an der Altmühl bzw. im Hahnenkamm gelegenen Ortsteile wie Auernheim, Bubenheim, Dietfurt, Gundelsheim, Graben, Möhren, Schambach, Windischhausen und Wettelsheim.

Information

- *Vorwahl/PLZ* 09142/91757.
- *Information* **Kur- und Tourist-Information** im Stadtschloss, Haus des Gastes, Heinrich-Auernhammer-Str. 3, ✆ 202180, 📠 2021818, www.treuchtlingen.de. April–Okt. Mo–Fr 9–12 und 13–18 Uhr, Sa 9–12 und 14–17 Uhr.

Im ehemaligen Stadtschloss befindet sich neben der Tourist-Information auch das neu eingerichtete **Informationszentrum für den Naturpark Altmühltal** (www.naturpark-altmuehltal.de). Auf Schautafeln wird alles Wissenswerte zur Natur- und Kulturlandschaft Altmühltal vermittelt. Zahlreiche Tipps zur Freizeitgestaltung (geführte Wanderungen, Vorträge und Exkursionen) sollen die Gäste der Kurstadt zu einem längeren Aufenthalt in dieser Region animieren.

Kur-, Bade- und Wellnesseinrichtungen

Altmühltherme: Aus einer Tiefe von ca. 800 m gelangt in Treuchtlingen das Wasser von 2 Thermalheilquellen (Burgstall- und Lambertusquelle) an die Oberfläche und versorgt insgesamt 5 Innenbecken (32–37 °C) und 2 Außenbecken (30 bis 33 °C) bei einer Gesamtfläche von 3000 m^2. Der hohe Fluoridgehalt und die Reinheit des Wassers zählen zu den bevorzugten Merkmalen dieser Therme. Angesprochen sind Menschen, die unter Erkrankungen der Wirbelsäule, Weichteilrheumatismus oder Osteoporose leiden, um nur die wichtigsten Krankheitsbilder zu nennen. Zentrale Infostelle: ✆ 96020, www.altmuehltherme.de.

Thermalbad: Außenbecken und große, lichtdurchflutete Thermalhalle mit 2 Innenbecken samt seitlichen Massagedüsen, Bodensprudlern, Sprudelbänken, Strömungskanal, Wasserfall und Lichtergrotte. Tägl. ab 9 Uhr, Sa–Mo bis 20 Uhr, Di–Do bis 21 Uhr, Fr bis 22 Uhr. Mit der Thermalbadeintrittskarte ist ein kostenfreier Übergang ins Wellenbad (s. u.) möglich (an Wochentagen erst ab 14 Uhr).

Hallen- und Wellenbad: Modernes Hallenbad (Mo 14–20, Di/Mi 14–21 Uhr) mit Springmöglichkeiten (Do 14–21 Uhr) und Brandungswellenbetrieb (Fr 14–22, Sa/So 9–20 Uhr). Kinder unter 6 Jahren zahlen keinen Eintritt. Angeschlossen sind ein Restaurant und eine Cafeteria (tägl. 10–23 Uhr) sowie im Sommer ein **Freibad** mit 50 m-Schwimmerbecken, Nichtschwimmerbecken, Planschbecken und Sonnenterrasse.

Altmühlvital-Kurmittel- und Bewegungszentrum in der Altmühltherme und **Altmühltal-Lambertusbad** im Schloss: Bewegungsbäder im 36 °C warmen Thermal-Heißwasser. Kneipp-/Hydro-, Entstauungs-, Bewegungs-, Hochvolt-, Hivamat-200-, Mikrowellen-, Ultraschall-, Inhalations- und Voijta-Therapien; Krankengymnastik, Packungen und Ausdauer- bzw. Aufbautraining. Spektralanalyse und Sauerstofftherapie im **Vital-Institut**, www.altmuehlvital.de.

Moderne Kunst im Treuchtlinger Kurpark mit Blick auf den Nagelberg

Saunalandschaft: Unter dem Eingangsbereich des Thermalbades befinden sich zwei finnische Saunakabinen (innen und außen), ein Sanarium, ein Dampfbad, eine Erlebnisdusche, Farblicht-Therapieanlage und mehrere Solarien. Di 14–21 Uhr (Herren), Mi 14–22 Uhr (Damen), Do 14–21 Uhr, Fr 14–22 Uhr sowie Sa/So 11–20 Uhr (gemischt).

Kurpark: Nahe der Altmühltherme bietet sich ein Spaziergang im ehemals kanalisierten Altmühltal an. Begleitet werden die Besucher dabei von zahlreichen Kunstwerken. Als Treffpunkt für Jung und Alt gilt inzwischen der Pavillon im Kurpark.

Übernachten/Essen & Trinken

*** **Hotel Stadthof**, mit 35 komfortablen Zimmern und schönem Aufenthaltsbereich. DZ mit DU/WC ab 94 €. Restaurant für Hausgäste. Luitpoldstr. 27, ✆ 96960, Fax 969696, www.gaestehaus-stadthof.de.

Naturfreundehaus, 34 Betten, Etagendusche, Spielplatz, Grillplatz, Terrasse und Aufenthaltsraum. Mit Gastwirtschaft (Ruhetag Do), Biergarten, Aufenthaltsraum und Selbstversorgerküche. Übernachtung mit großem oder kleinem Frühstück. Kleinkinder bis 3 Jahre frei und Kinder bis 16 Jahre ermäßigt. Preise auf Anfrage. Ganzjährig geöffnet. Grüntäleinstr. 70, ✆ 4196, Fax 2656, www.naturfreunde-treuchtlingen.de.

Gasthof zum Goldenen Lamm, ältestes Treuchtlinger Gasthaus (1356), bereits 1667 „Metzger mit Präuhäuslein", als sog. Tavernenwirtschaft lange Zeit „Mittelpunkt froher Zecher". Heute gemütliche Pilsschänke mit Restaurant (Steak-Häusla). Schöner, schattiger Biergarten im Hof, von 11.30 Uhr an durchgehend warme Küche, Do Ruhetag. Kirchenstr. 11, ✆ 2048307, www.gasthaus-goldenes-lamm.de.

Restaurant Stadthalle, direkt an der Altmühl (Bootsanlegestelle bzw. -umsteigeplatz); Restaurant mit griechischer und deutscher Küche. Griechische Pizzas auch zum Mitnehmen. Kaffeeterrasse und schattiger Biergarten an der Altmühl. Ganzjährig Di–So 11–15 und 17–24 Uhr. Jahnstr. 14, ✆ 1700.

Dietfurter Entenstub'n, direkt am Radweg in Dietfurt gelegenes Ausflugslokal mit Biergarten und Kinderspielplatz vorm Haus. Di Ruhetag. Dietfurt-Unterdorf 2, ✆ 0170/2122472.

Freizeit & Sport

• *Angeln* Teilstrecken der Altmühl zwischen Markt Berolzheim und Solnhofen sind für Gastangler freigegeben. Karten gibt es in der Tourist-Information bzw. beim Kreisfischereiverein Treuchtlingen-Weißenburg e. V., ✆ 09141/71693 und 09142/4717.

• *Baden* → „Kur-, Bade- und Wellnesseinrichtungen".

• *Bootsverleih* **Frankenboot**, Dürerstr. 18, ✆ 4645, 📠 6864. Bootsservice (Verleih von Einer- und Zweier-Kajaks und Dreier-Kanadiern) mit Boots- und Personenrückholdienst von jeder Altmühl-Bootsanlegestelle, www.frankenboot.de.

• *Bootstouren* Geführte Bootstouren durch **SAN-AKTIV**, Dietfurt, Oberdorfstr. 18, ✆ 09831/4936, 📠 80594 (Zentrale in Gunzenhausen). Empfehlenswert ist die Broschüre „Bootwandern im Naturpark Altmühltal" mit Flusskarte (erh. in der Tourist-Information). *Zelten* ist an der Treuchtlinger Altmühlpartie nur mit Erlaubnis gestattet (✆ 8724). Der nächste frei zugängliche Zeltplatz befindet sich in Pappenheim (S. 170) und an der Hammermühle zwischen Solnhofen und Dollnstein, www.san-aktiv-tours.de.

• *Disco* Diskothek MEXX, neben Wettelsheimer Keller (s. u.), Wettelsheim, Treuchtlinger Str. 16, ✆ 8756.

• *Freizeitanlage Hexentanzplatz* Am Nagelberg, mit Grillplatz, Kinderspielplatz, Unterstellhütte und Liegewiese.

• *Kino* **Central Filmtheater**, Goethestraße 9, ✆ 6566.

• *Lehrpfade* Bei der Kästleinsmühlenstraße, am Nordende des Kurparks, startet der **geologische Wanderpfad** zum Nagelberg, nach Graben, Bubenheim und führt über Wettelsheim wieder zurück nach Treuchtlingen (15 km; zahlreiche Schautafeln zur Erdgeschichte der Altmühlalb). Am Nagelberg gibt es einen **Naturlehrpfad** (5 km; Start am Parkplatz westlich des Weinberghofes. 14 Stationen zum Thema „Die Umwelt erleben", u. a. mit Insektenhotel, Baumtelefon und Balancierstrecke; Begleitbroschüre im Umweltzentrum). Auch das Heumöderntal besitzt einen **Waldlehrpfad** (6 km; Start am Parkplatz Heumöderntal, in der Uhlbergstraße).

• *Minigolf* Kästleinsmühlenstr. 1 (am Kurpark), ✆ 1207 o. 201831. April bis Ende Okt., Mo–Fr ab 14 Uhr, Sa/So und von Anfang Aug. bis Mitte Sept. ab 10 Uhr. In den „Minigolf-Stub'n" Einkehrmöglichkeit und Biergarten.

• *Radverleih/-reparatur* **Christians Radlstation**, Industriestr. 2, ✆ 6655. Auch Abholservice für Leihräder.

Fa. **SAN-AKTIV** → „Bootstouren".

• *Reiten* Reitverein Treuchtlingen, Gstadt 5, ✆ 7485 o. 1726. Reithalle, Reitplatz, Reitbahn, Gastboxen, Pferdekoppel, Reitunterricht, Springgarten, Dressurviereck, Voltigierplatz.

• *Rollschuhbahn* An der Bezirkssportanlage, Am Brühl 28. Im Winter Eisstockschießen und Schlittschuhlauf.

• *Tennis* Freiplätze am Brühl (s. o.), in Schambach, am Knipferberg und Wettelsheim, am Hirschfeld. Tennishalle in der Kästleinsmühlenstraße (2 Plätze), Information ✆ 201830.

• *Skaten* Frei zugänglicher Skaterplatz auf dem Volksfestplatz bei der Stadthalle (Jahnstraße) mit Halfpipe und Ramps.

Feste & Veranstaltungen

Lichtmessmarkt (Februar), **Ostermarkt**, **Burgfest** (Juni), **Volksfest** mit Markt (Juli), **Treuchtlinger Straßenfest** mit Trödelmarkt in der Bahnhofstraße (letztes August-Wochenende).

Der Kunstverein **Die Spirale** bietet ganzjährig Ausstellungen und Veranstaltungen an. Das Programm liegt in der Tourist-Information auf.

Im Haus des Gastes (→ „Information") laufen die Fäden für die wöchentlichen **Gästeveranstaltungen** zusammen: Mo Gästebegrüßung mit Stadtrundgang, Laternenwanderung mit Burgführung und Ritterabenteuer; Di Bus und Schifffahrt, Mi Kutschfahrten und Erlebnis-Naturpark und So Kurparkkonzert.

Geschichte

Durch seine exponierte Lage am Übergang zwischen dem Flachland des Mittelfränkischen Beckens und der Albhochfläche des fränkischen Juragebirges (Frankenalb)

Mittelalterlicher Bergfried der Burg in Treuchtlingen

war die Gegend um Treuchtlingen schon in vorgeschichtlichen Zeiten zur Besiedlung geeignet. Die Geologen bezeichnen die Landschaftsgrenze, eine der Augenfälligsten in Bayern, als Treuchtlinger Pforte. Sie bildet den Abschluss des Altmühltrichters, der bei Gunzenhausen beginnt, wo das Tal der Altmühl seine größte Breite erreicht. Hinzu kommt der Wasserreichtum, der durch den Zusammenfluss von Altmühl, Schambach, Hunger- und Möhrenbach bedingt ist und der auf die Familien der Jäger und Fischer vor 10.000 Jahren geradezu einladend gewirkt haben muss.

Die erste Ansiedlung im Gebiet des heutigen Treuchtlingen kann für die Zeit um 8000 v. Chr. nachgewiesen werden, als sich die Erde nach der letzten Eiszeit wieder zu erwärmen begann. Funde am „Burgstall" geben hiervon Kunde. 1981 wurde am Nagelsberg ein geglättetes Steinbeil gefunden, das Rückschlüsse auf eine Siedlung in der Zeit um 4000 v. Chr. zulässt. Auch für die Bronzezeit sind Funde gesichert. In Schambachhaben sich die Menschen der Hallstattzeit niedergelassen (um 800 v. Chr.). Beim Schäffkeller wurde eine Siedlung ausgemacht, die in die Zeit der Kelten (500–15 v. Chr.) zurückreicht. Farbiger Glasschmuck und sog. Regenbogenschüsselchen zeugen von der Existenz der Kelten in diesem Teil des Altmühltals. In einem Ortsteil von Treuchtlingen wurden Überreste einer keltischen Viereckschanze entdeckt.

Auch zur Zeit der Römer war Treuchtlingen eine bedeutende Siedlung. Der *Römische Gutshof* am Südhang des Nagelsberges hat den Ort unter Historikern bekannt gemacht. Es handelt sich um eine von insgesamt acht *villae rusticae* im engeren Gebiet um die Altmühlstadt. Der ehemals römische Gutshof liegt hinter der Siedlung Weinberghof am Waldrand. Der gleichnamige Hof wurde 1983 an dieser Stelle abgebaut und im Fränkischen Freilandmuseum von Bad Windsheim als „Weinbergshof" wieder neu errichtet (→ „Highlights", S. 77). Von der Anlage aus der Römerzeit wurde 1984 nur das Hauptgebäude (pars domestica) des Villenbezirks (villa rustica) ausgegraben und restauriert. Dass der Hof wohlhabenden Leuten gehörte, zeigen die Sockelbemalung in pompejanischem Rot und die ziervollen, noch gut erhaltenen Wandmalereien. Dass die Anlage ein landwirtschaftliches Gut war, belegen zahlreiche Funde von Tierknochen und Überreste von landwirtschaftlichen Geräten (Sichel mit Wetzstein u. v. m.). In Schambach bei Treuchtlingen stieß *Edwin Patzelt* auf eine größere Siedlung aus der Zeit der *Juthungen* (um 400 n. Chr.), ein germanischer Stamm, der, wie die Alamannen im 3. Jh., in das von den Römern besetzte Gebiet zwischen Altmühl und Donau einbrach. *Drutilo*, vermutlich ein Juthunge, gilt als Namengeber von Treuchtlingen. Im 8. Jh. bauten die *Franken* die junge Siedlung weiter aus.

Die geschriebene Geschichte, deren Spuren noch heute das Bild der Altmühlstadt prägen, setzt mit dem ortsadeligen Geschlecht der *Ulriche* und *Wiriche* ein. Sie errichteten eine Niedere und eine Obere Veste. Doch zwei Adelsgeschlechter waren für den kleinen Ort zu viel. Nach umfangreichem Besitztausch zogen sich die Ulriche ins Ries zurück. 1365 verlieh Kaiser *Karl IV.* Wirich III. von Treuchtlingen die Hohe Gerichtsbarkeit und das Marktrecht.

„Dran erkenn ich meine Pappenheimer ..."

1422 starb das Geschlecht der Wiriche aus. Die Niedere Veste im Ort und der halbe Ort selbst kam an die Sekkendorffer und 1447 an die Pappenheimer. Auch die Obere Veste gelangte über Umwege in den Besitz des damals mächtigen Pappenheimer Adels. Über zweihundert Jahre lang sollten sie in Treuchtlingen das Sagen haben. 1575 wurde die Niedere Veste durch Veit von Pappenheim-Treuchtlingen zum Schloss umgebaut. Unter ihm entwickelte sich der Marktflecken zu einem bedeutenden Gewerbe- und Handelszentrum im mittleren Altmühltal. Wer kennt nicht das geflügelte Wort „Dran erkenn ich meine Pappenheimer" aus „Wallensteins Tod" von Friedrich Schiller? Dass der berühmte Pappenheimer in Wirklichkeit ein Treuchtlinger war, wissen die wenigsten. Dieser Pappenheimer, Gottfried Heinrich, wurde 1594 auf dem Schloss zu Treuchtlingen geboren. Ganze 18 Jahre alt, übernahm er 1612 die Herrschaft Treuchtlingen. 1614 konvertierte er zur katholischen Konfession, ein Schritt mit großen Folgen. 1616 wurde er vom Kaiser zum Mitglied des kaiserlichen Hofrats in Prag benannt. In seiner Treuchtlinger Heimat setzte Heinrich rigoros das katholische Bekenntnis durch.

Treuchtlingen wurde nach dem Tode Heinrichs von dessen Sohn Wolf Adam übernommen. Nachdem dieser bei einem Duell ums Leben kam, fiel die Altmühlstadt in die Hände der Ansbacher Markgrafen. Diese konnten sich in der traditionell katholischen Marktgemeinde zunächst nur schwer durchsetzen. Erst als die Grafen nach 1663 damit begannen, das Schloss und den Ort weiter auszubauen, konnten sie sich etablieren. Fortan teilte Treuchtlingen das Schicksal mit seinen Nachbarn auf dem Territorium der Fürsten von Brandenburg-Ansbach.

Treuchtlingen – die Eisenbahnerstadt: Der wirtschaftliche Durchbruch kam auf Schienen. Hätten die Treuchtlinger Bürger im Jahre 1866 *König Ludwig II.* nicht erfolgreich bedrängt, die geplante Eisenbahnstrecke zwischen Nürnberg und München durch ihren Ort zu legen, wäre die Stadt vermutlich noch heute eine von vie-

Im Treuchtlinger Schloss befindet sich das neue „Informationszentrum für den Naturpark Altmühltal"

len Marktgemeinden der mittleren Altmühl. Der Eisenbahnbau ließ allein in den Jahren von 1869 bis 1889 die Einwohnerzahl Treuchtlingens von 1707 auf 2826 ansteigen. 1898 schließlich wurde dem Ort von allerhöchster Stelle die Erlaubnis zuteil, sich fortan als Stadt bezeichnen zu dürfen. Einschließlich der 1972 eingemeindeten Ortsteile zählt Treuchtlingen heute über 12.000 Einwohner.

Treuchtlinger Geschirr

Das Hafnergewerbe der Altmühlstadt kann auf eine lange Geschichte zurückblicken. Bereits vor dem Dreißigjährigen Krieg machten sich die Treuchtlinger, Wettelsheimer und Dietfurter Hafner durch ihr Geschick und ihren Fleiß weit über die lokalen Grenzen hinaus einen Namen. Den Rohstoff für das Treuchtlinger Geschirr gewann man in der Umgebung. Gefertigt wurden das Breidelgeschier für die Braut, Grautschisseln, Blutschisseln und Bugnhofen, eine besondere Topfart des Treuchtlinger Raums.

Sehenswertes

Die Obere Burg: Die ehemalige Höhenburg der Treuchtlinger Ministerialen, deren Mauerreste sich über die Stadt erheben, ist bequem vom Ort aus (Bahnhofstraße) zu erreichen. Der Geschichte der Burg hat sich der Buchhändler Fritz Korn ausführlich gewidmet. Erste Nachrichten tauchen nach seinen Angaben in einer Urkunde aus dem Jahre 1340 auf. Bereits 1572 wird sie in den Quellen als Ruine bezeichnet. Ihr Verfall hängt mit der Geschichte der Ulriche zusammen, die sich frühzeitig aus Treuchtlingen zurückzogen (s. o.). Über eine gewaltsame Zerstörung fehlen in den

Quellen jegliche Mitteilungen. 1879 erbarmte sich der damals gegründete Verschönerungsverein der Überreste. Doch die Kriegswirren des 20. Jh.s ließen die Burg wieder ins Abseits der Geschichte gleiten. 1974 gründete man die Fördergemeinschaft Burg Treuchtlingen e. V.

Heute erwartet den Besucher auf dem Treuchtlinger Schlossberg (Zufahrt über die Oettinger Str.) ein vorzüglich restauriertes Burgensemble. Im Zentrum der Anlage umgibt der obere Mauerring den Bergfried und den Palas (Wohnhaus). 1981 konnte auch die verschüttete Burgzisterne wieder freigelegt werden. Im alten Halsgraben hat man die Burgstube wieder eingerichtet. Sie ist zusammen mit dem Turm in der Zeit von Mai bis Oktober jeweils am zweiten Sonntag im Monat zu besichtigen. Für Gruppen besteht die Möglichkeit, sich den Schlüssel in der Tourist-Information (s. o.) zu besorgen (Führungen unter ✆ 3840 anmelden). Am Wochenende nach Sonnenwende wird das Burgfest abgehalten und im Juli findet eine größere Kulturveranstaltung auf dem Burggelände statt.

Das Schloss: Inmitten der Stadt macht sich das neue Treuchtlinger Schloss, die ehemalige Niedere Veste, breit. Bei Renovierungsarbeiten wurden 1982 Reste eines Vorgängerbaus aus dem 10. Jh. entdeckt (sog. Steinhaus). Auch eine Ringmauer aus dem 13. Jh. konnte rekonstruiert werden. 1575 hat man das gotische Wasserschloss zu einem repräsentativen Wohnschloss umgebaut. Von 1798 an nutzte ein örtlicher Fabrikant der Leonischen Industrie den Nordflügel für gewerbliche Zwecke. 1979 erwarb die Stadt das Schloss. Seit 1985 sind im Schloss die Tourist-Information der Stadt und das Informationszentrum Naturpark Altmühltal mit einem modern gestalteten Dokumentationsraum zur Landschaft und zur Geschichte des Altmühltals untergebracht (Haus des Gastes). Beherrschend ist der viergeschossige Ostflügel, dessen nördliches Eck von einem fünfgeschossigen Erkerturm geziert wird.

Man betritt die Anlage durch den dekorativen Portalvorbau im Norden. An ihm prangt unübersehbar das Wappen des Ansbacher Markgrafen *Albrecht Ernst* (A.E.M.Z.B.), der allerdings nie politischen Einfluss hatte. Vorbei am Treppenturm führt der Weg ins Schlossinnere zu den Räumlichkeiten, die heute als „Haus des Gastes“ genutzt werden. Der Festsaal im dritten Obergeschoss ist mit seiner restaurierten Renaissancedecke das Schmuckstück des Schlosses und Kulisse für kulturelle Veranstaltungen.

Die katholische **St.-Lambertus-Kirche** ist ein barocker Neubau des Ingolstädter Meisters *Anton Brunthaler* aus dem Jahr 1733. Der Hauptaltar steht im lichtdurchfluteten Halbrund des stuckierten Chores und bildet zusammen mit den beiden Seitenaltären ein sehenswertes Ensemble. Störend wirkt lediglich die an den Chorbogen schließende Kanzel. Bemerkenswert sind die Epitaphe der Pappenheimer Erbmarschälle, darunter der Grabstein des 1600 verstorbenen Veit und seiner Frau Regina (gest. 1592).

Die katholische **Kirche St. Maria,** ein moderner Bau aus dem Jahre 1934, enthält Seitenaltäre mit wertvollen spätgotischen Figuren aus Eichstätt (um 1510). Vier Tafelbilder mit Szenen aus dem Leben des Hl. Lambertus stammen vermutlich aus der Schule des berühmten Regensburger Malers *Albrecht Altdorfer*. Der Begründer der Donau-Schule (1480–1538) ist durch seine Meisterwerke „Ruhe auf der Flucht“, „Drachenkampf des Hl. Georg“ und „Alexanderschlacht“ unter Kunstliebhabern bekannt und geschätzt. Ein modernes Kunstwerk von Rang schmückt die Altarwand des noch jungen Gotteshauses; *Franz Luibls* übergroßes Fresko stellt

Szenen der biblischen Geschichte dar. Die Kirche wurde als Ersatz für die ehemalige Vierzehn-Nothelfer-Kapelle, eine Wallfahrtskirche von 1450, errichtet, die wegen der Bahnerweiterung abgerissen werden musste.

Die evangelisch-lutherische **Pfarrkirche** wurde 1757 an der Stelle einer früheren Kapelle erbaut. 1755 begann *Johann David Steingruber* aus Ansbach mit der Planung und dem Neubau der Kirche und des Turmes. Heute erstrahlt die renovierte Kirche wieder im typischen Stil der protestantischen Predigerkirchen des 18. Jh.s Altar, Kanzel und Orgel befinden sich in einer Vertikalen übereinander. Große Emporen bieten 1000 Gläubigen Platz. Die zurückhaltende Ausstattung verleiht dem Gotteshaus eine elegante Note. Dazu zählen die vier Evangelistenbilder links und rechts der Kanzel.

Das **Rathaus** wurde ebenfalls renoviert. Die schmucke Fassade verbreitet den Eindruck einer Mischung aus Klassizismus und Postmoderne. Nicht minder beherrschend ist das Gebäude der **Schäff-Brauerei,** das sich inmitten der Altstadt breit macht. 1662 bauten die Ansbacher Markgrafen eine schon bestehende Brauerei zum herrschaftlichen „Präuhauß" um. Heute zählt der Betrieb zu den größten Privatbrauereien Mittelfrankens.

Ausflüge im Naturpark Altmühltal

- **Meinheim:** Das Ortsbild wird durch den Mühlbach geprägt. Er flankiert die Hauptstraße, sodass der Eindruck eines breiten Dorfangers entsteht. Meinheim gilt als klassisches Bachangerdorf und ist als solches ein denkmalgeschütztes Ensemble. Der Ort verdankt seine Ersterwähnung als „ville meinheim" einem Streit zwischen den Mönchen und Kanonikern des Hahnenkammklosters in Heidenheim. Dem Namen nach (Heim eines Mago) war der Ort an der Altmühl bereits vor dem Jahre 800 besiedelt. Die der Heiligen Wunibald geweihte evangelische *Pfarrkirche* geht auf das 14. Jh. zurück und gilt im Kern als mittelalterliche Anlage. Der Kirchturm, weithin sichtbares Wahrzeichen Meinheims, wurde 1840 mit einem hohen, achtseitigen Helm versehen und mit bunt glasierten Ziegeln geschmückt.
- **Steinerne Rinne:** Von Meinheim aus lohnt sich ein Ausflug in das nahe gelegene **Wolfsbronn,** das durch das Naturdenkmal Steinerne Rinne bekannt ist. Auf 128 m Länge erreicht hier das Bett eines Waldbaches eine Höhe (!) von 160 cm. Die auffällige Kalktuffbildung hängt mit den mächtigen Kalksteinvorkommen zusammen, in denen Moose und Blaualgen chemisch wirksam werden. Hier gräbt sich der Bach also nicht in die Erde, wie allgemein üblich. Weitere steinerne Rinnen, die am Ausgang der Eiszeit (ca. 12.000 v. Chr.) entstanden sind, befinden sich bei Hechlingen und bei Rohrbach im Hahnenkamm.
- **Markt Berolzheim:** Die evangelische *St.-Michaels-Kirche* weist noch gotische Bauteile auf. In den Jahren 1737–1747 wurde sie von *Johann David Steingruber* mehrmals instand gesetzt bzw. im sog. Markgrafenstil umgestaltet und mit einer neuen Sakristei ausgestattet. Das Kircheninnere besticht durch barocke Schlichtheit. Der Gemeindesaal wird von einer doppelten Empore umgeben. An ihr prangt das Wappen der Ansbacher Markgrafen. Auch *Kirche St. Mariä* geht ins 14. Jh. zurück. 1688 wurde sie erweitert, dennoch wirkt sie sehr beengt. Altar und Kanzel stammen von 1722. Originell der Opferstock aus dem späten 17. Jh. Unter der Orgel, die sich an die Seite des Langhauses schmiegt, befindet sich die alte Herrenloge, die heute als Rumpelkammer dient – Los der Geschichte!

Bubenheim und Graben

Die 400-Einwohner-Gemeinde an der Altmühl bietet Erholung pur! Angeln, Radeln und Rundflüge mit Motor- und Segelfliegern gehören zum Angebot. Wanderungen bieten sich ebenso an wie eine Einkehr im „Altmühlgrund", eine weithin beliebte Ausflugsgaststätte in der Mitte des Altmühldorfes. In der Nähe wartet mit dem *Karlsgraben* ein geschichtlicher Leckerbissen.

• *Ausstellung* **Fossa Carolina – 1200 Jahre Karlsgraben**. Anlässlich der 1200-Jahr-Feier im Jahre 1993 wurde mit Unterstützung des Landes Bayern und des Bezirkes Mittelfranken eine Dauerausstellung eröffnet, die in mehreren Räumen die Entstehung und Geschichte des Karlsgrabens dokumentiert. Die Ausstellung ist nach neuesten museumspädagogischen Gesichtspunkten ausgerichtet und daher auch für Kinder und Jugendliche sehr zu empfehlen. In der Saison tägl. (außer Di) 14–17 Uhr (nahe dem Karlsgraben; gut ausgeschildert). Weitere Auskünfte im Verkehrsamt Treuchtlingen.

• *Essen & Trinken* **Speiselokal Altmühlgrund**, traditionsreiches Haus in Bubenheim, mit geschmackvoll eingerichteten Räumen. Mi–Fr 17–24 Uhr, Sa 11.30–14 Uhr und 17–24 Uhr, So 10–24 Uhr. Bubenheim 19, ☎ 4445, 📠 2445.

Gaststätte zum Karlsgraben, in Graben in unmittelbarer Nähe des Karlsgrabens, mit Biergarten. Lädt täglich ab 10 Uhr zur Einkehr ein. Mo Ruhetag. Nagelbergstr. 5, ☎ 09142/4521, 📠 200545, www.gaststaette-zum-karlsgraben.de.

Wettelsheim

Überragt wird Wettelsheim vom Turm der evangelisch-lutherischen Pfarrkirche, die 1756 an der Stelle einer Marienkapelle nach Plänen *Johann David Steingrubers* errichtet wurde. Neben dieser Markgrafenkirche sind noch Mauerreste des einstigen *Amtshofes* des Klosters Wülzburg von 1499 zu erkennen. Das benachbarte ehemalige Schulhaus stellte seinerzeit den Hauptbau der befestigten Anlage dar. Kunstgeschichtlich bedeutsam ist die heutige Friedhofskirche, die frühere Martinskirche aus dem 13. Jh. Auch sie erfuhr wesentliche Veränderungen im 15. und 17. Jh. Der Schreinaltar, eine spätgotische Arbeit aus dem Jahre 1520, trägt noch die Figuren aus dieser Zeit; das Chorgestühl ist noch älter. Eines der zahlreichen Epitaphe verdient Aufmerksamkeit: Auf dem für *Johann von Leubelfing* errichteten Grabstein ist der 1648 Verstorbene im Kreise seiner großen Familie zu sehen.

• *Übernachten/Essen & Trinken* **Gasthof zum Goldenen Lamm**, mit Biergarten, Erlebnisspielplatz und Fahrradverleih. Restaurant (Di Ruhetag) mit regionaler fränkischer Küche, Do Schlachtplatte. 16 Betten in z. T. rollstuhlgerecht eingerichteten Zimmern. DZ mit Dusche/WC ab 67 €. Marktstr. 16, ☎ 09142/96890, 📠 968929, www.gasthof-zum-goldenen-lamm.de.

Gasthof zur Sonne, mit Feststadl für Veranstaltungen und großem Raumangebot auch für Busgesellschaften. Fränkische Hausmannskost (Do Ruhetag) und 11 Betten. DZ mit Dusche/WC ab 67 €. An der Rohrach 35, ☎ 09142/96890, 📠 968929, www.gasthof-zur-sonne.com.

Wettelsheimer Keller, Treuchtlinger Straße (ausgeschildert „Zu den Kellern"). Die zur Brauerei Strauß aus Wettelsheim gehörige Ausflugsgaststätte liegt idyllisch am Berghang über dem Altmühltal und bietet 500 Personen Platz im Freien. Schon seit Generationen pilgern Jung und Alt hierher auf ein kühles Bier und eine deftige Brotzeit (durchgehend warme Küche, Spezialität: Hax'n und Schäufele). Das Märzen wird frisch vom Fass gezapft. Allein der Ausblick ins Tal macht den Ausflug zum Erlebnis. Mai bis Sept. Do–So ab 10 Uhr, Juli und August zusätzlich Mo–Mi ab 16 Uhr; ☎ 09142/7740, www.wettelsheimer-keller.de. In der Nachbarschaft Diskothek MEXX (→ Treuchtlingen/Freizeit).

Der Karlsgraben, technisches Relikt aus dem Jahr 793

Das Gebiet um Treuchtlingen war für einige Wochen im Herbst des Jahres 793 der „Mittelpunkt eines Weltreiches“ – heißt es bei Walter Keller in seiner Schrift über den Karlsgraben. Gemeint ist das Fränkische Reich, das zu dieser Zeit von den Pyrenäen bis an die Ostsee und von der Bretagne bis nach Rom reichte.

Im Osten hatten die Franken sich weit ins Reich der Awaren vorgewagt, das in etwa mit dem heutigen Ungarn identisch war. Auch Sachsen war noch eine junge fränkische Erwerbung Karls des Großen (772–804). Bayern konnte erst 788 unterworfen werden. Und hier hielt sich der fränkische König gerade auf, als er von den technischen Möglichkeiten einer Verbindung von Altmühl und Oberer Rezat (heute Schwäbische Rezat) erfuhr. Die Verbindung der beiden Wasserstraßen Rhein und Donau kam seinen strategischen Überlegungen zu einer Anbindung der Reiche der Sachsen und Awaren an Franken sehr gelegen, zumal beide Völker militärisch noch nicht endgültig unterworfen waren.

Die Forschung ist sich bis heute nicht schlüssig, ob bei dem heutigen Dorf Graben, das 867 erstmals als „groba“ erwähnt wurde, nicht vor dem Besuch Karls des Großen im Jahre 793 eine grabenähnliche Verbindung zwischen Altmühl und Rezat bestanden hatte. Nach neuesten Erkenntnissen hatte der Frankenkönig einen riesigen Stausee an der Altmühl (bei Bubenheim) anlegen lassen, um von diesem aus seinen Schiffen den Weg nach Norden frei zu machen, wobei der vorhandene Graben nur ausgebaut werden musste. Fest steht allerdings, dass Karl der Große die Schiffsverbindung tatsächlich auch benutzte. Die Fertigstellung des Projekts scheiterte aus verschiedenen Gründen. Zum einen hatte es im Jahre 793 starke Regenunwetter gegeben, zum anderen zwang die sich an beiden Kriegsfronten verschärfende Lage Karl dazu, das Kanalbauprojekt zu stoppen.

Heute ist von der „größten Ingenieurleistung des frühen Mittelalters“ (W. Keller) nur noch ein Teilstück von ca. 1300 m Länge mit einer Breite von 30 m zu sehen und zugänglich. Eine kleine und eine große Rundwanderung (markiert) bieten sich an. Das südliche Ende des Kanals bildet ein kleiner Weiher am Rande des Dorfes Graben.

Ausflüge ins Nördlinger Ries

Ein Ausflug in das schwäbische Ries lohnt in vielerlei Hinsicht: Da gibt es zunächst Nördlingen, Oettingen, Harburg und Wemding, alles sehenswerte Städte und Ortschaften mit reichhaltiger Geschichte, einzigartigen Sehenswürdigkeiten und einer vielfältigen kulturellen Szene.

Da gibt es aber auch ein Naturphänomen: einen Krater von einem Kilometer Durchmesser, den ein gewaltiger Meteorit bei seinem Einschlag hinterlassen hat. Er schuf den sog. *Rieskessel*, in dessen Zentrum **Nördlingen** liegt, das mit seinem *Daniel* (Turm der St.-Georgs-Kirche) schon von weitem sichtbar ist. Um Nördlingen führt ein geschlossener Mauerring mit elf Türmen und fünf Toren. Die Nördlinger Altstadt mit ihren zahlreichen Cafés, Restaurants und Geschäften ist allein einen Tagesausflug wert. Lohnenswert ist der Besuch des *Rieskrater-Museums* in der Hinteren Gerbergasse (Di–So 10–12 und 13.30–16 Uhr), wo Geologie und Forschungsgeschichte des Meteoritenkraters auf eindrucksvolle Weise erklärt werden.

Auch **Oettingen** bietet Kultur – in Form von schmucken Fachwerkhäusern und imposanten Barockfassaden. Das Schloss der Oettinger Grafen mit seinem Museum ist ebenso sehenswert wie das vorzüglich ausgestattete Heimatmuseum am Platz.

Harburg an der Wörnitz wird durch die Oettingisch-Wallersteinische Burg beherrscht, die auf einem mächtigen Felsen thront. Sie birgt wertvolle Kunstsammlungen und Archive der Häuser Oettingen-Wallerstein und Oettingen-Spielberg. Die ehemalige Synagoge ist als Kulturzentrum zu neuem Leben erwacht.

Der Marktplatz von **Wemding** hat sich in den letzten Jahren zu einem der schönsten Ensembles Süddeutschlands gemausert. Heimatmuseum, Haus des Gastes, der Waldsee mit Campingplatz und schließlich die bekannte *Wallfahrtskirche Maria Brünnlein* zählen zu den Hauptattraktionen von Wemding.

Information **Verkehrsamt Wemding**, ✆ 09092/8222, 📠 90158. Hier erhalten Sie auch Informationen über das Ries und die im Osten angrenzende Monheimer Alb.

Möhrenbachtal

Der Möhrenbach entspringt nördlich von Monheim und fließt über Gundelsheim und Möhren in Richtung Treuchtlingen, wo er in die Altmühl einmündet. **Monheim** wurde bereits um 1350 befestigt. Zwei sehenswerte Tortürme sind erhalten. Die Stadtpfarrkirche St. Walburga wurde um 1500 als Hallenkirche erbaut. Reste des Kreuzgangs erinnern an das ehemalige Benediktinerinnenkloster. Viele zur Straße hin ausgerichteten Häuser sind noch mittelalterlichen Ursprungs. Die *Monheimer Alb*, eine Hochebene mit großen Mischwaldgürteln, ist ein ideales Wandergebiet (400–563 m ü. d. M.). **Gundelsheim** am Möhrenbach zählt 600 Einwohner. Der vorwiegend landwirtschaftlich geprägte Ort beherbergt ein Marmorwerk, das schon Material für den Bau des Flughafens Tempelhof in Berlin und für das Haus der Kunst in München lieferte. Zwischen Gundelsheim und Möhren führt ein Weg in den idyllisch gelegenen Weiler **Siebeneichenhof** und von hier hinauf zum **Uhlberg.**

Dort stehen die Reste einer Kirchenruine aus gotischer Zeit. **Möhren** beherbergte von 1198 bis 1346 ein eigenes ortsadeliges Geschlecht. Auch hier gab es einmal eine Burg. Das spätere wittelsbachische Schloss steht heute leer, nachdem es eine Zeitlang als Kinderheim gedient hatte. Im nahe gelegenen *Heumöderntal* gibt es einen gut dokumentierten Naturlehrpfad (Information → Treuchtlingen).

Oberes Schambachtal

Es gibt insgesamt drei Täler im Naturpark Altmühltal, in denen ein Gewässer namens Schambach fließt, die Obere Schambach bei Treuchtlingen, die Mittlere Schambach bei Arnsberg und in die Untere Schambach bei Altmannstein. Die Obere Schambach entspringt in den Südausläufern des Weißenburger Waldes bei Laubenthal (Skilift). Sie schlängelt sich durch Suffersheim und Schambach und mündet bei Treuchtlingen-Dietfurt in die Altmühl.

Suffersheim liegt in romantischer Umgebung, eingebettet in eine Wacholderheidelandschaft und ist Ausgangspunkt zahlreicher Wanderungen in weitgehend unberührte Natur. Sehenswert ist die am Talrand gelegene St.-Gunthildis-Kapelle. Sanfter Tourismus abseits der großen Fremdenverkehrsströme! **Schambach** kann auf eine reiche Vor- und Frühgeschichte zurückblicken. Heute ist der Ort Schlafsiedlung der benachbarten Städte Treuchtlingen und Weißenburg. In **Dietfurt** spürt man schon den Tourismusstrom, der sich von Treuchtlingen altmühlabwärts bewegt. Der gute Service für die Radler und Bootsfahrer und eine bemerkenswerte Gastronomie lassen bereits den Ort selbst zum Urlaubsziel werden (Information → Treuchtlingen).

Pappenheim

An Pappenheim kommt keiner vorbei. Der Ort liegt malerisch in einer von Wäldern eingerahmten Altmühlschleife. Hoch über dem Tal blickt man vom Bergfried der Pappenheimer Burg auf die Dachlandschaft der geschichtsträchtigen und hie und da bereits südländisch anmutenden Stadt.

Zwei Schlösser, eine Burg mit allem, was dazu gehört, und eine der ältesten Kirchen im südlichen Franken stehen auf der Habenseite des umfangreichen Kulturangebots. Freibad, Naturcamping und Kurmittelhaus halten auf der Erholungsseite dagegen. Das 2500 Einwohner zählende Pappenheim ist staatlich anerkannter Erholungs- und Luftkurort. Zur Stadt gehören die Ortsteile Übermatzhofen, Bieswang, Zimmern, Osterdorf, Geislohe, Göhren und Neudorf.

- *Vorwahl/PLZ* 09143/91788.
- *Information* **Tourist-Information**, Marktplatz 1, ✆ 60666, 📠 60667, www.pappenheim.de. Mo–Fr 10–12.30 Uhr und 14–18 Uhr, Sa 10–12 Uhr und 15–18 Uhr, So 10–12 Uhr; in der Nebensaison Sa/So geschlossen. **Stadtführung** mit Besichtigung des nach der Renovierung wieder der Öffentlichkeit zugänglichen Augustinerklosters nach Anmeldung bei der Tourist-Information. Jeden So und Mi ab 10 Uhr vom Marktplatz, mit Burgführung.
- *Veranstaltungen* **Ritterspiele** auf der Pappenheimer Burg (Ende Juni); **Volksfest** Ende Juli.
- *Übernachten/Essen* **Hotel-Gasthof zur Sonne**, fränkische Küche und Kulinarisches, ausgezeichnet mit dem Prädikat „Bayerische Küche 2001", eigene Metzgerei, Diätküche. Di–Sa 9.30–14.30 Uhr und 16.30–23 Uhr, So ab 14 Uhr. Freundlich-gemütliche Atmosphäre in den geschmackvoll eingerichteten Gasträumen und schön gelegene Dachterrasse (14–17 Uhr). 20 Gästebetten. DZ mit DU/WC ab 56 €. Sonnenterrasse und Garten, Konferenzräume. Deisinger Str. 20, ✆ 83140, 📠 831450, www.zur-sonne-pappenheim.de.

Gasthof zum Hollerstein, flussabwärts nahe Pappenheim direkt an der Altmühl gelegen. Liegewiese an der Altmühl, Bootsverleih, Angelmöglichkeit, Tischtennis, Aufenthaltsraum mit TV. Eigene Landwirtschaft, Hausschlachtung, Hausbrennerei und selbst gebackenes Bauernbrot. DZ mit DU/WC ab 50 €. Mi Ruhetag. Zimmern 32, ✆ 753, 📠 8379730, www.hollerstein.de.

Gasthof-Pension Zum Alten Wirt, fränkische Küche mit wöchentlicher Schlachtschüssel. DZ mit DU/WC ab 40 €. Biergarten,

Tischtennis, Grillplatz, Aufenthaltsraum mit TV. Radler- und kinderfreundlich. Osterdorf 8, ☏ 1277, 📠 1280.

• *Camping* **Natur-Camping** an der Altmühl (1,8 ha), geöffnet April bis Okt. Natürlich angelegter Zeltplatz für 50–60 Personen; Imbiss und Bootsverleih. Badweg 1 im Norden der Stadt, ☏ 1275 o. 6455, www.camping-pappenheim.de.

• *Baden* Solarbeheiztes **Freibad** in idyllischer Lage, Schwimmerbecken (17 x 50 m), Nichtschwimmerbecken und Kinderplanschbecken, große Liegewiese, Pflasterschach, und Beachvolleyball. Mai/Sept. 13–20 Uhr, Juni 10–20 Uhr, Juli/Aug. 9–20.15 Uhr. Schützenstr. 18, ☏ 60695.

• *Bootsverleih* Gasthof zum Hollerstein (s. o.); Bootsverleih Pappenheim, Zimmern 40, ☏ 0171/8718897 bzw. auf dem Campingplatz (☏ 0171/4683138); Bootsverleih Irene Schöppl, Zimmern 63, ☏ 1401 bzw. 0174/2459788, www.bootsverleih-altmuehl.de. Bootsverleih Ernst Gruber, Geislohe 63, ☏ 09149/1271, www.bootsverleih-gruber.de.

• *Fahrradverleih* Fa. Schleußinger, Bahnhofstr. 7, ☏ 85577. Fa. Schindler, Deisinger Str. 37, ☏ 517.

• *Tennis* 6 Freiplätze des TC Pappenheim, Auf der Lach, Mo–Fr 16 Uhr.

• *Landwirtschaftlicher Lehrpfad* In Pappenheim-Übermatzhofen mit 20 Schautafeln, 3 km. Ausgangspunkt: Flurbereinigungsdenkmal an der Straße Pappenheim–Langenaltheim (Ev. Landesvolkshochschule).

• *Minigolf* Stadtparkstraße (östlich der Altmühl), Mai bis Okt. 10–20 Uhr.

Vom Bergfried der Burg Pappenheim genießt man diesen Blick auf die Altstadt

Geschichte

Pappenheim wird im Jahre 802 erstmals in einer Urkunde erwähnt, und zwar in einer Schenkungsurkunde des Schweizer Klosters St. Gallen. Darauf geht auch die heute noch stehende *St.-Gallus-Kirche* zurück, die im 9. Jh. errichtet wurde. Im 11. und 12. Jh. entstand die Ortschaft zu Füßen des Bergsporns, der von der Altmühl in einer weit ausholenden Schleife umflossen wird.

Wie der Mohr in das Pappenheimer Wappen kam

Aus der Mitte des 13. Jh.s ist ein Siegel des Marschalls Heinrich von Pappenheim überliefert, auf dem ein Porträt des Hiero von Syrakus zu sehen ist. Mit Bezug auf diesen Herrscher aus vorchristlicher Zeit wurde es im Mittelalter üblich, die eigene Machtstellung durch ein Siegel mit dem Abbild von Hiero zu verewigen. Auch Marschall Heinrich gelangte zu einer solchen Münze, die von Kreuzzugteilnehmern nach Pappenheim mitgebracht worden war, und ließ den Kopf des Hiero auf seinem Siegel anbringen. Da die Farben der Reichsmarschälle, die dem Kaiserhaus dienten, Schwarz auf Gold sein mussten, hatte man den Wappenkopf schwarz eingefärbt, und aus dem Syrakuser Hiero wurde im Laufe der Jahrhunderte ein Mohr, der noch heute im Siegel und Wappen der Pappenheimer zu sehen ist (Im Bild das Mohrenwappen am Rathaus in Pappenheim).

Auf ihm wurde eine *Veste* errichtet, auf der ab 1258 die Herren von Pappenheim residierten. Schon früh war die örtliche *jüdische Gemeinde* maßgeblich am Aufbau Pappenheims beteiligt. Der noch heute erhaltene *Judenfriedhof* im Norden der Stadt (am Waldrand) wurde bereits im 11. Jh. angelegt. Er erinnert daran, dass Pappenheim zu den ältesten Judengemeinden Deutschlands zählt. Neben der Herrengasse (heute Graf-Carl-Straße) war die *Judengasse* (heute Deisinger Straße) eine der beiden Hauptschlagadern der Stadt. Die *Pappenheimer Grafen* waren seit dem 12. Jh. für den Schutz der Juden, der örtlichen wie auch derjenigen der gesamten Region, verantwortlich. Den Auftrag dazu erhielten sie vom König selbst. Bis 1806 hatten die mit dem Erbmarschallsamt belehnten Reichsgrafen das Sagen in der Altmühlstadt (zum berühmten Pappenheimer in Schillers „Wallenstein" → Kasten S. 162).

Sehenswertes

Die **St.-Gallus-Kirche** zählt zu den ältesten Gotteshäusern Frankens. Die heutige Friedhofskirche geht auf das 9. Jh. zurück. Aus romanischer Zeit stammt das Mittelschiff des Langhauses. Die Seitenschiffe, der Chor und der Turm wurden in der Zeit vom 11. bis zum 13. Jh. angebaut. Durch das Aufbrechen der ehemaligen Mittelschiffwände entstand ein großer Raum, dessen schlichte Architektur noch heute viel vom Kunstgefühl romanisch-gotischer Zeit vermittelt. Das sehenswerte Sakramentshäuschen aus dem Jahre 1486 ist ebenfalls erhalten geblieben. Teile des Gestühls stammen noch aus dem 15. Jh. Der spätgotische Schreinaltar ist eine bemerkenswerte Arbeit aus der Zeit um 1500. Er trägt drei Figuren, darunter eine Mondsichelmadonna, die zu den schönsten ihrer Art in Süddeutschland gerechnet wird. Zahlreiche Grabplatten aus dem 18. und 19. Jh. sind in die Ummauerung des Friedhofs eingelassen, der von seiner Anlage her ebenfalls mittelalterlicher Herkunft ist. Einer der frei stehenden Grabsteine erinnert an *Sophie Hochstätter*, eine ungewöhnliche Schriftstellerin aus der Altmühlstadt.

Die evangelisch-lutherische **Pfarrkirche St. Maria** wurde im 12. Jh. als Nachfolgerin der für die Gemeinde zu klein gewordenen St.-Gallus-Kirche errichtet. 1476 wurde der romanische Bau durch einen gotischen ersetzt. Die Ausstattung stammt vorwiegend aus dem 18. Jh. Beeindruckend ist der reiche Schatz an historischen Grabsteinen der Pappenheimer Grafenfamilie. Hervorzuheben ist das Epitaph des *Wolf von Pappenheim*, der 1685 verstarb. Eine der beiden Logen war für den jeweils amtierenden Reichserbmarschall reserviert. Die holzgeschnitzten Säulen der Emporenbrüstung sind kleine Kunstwerke für sich.

Pfarrkirche St. Maria und Altes Schloss in Pappenheim

Das **Alte Schloss** schließt direkt an die Stadtkirche an. Es steht jedoch nicht zur Besichtigung frei, und darauf achten die Jungmitglieder der Familie von Egloffstein mit Argusaugen. Bis zum Bau des Neuen Schlosses diente es den Pappenheimer Grafen als Wohnsitz. Der ältere Teil stammt noch aus dem frühen 16. Jh. Der dreigeschossige Hauptbau, dessen Schauseite der Straße zugewandt ist, wird von zwei viergeschossigen Erkertürmchen eingerahmt. Dekorativ ist das Eingangsportal, das von zwei Säulen eingefasst und mit schmuckvollen Wappenkartuschen versehen ist.

Das **Neue Schloss** beherbergt heute die Räume der Gräflich-Pappenheimischen Verwaltung. Die klassizistische Dreiflügelanlage wurde in den Jahren 1819–1820 unter *Carl Theodor Friedrich Graf von Pappenheim* nach Plänen des Architekten *Leo von Klenze* errichtet, jenem berühmten Hofbaumeister König Ludwigs I. und Gestalter Münchens im 19. Jh. (Königsplatz, Ludwigstraße, Odeonsplatz u. v. m.). Im Giebelfeld des Mittelpavillons ist das Wappen der Pappenheimer Grafen zu erkennen. Im ersten Obergeschoss befindet sich der mit einer stuckierten Kassettendecke ausgestattete Festsaal. Zahlreiche Künstler aus dem Münchner Raum haben an der Gestaltung des Neuen Schlosses mitgewirkt.

Das **Kloster St. Augustin** wurde vermutlich 1732 von Marschall *Heinrich von Pappenheim* und seiner Frau *Elisabeth* gegründet. Die Klosterkirche aus dem 15. Jh. dient seit der Reformation als gräfliche Grabstätte. Sie wird noch heute von Mönchen des Augustinerordens betreut und ist seit ihrer Renovierung wieder für die Öffentlichkeit zugänglich (→ Information). Das Kloster befindet sich am Weg zur Burg.

Das **Obere Tor** muss jeder passieren, der sich auf den Weg zur Burg hinauf macht. In dem Torturm aus dem 14. Jh. befindet sich heute eine Künstlern vorbehaltene Ferienwohnung der Familie Splitgerber, die wie die Familie Mangold zu den namhaften Künstlerfamilien Pappenheims zählt.

Pappenheims einzigartige Weidenkirche

Die Pappenheimer Weidenkirche entstand 2007 auf Initiative der „Evangelischen Landjugend in Bayern“, die in mehreren Arbeitseinsätzen am Altmühltal-Radweg ein Metallgerüst aufgestellt hatten, bevor sie es mit Sisal umwi-

ckelten und 300 Weidensetzlinge an diese Rankhilfe pflanzten. Das „Pappenheimer Freiluft-Gotteshaus“ ist als Dauereinrichtung geplant, sodass die „lebendigen Wände“ nicht daran gehindert werden sollen, in Ruhe weiter zu wachsen. Gelegentlich werden hier Gottesdienste abgehalten, wozu ein Altartisch aus Juramarmor aufgestellt wurde (Foto W. E. Keller in: Johann Schrenk/Karl-Friedrich Zink/Walter E. Keller, Kirchenführer des Landkreises Weißenburg-Gunzenhausen, Treuchtlingen 2008).

Die **Burg** zeigt sich dem Besucher immer von ihrer schönsten Seite, egal von wo aus man sie betrachtet! Der Weg zu der mittelalterlichen Anlage führt an der *Vorburg* vorbei. Die beiden Rundtürme, die vollständig restauriert wurden, sind nach innen offen und durch eine mächtige Schildmauer miteinander verbunden. Der Eingang liegt vor dem Tor zwischen dem *Preißingerhaus* und dem *Eselsstall*, dessen Backsteingiebel mit Spitzbogenblenden und Treppenaufsätzen versehen wurde. In diesem Bau befindet sich das mit viel Liebe eingerichtete **Burgmuseum** (s. u.) Auf dem weitläufigen Gelände der Vorburg standen früher etliche Wirtschaftsgebäude. Der Weg zur *Hauptburg* führt über einen breiten Halsgraben. Fasziniert steht man vor dem mächtigen Mauerwerk des *Bergfrieds*, der aus dem 12. Jh. stammt. Noch heute weisen die Buckelquader die für die damalige Bautechnik typischen Zangenlöcher auf. Mit meist menschlicher Kraft (Trettrommel) wurden die Steine mit großen

Zangen zur Baustelle hinaufgezogen. Der 30 m hohe Turm kann bestiegen werden und bietet eine herrliche Aussicht auf die Stadt und die sie umgebende Altmühlschleife. Eine Tafel am Tor zur Hauptburg erinnert daran, dass die Burg in den Jahren 1632–1635 mehrfach von den Schweden angegriffen und dabei auch größtenteils zerstört wurde. So sind vom ehemaligen Hauptwohnbau (Palas) nur noch wenige Fundamentreste zu erkennen. Der *Burgbrunnen* wurde in den Felsen gehauen und weist noch heute eine Tiefe von 60 m auf. Man erreichte seinerzeit das Grundwasser der Altmühl und konnte so die Versorgung der Burg mit dem lebensnotwendigen Nass gewährleisten.

• *Burg Pappenheim* Mit Museum, Folterkammer, Videovorführungen, Greifvogel-Flugvorführungen (11–15 Uhr), Naturmuseum, Burgkapelle, botanischem Garten, Imbiss und Museumsshop. April/Okt. täglich 10–17 Uhr, Mai–Sept. täglich 9–18 Uhr. Information unter ✆ 83890, 📠 6445, www.grafschaft-pappenheim.de. Ritterturnier Ende Juni.

Solnhofen

Solnhofen – die Welt in Stein. Der Slogan hält, was er verspricht: In Solnhofen erschließt sich dem Besucher die Welt der Fossilien, der versteinerten Zeugen der Erdgeschichte. Die Bahnhofstraße hat sich in den letzten Jahren zu einer Urlaubermeile gewandelt: Hier wartet man mit einem Museum, einem Boots- und Radverleih, einem Fossilien- und Souvenirladen, einem radlerfreundlichen Bahnhof, einer bewachten Fahrradhalle, einem kleinen Park und mit dem ersten Haus am Platz, dem Senefelder Hof, auf!

Das Bürgermeister-Müller-Museum birgt einen der wertvollsten Schätze der Erdgeschichte, den sechsten Fund eines Urvogels *(Archaeopteryx)* im Original. In den Steinbrüchen um Solnhofen können sich auch Hobbygeologen auf die Suche nach dem nächsten Urvogel machen. Alois Senefelder, dem Erfinder des Steindrucks (Lithographie), haben die Solnhofener nicht nur ein Denkmal gesetzt. Im Museum kann man sich auch ein eindrucksvolles Bild über Geschichte und Technik des Steindrucks verschaffen. Solnhofen bietet zudem mit einem der ältesten Baudenkmäler Deutschlands, der *Sola-Basilika* aus dem 7. Jh., ein kunstgeschichtliches Juwel.

• *Vorwahl/PLZ* 09145/91807.

• *Information* **Tourist-Information Solnhofen**, Bahnhofstr. 8 (im Rathaus), ✆ 832020, 📠 832050, www.solnhofen.de. Mo–Fr 9–12 Uhr.

• *Übernachten/Essen & Trinken* **Hotel Garni Adler**, 30-Betten-Haus in Ortsmitte; stilvoll eingerichtete Räumlichkeiten; DZ mit DU/WC ab 70 €, Liegewiese und Terrasse. Pappenheimer Str. 5, ✆ 83110, 📠 831133, www.adler-solnhofen.de.

Theater-Gasthaus Alte Schule, Kulturgaststätte. Vegetarische Küche und Vollwertgerichte: hausgemachte Lasagne, Vollkornnudelauflauf mit Käse, im Ofen überbacken, türkische Teigblätter „Börek" mit Schafskäse, Frühlingszwiebeln und Blattspinat im Ofen überbacken sowie Brotzeitkarte mit Bratwürsten etc. Empfehlenswert auch die Balkanküche, und hier vor allem die Cevapcici mit Ayvar! Schöner Biergarten (Mai bis Sept.), April–Okt. tägl. ab 11 Uhr, Nov.–März täglich ab 16 Uhr und Mi Ruhetag, an Sonn- und Feiertagen jeweils bereits ab 10 Uhr (zum Theaterprogramm s. u.). Ferd.-Arauner-Str. (nach der Brücke erste Straße 200 m rechts) 28, ✆ 6422, 📠 1041, www.gasthaus-alte-schule.de.

Gaststätte Hefele-Mühle, an der Altmühl. Quirliges Haus mit Mühle, Mühlenshop (Mehl, Marmeladen, Nudeln, Dosenwurst u. v. m.), Getränkeabhollager und „Mühlenstüberl" (kl. Imbisskarte). Auf dem Gelände der Mühle werden auch angeboten: Rad- und Bootverleih mit Rückhol-Service, Zeltplatz, Zubehör-Shop für Bootswanderer, Kletterer und Biker. Offroad-Trainings- und Kursangebote für Kanu- und Klettertouren (Fa. Lemming-Tours, www.lemmingtours.de), Eßlinger Str. 3, ✆ 235, 📠 435.

Solnhofner Stüberl, an der Altmühl, d. h. direkt am Radwanderweg gelegenes Ausflugslokal mit Biergarten (für 50 Pers.) und eigener Bootsanlegestelle. Kein Ruhetag. Pappenheimer Str. 1 a, ✆ 249.

• *Führungen* Veranstalter ist die Tourist-Info (s. o.): Steinbruchführung bei gutem Wetter (2 Std., Gruppenpreis 50 €; für Einzelpersonen Mi 13.30 Uhr, 5,50 €) und Besichtigung eines steinverarbeitenden Betriebes (1 Std., 35 €). Außerdem Führungen zur Sola-Basilika und zum Senefelder Denkmal (1 Std., 3 €).

• *Kleinkunst* Im **Theater-Gasthaus** (s. o.) können Sie das Programm anfordern. In der Regel liegt es aber auch auf der Gemeinde aus. Geboten werden Kabarett, Musik, Lesungen, Comedy, Satire o. Ä.

• *Steinbrüche, Fossilien & Mineralien* **Hobby-Steinbruch** in Solnhofen; hier werden einmal wöchentlich Steinbruch- und Betriebsführungen angeboten. Das Museum (s. o.) verleiht auch das nötige Werkzeug. Besuch nur nach Anmeldung (✆ 832020).

In der Bahnhofstraße in Solnhofen, im **Jurazentrum Thoma** wird gegen geringe Gebühr Werkzeug für die Arbeit im Steinbruch verliehen. Dort kann man auch Mineralien und Fossilien kaufen; Bahnhofstr.1, ✆ 349; tägl. 10–17 Uhr.

• *Grillhütte* Auf der Teufelskanzel, kurz hinter dem Ortsausgang gegenüber den 12 Aposteln (Auskunft beim Verkehrsamt). Kamin mit offenem Grill, Sitzgruppen und Unterstellhütte.

• *Tennis* Am Bieswanger Weg (5 Plätze), im Winter in der Solahalle (1 Platz), Auskunft Tourist-Info Solnhofen (s. o.).

Geschichte/Sehenswertes

Die Geschichte Solnhofens geht bis in die zweite Hälfte des 6. Jh.s zurück. Inmitten dieser ersten frühgermanischen Siedlung wurde um das Jahr 600 n. Chr. ein Gotteshaus (I), das erste von insgesamt sechs, errichtet. Der Baustil lässt Rückschlüsse auf eine kelto-romanische Bevölkerung zu, die sich hier im Laufe von Jahrhunderten angesiedelt hatte. Später ging sie in der germanischen Völkergruppe der Alamannen auf. 100 Jahre darauf, um 700 n. Chr., wurde die Keimzelle für das spätere Kloster geschaffen. Die Kirche wurde umgebaut und erweitert (II). Vermutlich wurde sie gewaltsam zerstört, da sich bei den Grabungen Brandreste an den Fundamenten nachweisen ließen. Als *Sola* im Jahre 742 n. Chr. vom Fuldaer Kloster an die Altmühl kam, war er vermutlich in Begleitung der angelsächsischen Mönche *Willibald*, *Wunibald* und *Walburga*, mit deren Unterstützung er ein neues Gotteshaus erbaute (III). Kurz vor seinem Tode im Jahre 794 vermachte er seine Besitzungen an der Altmühl seinem Mutterkloster in Fulda. Dieses ging daran, sich hier im Altmühltal eine Niederlassung einzurichten. Aus dem kleinen Kirchlein des Hl. Sola baute man ein repräsentatives Gotteshaus (IV) und später dann, in der Zeit von 822 bis 838, die eigentliche *Sola-Basilika* (V). In ihrer Nähe errichtete man eine Propstei, ein von Fulda abhängiges Kloster.

Säulen der historischen Solabasilika in Solnhofen

Die **Sola-Basilika** war ein dreischiffiger Bau mit einer Länge von 28,8 und einer Breite von 13,3 m. Der erhöhte Chorraum war dreiteilig. Unter ihm befand sich zunächst die Stollenkrypta mit dem *Grab* des Hl. Sola. Noch heute sind vom Langhaus dieser Kirche drei Säulen und zwei Pfeiler mit sehenswerten Kämpfern (Ansatzstück des Säulenbogens) und Kapitellen (Kopfstück einer Säule) zu bewundern. Die Archäologen haben herausgefunden, dass diese Säulen an Ort und Stelle angefertigt wurden. Sie zählen – so die Grabungsleiterin Waltraut Schrickel – zu den „schönsten erhaltenen Kunstwerken des Frühmittelalters in Süddeutschland". Hinter den Säulen ist die im Laufe der Zeit stark veränderte Grabkammer des Hl. Sola zu erkennen. Der Sarg selbst konnte nicht aufgefunden werden. Die ganze Anlage ist gut einsehbar, wenn man sich an der heutigen Kirche vorbei zu einer mit einem Geländer abgesicherten Plattform begibt. Eine große Übersichtstafel erleichtert die Orientierung beim Blick auf nahezu 1400 Jahre Kirchengeschichte. Von 1782 bis 1784 wurde die heutige Pfarrkirche neu errichtet (VI). Man bezog dabei den mittelalterlichen Glockenturm der Sola-Basilika in den Neubau ein. Das Gotteshaus ist im barocken Stil einer fränkischen Markgrafenkirche gestaltet.

Bürgermeister-Müller-Museum: Ausstellung im Verkehrsamt (Rathaus) von z. T. über 150 Mio. Jahren alten Originalversteinerungen (Petrefakte) von Reptilien, Fischen, Stachelhäutern und Insekten; Sammlung seltener Meerespflanzen. Zu sehen ist auch das Original des sechsten Urvogels, ein Vogelgetier mit Zähnen, Schwanzwirbelsäule, Krallen und Federkleid – eine Übergangsform vom Reptil zum Vogel (es wurde 1987 vom ehemaligen Bürgermeister der Stadt, Friedrich Müller, entdeckt). Lithographieabteilung; originalgetreue Nachbildung eines Steinbrucharbeitsplatzes.

Öffnungszeiten → „Information/Tourist-Info". Es werden auch Gruppenführungen angeboten (ca. 1 Std., 30 € zzgl. Eintritt), Mi 10 Uhr auch für Einzelpersonen (4,50 €). Darüber hinaus: Lithographievorführung (1 Std., 50 € zzgl. Eintritt).

Die 12 Apostel

Noch vor Eßlingen passiert man altmühlabwärts die sog. 12 Apostel, zwölf wuchtige Rifffelsen des ehemaligen Jura-Meeres. Dieser Streckenabschnitt ist typisch für das Altmühltal, durch das sich der Fluss in endlosen Mäandern schlängelt. Die Altmühl wird hier von sanft zum Tal hin abfallenden Bergletten der Juraalb begleitet, die an den sog. Prallhängen von steil aufragenden Dolomitfelsen unterbrochen werden. Das gerade macht den Reiz dieser Region aus, die auch *Altmühlalb* genannt wird, eine in dieser Form einmalige Landschaft Deutschlands.

Eßlingen

Ein typisches Merkmal der Altmühlalb ist das **Jura-Bauernhaus.** Einigen besonders ausgeprägten und noch gut erhaltenen Exemplaren begegnet man in Eßlingen, der nächsten Station nach Solnhofen. Die Kalkbruchsteinhäuser mit ihren Legeschieferdächern stehen inzwischen unter Denkmalschutz, aber dennoch werden es immer weniger. Einige der Eßlinger Häuser stammen noch aus dem 17. Jh., so das Haus Nr. 4. Die Neigung des Daches darf einen Winkel von 30 Grad nicht übersteigen, da sonst die Kalkschieferplatten ins Rutschen geraten. Sie sind lose aufgelegt und nur mit einigen Steinen beschwert, an denen sich oft schon Moos angesetzt hat. Wegen ihrer Dicke und Schwere sind die Platten gute Wärmeisolatoren, halten das Haus also im Winter warm und im Sommer kühl. Auch die Feuergefahr ist durch sie gemindert.

Mörnsheim und Altendorf

Der Erholungsort mit über 1000-jähriger Geschichte liegt in idyllischer Umgebung in einem kleinen Seitental der Altmühl. Mit einem neuen naturkundlichen Museum will er auch in Zukunft seinem Ruf als bedeutender Ort des Altmühl-Jura gerecht werden.

Ursprünglich gab es nur den alten Ort. Als sich weiter taleinwärts im Mittelalter die neue Siedlung herausbildete, nannte man den alten Ort „Altendorf" und den neuen „Mörnsheim". Der Marktflecken an der Gailach hat sich förmlich in die bezaubernde Landschaft eingebettet, umgeben von bewaldeten Berghängen und zahlreichen Hochflächen, auf denen im Tagebau die *Solnhofer Platten* (Jurakalkschiefer) abgebaut werden. Mörnsheim ist ein idealer Urlaubsort. Für den Urlaubsgast stehen ein dichtes Netz an Gasthöfen und Privatpensionen sowie ein kleines Museum bereit. Für den Wanderer bietet eine noch weitgehend unberührte Natur abwechslungsreiche Tagestouren. Kinderspielplatz, Sportzentrum und Tennisplätze ergänzen das umfangreiche Freizeitprogramm.

Information

- *Vorwahl/PLZ* 09145/91804.
- *Information* **Verkehrsamt Markt Mörnsheim**, Kastnerplatz 1 (im Rathaus), ✆ 83150, ℻ 831521, www.moernsheim.de. Mo–Fr 9.30–11.30 Uhr. Im Rathaus auch ein kleines **Museum** zur Geschichte, Kultur und Natur, Öffnungszeiten wie Verkehrsamt, Mitte Mai bis Mitte Okt. Vor dem Haus ein verspielt wirkender *Stieglitzbrunnen*, der vor allem den Kindern gefällt.

Der Bundeskanzler zu Besuch in Mörnsheim

Die Wirtin vom „Gasthof zum Brunnen", Frau Eckert, unterhält sich gerne mit ihren Gästen, denen sie auch wertvolle Tipps für Ausflüge in die Umgebung unterbreitet. Wer sich aufmerksam umschaut, entdeckt in der Gaststube ein Foto von einem berühmten Mann, von Ex-Bundeskanzler Gerhard Schröder! Wie kommt's? Gerhard Schröder besucht diese Gegend gerne mit seiner Frau Doris, die aus dem benachbarten *Tagmersheim* stammt. Und als die beiden hier auf einer Radtour durch den Altmühl-Jura unterwegs waren, überraschte sie ein Unwetter, und sie flüchteten in den Mörnsheimer Gasthof, von wo sie Frau Eckerts Sohn samt Rädern zurück nach Tagmersheim brachte. Doch dem Niedersachsen gefiel Frau Eckerts Haus so gut, dass er von diesem Zeitpunkt an immer wieder einmal zum Essen mit seiner Frau im „Gasthof zum Brunnen" einkehrte.

Übernachten/Essen & Trinken

Hotel-Gasthof zum Brunnen, Gasthof in Ortsmitte. Die mit viel Geschmack eingerichteten Räume des Restaurants verbreiten eine angenehme Atmosphäre. Das vorzügliche Essensangebot deckt die ganze Palette der heimischen bayerischen Küche ab. 20 Gästebetten in gemütlich eingerichteten Komfortzimmern. DZ mit DU/WC ab 58 €. Schöne Gartenterrasse vor dem Haus. Brunnenplatz 1, ✆ 7127, ℻ 1079, www.gasthof-zum-brunnen.de.

Hotel Lindenhof, Hotel in der Mitte des historischen Marktfleckens. 30 Gästebetten, DZ mit DU/WC ab 64 €. Aufenthaltsraum, Terrasse; Marktstraße 25, ✆ 83800, ℻ 838020, www.lindenhof-altmuehltal.de.

Etwa 150 m entfernt (ortsauswärts in Richtung Altendorf) bietet das **Restaurant Lindenhof** gepflegte Räumlichkeiten und eine wunderschön angelegte Terrasse im Hochparterre, auf der ebenfalls ein gediegenes Ambiente geschaffen wird. Deutsche und Internationale Küche. Di Ruhetag, ✆ 83800.

Freizeit & Sport

• *Steinbrüche* **Fossiliensteinbruch Mühlheim**, oberhalb von Mörnsheim in Richtung Monheim gelegener Steinbruch mit fossilienreichen Schichten. Hier wird Professionelles für Hobbysammler geboten! Geöffnet April bis Oktober täglich 10–16 Uhr. Neben dem Werkzeugverleih werden auch kleine Präparationen zum Kauf angeboten. Infos unter ✆ 839042.

• *Tennis* In den Gemeinden Tagmersheim, Breitenfurt und Langenaltheim.

Geschichte/Sehenswertes

Altendorf ist, wie der Name andeutet, das alte Dorf, aus dem heraus sich Mörnsheim entwickelt hat. Das alte Dorf an der Altmühl war im Mittelalter ein bekanntes Fischerdorf. Es wird im Jahre 918 erstmals erwähnt. 1592 entstand hier eine berühmte Wallfahrt. Die **Kirche Maria End,** heute vor allem bei Hochzeitspaaren beliebt, wurde 1709/10 von *Jakob Engel* errichtet. Der 1632 in Monticelleo bei San Vittore geborene Architekt arbeitete ab 1662 im Eichstätter Raum und war als fürstbischöflicher Hofbaumeister dem Eichstätter Domkapitel zu Diensten.

Besucher-Steinbruch oberhalb von Mörnsheim

Der Ortsname Mörnsheim ging vom später so genannten Altendorf auf die kleine Siedlung unterhalb der **Burg** über, die zu Beginn des 13. Jh.s vom Eichstätter Bischof errichtet wurde. Die Anlage verlor an Bedeutung, als man zu Beginn des 17. Jh.s den Amtssitz in den Marktflecken zu Füßen der Burg verlegte. Die Burg verfiel zur Ruine. 1760 wurde die Burgkapelle und knapp einhundert Jahre später der Bergfried abgetragen. Heute ist die Anlage abgesichert und für Besucher zugänglich. Im Ort errichteten die Eichstätter Bischöfe im Jahre 1612 den **Kastenhof,** in dem ihre Pfleger bis 1802 residierten. Der wuchtige Bau mit seinen Staffelgiebeln trägt mehrere Wappen der Eichstätter Bischöfe. Die Mörnsheimer Pfarrkirche **St. Anna** wurde in der Zeit von 1226 bis 1229 unter Bischof *Heinrich I.* erbaut. Der sehenswerte Hochaltar ist eine neuzeitliche Schöpfung von 1863.

Festspielstadt Mörnsheim

Am zentral gelegenen Kastenhof (Rathaus), einem ehemaligen Mautgebäude der Eichstätter Bischöfe, wird in unregelmäßigen Zeitabständen das Theaterstück „Harte Fron" aufgeführt. Das 1951 uraufgeführte Stück spielt im 16. Jh., in dem es, so die Festspielschrift, in Mörnsheim ein „schier unerträgliches Leben mit Klassenunterschieden und einer skrupellosen Missachtung der Menschenwürde" gab. Über 100 Männer und Frauen aus Mörnsheim treten dabei als Akteure auf. Zur Schau gestellt werden die Machenschaften des Eichstätter Pflegers, die Hexenverfolgungen und der sich schließlich ballende Unmut der Betroffenen, die beschließen, ihren Peiniger zu ermorden. Die Aufführungen finden natürlich im Sommer, meist im Juli, statt (Termine im Verkehrsamt erhältlich). An den Wochenenden gibt es oft zwei Vorführungen hintereinander. Die Festspielzeit dauert insgesamt ca. 10 Tage. Kartenvorverkauf über das Verkehrsamt bzw. im Haus des Gastes (rechtzeitig Karten im Verkehrsamt sichern!). Während der Festspielzeit bietet die Marktgemeinde Mörnsheim ein ausgiebiges Rahmenprogramm an. Das Festzelt und ein Vergnügungspark sind dann Treffpunkt der Gäste vor und nach den Aufführungen. Bieranstich, Blaskapellen und Heimatabend runden das Programm ab. Da Mörnsheim in diesen Tagen doch arg frequentiert wird, empfiehlt es sich, für einen geplanten Aufenthalt rechtzeitig zu buchen.

Dollnstein

Mit Dollnstein ist das Ende des Tals der Uraltmühl erreicht. Von hier aus macht sich der Fluss im ehemaligen Bett der Urdonau breit. Zurückgelassen hat die Donau das Wellheimer Trockental, das von Süden kommend bei Dollnstein endet.

Der Ort ist von einer Stadtmauer umgeben, die noch mit dem nördlichen Tor bewehrt ist. Von der ehemaligen Burg ist nicht viel übrig geblieben. Zu Beginn des 19. Jh.s hatte man die verfallenen Reste als Steinbruch ausgeschlachtet. Aktuell wird das „Altmühlzentrums Burg Dollnstein" gebaut (s. u.), das sicher für einen neuen Zustrom an Besuchern in der liebenswürdigen Altmühlgemeinde sorgen wird.

Information/Übernachten/Essen

- *Vorwahl/PLZ* 08422/91795.
- *Information/Kultur* **Tourist-Infomation Dollnstein**, im Altmühlzentrum Burg Dollnstein, Unterer Burghof 5, ✆ 1502, 📠 988903, www.dollnstein-info.de.
- *Übernachten/Essen & Trinken* **Gasthof-Pension zur Post**, Restaurant mit bayerischer Küche, Altmühlterrasse, Räumlichkeiten und Parkplatz für Busgesellschaften. Das Haus liegt direkt am Bootsanlege- und Umsteigplatz am Ufer der Altmühl. Hier geht die Post ab. Alle renommierten Reiseveranstalter bieten hier ihren Vor-Ort-Service für die Bootstouristen auf der Altmühl an, allen voran die heimische Firma Otto Rehm (s. u.). DZ mit DU/WC ab 50 €, Aufenthaltsraum mit TV. Mo Ruhetag. Marktplatz 3, ✆ 1515, 📠 1516, www.gasthofzurpost-dollnstein.de.

Altmühlzentrum Burg Dollnstein (geplant): An der Stelle der abgegangenen Burg (s. u. Geschichte) ist die Errichtung eines neuen Dokumentations- und Kulturzentrums geplant. Im Erdgeschoss sollen sich neben dem Foyer und der Tourist-Information auch ein Shop und eine Abteilung „Wolfram von Eschenbach" befinden (s. u. Kasten). Ferner sind geplant: ein Café, ein Lesebereich sowie die eigentlichen Ausstellungsräume mit den Abteilungen „Burgen im Altmühltal", „Archäologische Grabungen" und „Burg Dollnstein". In weiteren Räumen des ersten und zweiten Geschosses werden „Bilder einer Landschaft" gezeigt und das „Haus in der Landschaft" (Jurahaus) dokumentiert.

Gasthaus Bayerischer Hof, gutbürgerliche Küche. DZ mit DU/WC ab 52 €. Angelmöglichkeit für Hausgäste (eig. Fischwasser), Bundeskegelbahn, Saal für Veranstaltungen und größere Gruppen. (→ Camping Dollnstein.) Mi Ruhetag. Reichenaustr. 1, ✆ 289, 📠 9879679, www.bayerischerhof-dollnstein.de.

Gasthaus zum Kirchenschmied, mit kleinem Biergarten hinterm Haus. DZ mit DU/WC ab 60 €. Ruhetag Di. Papst-Viktor-Str. 21, ✆ 1512, 📠 1514, www.zum-kirchenschmied.de.

• *Camping* **Camping Dollnstein**, an der Altmühl, eignet sich natürlich besonders für längere Touren mit dem Fahrrad oder dem Boot. Zum Gelände gehört das Gasthaus „Bayerischer Hof" (s. o.), das eine Kegelbahn und ein eigenes Fischwasser für Angler besitzt. Die Campinganlage mit ihren 80 Stell- und 100 Zeltplätzen macht einen sehr gepflegten Eindruck. Die sanitären Einrichtungen sind komfortabel (Dusch- und Waschräume). April bis Okt.; Brückenstr. 11 a, ✆ 846, 📠 1719, www.camping-dollnstein.de.

Zeltplatz Breitenfurt, verspielte Möblierung, Sanitäreinrichtungen und Bootsanlegestelle! Auch für Wohnmobile. Schulstr. 13, 91795 Breitenfurt (Ortsteil von Dollnstein ca. 3 km flussabwärts), ✆ 08422/567. Dazugehörig: Ferienwohnung (ab 25 € für 2 Pers.) und DZ (35 €) in der Buchenstr. 11 a. Der Zeltplatz liegt neben dem **Schwimmbad** (beheizt mit Schwimmerbecken 25 x 16,6 m).

Jugendzeltplatz Urdonautal, auf dem Galgenberg, ca. 1 km nordöstlich von Wellheim gelegener Zeltplatz mit 2 Zeltflächen für je 30 Personen (à 345 m^2). Mit Grillhütte, Koch- und Spülstelle, Feuerstelle mit Sitzbänken, Grillrost und Rasenspielfläche. Informationen und Anmeldung im Info-Zentrum Notre Dame (→ Eichstätt), ✆ 08421/98760.

Die Altmühl bei Dollnstein

Freizeit & Sport

- *Angeln* Auskunft und Verkauf von Angelkarten bei Hans Grimm, Kirchenfeldstr. 8, Dollnstein-Breitenfurt, ✆ 390, bei der Anglerzentrale, Untere Talleite 10, ✆ 98177 sowie im Gasthof Kirchenschmied (s. o.). Geangelt werden können alle Arten außer Hecht, Zander und Forelle.
- *Bootsverleih/-reparaturen* Fa. Rehm, Bootsverkauf, Bootsverleih (Kanadier und Kajak) mit Anfahrt- und Rückholdienst von Gunzenhausen bis Beilngries, Transportservice. Umkleidekabinen, Dusche, 3 WCs; 9–12 und 13.30–18 Uhr. Papst-Viktor-Str. 6 (direkt an der Altmühlbrücke), ✆ 987654, 988500, www.rehm-r.de.
- *Fahrräder & Campingzubehör* **Fahrrad-Paradies**, Wiesenweg 14, ✆/ wie oben (Fa. Rehm); Räder zum Kaufen und Leihen, auch Fahrradreparaturen.

Parzivaldichter Wolfram von Eschenbach in Dollnstein?

In das Altmühltal bei Eichstätt führt eine Erwähnung im VIII. Buch des „Parzival“. Hier muss sich der Artusritter Gawan – neben dem Titelhelden die zweite Hauptfigur des Romans – ohne Rüstung und Waffen mit Hilfe eines Türriegels und eines Schachbretts gegen Angreifer verteidigen; dabei wird er von seiner Freundin, der Prinzessin Antikonie, tatkräftig unterstützt: „Die mächtige Prinzessin kämpfte da wie ein Ritter, an der Seite Gawans glänzte sie wehrhaft; die Krämerinnen von Dollnstein haben zur Fastnacht nie besser gekämpft. Sie tun das allerdings nur aus Jux und strengen sich ohne Not an“ (409, 5–11). Dollnstein befand sich damals im Besitz der Hochstiftsvögte von Eichstätt, der Grafen von Hirschberg, die sich vor Beginn des 13. Jh.s auch nach ihrer Dollnsteiner Burg nannten. Auf welchen Fastnachtsbrauch Wolfram anspielt, entzieht sich unserer Kenntnis. Weitere Ortsangaben aus Wolframs Heimatregion finden sich im „Willehalm“: Nördlingen (VI-295, 16), Kizzingen (Kissingen, auch Kitzingen könnte gemeint sein; VIII-385, 26), der große Wald Virgunt des Klosters Ellwangen (in einer lat. Quelle von 1024 Virgunda; VIII-390, 2), Beratzhausen an der Laber (VIII-397, 4), der Sand – wahrscheinlich ist der Eschenbach nahe gelegene Landstrich zwischen Nürnberg und Weißenburg gemeint (IX-426, 30). (Aus: Horst Brunner, Wolfram von Eschenbach, Gunzenhausen, 2. Aufl. 2010)

Geschichte/Sehenswertes

Ab 1150 saßen die Eichstätter Hochstiftsvögte, Adelsangehörige derer von Hirschberg, auf der Dollnsteiner Burg. Von der Burg ist heute nicht mehr viel zu sehen, da man sie 1804 ausgeschlachtet und das abgetragene Material anderweitig verwendet hat. In der Chronik Dollnsteins aus dem Jahre 1987 heißt es hierzu: „An der Westseite des Felsens (im Südwesten des inneren Marktes, nördlich der Altmühl; am Felsen angebaut) sieht man noch einige kurze Mauerstücke von Substruktionen aus glatt behauenen Quadern, an der Südspitze auch aus Bruchsteinen.“ In der Heidecker Schlosskirche befindet sich ein Fresko mit dem Abbild der Burg. Im 15. Jh. befestigten die Eichstätter Bischöfe die Ortschaft mit einem Mauerring und zwei Tortürmen. Die *Stadtmauer* ist zu großen Teilen noch erhalten. Von den beiden Türmen steht nur noch der *nördliche Turm*. Er wird von zwei Wehrgangbauten eingerahmt. Zur Geschichte der Dollnsteiner Burg wird das neue „Altmühlzentrum“ sicher zahlreiche neue Informationen anbieten (s. o.). In der Pfarrkirche

St. Peter und Paul aus dem 11. Jh. sind noch gut erhaltene Fresken aus der Zeit um 1320 zu sehen. Sie zeigen Jesus als Schmerzensmann mit Rutenbündel, die Kirchenlehrer Gregor und Hieronymus sowie verschiedene Apostel und Propheten. Auf dem rechten Seitenaltar befindet sich ein wertvolles Abendmahlsbild des bekannten Malers *Hans Schäufelin* (um 1530).

Ausflüge ins Wellheimer Trockental und nach Neuburg a. d. Donau

- **Wellheimer Trockental:** Das Tal war einst das breite Bett der Urdonau, in die die Altmühl bei Dollnstein einmündete. Seit sich die Donau ein neues Bett gesucht hat, liegt das Tal trocken. Lediglich die Schutter fließt noch von Nassenfels kommend westlich ins Urdonautal. **Wellheim** mit den Ortsteilen Konstein, Biesenhard, Gammersfeld und Hard ist das kulturelle und touristische Zentrum im Urdonautal. Der Marktflecken wird von einer mächtigen mittelalterlichen Burg überragt, deren Bergfried noch gut erhalten ist. Wellheim ist ein regelrechtes Freizeitparadies (Schwimmbad, Kletterfelsen und Naturfreundehaus). Die St.-Andreas-Kirche ist von einem Friedhof umgeben, auf dem nur Holzkreuze zugelassen sind. Der Marktplatz wurde in den letzten Jahren für die Urlauber attraktiv umgestaltet. Im *Urdonautal-Museum* (im Torbogenhaus, April–Okt. Mo/Di/Fr 15.30–18 Uhr, Sa 10–12 Uhr, So 10.30–11.30 Uhr) gibt es die Abteilungen Vor- und Frühgeschichte, Ortsgeschichte, Geologie und Biotope. **Konstein** besitzt ebenfalls eine Burgruine. Der Springbrunnen am Bahnhof mit seinem Glasbläserkopf erinnert an eine Glasmachertradition in Konstein, die bis ins 16. Jh. zurückreicht. Der *Dohlenfelsen* weist Kletterschwierigkeiten 8. Grades auf. Bei Aicha befindet sich ein Klettergarten (→ „Klettern", S. 39).
- **Neuburg an der Donau und Umgebung:** Neuburgs Sehenswürdigkeiten würden ein eigenes Buch füllen, wenn man sie ausführlich beschreiben wollte. Daher nur in Stichworten das Kostbarste dieser Donaustadt: Das pfalz-neuburgische *Residenzschloss* wurde im 16. Jh. von Pfalzgraf *Ottheinrich*, dem späteren Kurfürsten von Heidelberg, errichtet. Sehenswert ist die Schlosskapelle mit wertvollen Fresken aus der Bauzeit. An der Hoffassade ist „Graffiti" aus dem 16. Jh. zu sehen. Der Hof bildet eine reizvolle Kulisse für das *Neuburger Schlossfest* und die *Renaissancespiele* mit originalgetreuen Turnierspielen (Juli). Das Grasseggerhaus aus dem 16. Jh., die *Hofkirche* von 1607, eines der bedeutendsten Bauwerke der deutschen Spätrenaissance, das Rathaus von 1603, das Taxishaus mit seiner dekorativen Frührokokofassade, das Eybhaus von Gabriel de Gabrieli aus dem Jahre 1720, die Barockkirche St. Peter, die *Münz,* eine Münzstätte mit bewegter Vergangenheit (keltische Wehranlage, spätrömisches Kastell Venaxamodurum, Stadtburg der Pappenheimer, wittelsbachische Vogtei und schließlich spätmittelalterliches Ritterpalais), das adelige Hofherrenhaus von 1720, das Amtsgericht, ehemals kurfürstliches Regierungsgebäude, der Marstall, das Stadttheater, ein einstiger herzoglicher Getreidekasten, und schließlich das herzogliche Herrschaftsgebäude aus dem 16. Jh. – das ist der Steckbrief einer ehemaligen kurpfälzischen Residenzstadt, die sich einen Großteil ihres Charmes bis heute bewahrt hat und die als Große Kreisstadt 25.000 Einwohner beherbergt.
  Von Neuburg aus empfiehlt sich ein Besuch im **Kloster Bergen,** einem der schönsten Rokokoklöster Süddeutschlands. Es geht auf eine romanische Anlage zurück, von der nur noch die Krypta erhalten ist. Die Baumeister des 18. Jh.s waren der Eichstätter *Dominikus Barbieri* und *Johann Michael Fischer* aus Dillingen. Die **Burg**

Nassenfels, ebenfalls unweit von Neuburg gelegen, gilt als eine der besterhaltenen Wasserburgen im Naturpark Altmühltal. 1982 wurde im Burgbereich eine Siedlung aus der Zeit der Bandkeramik entdeckt. Auch eine bedeutende römische Siedlung mit Bädern, Villen, Töpfereien, Werkstätten und einem Kaufhaus von 67 m Länge wurde hier entdeckt.

Eichstätt

Eichstätt als Hauptstadt des Altmühltals anzupreisen wäre eine Untertreibung. Eichstätt ist mehr. Einer Spinne gleich hat das Eichstätter Domkapitel im Laufe der Jahrhunderte ein dichtes Netz von Ortschaften, Klöstern und Burgen regiert.

Mit dem Dom verfügt Eichstätt über ein herausragendes Denkmal katholischer Kirchenbaukunst. *Gabriel de Gabrieli* und *Jakob Engel* gehören zu den namhaftesten barocken Kirchenbauern des 18. Jh.s. Der nach historischem Vorbild angelegte Residenzplatz zählt zu den schönsten Straßenplätzen Deutschlands. Wegen seiner engen Gässchen vermittelt Eichstätt den Eindruck eines „Klein-Salzburg". Vor dieser historischen Kulisse hat sich in der Universitätsstadt eine bunt schillernde Szene herausgebildet. Die einmalige Schönheit der Stadt, und damit ist nicht nur die historische Bausubstanz gemeint – Eichstätt zeichnet sich durch eine moderne, ja fast avantgardistische Stadtarchitektur aus – haben sicherlich mit dazu beigetragen, dass die Eichstätter *Universität* bei den deutschen Studenten als die beliebteste gilt.

Verbindungen/Information

- *Vorwahl/PLZ* 08421/85072.
- *Anfahrt/Verbindungen* **Bahnhof Eichstätt**, Bahnhofstr. 6 (außerhalb, südlich von Rebdorf), ✆ 4487, Stadtbahnhof (auch für Busverkehr), Bahnhofsplatz 17, ✆ 4409, www.bahn.de. Eichstätt liegt an der Bahn-

Der Residenzplatz, einer der schönsten Architekturplätze Süddeutschlands!

strecke Treuchtlingen–Ingolstadt. Wenn Sie mit dem Rad nach Kelheim fahren und von dort wieder zurück nach Eichstätt wollen, müssen Sie bis Saal an der Donau radeln. Nur von dort besteht eine Zugverbindung via Ingolstadt nach Eichstätt! In der Zentralen Tourist-Information (s. u.) kann ein **Gesamtfahrplan Landkreis Eichstätt** angefordert werden, der für Busse und Bahnen gilt. Enthalten sind darin auch eine übersichtliche Karte zum öffentlichen Verkehr im Landkreis Eichstätt (Dreieck Mörnsheim-Beilngries-Ingolstadt) und ein Plan des innerstädtischen Liniennetzes (von Rebdorf bis Landershofen).

Taxi, ✆ 936061 und 4009; **Mietwagen**, ✆ 97220.

Anfahrt mit dem Pkw, von Norden her kommend über die A 6 und die B 13 (Ansbach–Gunzenhausen–Weißenburg) bzw. über die B 2 (Nürnberg–Weißenburg und dann auf die B 13). Von Süden besteht ebenfalls über die B 13 eine gute Verbindung von Ingolstadt (A 9) nach Eichstätt.

• *Information* **Tourist-Information Eichstätt**, Domplatz 8, ✆ 6001400, 📠 6001408, www.eichstaett.info. April–Okt. Mo–Sa 9–18 Uhr, So/Feiertage 10–13 Uhr, Nov.–März Mo–Do 10–12 u. 14–16 Uhr, Fr 10–12 Uhr. Zimmervermittlung für die Stadt Eichstätt, Anmeldung für alle Stadtführungen (Juni–Sept. Mo/Mi/Sa 13.30 Uhr, April/Mai/Okt. Sa 13.30 Uhr, 4 €, Treffpunkt: Tourist-Info); Dämmerungsführung (Mai–Juli 20 Uhr, Aug.–Okt. 19 Uhr, 3 €, Treffpunkt: vor dem Rathaus); Führung durch den Bastionsgarten (→ S. 196). Monatlicher Veranstaltungskalender „Was ist los?", in dem sämtliche Veranstaltungen aufgeführt sind.

Informations- und Umweltzentrum Naturpark Altmühltal, 2010 wird das Informationszentrum nach 20 Jahren Bestehen einer grundlegenden Renovierung unterzogen. Vor allem der Eingangsbereich wird völlig neu gestaltet. Im Prinzip aber bleibt das Angebot wie bisher bestehen: Ostern bis Okt. tägl. Mo–Sa 9–17 Uhr und So/Feiertag 10–17 Uhr (Mitte Mai bis Mitte Sept. tägl. bis 18 Uhr). Nov. bis März Mo–Do 9–12 und 14–16 Uhr, Fr 9–12 Uhr. Notre Dame 1, ✆ 98760, 📠 987654, www.naturpark-altmuehltal.de.

Im Informationszentrum findet der Besucher alles Wissenswerte über den Naturpark Altmühltal: Informationsraum, Biotop-Garten mit ökologisch-botanischem Garten u. v. m. Im Kuppelsaal der ehemaligen Klosterkirche finden Ausstellungen, Musikveranstaltungen und Lesungen statt. In einem separaten Raum daneben gibt es ausreichend Platz für Tagungen und Symposien.

Die Abteilung Umweltzentrum unter der Regie von Dr. Bauch veranstaltet Natur-Erlebnis-Wanderungen für Jung und Alt, Spezielles für Kinder und vermittelt geführte Wanderungen im Naturpark. Das umfangreiche Jahresprogramm kann jeweils ab Ostern im Service-Zentrum (s. u.) angefordert werden.

Studieren in Eichstätt

Katholische Universität Eichstätt, Ostenstr. 26–28 ✆ 930. Fakultäten: Katholische Theologie, Philosophisch-Pädagogische Fakultät, Sprach- und Literaturwissenschaften, Geschichts- und Gesellschaftswissenschaften, Mathematisch-Geografische Fakultät mit Lehrstuhl für Tourismusmanagement, Religionspädagogik und Sozialwesen (Wirtschaftswissenschaften nach Ingolstadt ausgelagert). **Studentenkanzlei**, Ostenstr. 26 ✆ 931213, 931215 und 931217. Mo–Fr 8.30–11.30 Uhr, zusätzlich Di und Do 13.30–15.30 Uhr. **Zentrale Studienberatung**, ✆ 931283. **Universitätsbibliothek**, Mo–Fr 8.30–24 Uhr, Sa 9–18 Uhr. **Führungen**: Di 16–17 Uhr und Do 9–10 Uhr. Universitätsallee 1, ✆ 08421/931791.

Übernachten/Essen & Trinken

• *Hotels/Gasthöfe* **Hotel Adler Superior (4)**, ein Haus der Extra-Klasse, das sich hinter historischer Kulisse verbirgt; im Zentrum der Stadt. DZ mit DU/WC, TV, Telefon, Schreibtisch, Sitzecke, Mini-Bar und Radio ab 91 €. Aufwendiger Frühstücksservice! Auf Wunsch stehen spezielle Nichtraucherzimmer bereit. Konferenzräume mit allem technischen Komfort; Sauna für Hausgäste. Marktplatz 22, ✆ 6767, ✆ 8283, www.adler-eichstaett.de.

In der Adler-Passage befindet sich auch der Eingang des **Restaurants/Cafés Colosseo (4)**, 11–14.30 Uhr und ab 17 Uhr. Ab 17 Uhr ist auch das *Abendrestaurant* im historischen Gewölbekeller bis 24 Uhr geöffnet, das dann von außen, vom Marktplatz aus, zugänglich ist. Ausgezeichnetes italienisches Restaurant, auf das mich meine Leser Harald und Barbara Reiß aufmerksam gemacht haben. Ihrem Urteil, dass das Colosseo ein „ganz besonders gutes und empfehlenswertes Lokal" ist, kann ich mich nur anschließen. Im Keller abends dieselbe Speisenkarte (Reservierung unter ✆ 7858), Mo Ruhetag.

Gasthof Ratskeller (13), traditionsreiches Haus gleich neben dem Info-Zentrum des Naturparks (Notre Dame). DZ mit DU/WC ab 58 €; schöner, ruhig gelegener Biergarten im Innenhof des Hauses, Unterstellmöglichkeiten für Fahrräder und Boote. Kardinal-Freysing-Platz 8–10, ✆ 901258, ✆ 2417, www.ratskeller-eichstaett.de.

Hotel Garni Fuchs (16), Hotel mit Café und Konditorei in neu erbautem Haus (im Stil der „Eichstätter Postmoderne"). Geschmackvolle Einrichtung und modernster Komfort im Restaurations- und Zimmertrakt. DZ mit DU/ WC ab 60 €; Kaminzimmer, Gartencafé und -lokal, Fahrradverleih für Hausgäste, Unterstellmöglichkeiten für Fahrräder und Boote; Mi ab 18 Uhr Ruhetag. Ostenstr. 8, ✆ 6789, ✆ 80117, www.hotel-fuchs.de.

Hotel-Gasthof Klosterstuben (3), im Zentrum gelegenes Haus mit großflächigem Restaurant. Internationale und bayerische Küche, vegetarische Karte; 1990 errichtetes Gästehaus mit behaglichen Komfortzimmern. DZ mit DU/WC ab 54 €. Pedettistr. 26, ✆ 98000, ✆ 3900.

Brauerei-Gasthof Trompete (15), zentral gelegenes Haus (→ „Restaurants"). DZ mit DU/WC ab 64 €. Ostenstr. 3, ✆ 98170, ✆ 9817390, www.braugasthof-trompete.de.

• *Etwas außerhalb* **Gasthof Hirschenwirt (18)** in Wasserzell, renoviertes Haus mit Tradition seit 1819 und gemütlichen, hellen Räumlichkeiten (Restaurant, Stüberl, Nichtraucherzimmer, Wintergarten, Biergarten und Café-Terrasse). Spielplatz für Kinder. DZ mit DU/ WC ab 64 €. Bodenständige Küche (eig. Metzgerei; Spezialitäten: Altmühltaler Lamm und bayerische Ochsensteaks). Wasserzell, Brückenstraße 9, ✆ 9680, ✆ 968888, www.hirschenwirt.de.

Landgasthof Pröll (17), etwas außerhalb der Stadt, in Landershofen gelegenes Hotel mit Restaurant und Café. DZ mit DU/WC ab 53 €. Die geschmackvolle Einrichtung des Restaurants verbreitet gediegene Atmosphäre, in der es sich gepflegt speisen lässt. Die Küche bietet Internationales wie Einheimisches. Das Angebot an Süßwaren kann sich sehen lassen! Di Ruhetag. Landershofen, Am Haselberg 1, ✆ 98830, ✆ 99880, www.landgasthof-proell.de.

• *Jugendherberge* **Jugendherberge Eichstätt (2)**, Reichenaustr. 15 (im Süden, an der Straße zur Willibaldburg rechts ab), 122 Betten, 3 Tagungsräume; geöffnet vom 6.2.–30.11. ✆ 980410, ✆ 980415, www.eichstaett.jugendherberge.de.

• *Zeltplatz* Nördlich der Altmühl, im Osten der Stadt.

• *Restaurants/Gaststätten* **Restaurant Domherrenhof (12)**, elegantes Haus gegenüber vom Dom, in den Stuckräumen im 1. Stock (Lift vorhanden). Hier lässt es sich vornehm speisen, worauf auch die Speisekarte ausgerichtet ist („kreative Küche"). 3 Kochlöffel im Guide Michelin! In den Nachmittagsstunden hat das hauseigene Café geöffnet. Domplatz 5, ✆ 6126, www.domherrenhof.de.

Zur Trompete (15) (→ „Hotels"), die Trompete hat sich in den letzten Jahren zum Top-Szenelokal gemausert. Ob jung oder etwas älter, ob mit oder ohne Studentenausweis: Man trifft sich in der Trompete, und das bereits tagsüber. Das reichliche Platzangebot, der schöne Biergarten und der lange Tresen lösen alle Platzprobleme. Und wenn es mal voll wird, hat das junge Personal trotzdem alles fest im Griff. Das Bier- und Weinangebot kann sich sehen lassen – und das bis spät in die Nacht! Ostenstr. 3.

Zum Ammonit (6), die studentische Szene von Eichstätt liebt es gemütlich! In den weit verzweigten Räumen des erst 1996 restaurierten Lokals mit langer Tradition und tiefem Brunnen treffen sich Jung und älter, Studenten und Profs. Speisen und Getränke munden in der urgemütlichen Umgebung besonders. Bereits zu Mittag gibt es täglich ein günstiges Gericht. Insgesamt gutes Preis-Leistungs-Verhältnis! Kein Ruhetag. Luitpoldstr. 19, ✆ 2929, www.zum-ammonit.de.

Gasthof Krone (11), traditionsreiches Haus gegenüber dem Dom. Typisch bayerischer Gasthof mit besonderen Schmankerln. Elegante, geschmackvoll eingerichtete „Gute Stubn" für 35 Personen, gemütlicher „Kronensaal" mit hölzerner Galerie und Platz für 250 Personen, Bürgerstube für 40 Pers. sowie Biergarten für 200 Personen. Würziges Eichstätter Bier (Hofmühl-Brauerei). Domplatz 3, ✆ 4406, 📠 4172, www.krone-eichstaett.de.

Restaurant-Café zum Kavalier (14), gehobene Küche für Gourmets und geschmackvoll eingerichtete Restaurationsräume. Kulturelle Veranstaltungen, Tagungen, Party-Service, eig. Studio-Kino im Haus. Di Ruhetag. Residenzplatz 17 (im alten Stadttheater), ✆ 908045.

Café-Restaurant-Biergarten Burgschänke (7), auf dem Gelände der Willibaldsburg, hoch über den Dächern der Domstadt, das bis zu 240 Personen Platz bietet (mit histor. Rittersaal); gutbürgerliche Küche mit reichhaltigem Angebot an Brotzeiten; im Freien der große Biergarten mit Platz für 300 Personen. Burgstr. 19, ✆ 80444, 📠 8349, www.burgschaenke.net.

• *Cafés/Kneipen/Discos* **Café im Paradeis (8)**, eines der schönsten Cafés im Altmühltal an einem der schönsten Plätze in Eichstätt! Mit großer Terrasse vor dem Haus. Hier trifft man sich! Marktplatz 9, ✆ 3313, 📠 2931.

Müllers Stadtcafé (10), zwischen Dom und Rathaus gelegen. Großzügige Räumlichkeiten (u. a. Wintergarten mit Blick in die benachbarte Buchhandlung) und schöne Café-Terrasse vor dem Haus. Aus der hauseigenen Konditorei werden Torten und Kuchen von der feinen Art serviert. Coole Drinks in heißen Zeiten und vieles mehr. Marktplatz 5, ✆ 2698, 📠 900432, www.muellers-stadtcafe.de.

L'in Contro (9), die einen finden's zu steril, die andern mögen die coole Atmosphäre. Manche bevorzugen die Treppe vorm Haus, andere die Freitische gegenüber. So Ruhetag. Luitpoldstr. 20, ✆ 5690.

• *Nachtleben* Die Jugend trifft sich meist in den Restaurants (beim Italiener in der Westenstraße oder beim Griechen in der Seydelstraße) und Cafés (u. a. im Segafredo am Dom oder im Desperado in der Marktgasse). Zum Abendsweggehen haben sich seit langem bewährt: **Planetenstüberl (5),** Musikkneipe, eng und verraucht. 20–1 Uhr, Pedettistr. 16, ✆ 901206.

Diskothek Dasda (1), gute Musik (schreibt ein 48er Jahrgang ...), kulturelle Veranstaltungen. Hier trifft man sich, wenn in der Altstadt die Barhocker hochgeklappt werden. Im Sommer setzt man sich auch mal vors Haus ans Lagerfeuer ... Mondscheinweg 9, ✆ 3768.

Sport & Freizeit

Neben den für eine Stadt wie Eichstätt üblichen Freizeiteinrichtungen, wie etwa Kinderspielplätze, **Sportzentrum** in der Schottenau, im Osten der Stadt (mit Tennisplätzen, Kegelbahnen und **Hallenbad**), beheiztes **Freibad** (im Westen, am Nordufer der Altmühl, 8–19 Uhr, ✆ 4512; wird gerade umgebaut; Neueröffnung 2010) und Kinos stehen dem Urlauber folgende Freizeitangebote offen:

• *Angeln* Für die Altmühl im Bereich „Stadtwasser Eichstätt" gibt es Angelkarten bei Jagdsport Rudolf Gögl, Westenstr. 31, ✆ 7560.

• *Beachvolleyball* An der B 13 im Westen der Stadt, auf der Flussinsel nahe des Freibades. Erreichbar vom Norden her über die Westenstraße.

• *Bootsverleih* Kajaks und Kanadier bei Fa. Glas, Industriestr. 18 a, ✆ 3055. www.booteglas.de; Bootsverleih Kanuuh, Am Graben 22, ✆ 935855, www.kanuuh.de; Bootsverleih Haifischbar mit Biergarten, Am Herzogsteg 2, ✆ 99953 (von Ostern bis Ende Sept.) bzw. 2685.

• *Fahrrad-Service* Fahrradgarage, Herzoggasse 3 zwischen Marktplatz und Altmühl, ✆ 2110, 📠 905165, www.fahrradgarage.de; Fa. Suttner, Westenstr. 15, ✆ 1899.

• *Kutschfahrten* In Landershofen (Richtung Pfünz), ✆/℻ 3420.

• *Reiten* Reiterhof und Pferdepension, Zur Lüften 9–11 (außerhalb, nördlich der Stadt, Richtung Thalmässing), ✆ 900812 u. 0162/2183075.

• *Skaten* Bahn im Osten der Stadt, beim großen P+R-Parkplatz an der Pirckheimerstraße; mit Halfpipe, Grindstange, Ramps und Welle.

• *Steinbruch/Museum* Am *Blumenberg* beim Harthof. Eigens eingerichteter **Hobby-Geologen-Steinbruch** mit Werkzeugverleih und Kiosk. Ehemaliger Plattenbruch der Firma Bergér (✆ 98760), ca. 3 km westlich der Stadtmitte (Zufahrt von der B 13 ausgeschildert). Mai–Okt. Mo–So 9.30–18 Uhr (Eintritt 2 €, erm. 1 €), mit Parkplatz und Unterstellhütte. *Funde dürfen mit nach Hause genommen werden!*

Fossiliensteinbruch beim Museum Bergér, ca. 100 m vom Museum entfernt bietet der Hobby-Steinbruch ganzjährig alles, was das Fossiliensammler-Herz begehrt: Hier kann entsprechendes Werkzeug, wie etwa Hammer und Meißel, vor Ort ausgeliehen werden, und hier werden auch die getätigten Funde erklärt. Das Museum bietet eine große Ausstellung bedeutender Fossilienfunde, eine Steindruckpresse und einen Museumsladen. Harthof 1, ✆ 4663, ℻ 905591, www.museum-berger.de. Palmsonntag bis 1. Nov. Mo–Fr 13.30–17 Uhr, So/Feiertage 10–17 Uhr, Juni bis Mitte Sept. werktags schon ab 10 Uhr.

Kultur & Veranstaltungen

• *Altes Stadttheater* Im Foyer Kunstausstellungen, im 1. OG Festsaal, im 2. OG Holbeinsaal, im 3. OG Filmstudio. Die Aufführungen werden detailliert im Veranstaltungsprospekt „Was ist los?" angekündigt, der jeweils am 1. des Monats bei der Stadt im Rathaus und in vielen Geschäften aufliegt (gratis). Residenzplatz 17 ✆ 97750, ℻ 977530, www.asthe.de.

• *Eichstätter Sommerspiele* Konzerte, Opern, Lesungen, Theateraufführungen, Vorträge und Musikabende. Programm und Kartenvorverkauf in der städt. Tourist-Information.

• *Figurenfeld im Hessental* Entlang dem idyllischen Hessental (Richtung Landershofen) wurden 78, größtenteils überlebensgroße Figuren des Künstlers *Alois Wüsche-Mitterecker* platziert, die der bereits verstorbene Bildhauer und Maler aus einer Mischung von Portland-Zement und Basaltkörnern in seinem Atelier auf der Willibaldsburg anfertigte. Das Figuren-Ensemble gleicht einem Schlachtfeld sich Aufbäumender und Gefallener, ohne dass ein konkret-historischer Bezug deutlich wird. Doch darauf kam es dem Künstler auch gar nicht an. Er wollte ganz allgemein die Schrecken von Krieg und Gewalt in Szene setzen, um so ein Monumentum perpetuum, ein Mahnmal für die Ewigkeit, zu schaffen, eine Warnung vor dem Krieg, bei dem es keine Sieger oder Besiegten gibt. Das Figurenfeld ist auch von der Jura-Hochstraße Eichstätt–Kinding aus zu erreichen (Parkplatz beim Kreisbauhof sowie an der Straße Landershofen–Eichstätt mit anschl. Rundwanderweg Nr. 8). Eine ausführliche Beschreibung liegt in den Buchhandlungen auf.

• *Veranstaltungen & Feste* Im **Mai** „Walburgi-Dult" (3–4 Tage). **Juni/Juli**: Sommerfest der Uni im Hofgarten, Volksfest „Willibald-Dult" (4–5 Tage), Altstadtfest (2 Tage), Fischerfest auf der Seminarwiese (3 Tage). **Aug./Sept.**: Volksfest (8 Tage, www.volksfest-eichstaett.de). Genaue Termine im Veranstaltungskalender. Neu eingerichtet wird ab 2010 der **„Wallfahrer-Weg"**, eine Tour von Maria Brünnlein nach Parsberg (wo Rückfahrmöglichkeiten mit der Bahn bestehen), auf der man den „stillen Naturpark Altmühltal" kennenlernen kann. Detaillierte Informationen wird es im neu gestalteten Informationszentrum Notre Dame geben (s. o.).

Geschichte

1987 feierte die Eichstätter Diözese den 1200. Todestag des *Hl. Willibald*, des Bistumsgründers und Schutzheiligen der Stadt an der Altmühl. *Winfried Bonifatius*, geboren 675 im britannischen Wessex, gilt als Initiator der Missionierung Süddeutschlands durch die Angelsachsen. Durch Bonifatius kam es auch zur Gründung der Bistümer Freising, Passau, Regensburg und Salzburg auf dem Gebiet des Bayern-

Westfassade des Eichstätter Doms, ein Werk Gabriel de Gabrielis

herzogs *Odilo*. Er war es außerdem, der Willibald im Jahre 739 bei Papst *Gregor III.* abrief, um ihn für die Arbeit am Volk der Franken zu verpflichten. Ein fränkischer Adeliger namens *Suidger* hatte Bonifatius seine Besitzungen in „Eihstat" übermacht. Der Name geht auf die keltische Bezeichnung „eistedd" zurück, was so viel wie Wohnstätte oder Landsitz bedeutet. Willibald ging nach seiner Weihe zum Bischof im Jahre 741 sofort daran, auf den Resten einer abgebrannten Siedlung sein erstes Kloster auf fränkischem Boden zu errichten. Ausgrabungen anlässlich der Renovierung des Eichstätter Doms von 1970–1972 haben die Fundamente dieses Willibaldsklosters zu Tage gefördert.

Im Jahre 745 erhielt das neu gegründete Bistum Eichstätt seine Grenzen zugesprochen, auf Kosten der schon bestehenden Bistümer Augsburg und Regensburg. 788 starb Willibald im Alter von 78 Jahren. Schon bald setzte eine Verehrung des Bistumsgründers ein, an den noch heute zahlreiche Denkmäler in der Altmühlstadt erinnern. Sein Nachfolger als Abt und Bischof wurde *Gerhoh*, der das begüterte Eichstätter Kloster in ein Kanonikerstift des Bistums umwandelte. Das hatte die Bildung eines starken Domkapitels zur Folge, das die Geschicke der Stadt bis in unsere Zeit nachhaltig geprägt hat.

Bischof *Heribert*, Graf von Rothenburg (1022–1042), begann auf den Überresten des karolingisch-ottonischen Gotteshauses mit der Errichtung eines neuen Dombaues, der von seinen beiden Nachfolgern abgeschlossen wurde. Darunter Bischof *Gebhard von Hirschberg* (1042–1057), der in der Zeit von 1055 bis 1057 als Papst *Viktor II.* die Geschicke der Römischen Kirche leitete. Von diesem romanischen Dombau sind bis heute die Türme, Teile der Mauern im Querhaus und im Ostchor, die Arkaden zur Gundekarkapelle sowie der Triumphbogen über dem Willibaldsaltar erhalten geblieben. Im 13. Jh. wurde eine Grabeskirche für den Hl. Willibald erbaut (heute Westchor). Ein Jahrhundert später entschloss sich das Domkapitel zum

Bau eines neuen, gotischen Domes, der um 1420 vollendet werden konnte. Erst im Zeitalter des Barock, der Blütezeit der Altmühlstadt, erfolgten weitere optische Eingriffe in die Architektur des Domes. Hervorzuheben ist die Westfassade, die *Gabriel de Gabrieli* im Jahre 1718 schuf. Darüber hinaus gingen die Barockbaumeister daran, der Bischofsstadt ein neues Gesicht zu geben. Der *Residenzplatz* gilt als einer der bedeutendsten und sicherlich auch schönsten Plätze Süddeutschlands.

Noch heute wird Eichstätt durch das Domkapitel geprägt. Die als Katholische Universität im Jahre 1980 gegründete Hochschule hat auf ihre Weise zur Bereicherung des Stadtbildes beigetragen. Die Einrichtung des *Naturparks Altmühltal,* einer der größten Deutschlands, hat Eichstätt zum Zentrum des Fremdenverkehrs im Altmühltal werden lassen. Auch als Industriestandort hat sich Eichstätt als attraktiv erwiesen, wobei sich Standortvorteile und Naherholungsfunktion gegenseitig ergänzen.

Sehenswertes

Rundgang durch den Eichstätter Dom

Der Rundgang beginnt in der 1724 von *Gabriel de Gabrieli* als Sakristei errichteten **Vorhalle (1)** an der Nordseite des Westchores. Gleich rechter Hand sehen wir das bekannte **Willibaldsdenkmal (2),** ein von *Loy Hering* im frühen 16. Jh. gefertigter barocker Grabaltar mit der Steinplastik des Bistumsgründers. Die Rückseite des Denkmals bildet der reich geschmückte Willibaldsaltar von *Matthias Seybold* (1745). In der Urne über dem Tabernakel ruhen die Überreste des Hl. Willibald.

Im **Willibaldschor (3)** befinden sich u. a. eine Kreuzigungsgruppe (ebenfalls von *Loy Hering*) und der Willibaldsschrein von 1296, in dem die Gebeine des Heiligen von 1296 bis 1745 aufbewahrt wurden. Wir verlassen den Willibaldschor und orientieren uns rechts zur Südseite des mächtigen **Langhauses (4).** Dabei kommen wir am Wolfstein-Epitaphaltar vorbei, einem der ältesten Renaissancealtäre Süddeutschlands, auch ein Werk von *Loy Hering.* Wer will, kann einen Blick in einer der südlichen Seitenkapellen werfen, darunter die Bäckerkapelle mit einem Marienaltar aus der Zeit um 1500 und die Willibalds-Bonifatius-Kapelle mit wertvollen Figuren aus dem 16. Jh. (Rupert, Wunibald und Nikolaus).

Vor der neu errichteten Altarinsel der Vierung stoßen wir auf die bekannte **Buchenhüller Madonna** von 1430. Sie stammt ursprünglich aus der Wallfahrtskirche von Buchenhüll bei Eichstätt und gilt bis heute als eine der meistverehrten Marienfiguren der Gegend. Rechts angrenzend die Seckendorffkapelle mit den Figuren des Hl. Willibald und der Hl. Walburga, die benachbarte Sakramentskapelle birgt das **Gundekar-Hochgrab,** eine mit kunstvoll geschmiedeten Gittern umgebene Tumba mit den Gebeinen des Bischofs *Gundekar II.* (1057–1076). Gegenüber erhebt sich das steinerne **Loy-Hering-Kreuz** aus der Zeit um 1520 mit dem aufgerichteten Körper Jesu.

Rechts vom **Hauptchor (6)** steht der mächtige **Schaumberg-Altar,** der von *Phillipp Sarder* im Jahre 1570 für Bischof *Martin von Schaumberg* (1560–1590) vollendet wurde. Der Bischof und seine Eltern sind im Mittelteil des dreigeschossigen, im Stil des Manierismus errichteten Altaraufbaus zu erkennen. Links neben dem Altar gibt ein Aufgang den Weg frei zur **südlichen Turmkapelle (7),** auch Michaelskapelle genannt.

Der **Hauptaltar** des Doms, den wir aus einiger Entfernung von den Stufen des Vierungsaltars aus betrachten, stammt aus der Zeit um 1480. Es handelt sich um einen spätgotischen Flügelaltar, in dessen Zentrum wird die Figur der Patronin des Gotteshauses, die Hl. Maria, von Willibald und seinem Vater Richard sowie von den Geschwistern Wunibald und Walburga, den Schutzheiligen des Domes, umrahmt. Wir begeben uns auf die Nordseite des Langhauses, wo ein Aufgang zur **nördlichen Turmkapelle (8)** führt. Neben dem Aufgang steht der berühmte **Pappenheimer Altar (9),** ein Steinaltar, der in den Jahren 1489–1497 von dem Kanonikus *Kaspar Marschall von Pappenheim* anlässlich seiner Rückkehr von einer Pilgerreise nach Palästina gestiftet wurde. Als Schöpfer gilt der Dombaumeister *Hans Paur*. Vor dem Hintergrund mit Motiven aus Jerusalem, Venedig und Nürnberg, den bedeutendsten Städten des Mittelalters, erhebt sich eindrucksvoll eine Kreuzigungsgruppe.

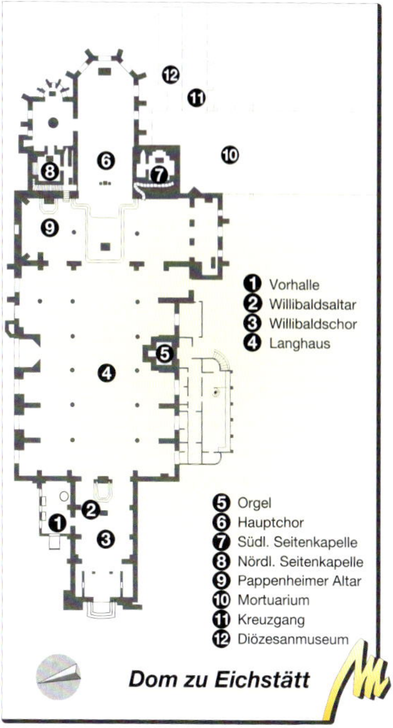

Gegenüber steht in einer Nische das Denkmal für Papst *Viktor II.* (1055–1057), Bischof von Eichstätt in den Jahren 1042–1055, das 1946 von der Eichstätter Künstlerin *Johanna Fischl* geschaffen wurde. Daran schließt eine Doppelkapelle an, deren Ostseite der **Iphofener Altar** ausfüllt, ein Werk aus der Zeit um 1500. Wie in all den anderen Kapellen sind auch hier zahlreiche, größtenteils wertvolle und sehenswerte Grabsteine eingelassen, darunter der des berühmten Bischofs *Johann Martin von Eyb* (1697–1704). Eine Wendeltreppe führt zur neugotischen **Kanzel,** eine Nürnberger Arbeit aus dem Jahre 1887. Am Haupteingang vorbei bringt uns der Rundweg zur **Ulmschen Kapelle** mit dem neugotischen Anna-Altar von 1867. Es folgt eine weitere Kapelle mit dem Laurentius-Altar an deren Ostseite. Sehenswert ist hier das von *Loy Hering* geschaffene **Grabdenkmal** für Bischof *Gabriel von Eyb* (1496–1535), das zu den herausragenden Werken aus der Zeit der deutschen Frührenaissance gerechnet wird. Den Abschluss bildet die **Leonrodkapelle** mit dem neugotischen Josephsaltar von 1879.

Wir begeben uns auf die Südseite des Doms, wo die Grablege des Eichstätter Domkapitels, das sog. **Mortuarium (10),** im Jahre 1498 eingeweiht wurde. Es ist eine zweischiffige Begräbnisstätte mit sieben Stützsäulen, die in ein kunstvoll verschlungenes Rippennetz übergehen. An der Decke befinden sich die Wappen von zahlreichen bayerischen und fränkischen Adelsgeschlechtern. Gleich am Eingang des Mortuariums, an dessen Nordseite, fällt die **Schöne Säule** von 1489 auf, die mit einem kunstvoll gestalteten Schriftenband geschmückt ist. Ihr Pendant auf der Südseite, die **Gewundene Säule,** wirkt dagegen schlichter, aber eleganter. Zahlreiche Grabsteine sind in den Boden eingelassen, darunter das von *Loy Hering* er-

Glasfenster im Mortuarium

stellte Epitaph für den Domherren *Kaspar Adelmann* (um 1540) sowie der Grabstein für *Friedrich von Meihingen,* den Propst des Altmühlstifts von Herrieden (um 1330). Es gilt als das älteste Grabmal dieser ehrwürdigen Stätte. In allen Führungen wird das Glasfenster mit der Schutzmantelmadonna von *Hans Holbein d. Ä.* gepriesen. Ein anderes Fenster zeigt das Jüngste Gericht.

Das Mortuarium stellt den vierten Flügel des **Kreuzgangs (11)** dar, der in den Jahren 1410–1470 entstand.

Zum Abschluss folgt ein Besuch des **Diözesanmuseums (12),** das man direkt vom Kreuzgang aus erreicht. Es birgt in zwölf Abteilungen Exponate und Dokumente der Eichstätter Bistumsgeschichte.

Domschatz- und Diözesanmuseum Eichstätt, Residenzplatz 7. Führungen nur nach Vereinbarung. April bis Nov. Mi–Fr 10.30–17 Uhr, Sa/So/Feiertage 10–17 Uhr. Sa/So freier Eintritt; ✆ 50742 u. 50266, 📠 50269, www.dioezesanmuseum-eichstaett.de.

Rundgang durch die Eichstätter Altstadt

Vom Diözesanmuseum (s. o.) führt der Weg ins Freie auf den **Residenzplatz,** ein in Süddeutschland einzigartiges barockes Platzensemble aus dem 18.Jh. Um den Platz mit der hoch aufragenden **Mariensäule** von *Maurizio Pedetti* (1780) gruppieren sich in einer Art Halbrund die historischen Gebäude jener Zeit, darunter die Kavaliershöfe, das einstige Generalvikariat und die ehemalige Fürstbischöfliche Kanzlei. Das Viertel am Residenzplatz ist das Werk des bedeutendsten Eichstätter Hofbaudirektors *Gabriel de Gabrieli.*

Das Prunkstück des Platzes bildet der ebenfalls von Gabrieli im Jahre 1725 geschaffene Südflügel der **Residenz,** in der sich heute das Landratsamt des Landkreises Eichstätt befindet. Durch den von *Jakob Engel* im Jahre 1704 errichteten Westflügel gelangt man in das Innere des ehemaligen fürstbischöflichen **Schlosses,** wo eine Führung durch die Residenzräume angeboten wird. Auf eigene Faust kann das Schloss nicht besichtigt werden! Sehenswert sind das von *Pedetti* geschaffene Treppenhaus, die Stuckaturen und Putten von *Johann Jakob Berg,* die Fresken von *Johann Michael Franz* sowie der **Spiegelsaal** im zweiten Stock der Residenz. Seine wertvolle Rokokoausstattung mit kostbarem Stuckmarmor und kunstvoll gefertigten Spiegeln wird von dem berühmten Deckengemälde „Friede und Gerechtigkeit" von *Johann Michael Franz* gekrönt. Die ehemalige Kapelle dient heute als Ausstellungstrakt für moderne Malerei.

Östlich des Residenzplatzes stoßen wir auf den **Leonrodplatz.** Auch hier begegnet man auf Schritt und Tritt der Palazzo-Architektur des Eichstätter Domkapitels. Herausragend ist die ehemalige Residenz des Dompropstes, die sog. **Dompropstei,** ein zweiflügeliger Fassadenbau mit Erker von *Jakob Engel* aus dem Jahre 1672. Gegenüber hat *Giovanni Domenico Barbieri* (1712–1764), einst Hofpolier, Hofmaurermeister und schließlich Domkapitelbaumeister, die **Domdechantei** (heute Bischöfliches Ordinariat) gestaltet, den Sitz der bischöflichen Verwaltung der Diözese Eichstätt.

Überragt wird der Platz durch die mächtige **Schutzengelkirche.** Sie wurde 1717–1739 erbaut – eine Nachbildung der Münchener Michaelskirche. Die Engelslehre als gestaltendes Leitmotiv beherrscht mit insgesamt 567 Engelsdarstellungen das Kircheninnere. Im Blickpunkt steht der vom Eichstätter Künstler *Matthias Seybold* geschaffene Hochaltar aus dem Jahre 1739. Das Altarbild zeigt den Kampf des Hl. Michael mit Luzifer.

Vom Leonrodplatz gelangen wir über die Ostenstraße zur **ehemaligen Sommerresidenz** der Eichstätter Fürstbischöfe, heute Sitz der Verwaltung der Katholischen Universität. Die Anlage besteht aus dem von *Gabriel de Gabrieli* im Jahre 1735 errichteten Sommerschloss, dem fürstlichen Garten (Hofgarten) und drei ansehnlichen Pavillons an der Südseite des Gartenparks. Der dreigeschossige Hauptwohnbau mit zwei Galerieflügeln (insgesamt 100 m lang) besticht durch seine harmonische Gliederung. Im Großen Saal hat sich der Vinschgauer Künstler *Johann Evangelist Holzer* mit seinem berühmten Deckengemälde „Der Frühling" verewigt. Der Festsaal und das Stiegengebäude können nur mit vorheriger Genehmigung der Universitätsverwaltung besichtigt werden. Frei steht es dagegen jedem, durch den **Hofgarten** zu lustwandeln, den seine einstigen Besitzer, die Herzöge von Leuchtenberg, um 1820 von einem französischen Garten in eine englische Anlage umwandeln ließen. Alle Wege führen zum mittleren der drei Gartenpavillons, dem sog. **Muschelpavillon,** den *Maurizio Pedetti* um 1780 gestaltete.

Prachtvolle Barockbauten am Leonrodplatz

Unweit der Universität befindet sich stadtauswärts gelegen die **Kapuzinerkirche** mit dem dazugehörigen Kloster, das noch heute als Studien- und Ausbildungskloster der Kapuziner dient. Kapuziner gibt es in Eichstätt seit über 350 Jahren. Die Geschichte der Kirche reicht allerdings bis ins 12. Jh. zurück, als Dompropst *Walbrun von Rieshofen* um 1166 eine Nachbildung des Heiligen Grabes von Jerusalem hier errichten ließ. Sie ist als Grabkapelle noch heute Bestandteil des Gotteshauses (heute Heilig-Kreuz-Kirche). Der über 4 m hohe Steinbau, eine der besterhaltenen Nachbildungen des heiligen Grabes, birgt einen Vorraum mit Apsis sowie die eigentliche Grabkapelle. Durch einen niedrigen Zugang gelangt man in die Grabkammer, wo die Nachbildung des Leichnams Christi aufgebahrt liegt. In der Karwoche ist das Grabdenkmal Ziel vieler Gläubiger. Auf dem Friedhof des Klosters ist das Grab des 1935 verstorbenen Paters *Ingbert Naab* sehenswert, der das Kloster von 1926–1933 leitete und sich als Landespräses der Katholischen Studentenkongregation mit Vehemenz gegen die aufkommenden Nationalsozialisten wandte.

Nach einem längeren Spaziergang am idyllisch gelegenen Stadtrand (Antonistraße, Webergasse) erreichen wir **St. Walburg,** die über 900 Jahre alte Benediktinerinnenabtei von Eichstätt. Hier hat *Walburga,* die Schutzheilige der Stadt, ihre letzte Ruhestätte gefunden. Erst 100 Jahre nach ihrem Tod im Jahre 779 waren ihre Gebeine von Heidenheim im Hahnenkamm nach Eichstätt überführt worden. 1035 wurde das Kloster gegründet. Ihre sterblichen Überreste sind in einem steinernen Sarg hinter dem Hochaltar von St. Walburg beigesetzt. In den Jahren 1629–1631 errichtete *Martin Barbieri* auf den Grundmauern des romanischen Gotteshauses eine frühbarocke Wandpfeilerkirche, deren Vollendung sich durch die Wirren des Dreißigjährigen Krieges bis ins Jahr 1746 hinzog. 1661 entstanden die Klostergebäude, als Nachfolgebauten des mittelalterlichen Klosters. Neben dem dreiflügeligen Konventbau entstand 1711 das **Abteigebäude.**

Der Gruftaltar von St. Walburg ist noch heute Ziel zahlreicher Wallfahrten. Schon früh wurden Walburga Heilkräfte bei Krankheiten und Unfällen zugesprochen. Das *Walburgis-Öl,* das bis heute von den Nonnen verabreicht und in die ganze Welt verschickt wird, geht auf das Jahr 870 zurück, als bei der Überführung der Leiche Walburgas die Gebeine der Toten von unzähligen Tropfen bedeckt gewesen sein sol<len. Seitdem bildet sich unter dem Gruftaltar, am Unterboden des Sarkophages, eine ölige Flüssigkeit, die aufgefangen und in kleine Fläschchen abgefüllt wird.

• *Urlaub im Kloster* Das **Gästehaus der Benediktinerinnen-Abtei St. Walburg** bietet sich zur „Beherbergung für Menschen, die in klösterlichem Umfeld Erholung, Ruhe und Besinnung suchen" an. 31 Gästebetten stehen bereit, jeweils mit Dusche und WC (nur für Frauen; Übernachtung im Doppelzimmer mit Frühstück 32 €); ferner Teeküche, kleiner Aufenthaltsraum, Barockgärtlein und Pkw-Stellplätze. Information: Marienhaus, Walburgiberg 6, ✆ 98870, ℻ 988740.

Von St. Walburg aus erreichen wir über die Westenstraße den **Marktplatz** von Eichstätt, der von der Fassade des **Rathauses** beherrscht wird. Seine Errichtung geht auf das Jahr 1444 zurück. Das klassizistische Äußere erhielt der gotische Bau in den Jahren 1822–1824. Passend dazu der achtgeschossige, laternenbekrönte Rathausturm. Ein besonderes Schmuckstück des dreieckig angelegten Platzes ist der imposant wirkende **Willibaldsbrunnen,** den Fürstbischof *Euchar Schenk von Castell* im Jahre 1695 stiftete. Neben der ehemaligen Stadtpropstei (heute Marienapotheke) von *Gabriel de Gabrieli* erinnert das Geburtshaus *Willibald Pirckheimers* an den großen Humanisten (1470–1530).

Hoch über dem Altmühltal: die Eichstätter Willibaldsburg

Auf der Willibaldsburg

Auf einer Bergzunge inmitten der Altmühlschleife überragt die **Willibaldsburg** die Bischofsstadt. Die Anlage geht auf die sog. Alte Burg zurück, die Bischof *Heribert Graf von Rothenburg* (1022–1042) errichten ließ. Erst im Jahre 1355, 50 Jahre nachdem die Eichstätter Schutzgrafen von Hirschberg ausgestorben waren, verlegten die Bischöfe ihre Residenz auf den Bergsporn über dem Altmühltal. Es folgte ein Ausbau der Burg, der unter Bischof *Raban Truchsess von Wilburgstetten* (1365–1383) vollendet wurde. 1609 wurde der berühmte Augsburger Baumeister *Elias Holl* verpflichtet, der den sog. Gemmingenbau errichten ließ. Fortan prägte dieser Hauptbau mit seinen beiden Flankentürmen das Gesicht der Willibaldsburg. Die Vollendung der Anlage konnte Bischof *Johann Konrad von Gemmingen* (1595–1612), nach dem der Bau benannt wurde, nicht mehr erleben. Dagegen war es ihm vergönnt, die Arbeiten am neuen Botanischen Garten, dem *Hortus Eystettensis*, zu begutachten.

Die neu geschaffene Residenz bot bis in die Zeit des Dreißigjährigen Krieges zahlreichen Eichstätter Bürgern Schutz, nachdem die Stadt im Jahre 1633 von den Schweden eingenommen und gebrandschatzt worden war. Die Burg selbst wurde nur für kurze Zeit eingenommen, bevor sie von den Kaiserlichen zurückerobert wurde. Der *Hortus Eystettensis* (s. u.) jedoch fiel den Kriegswirren zum Opfer. Nach dem Krieg wurde die Residenz zu einer Veste ausgebaut. Ein Blitzschlag im Jahre 1681 zerstörte weite Teile der Anlage und Fürstbischof *Martin von Eyb* verlegte die Residenz der Bischöfe in die Stadt im Tal. 1704 entstand dort die Neue Residenz (s. o.), die Burg verwaiste. 1786 wurde hier ein Zuchthaus eingerichtet, später fielen große Teile in private Hand. Ganze Gebäude- und Mauerteile wurden abgerissen. 1880 erwarb schließlich die Stadt Eichstätt das, was übrig geblieben war.

Im Hortus Eystettensis auf der Willibaldsburg

Der *Historische Verein Eichstätt* begann bald darauf mit der Einrichtung eines vor- und frühgeschichtlichen Museums in den Räumen des Gemmingenbaus. 1900 wurde der bayerische Staat neuer Eigentümer der Willibaldsburg. In den sechziger und siebziger Jahren begann man mit einer umfangreichen und sorgfältigen Restaurierung.

Rundgang: Durch die **Vorburg** und das mächtige **Torhaus**, das von zwei gewaltigen Bastionen flankiert wird, gelangt man in das Innere der Anlage. Am Eingang zum Torhaus sind die Reste einer Fallbrücke noch deutlich erkennbar, darüber ragt ein mehrgeschossiger Eckerker aus dem Mauerwerk. Im Innenhof der Vorburg liegen linker Hand die beiden Flügel des ehemaligen **Spitals.** Von *Maurizio Pedetti* stammt die **Spitalkirche** am Ende des Südflügels. Rechter Hand das ehemalige **Zeughaus,** ein lang gestreckter Bau im Norden der Burg. Vor uns sind die Reste des **Schaumbergbaus** erkennbar, dessen vorgelagerte Wachstube seit 1973 die **Burgschänke** beherbergt.

Über dem Portal des **Gemmingenbaus,** dem besterhaltenen Teil der Burg, prangt das Wappen des Fürstbischofs Gabriel von Eyb, das *Loy Hering* schuf. Im Hof selbst erkennen wir die drei Flügel mit ihrer unterschiedlichen Fassadengestaltung. Schlicht wirkt der rechts liegende Nordflügel, der bereits im Mittelalter errichtet wurde. Der gegenüberliegende Südflügel besticht durch seine elf Arkadenbögen. Im ersten Stock dieses Gebäudes befindet sich das **Museum für Ur- und Frühgeschichte** (s. u.).

Das **Jura-Museum** betritt man durch das mit dorischen Säulen und einem gesprengten Dreiecksgiebel geschmückte Portal. Es birgt einmalige paläontologische und geologische Sammlungen und überzeugt durch sein gelungenes pädagogisches Konzept. Eine eigene Abteilung dokumentiert die Flussgeschichte der Altmühl. Zahlreiche Funde aus dem Gebiet der Solnhofer Plattenkalke werden präsentiert; darunter das wertvollste Stück der Sammlung, der *Archaeopteryx lithographica.*

Schließlich werden wir im Aquarienraum in die bezaubernde und bunt schillernde Welt der Fossilien des Jurameeres entführt.

Museum für Ur- und Frühgeschichte & Jura-Museum, tägl. (außer Mo), April bis Sept. 9–18 Uhr, Okt. bis März 10–16 Uhr. Multivisionsschau im Jura-Museum 10.15 und 15 Uhr. Führungen bitte anmelden unter ✆ 2956 (Jura-Museum) o. ✆ 89450 (Museum für Ur- und Frühgeschichte).

Hortus Eystettensis: Eine besondere Attraktion für Besucher des Altmühltals bietet Eichstätt mit dem Hortus Eystettensis im ehemaligen Bastionsgarten! Unterhalb der Willibaldsburg wurde mit wissenschaftlicher Akribie rekonstruiert, was Johann Konrad von Gemmingen in seiner Zeit als Eichstätter Bischof (1595–1612) geschaffen hatte. In acht Gärten ließ er exotische Gewächse, Blumen und Bäume anpflanzen. Ludwig Jungermann und Basilius Besler kommt das Verdienst zu, mit einem prächtigen illustrierten Kupferstichband aus dem Jahre 1613 die Erinnerung an den schönsten der seinerzeit vier botanischen Gärten in Deutschland wach gehalten zu haben.

Öffnungszeiten Ostern bis Mitte Okt. Di–So 9–18 Uhr. Eintritt frei! Führungen werden von der städtischen Touristinformation (s. o.) angeboten, jeweils am 1. Sonntag im Monat um 11 Uhr am Garteneingang auf der Burg (nur bei entsprechender Witterung).

Kloster Rebdorf

Im Kloster Rebdorf, zwischen Wasserzell und Eichstätt an der Altmühl gelegen, ist heute eine Internatsschule der Herz-Jesu-Missionare untergebracht. Dennoch lohnt sich ein Besuch des ehemaligen, 1055 erstmals erwähnten, Chorherrenstiftes der Augustiner. In der noch aus spätromanischer Zeit stammenden Basilika beherrscht zwar der barocke Stil das Kircheninnere (Umbau der Stiftskirche ab 1732 nach Plänen von *Gabriel de Gabrieli;* Baumeister war *Matthias Seybold),* doch lässt sich die hochmittelalterliche Bauzeit noch an den rundbogigen Arkaden und Fenstern sowie an den Apsiden erahnen. Aus barocker Zeit bestechen der an das frühe Rokoko erinnernde, farbige Stuck (1700) und die Deckenfresken (1735). Im lichtdurchfluteten Chor vermisst man den für den Barock opulenten Hochaltar. Er wurde, wie die seinerzeit berühmte Bibliothek des Klosters, in den Wirren der Säkularisation weggeschafft.

Auch von außen präsentiert sich die weitläufige Anlage in barockem Glanz. Die Schaufassade, das Pedetti-Portal, der Schulhof mit der ehemaligen Prälatur und der Gabrieli-Hof alleine sind einen kleinen Rundgang wert. Ebenfalls nicht versäumen sollte man die Partie an der Altmühl, von wo aus man einen imposanten Blick auf die Eichstätter Willibaldsburg genießt. Wer allerdings Andenkenlädchen und Stehimbiss sucht, wird hier in Rebdorf nicht fündig werden.

Ausflug nach Ingolstadt

Auf der B 13, die das Altmühltal im Osten der Bischofsstadt verlässt, gelangt man nach ca. 25 km in die Donaumetropole Ingolstadt, die ihren guten Ruf nicht nur der Autos wegen genießt. Sie ist beileibe nicht nur ein Industriekoloss (Automobilindustrie, Raffinerien), sondern sie bietet in ihren Altstadtmauern kulturell Hochwertiges: die St.-Moritz-Kirche von 1234, den Herzogskasten aus dem 13. Jh., in dem heute der drei Bühnen des angesehenen Ingolstädter Stadttheaters untergebracht ist, das Münster aus dem 15. Jh., das Kreuztor von 1385, das Herzogsschloss aus dem 15. Jh. mit dem Bayerischen Armeemuseum, die Asamkirche Maria de Victoria von 1736, das Deutsche Medizinhistorische Museum, die Festung aus dem 19. Jh. (klassizistisch), das Stadtmuseum und eine Reihe von gepflegten Parkanlagen.

Walting und Umgebung

Walting ist eine typische Altmühlgemeinde. Eingebettet in die sanften Höhenzüge der Altmühlalb, umgeben von dichten Waldgürteln und ausgestattet mit allem, was das Urlauberherz begehrt: Wanderwege im Waltinger Forst, eine Anlege- und Umsteigestelle für Bootsfahrer und Gastwirtschaften mit urgemütlichen Biergärten.

Im Ortsteil *Pfünz* verfügt Walting nicht nur über ein Schloss, das heute als Jugendhaus genutzt wird (→ „Information"). Es kann auch auf eine bedeutende Vergangenheit zur Zeit der Römer zurückblicken. Kastell, Kastellfest, Villa Rustica und Römerturm sind Magnete für die Fans der ehemaligen Besatzermacht aus dem sonnigen Süden. In *Hofstetten*, nur unweit von Pfünz, befindet sich das einzigartige *Jura-Bauernhof-Museum*. Der *Campingplatz Almosmühle* kann von Jugendgruppen gemietet werden. In *Inching* macht sich Altmühl-Idylle breit: gepflegte Bauernhäuser, ein Schlösschen und eine schicke Dorfkirche – und das alles direkt am Ufer des Ferienflusses. *Rieshofen* wartet mit einer Wasserburg aus dem 12. Jh. und *Pfalzpaint* mit einem Schloss aus dem 18. Jh. auf.

- *Vorwahl/PLZ* 08426/85137.
- *Information* Die **Gemeinde Walting** mit ihren Ortsteilen Pfünz, Inching, Rieshofen, Pfalzpaint und Erkertshofen ist Mitglied der Verwaltungsgemeinschaft Eichstätt im Landkreis Eichstätt, Pfahlstr. 17, 85072 Eichstätt, ✆ 08421/97400, 📠 974050, www.walting.de.
- *Jura-Bauernhof-Museum* In dem über 400 Jahre alten Gebäude sind historische Einrichtungsgegenstände ausgestellt. Darunter ein gusseiserner Ofen von 1759, eine „Rußkuchl", eine Speis, ein Rossstall, ein Himmelbett von 1854, ein Getreideboden und eine original ausgestattete Backstube. April–Okt. Di–Fr 14–16 Uhr u. Sa/So/Feiertage 14–17 Uhr. Anmeldung von Gruppen im Info-Zentrum Notre-Dame in Eichstätt. Adresse Schlossstr. 19, 85122 Hofstetten (Richtung Böhmfeld), ✆ 08406/276 o. 0173/8629999 (Museumswartin Schermer), www.jura-bauernhof-museum.de.
- *Bootsverleih* Schmidts Bootsverleih, Margaretenstr. 9 in 85131 Sornhüll bei Walting, ✆ 433, www.bootsverleih-altmuehltal.de. Bootsverleih Firma M+W, an der Altmühlbrücke in Inching, mit Bootsrastplatz, Pkw-Stellplatz; Almosmühlstraße 5, ✆ 985610.
- *Übernachten/Essen & Trinken* **Landgasthof Moierhof**, als Meierhof war das Anwesen bereits im Mittelalter von herausragender Bedeutung. Seine Anlage als sog. Gevierthof war einzigartig. Unter den Eichstätter Fürstbischöfen wurde hier für die bischöfliche Eisengießerei in Obereichstätt Holzkohle gewonnen. Neben dem historischen Kohlerhaus, einer urgemütlichen Holzhütte mit Kamin und Aufenthaltsräumen für gesellige Abendstunden, haben die Eheleute Wittmann ein Juwel geschaffen: die *historische Zehntscheune*, die sie in unermüdlicher Kleinarbeit zu einem Restaurant- und Tagungskomplex umgebaut haben. Gespeist werden kann neben Foyer und Galerie im „Bischofsstüberl", in der „Zehntstube", in der „Hofstube" oder im „Grünen Salon". Die Küche ist international und gediegen bis deftig bayerisch. Der Sohn des Hauses hat seine Kochkunst bei Alfons Schuhbeck gelernt; dem TV-Publikum ist er durch die Sendung „Querbeet" bekannt. Im neuen Gästehaus wurden geschmackvoll ausgestattete Fremdenzimmer eingerichtet. DZ mit DU/WC im Neubau ab 90 €. Liegewiese und Parkanlage schaffen eine intime Atmosphäre rings ums Haus. Das Wellnessprogramm (Sauna, Dampfbad, Solarium, Fitness- und Massageraum) sorgt für Entspannung und die Schrothkuren für die Gesundheit. Neu sind der Hofladen und die hauseigene Schnapsbrennerei. Im Winter werden „Märchenstunden" angeboten (mit Lesungen, Nachtwanderungen, Candle-Light-Dinner u. v. m.). Leonhardistr. 11, ✆ 98780, 📠 9878188, www.gut-moierhof.de.

Landgasthaus zur Mühle, Pensionsbetrieb an der Straße nach Kipfenberg, am Altmühl-Radweg, unmittelbar gegenüber der Bootsanlagestelle. DZ mit DU/WC ab 58 €. Die Gasträume lassen noch etwas von der alten Bauernwirtschaft erahnen. Die Speisekarte bietet 3 Gerichte zur Auswahl und verschiedene Brotzeiten; Biergarten, Fahrradverleih. Pfünzer Str. 5, ✆ 221, ✆ 1764, www.landgasthaus-zur-muehle.de.

Gasthof Fischerwirt, direkt bei der Bootsanlegestelle. Neben warmem Mittagstisch (Fische aus dem eig. Fischwasser) wird eine gute Auswahl an Brotzeiten angeboten. Die Hausmacherplatte ist gerade das Richtige nach einer Rad- oder Bootstour. DZ mit DU/WC ab 42 €. Liegewiese, Terrasse, Fahrradverleih, Angelmöglichkeit. Inching, Martinstr. 5, ✆ 249, ✆ 985601, www.fischerwirt-inching.de.

Schlossgut Inching, komfortable Ferienwohnung (rauchfrei) für 60 € pro Tag und 2 Pers.; Matratzenlager. Wanderreitstation 8 (zwischen Main und Donau, Karte Süd). Eigene Koppel mit Unterstand. Hauskursprogramm (Färben, Naturkosmetik, Spinnen und Filzarbeiten). Badesteg und Bootsanlegeplatz an der Altmühl. Martinstr. 6, ✆ 9089600, ✆ 903593, www.schlossgut-inching.de.

Gasthaus Bauer, In dem historischen Haus (18. Jh.) bekommt man keine Riesenspeisekarte vorgesetzt. Dafür ist das, was serviert wird, frisch zubereitet. Die Gasträume strahlen ungekünstelte Gemütlichkeit aus. Die eigene Landwirtschaft versorgt auch den Gasthof; eigene Käserei. Zwei Ferienwohnungen für 32 € pro 2 Personen; Frau Bauer bietet ihren Gästen auch Frühstück an. Darüber hinaus ist der „Semmel-Service" und das Angebot an Brotzeitpaketen für Radler empfehlenswert. Der Biergarten auf der Wiese ist mit Buchenhecken umgeben. Angeschlossen ist ein Kinderspielplatz. Rieshofen, Dorfstr. 15, ✆ 266, ✆ 419.

• *Zeltplatz Almosmühle* Der 1700 m² große **Hütten- und Zeltlagerplatz** gehört zum Jugendhaus von Schloss Pfünz und liegt 40 m über der Altmühl gegenüber der Ortschaft. Der Platz ist für 100 Jugendliche ausgelegt und bietet 12 Hütten mit Matratzenlager und weitere Zeltmöglichkeiten. Zur Anlage gehört ein Wirtschaftsgebäude mit 2 Küchen, Speiseraum, Waschräumen, Gruppenleiterraum, Schlechtwetterhalle (250 m² mit offenem Kamin), ein Spiel- und Sportplatz, eine gemauerte Feuerstelle und ein Lageraltar für Gottesdienste. Anmeldung im Diözesanjugendhaus, Schloss Pfünz, Waltinger Str. 3, ✆ 99000, ✆ 990090.

Sehenswertes

In Walting: Auf der höchsten Erhebung thront die Waltinger *Pfarrkirche St. Johannes* (katholisch). Ihr einstiger Wehrcharakter ist noch am Graben erkennbar, der das Gotteshaus im Norden umgibt. Vermutlich befand sich an dieser Stelle ursprünglich einmal eine Burg des Waltinger Ortsadels, der für die Zeit von 1162–1399 nachgewiesen ist. Das Untergeschoss der Kirche stammt aus romanischer Zeit. 1723 wurde das heutige Gotteshaus neu errichtet. Die mit Weinreben umrankten Säulen der Barockkanzel erinnern daran, dass man hier früher an den Hängen der Altmühl Wein anbaute (1055 verlieh Kaiser *Heinrich III.* der Eichstätter Kirche das Recht des Weinbaus). Im Ort weist die *St.-Leonhards-Kapelle* noch Bauteile aus dem 12. Jh. auf. In der Kunstmühle an der Straße wird Natursauerteig zum Verkauf angeboten, ebenso Weizenmehl, Grieß, Hefe, Brotgewürze und Naturkostprodukte (Mühlenmüsli, Vollwertmüsli).

In Pfünz: Die vierbogige Pfünzer *Steinbrücke* über die Altmühl erinnert an den wichtigen Altmühlübergang, den schon die Römer nutzten. Die beiden überlebensgroßen Römerfiguren verleiten dazu, das mittelalterliche Bauwerk als Römerbrücke anzusehen. In Pfünz, das erstmals 889 erwähnt wurde, herrschte von 1166 bis 1353 ein ortsadeliges Ministerialengeschlecht, das in den Diensten Eichstätts stand. Nach dem Aussterben des Ortsadels übernahm Eichstätt den Ort und die Herrschaft. 1710 ließ Bischof *Johann Anton von Katzenelnbogen* ein neues *Schloss* errichten, das seit 1957 als Diözesanjugendhaus genutzt wird (→ „Übernachten/ Zeltplatz Almosmühle"). Um das vom Eichstätter Hofbaumeister *Jakob Engel* errichtete Sommerschloss entstand ein großer *Hofgarten*, der von Mauern umgeben ist. Die ehemalige *Schlosskapelle* wird heute noch genutzt.

Die Pfünzer *Kirche St. Nikolaus* (katholisch), deren Bauzeit ins frühe 16. Jh. zurückreicht, wurde 1728 barockisiert. Das spätgotische Kruzifix aus der Zeit um 1430 zählt zu den sehenswerten Holzplastiken der Gegend. Oft fotografiert, gemalt oder gezeichnet wurde der Turm der Pfünzer Kirche mit seinen Treppengiebeln und einem Satteldach – eine Bauform, die für das Altmühltal der Juraalb typisch ist.

In Inching: Im 100-Einwohner-Ort, der ebenfalls zu Walting gehört, bietet sich ein sehenswertes Ensemble, wenn man auf der Altmühlbrücke steht und auf das *Inchinger Schlösschen* blickt, das bereits im 12. Jh. dem Ortsadel als Edelsitz diente. Im 17. Jh. wurde es von *Jakob Engel* zum Sommersitz der Eichstätter Bischöfe umgebaut. Der Saal im zweiten Obergeschoss wurde von *Gabriel de Gabrieli* ausgestaltet. Im Garten steht ein bezaubernder Rokokopavillon mit verspielten Luftmalereien. Das Schloss ist heute privat bewohnt. Unweit davon schmiegt sich die katholische *Kirche St. Martin* an das Ufer der Altmühl. Das erst kürzlich restaurierte Gotteshaus birgt einige Schätze: die Holzbüste des Heiligen Bonifatius (um 1700) und einen eichenen Sakristeischrank aus der Barockzeit.

In Rieshofen: Bereits im Jahre 1137 sind die Herren von Rieshofen bezeugt. Vermutlich haben sie die Wasserburg errichtet, die 1310 an das Domkapitel in Eichstätt weiterveräußert wurde. Untersuchungen an der heutigen *Burgruine* haben eine Bauzeit um 1300 ergeben, sodass der Ortsadel auf einer Vorgängerburg residiert haben muss. Von der romanischen Anlage ist noch der Bergfried mit einer Höhe von 18 m erhalten geblieben. Bei Ausgrabungen konnten die Mauerfundamente des Palas entdeckt werden. Auch die Ringmauer ist noch erkennbar. Das Untergeschoss, das keinen Zugang von außen besaß, wurde vermutlich als Verlies genutzt. Es ist sechs Meter hoch und weist eine Mauerstärke von 1,60 m auf. Fensterschlitze gibt es nur in den oberen Geschossen. Der Turm ist mit glatten Kalksteinquadern

Das Inchinger Schlösschen am Ufer der Altmühl

verblendet. Er hebt sich unweit der Altmühl aus der Landschaft ab. Neben dem Turm deutet ein größerer Erdhügel auf die Reste der eingefallenen Wohnburg hin. Seit 1972 wurde der Wassergraben instand gesetzt. Heute führt er wieder um die ganze Burg herum. Der Turm ist ebenso wie der Wassergraben begehbar (April bis Okt. 10–17 Uhr täglich). Eine Hinweistafel gibt Aufschluss über die Geschichte von Rieshofen. Der Platz eignet sich ideal für eine Radlerpause.

In Pfalzpaint: Der ehemalige Edelsitz des Geschlechts derer von Pfalzpaint (bereits 1119 bezeugt) wurde ab 1505 pfalz-neuburgisches Lehen und gelangte später in den Besitz von Eichstätt. Das *Schloss* wurde zunächst als Försterei verwendet. Erst 1779 wurde ein neuer dreigeschossiger Wohnbau errichtet. Von ihm gelangt man zum ehemaligen Bergfried, der noch aus romanischer Zeit stammt. Die katholische *Kirche St. Andreas* wurde 1707 von Jakob Engel neu errichtet. Der Kirchenheilige begegnet dem Besucher als Holzfigur mit langem Gewand und kräftigen Stricken an ein Kreuz gefesselt; ein beeindruckendes Zeugnis aus der Zeit um 1470. Dem Ortsadeligen *Jörg Wurmrauscher von Frauenberg, Burgsass zu Hirschau und Pfalzpaint* (gest. 1596) ist ein mit seinem Wappen geschmückter Grabstein an der Nordseite des Langhauses gewidmet.

In Gungolding: Die *Gungoldinger Heide* zählt zu den schönsten Wacholderheiden des Altmühltals. Sie steht unter Naturschutz! Der Ort wurde bereits vor Willibald im 7. Jh. christianisiert. 852, als Markgraf Ernst I. den Ort gegen Breitenbrunn eintauschte, wurde Gungolding erstmals erwähnt. Am Ausgang des Kirchentals steht auf einer Anhöhe die katholische Kirche *Mariä Himmelfahrt.* Sie ist mittelalterlichen Ursprungs und wurde als Wehrkirche erbaut. An das Gotteshaus grenzte eine Burganlage, von der aber nichts mehr zu sehen ist. Der heutige Kirchenbau wurde 1740 nach Plänen von Gabriel de Gabrieli errichtet. Vom bekannten Stuckateur Franz Horneis wurde 1741 die Kanzel geschaffen. Auf ihrem Schalldeckel steht eine Christusfigur aus der Zeit um 1500. Gut einkehren lässt es sich im „Heustad'l" in der St.-Marien-Str. 4, wo man auch mit einem schönen Biergarten aufwartet.

Ausflüge ins Imperium Romanum

▸ **Das Römerkastell Vetonianis bei Pfünz:** Die Anlage des Pfünzer Kastells liegt am Wanderweg, der von Pfünz nach Pietenfeld führt. Einige Mauerreste des Kastells wurden in den sechziger Jahren restauriert. Am Westtor gibt eine Hinweistafel einen Überblick. Erst 1989 wurde von dem Augsburger Architekten Wolfgang Schmidt das Nordtor rekonstruiert. Bauherr war der Historische Verein Eichstätt e. V. Auch der nordwestliche Eckturm wurde wieder aufgebaut.

Karl Zecherle, Regierungsdirektor des Landkreises Eichstätt und stets bemüht, die römische Vergangenheit seiner Heimat in Wort und Bild festzuhalten, zur Geschichte des Kastells:

„In dem etwa 2,7 ha großen, befestigten Militärlager war eine Hilfstruppeneinheit, die *cohors I Breucorum civium Romanorum equitata Valeria victrix bis torquata ob virtuem appellata*, stationiert, deren etwa 380 Fußsoldaten und 120 Reiter sich ursprünglich aus dem panninischen Volksstamm der Breuker rekrutierten, jedoch das römische Bürgerrecht besaßen. Das zunächst in Holzbauweise errichtete Kastell wurde unter Kaiser Antonius Pius (138/161 n. Chr.) in Stein ausgebaut. Während der Markomannenkriege ist das Lager offensichtlich in Flammen aufgegangen, denn für 183/184 n. Chr. bezeugt eine Inschrifttafel den Wiederaufbau des Kastells. Die zweite Zerstörung brachte der große Alamannensturm des Jahres 233 n. Chr. Der Angriff kam für die Kastellbesatzung so überraschend, dass die Wachtposten am Südtor niedergemacht wurden, bevor sie die Schilde ergreifen konnten; an die Außenwand gelehnt fand man drei Schildbuckel im Brandschutt. Auch ein Gefangener in der Arrestzelle des Kastellmittelgebäudes vermochte sich beim Überfall nicht mehr zu befreien und verbrannte bei der Einäscherung des Lagers – den Unterschenkelknochen noch angekettet, so entdeckten die Ausgräber sein Skelett."

Die eindrucksvolle Anlage der *Porta Praetoria* besitzt zwei Tordurchfahrten und zwei Türme aus handbehauenen Bruchsteinen, die mit Mörtel nach römischer Rezeptur befestigt wurden (20 m lang, 9 m hoch). Da gibt es also etwas Handfestes zu sehen, weshalb sich ein Ausflug mit Kindern besonders lohnt. Sehenswert ist natürlich die als Museum eingerichtete Wachtstube mit lebensgroßen Modellpuppen, welche zwei römische Wachsoldaten der Auxiliartruppe darstellen. Das eiserne Kettenhemd des einen Wachsoldaten besteht aus 30.000 Eisenringen! Auch die Inneneinrichtung wurde der damaligen Zeit nachempfunden. Um das Kastell herum führt ein *Römerlehrpfad*, den mehrere Informationstafeln säumen (Länge 800 m, 9 Stationen).

Im restaurierten Wachtturm des Limeskastells Pfünz wurde eine Wachtstube originalgetreu rekonstruiert. Zu sehen ist ein römischer Wachtsoldat in voller Rüstung.

▸ **Die Villa Rustica von Möckenlohe:** Das römische Landgut von Möckenlohe war der Wissenschaft bereits um die Jahrhundertwende bekannt. Doch erst eine 1983 angefertigte Luftbildaufnahme ermöglichte die Erstellung von exakten Grundrissplänen der im Untergrund befindlichen Mauerreste. Heute steht der Besucher vor einem nahezu vollständig restaurierten Gutshof, der von Wissenschaftlern als typische Einzelsiedlung des Limes-Hinterlandes geschätzt wird. Solche Siedlungsformen sind heute entlang der Römerstraßen noch häufig anzutreffen, doch nirgends konnte man die Restauration eines römischen Siedlungshofes so weit vorantreiben wie hier in Möckenlohe.

Die beiden wieder errichteten Eckgebäude (Risalit) dienen heute als Museum für landwirtschaftliche Geräte und Werkzeuge aus der Römerzeit. Im repräsentativen Raum des westlichen Hauptbaus ist der erhöhte Sitz des Hausherrn (*patronus*) zu erkennen. Die dort vorgefundene Apsis könnte aber auch Indiz für eine Stätte sein, an der die Bewohner des Hofes ihre Hausgötter verehrten. Im Anbau ist die Rekonstruktion einer sog. Hypokaustenheizung zu sehen, eine antike Fußbodenheizung. Ausgestellt sind auch zahlreiche vor Ort geborgene Funde wie Fingerringe mit Gemmen, Toilettengerät, Amulette, Fleischermesser, Hufschuhe, Pferdegeschirr, Teller, Schüsseln und andere Gefäße *(terra sigilata)*. Die Besucher erfahren auf Schautafeln Wissenswertes über das römische Limes-Hinterland, die Landwirtschaft jener Zeit und das Wohnen während der römisch-germanischen Kaiserzeit. Neu ist auch der „römische Haustierpark“.

Palmsonntag bis Allerheiligen Di–Fr 15–16 Uhr, Sa/So 13–17 Uhr. M. Donabauer, Tauberfelder Weg 1, 85111 Möckenlohe, ☏ 08424/277, 📠 3877.

▸ **Der Römerturm in Erkertshofen:** Erkertshofen, vom Altmühltal ebenfalls leicht erreichbar, bietet eine weitere Attraktion aus der Römerzeit – hier verlief der römische Limes. Aus der Zeit, als Kaiser *Antonius Pius* (138–161 n. Chr.) die hölzernen Wachttürme durch Steintürme ersetzen ließ, wurden hier die Fundamente eines solchen Turmes gesichert und – einzigartig am Limes – eine Rekonstruktion vorgenommen. Der dreigeschossige Bau aus Kalkbruchsteinen konnte 1992 fertig gestellt werden. Die Besucher stehen nicht, wie anderswo, vor verschlossenen Türen: Durch einen Zugang im ersten Stock, wo sich einst die Aufenthalts- und Schlafräume befanden, kann der Turm besichtigt werden. Die Historiker glauben, dass für die damalige Besatzung von vier oder fünf Mann der Turm nur über eine einziehbare Leiter im ersten Stock zugänglich war. Das Erdgeschoss wurde vermutlich als Vorratsraum für Lebensmittel genutzt. Im zweiten Obergeschoss führt eine begehbare Holzgalerie um den Dienstraum des Turmes, der von einem Zeltdach aus Holzschindeln bedeckt wird.

Arnsberg

Das zur Großgemeinde Kipfenberg gehörige Arnsberg war wegen seiner geschützten Lage am Rande einer Altmühlschleife schon früh besiedelt. Die fischreiche Altmühl und die ausgedehnten Waldgebiete im Süden und Osten des Ortes haben bereits die Menschen der Zeit um 2000 v. Chr. zum Bleiben bewogen.

Arnsberg wird von einer Burg beherrscht, die auf einem 120 m hohen Dolomitfelsen thront. Ein romantisches Ensemble von Burg, Berg und Fluss, das seinesgleichen sucht! Zahlreiche Jurahäuser, eine Wallfahrtskirche und das Kipfenberger Tor zählen zu den weiteren Sehenswürdigkeiten der Altmühlgemeinde. Die „Arnsberger Leite“, ein 20,3 ha großes Naturschutzgebiet, weist eine reichhaltige Fauna und Flora auf. Die Schambach, die bei Arnsberg in die Altmühl einmündet, bildet ein idyllisches Seitental.

- *Vorwahl/PLZ* 08465/85110.
- *Information* Arnsberg gehört zu Kipfenberg (→ S. 205).
- *Übernachten/Essen* **Hotel-Restaurant Schloss Arnsberg**, auf historischem Boden hoch über den Dächern von Arnsberg. Ein einmalig schöner Ausblick ins Altmühltal bietet sich von hier oben. Die ehemalige Burgkapelle steht Heiratswilligen zur Hochzeit offen. In den Restaurationsräumen atmet man noch den Geist vergangener Zeiten. Das Speisenangebot umfasst internationale und heimische Küche. Spezialitäten sind der Burgschinken und der Spießbraten. DZ mit DU/WC ab 93 €. ☏ 3154, 📠 1015, www.schloss-arnsberg.de.

Landgasthof zum Raben, modern ausgestattetes Haus, ein beliebtes Ausflugsziel bei Liebhabern der Altmühltaler Schmankerlküche. Hier werden das Altmühltaler Lamm und die Forellen des Ferienflusses auf vielseitige Weise vermarktet. Auch den geistigen Getränken der Region wird hier große Aufmerksamkeit geschenkt. Die Gasträume sind mit viel Holz und Geschmack eingerichtet. Vor dem Haus hat man einen gepflegten Biergarten angelegt. DZ mit DU/WC ab 70 €. Wer's teurer möchte, der kann eine der Suiten mit Marmorbad mieten (Preis auf Anfrage). Whirlpool, Aroma-Dampfbad, Solarium und Kaltnebelanlage. Schlossleite 1, ☏ 94040, 📠 940450, www.zum-raben.de.

Die „Hochzeitskapelle" und Teile der mittelalterlichen Befestigung auf Schloss Arnsberg

Geschichte/Sehenswertes

Das Gebiet des heutigen Arnsberg war schon früh besiedelt. In einer Einödhöhle am Arnsberger Hang wurden zahlreiche Tongefäße der *Bronze- und Eisenzeit* geborgen. Auf dem Römerberg, auch Rammersberg genannt, sind Reste einer hallstattzeitlichen Fliehburg zu sehen. Funde von aufgeschnittenen Schädeln lassen zwar grausame Kulthandlungen vermuten, können aber auch nur darauf hinweisen, dass man in späteren Zeiten die Schädel als Gefäße verwendete. Auf dem Kernberg, der innerhalb der Altmühlschleife gegenüber von Arnsberg liegt, wurden mehrere Grabhügel aus der Hallstattzeit entdeckt. Dabei fanden die Archäologen Eisenschlacken, die auf das Einschmelzen des hier vorkommenden Bohnerzes schließen lassen – weit verbreitet in der Hallstattzeit. Auch für eine Besiedlung durch die *Kelten* sprechen Funde in und um Arnsberg.

Der Ort selbst trat erst mit der auf dem steil aufragenden Dolomitfelsen „Nonnenstein" errichteten **Burg** ins Licht der Geschichte. Im Jahre 1087 wird ein *Gozwin de Ansperc* erwähnt und damit auch erstmals der Ort. Später diente die Burg den Raubrittern derer von Frauenhofen als Stützpunkt zahlreicher Diebeszüge und Überfälle. 1364 hatten sie die Burg von den Wittelsbachern zum Pfand erhalten. 1416 wurden sie in Acht und Bann erklärt. Bereits ein Jahr darauf gelang es *Herzog Ludwig VII. von Bayern-Ingolstadt,* die Burg zu erobern. 1475 verkauften die Wittelsbacher die Anlage an das Hochstift Eichstätt für 14.000 Gulden, das die Burg als **Jagd- und Sommerschloss** ausbauen ließ. Nachdem jedoch die Eichstätter mit Schloss Hirschberg bei Beilngries eine größere, repräsentativere Residenz erworben hatten, verlor Arnsberg (und auch Kipfenberg) schnell an Bedeutung und Halt: Die Bewohner der Ortschaft, die direkt unter dem steilen Bergfelsen wohnten, waren mehr als einmal durch herabstürzende Gebäudeteile bedroht. 1831 begann man damit, die Hauptburg abzutragen. Heute steht nur noch ein Rest für das Schloss-Hotel (s. o.) zur Verfügung (Stumpf des Bergfrieds, Vorburg, Vogtshaus, Wohnhaus und ein Burgbauernhof aus dem Jahre 1578). Zwischen den Gebäudeteilen sind noch Tore, Gräben und Brücken aus dem Mittelalter erhalten geblieben.

Einst verbanden zwei mächtige Festungsmauern die Burg mit dem Ort, davon eine im Süden und eine im Norden von Arnsberg. Entlang der südlichen Mauer führte ein Burgpfad hinunter in den Marktflecken. Bei der „Klamm" steht der Rest eines Turms, der zu dieser Festungsmauer gehörte. Diese endete dort, wo die **Wallfahrtskirche St. Sebastian** steht (die hiesige „Sebastiansbruderschaft" geht auf das Jahr 1601 zurück, 1987 zählte sie noch 287 Mitglieder). Ihre Lage am Hang macht sie von weit her sichtbar. Die heutige Kirche wurde 1770 nach den Plänen von *Maurizio Pedetti* erbaut. Die beiden Seitenaltäre erwarb die Kirchengemeinde 1811 von der Notre-Dame-Kirche in Eichstätt.

Im Ort fällt das romantisch anmutende **Kipfenberger Tor** ins Auge. Es fügt sich malerisch ein zwischen die noch vorhandenen Jurahäuser – bodenständige Kalksteinbauten mit Dachplatten aus den benachbarten Steinbrüchen. Heute stehen die Jurahäuser mit ihren unverkennbaren Legschieferdächern unter Denkmalschutz. Und dennoch werden es immer weniger!

Die **Arnsberger Leite** bietet als Naturschutzgebiet einen wichtigen Schutzraum für die seltene Fauna und Flora der Steppenheide. Auf einem 20,3 ha großen Gelände zwischen Arnsberg und Böhming gedeihen noch Scharfer und Weißer Mauerpfeffer, das Felsenhungerblümchen, das Rote Waldvögelein und das Kalk-Blaugras, um nur einige der wichtigen Trockenrasenpflanzen zu nennen. Neben der Schlingnatter sind es besonders die seltenen Insekten wie der Apollofalter und der Schmetterlingshaft, die das Gebiet der Arnsberger Heide beleben.

Kipfenberg

Kipfenberg ist der geografische Mittelpunkt Bayerns. Doch weniger in dieser Eigenschaft als in der romantisch anmutenden Lage der Marktgemeinde liegt ihr Reiz: Von allen Seiten ist Kipfenberg von bewaldeten Höhen umgeben. Michelsberg und Schlossberg bilden zusammen mit der alles überragenden Burg ein dekoratives Ensemble.

Im Lauf der letzten Jahrzehnte hat sich Kipfenberg zu einem der beliebtesten Ferienorte an der Altmühl gemausert, weshalb der Fremdenverkehr zu den Hauptstützen der heimischen Wirtschaft zählt. Der Marktplatz gleicht einem gastronomischen Paradies: Ringsum ist das Zentrum der Marktgemeinde von Gasthöfen, Hotels und Cafés umgeben. Im neuen *Römer- und Bajuwaren-Museum* wird der Frage nach der Herkunft der ersten Bayern nachgegangen. Das Limesfest im Sommer bietet zahlreiche Aufführungen und einen großen Umzug. Einzigartig ist auch das *Fasenickl-Museum*, das dem Fastnachtsbrauchtum im Altmühltal gewidmet ist. Terrassenschwimmbad und Campingplatz sind nur zwei der zahlreichen Freizeitangebote von Markt Kipfenberg.

Information/Übernachten/Essen & Trinken/Camping

- *Vorwahl/PLZ* 08465/85110.
- *Information* **Tourist-Information**, Marktplatz 2 (Rathaus), ✆ 9410-40, 📠 9410-43, www.kipfenberg.de. Nach langjähriger Sanierung wurde am Kipfenberger Marktplatz das „Bürger- und Kulturzentrum KRONE"

neu eröffnet. In dem historischen Bau (1549) wird man im neu gestalteten Foyer (Saal) empfangen. Der erste Stock bietet eine öffentliche Bücherei und im Dachgeschoss sind Räumlichkeiten für Vereine vorhanden.

• *Übernachten/Essen & Trinken* **Gasthof zum Limes**, gastliches Haus mit urgemütlichen Räumen und einem selten schönen Biergarten. In der Küche wird bodenständig und gesund gekocht: Hausgeräucherter Hirschschinken, Gemüsemann mit Ofenkartoffel in Kräuterrahmsoße und ofenwarmer Zwiebelkuchen zieren die Speisekarte. Zum Dessert gibt es hausgemachte Sauerrahmtorte mit Heidelbeeren, Kirschknödel oder Kaiserschmarrn aus Dinkelmehl. Im Gewölbekeller kann ein Ritteressen für 10–16 Personen vorbestellt werden. DZ mit DU/WC ab 49 €. Aufenthaltsraum mit TV. Mo Ruhetag. Marktplatz 8, ✆ 631, 📠 3651, www.gasthof-limes.de.

Hotel-Gasthof Alter Peter, Haus mit rustikal eingerichteten Gasträumen. Die Küche bietet bayerische Schmankerl. DZ mit DU/WC ab 62 €. Marktplatz 16, ✆ 905826, 📠 905829, www.hotel-alter-peter.de.

Hotel-Gasthof zur Post, gemütliche Gasträume, internationale und bayerische Spezialitäten. Separate Speisekarte für Reisegesellschaften, schöner Biergarten unter alten Kastanien für 120 Personen, historisches Kaminzimmer. DZ mit Dusche/WC ab 62 €. Marktplatz 1, ✆ 905416, 📠 3663, www.post-kipfenberg.de.

Hotel Gasthof zur Linde, in Schambach (ca. 7 km südlich im Schambachtal), neues Hotel. Rundumkomfort inmitten der grünen Natur. DZ mit DU/WC ab 80 €. Empfehlenswert sind die Fischspezialitäten aus dem Schambachtal. Gästegaragen und „Radlstall" gehören hier zum Angebot. Schambach, Bachweg 2, ✆ 94150, 📠 941540, www.zur-linde-schambachtal.de.

Landhotel Geyer, in Pfahldorf auf der Jurahöhe, etwa 5 km entfernt von Kipfenberg. Das Landgasthaus von Walli Geyer liegt zentral am Dorfplatz. DZ mit DU/WC ab 94 €; Sauna, Garten mit Grillplatz, Fahrradverleih für Hausgäste, viele Tiere auf dem Bauernhof. Pfahldorf, Alte Hauptstr. 10, ✆ 1730630, 📠 17306364, www.landhotel-geyer.de.

Gasthof Römer-Castell, in Böhming (zwischen Arnsberg und Kipfenberg) zentral gelegenes Haus mit gemütlichem Restaurant (bayerische Spezialitäten); DZ mit DU/WC ab 60 €. Aufenthaltsraum mit TV, Terrasse, Liegewiese, Kegelbahn und 2 Tagungsräume, Mo Ruhetag. Böhming, Wirtstraße 9, ✆ 94190, 📠 941939, www.roemer-castell.de.

Gasthof Zum Blauen Hecht, in Grösdorf, 2 km östlich von Kipfenberg entfernt (altmühlabwärts). Neu konzipierter Gasthof mit bodenständiger, natürlicher und feiner Küche. Geschmackvolle Atmosphäre in den Restaurationsräumen. DZ mit DU/WC ab 60 €. Aufenthaltsraum mit TV, 2 Bundeskegelbahnen, Tanzsaal und Angelmöglichkeit für Hausgäste. Grösdorf, Irlahüller Weg 2, ✆ 1066, 📠 3996, www.zumblauenhecht.de.

• *Camping* **AZUR**, direkt an der Altmühl gelegener, ca. 5 ha großer Platz, ganzjährig geöffnet, mit Tischtennis, Angelmöglichkeit, Boots-, Rikscha- und Fahrradverleih. Wohnwagenvermietung. Campingstraße 1, ✆ 905167, 📠 3745, www.azur-camping.de.

Freizeit & Sport/Veranstaltungen

• *Angeln* Angelkarten gibt es im Rathaus am Marktplatz.

• *Baden* Beheiztes **Terrassenfreibad** im Westen von Kipfenberg, an der Straße nach Pfahldorf. Mitte Mai bis Ende August tägl. 9–19.30 Uhr, Ende August bis Saisonende täglich 10–18 Uhr. Schöne Liegewiese am Hang mit herrlichem Blick ins Altmühltal und auf Kipfenberg mit seiner Burg, ✆ 906924.

• *Bootsverleih* Heyer-Bootsverleih, Försterstraße, ✆ 0160/7712960, 📠 905808, www.bootwandern-im-altmuehltal.de.

• *Fahrräder* Verleih beim Fremdenverkehrsverein, an der Altmühlbrücke/Försterstraße, Auskunft in der Tourist-Information, ✆ 941040.

• *Minigolf* Neue gepflegte Anlage in der Eichstätter Str. 9, mit Kiosk. Mai–Sept. 14–18 Uhr (im Sommer), ✆ 0175/5318390.

• *Skilanglauf* Die mittelgebirgsähnliche Landschaft bietet ideale Voraussetzungen für den Wintersport. Die Marktgemeinde Kipfenberg hat ein Dutzend Loipen für den Langlauf angelegt, die zwischen 1,5 und 7,5 km lang sind. Dabei wurde darauf geachtet, dass an den Loipen auch genügend Einkehrmöglichkeiten bereitstehen. In der Tourist-Information ist gratis eine Panoramakarte mit den Routen und Einkehrmöglichkeiten erhältlich.

• *Tennis* 4 Sandplätze, ✆ 941040.

• *Wandern* Elmar Ettle hat in einem Wanderführer (erhältlich in der Tourist-Information) zahlreiche Wandervorschläge ausgearbeitet – zum Michelsberg (4 km), nach Böhming (2 km), nach Pfahldorf (10 km), nach Arnsberg und zur „Arnsberger Leite" (10 km), zum Schellenberg (15 km), nach Oberemmendorf und Irlahüll (20 km), nach Altenberg (12 km) und ins Schambachtal (30 km). Dazu gibt es eine spezielle Wanderkarte mit weiteren Routenbeschreibungen.

Veranstaltungen & Museen

- *Veranstaltungen* Mitte Aug.: **Limes-Fest** mit Festumzug, Ritterspiel und Heimatabend; Juli: **Jakobsmarkt**; Sept.: **St.-Michaels-Markt**.
- *Römer- und Bajuwaren-Museum (Info-Point Limes-UNESCO-Welterbe)* Das in Zusammenarbeit mit der Prähistorischen Staatssammlung in München neu eingerichtete Museum widmet sich der Zeit des Übergangs von der römischen Besatzungszeit (1.–3. Jh. n. Chr.) zur Völkerwanderungszeit (3./4. Jh. n. Chr.). Dazu wurde der „Krieger von Kemathen" als Dauerleihgabe aus München „geholt" (nach erfolgreichem Kampf gegen die Münchner Kulturbürokratie!), der auch unter den Wissenschaftlern als „erster echter Bajuware" gehandelt wird. Sein Skelett wurde erst 1990 bei Bauarbeiten im Ortsteil Kemathen (nördlich, zwischen Grösdorf und Ilbling gelegen) entdeckt. Der Bauer war vor seinem zivilen Berufsleben in den Diensten der römischen Armee, sodass er eine „Verbindung der römischen Spätantike mit dem germanischen Kulturkreis" verkörpert (K. H. Rieder, wissenschaftl. Leiter des Museums). Neben der Römer- und Völkerwanderungszeit ist in dem neuen Museum auch der Heimatgeschichte des Naturparks Altmühltal breiter Raum gewidmet. Das Haus besticht durch seine moderne Technik und die gelungene Visualisierung der Themen und Exponate. Im Foyer befindet sich ein Museums-Shop und eine stets gut besetzte Information. Mit Imbiss und Biergarten. Apr., Mai, Sept., Okt. tägl. 10–16 Uhr, Juni bis Aug. tägl. 10–18 Uhr (Fr bis 22 Uhr), Nov. bis März Sa/So 10–16 Uhr. Parkplatz für Pkw und Busse (am geografischen Mittelpunkt Bayerns). Burg Kipfenberg, ✆ 905707, 📠 905708, www.bajuwaren-kipfenberg.de.
- *Fastnachts-Museum Fasenickl* Das Museum widmet sich einem alten Fastnachtsbrauch, der bereits für das 18. Jh. bezeugt ist. Der „Fasenickl" stellt eine der bekanntesten Figuren der Fränkischen

Alltagsleben römischer Soldaten im Kipfenberger Römermuseum

Fastnacht dar; schnalzend und „faselnd" zog er durch die Gassen und verteilte Brezen und „Guatln" an die Fastnachtsbesucher. Seine Kostümierung war auffallend. Prunkstück der Fasenickltracht ist die kunstvoll geschnitzte Maske. Mehrere z. T. wertvolle Exemplare sind im Museum ausgestellt. In fünf Räumen werden die Darstellung des Brauchs, die Herstellung des Fasenicklkostüms, der historische Fasenickl, Masken und „Goassl" sowie das bunte Treiben der Fasenickl gezeigt. Träger des Museums ist der „Kulturverein e. V. Die Fasenickl". Jeden 1. So im Monat, Führungen und Gruppen nach Vereinbarung. Im Torwärterhaus (unweit vom Marktplatz), ✆ 905716, www.fasenickl.de.

Geschichte

Erste Spuren einer Besiedlung des Kipfenberger Raums finden sich auf dem Michelsberg. Reste eines quadratischen Wehrbaues von 18 m Seitenlänge wurden in der Zeit von 1903 bis 1906 ausgegraben. Es dürfte sich um eine hallstattzeitliche *Fliehburg* gehandelt haben (ca. 450 v. Chr.), die dann später im Mittelalter zum Schutz vor den Hunneneinfällen (10. Jh.) noch weiter ausgebaut wurde. Zu dieser Zeit wurde auch die *Michaelskapelle* errichtet, die sich im 17. Jh. zu einer Wallfahrtkirche entwickelte, später aber wegen Baufälligkeit abgerissen werden musste. Vorher hatten sich in den Ruinen Eremiten und Trunkenbolde niedergelassen. Erst nach dem Tod des letzten Einsiedlers, eines schrulligen Herrn namens Hilarius Drexler, konnte man den Abbruch der Kapelle durchführen. Nur noch einige Grundmauern und ein hoch aufragendes Holzkreuz erinnern an die bewegte Geschichte auf dem Michelsberg.

Das „Fasenickl-Museum"

In Kipfenberg überquert der *Limes* ein zweites Mal die Altmühl. Wie auch in Gunzenhausen entwickelte sich daraus eine Siedlung, die sich im Laufe der Jahrhunderte zu einer bedeutenden Marktgemeinde herausgebildet hat. 500 m westlich des heutigen Böhming, das zu Kipfenberg gehört, stand an der Stelle der heutigen Kirche ein *römisches Numeruskastell*. Die einstige Vierung ist noch heute deutlich als rechteckiger Wall erkennbar. Die Anlage befand sich etwa einen Kilometer vom Limes entfernt, der von Pfahldorf kommend bei Kipfenberg die Altmühl überquerte. Bei Grabungen um die Jahrhundertwende fand man eine Inschriftentafel, die auf ein Steinkastell hinweist, das man an Stelle eines alten Holzkastells errichtete, das im Verlauf der Markomannenkriege zerstört worden war. Der Neubau erfolgte im Jahre 181 n. Chr. unter Kaiser

Commodus. Vermutlich unterstand der Böhminger Numerus (Hundertschaft) der Kohorte von Pfünz (s. o.). Im Jahre 233 n. Chr. dürfte das Kastell von den Alamannen überrannt worden sein. Im Ur- und Frühgeschichtlichen Museum der Stadt Eichstätt (auf der Willibaldsburg) sind die Funde der Grabungen von Böhming ausgestellt. 1974 wurden die Fundamente eines beheizbaren römischen Gebäudes im Lagerdorf *(vicus)* von Böhming entdeckt, das sich im Süden des Kastells anschloss. Ein Modell des Böhminger Kastells kann im neuen Römer- und Bajuwaren-Museum auf Burg Kipfenberg studiert werden (s. o.).

Im 13. Jh. wurde auf einem Dolomitfelsen über dem Ort eine *Adelsburg* erbaut. Ein *Ruderus de Kipphenberc* wird 1266 urkundlich erwähnt. Doch bereits im Jahre 1301 wurde die Anlage an das Hochstift Eichstätt veräußert, das die Burg bis zum Jahre 1803 besetzt hielt. 1869 mussten große Teile wegen Baufälligkeit abgetragen werden. 1925 begann man damit, die Burg zu restaurieren.

Sehenswertes

Heute stehen von der alten Anlage der **Burg** nur noch der Bergfried (aus romanischer Zeit, mit Treppengiebel), der Hexenturm (Eckturm aus dem Mittelalter), die Burgkapelle (wurde im 19. Jh. für private Wohnzwecke umgebaut) und ein Teil der Außenmauern. Zugänglich ist nur die Vorburg mit dem neuen „Römer- und Bajuwaren-Museum“ (s. o.). Die katholische **Pfarrkirche Mariä Himmelfahrt** stammt aus dem Jahr 1624 (davor spätgotisches Gotteshaus von 1458). Der Hochaltar ist eine Schöpfung aus der Zeit des Spätrokoko (nach 1760). Der Eichstätter Hofbildhauer Matthias Seybold schuf eine vorzüglich ausgestaltete, sechssäulige Anlage. Auch die Kanzel ist erwähnenswert. Die eigenwillige Schöpfung des Eichstätter Bildhauers Joseph Anton Breitenauer wurde 1769 geschaffen. Sehenswert ist natürlich der **Marktplatz** mit dem Fasenicklbrunnen im Zentrum und den ihn umgebenden Restaurants und Cafés.

Grösdorf schließt fast nahtlos an Kipfenberg an. Ein Besuch der katholischen *Kirche St. Martin* lohnt sich. Sie liegt malerisch am Hang westlich der Altmühl. Errichtet wurde sie unter Bischof *Wilhelm von Reichenau* (1464–1496). Einige schöne spätgotische Figuren zieren das Kircheninnere. In der benachbarten *Salvatorkapelle,* die bereits 1539 erwähnt wurde, schmücken sehenswerte Gemälde von Hugo Ernst Murmann die Decke des Langhauses. Die Stuckarbeiten stammen von Franz Horneis (um 1730). Der bekannte Maler *Carl Otto Müller* (1901–1970) stammt aus Grösdorf. In der Residenz in Eichstätt befindet sich die Galerie C. O. Müller, wo die Werke des „Cézanne des Altmühltals“ zu sehen sind.

Ausflug ins Mittlere Schambachtal

Das Mittlere Schambachtal ist klein und idyllisch. Bereits im Jahr 945 wurde der gleichnamige Ort **Schambach** in einer Urkunde König *Ottos I.* erwähnt. Die *Heiligkreuzkirche* aus dem 11. Jh. wurde 1756 durch *Barbieri* umgebaut und 1955 vollständig restauriert. Aus dem 11. Jh. stammt ein Kreuzpartikel, das seit Jahrhunderten von Gläubigen verehrt wird. Schambach ist ein idealer Ausgangspunkt für Wanderungen durch eine noch ungestörte Natur. Der *Hohle Stein*, eine sehenswerte Höhle, liegt am Ende des kleinen Tals. Beim „Xaver“, im einzigen Gasthaus des Tals, lässt es sich gemütlich einkehren, ausruhen oder planen, wohin die nächste Wanderung gehen soll. Die Marktgemeinde Kipfenberg hat eine detaillierte Wanderkarte herausgegeben, in der auch das Schambachtal beschrieben ist.

Kinding und Umgebung

Die Marktgemeinde Kinding hat mit ihrer Kirchenburg eine kunsthistorische Sehenswürdigkeit zu bieten. Im Jahr 2000 feierte man die 1100-jährige Geschichte von Kinding und Enkering mit einem historischen Festzug. Mit der Anbindung an die A 9 und dem neuen ICE-Regionalbahnhof hat sich Kinding in das internationale Verkehrsnetz eingeklinkt.

Das in grüne Anhöhen eingebettete *Anlautertal* mit seinen Burgruinen Brunneck und Rundeck ist ein überaus lohnendes Ausflugsziel, und die nahe gelegene Ferienstadt Greding bietet geschichtsinteressierten Gästen bedeutende Kunstdenkmäler an. Die schmucken Juradörfer Haunstetten, Berletzhausen, Erlingshofen, Eibwang und Schafhausen bilden einen idyllischen Gürtel um Kinding. Enkering und Unteremmendorf beherbergen gut geführte Gastronomiebetriebe und haben sich auf die Radler und Wanderer bestens eingestellt. Das Unteremmendorfer Felsentor ist ein sehenswertes Naturdenkmal.

Auf halber Wegstrecke von Unteremmendorf nach Pfraundorf breitet sich rechter Hand das **Freizeitzentrum Kratzmühle** aus. Die schon 1305 erwähnte Mühle wurde 1966 stillgelegt. Ganze zehn Jahre nahm es in Anspruch, bis das neue, großzügig angelegte Ferienzentrum eingeweiht werden konnte. 37 ha wurden zu Erholungszwecken erschlossen. Die Altmühl wurde zu einem Badesee aufgestaut. Angeln, Surfen, Segeln, Rudern und Baden sind hier möglich. Das neue Technik-Museum, ein komfortabler Campingplatz mit Feriendorf, ein einzigartiges Maisfeldlabyrinth und zwei gemütliche Gaststätten vervollständigen das Freizeitangebot.

• *Vorwahl/PLZ* 08467/85125.

• *Information/Verbindungen* **Tourist-Information**, Kipfenberger Str. 4 (Gemeindeamt), ✆ 84010, 📠 840120, www.kinding.de. Öffnungszeiten ganzjährig Mo–Fr 8–12 Uhr, Do 14–18 Uhr; Mai–Okt. zusätzl. Mo–Fr 7.30–12 Uhr, Mo/Di 14–17 Uhr, Mi durchgehend bis 15 Uhr. Durch die neue **ICE-Haltestelle** (überdacht) besitzt Kinding eine ideale Anbindung an den überregionalen Eisenbahnverkehr. Das alte Bahnhofsgebäude wird zu einem Dokumentationszentrum für historische Schmalspurbahnen umgebaut und in unmittelbarer Nachbarschaft befindet sich noch ein weiteres Bahngebäude aus den 30er Jahren des 20. Jh.s, das für Normalspurbetrieb eingerichtet war. Hier entsteht ein neues Bahn-Dokuzentrum mit idealer Verbindung von Alt und Neu!

• *Übernachten/Essen & Trinken* **Gasthof Zum Krebs**, traditionsreiches Haus mit großem Biergarten. Internationale und bayerische Küche: Der ofenfrische Schweinebraten mit Knödeln und Salatteller und die Schweinshaxe, ebenfalls mit Knödel und Salat, sind sehr zu empfehlen, wenn man's deftig liebt. DZ mit DU/WC ab 55,50 €; neu eingerichtete, großzügige Räumlichkeiten. Aufenthaltsraum mit TV, Konferenzräume, Garage, Parkplätze am Haus. Im Winter Mi Ruhetag. Marktplatz 1, ✆ 339, 📠 207, www.gasthof-zum-krebs.de.

Gasthof Krone, zentral in der Ortsmitte gelegenes Haus mit Tradition, rustikaler Einrichtung und anerkannt guter Küche. Eig. Schlachtung jeden Donnerstag. Spezialität: „Radlerpfand'l" mit Nudeln, Gemüse, Putenfleischstreifen und Rahmsoße. 52 Gästebetten. DZ mit DU/WC ab 70 €; Ofenstüberl, Wintergarten, Kinderspielplatz und schöner Biergarten sorgen für Abwechslung. Marktplatz 14, ✆ 801030, 📠 8010333, www.krone-kinding.de.

Hotel-Gasthof Zum Bräu, in Enkering, neu und geschmackvoll eingerichtetes, hundefreundliches Haus im Ortszentrum Großer Zimmerkomfort. DZ mit DU/WC ab 69 €; Kinderspielwiese, Angelmöglichkeiten am Haus, Rad-Schuppen, Planwagenfahrten ab Haus. Rumburgstr. 1 a, ✆ 8500, 📠 85057, www.hotel-zum-braeu.

Gasthof Pension Zimmermann, in Unteremmendorf, ein bei Wanderern beliebtes Ausflugsziel. „Wir sind eine Oase der Ruhe und Beschaulichkeit" heißt es im Hausprospekt. Der großzügig ausgestattete Gasthof hält, was er verspricht! Er profitiert von der Lage Unteremmendorfs abseits der Hauptstraße. Die Räumlichkeiten sind durchweg geschmackvoll eingerichtet. Die Küche bietet Bayerisches und heimische Fischspezialitäten; 43 Gästebetten stehen bereit. DZ mit DU/WC ab 46 €; Aufenthaltsraum mit TV, Liegewiese und Angelmöglichkeit. Unteremmendorf ist von einem Gürtel an Wäldern umgeben und bietet sich als idealer Ausgangspunkt für Wanderungen an. Das benachbarte Freizeitzentrum Kratzmühle ist bequem vom Gasthof aus erreichbar (s. u.). ✆ 279, ℻ 702.

Freizeitzentrum Kratzmühle

• *Information* **Freizeitzentrum Kratzmühle**, Bräuhausstr. 34–36, Kinding-Pfraundorf, ✆ 08461/64170, ℻ 641717, www.kratzmuehle.de.

• *Camping* **Campingplatz Kratzmühle**, 430 parzellierte Stellplätze mit bis zu 100 m² Fläche und zusätzlich 40 Zeltplätze. Anschlüsse für Licht, Strom und Wasser; Versorgungszentrum mit Aufenthaltsraum, Gästeküche, Kiosk, Gasausgabe, Waschmaschine, Trockenschleuder und Sanitäranlagen; Jugendzeltplatz (34 m² für 30 Personen mit Feuerstelle und Grillrost), Unterstellhütte, Telefon und Kinderspielplatz. Der Platz war 1988 Preisträger im Wettbewerb „Vorbildliche Campingplätze in der Landschaft". Er liegt direkt am Radwanderweg Eichstätt–Riedenburg und ist Anlegestelle der Bootswanderstrecke Gunzenhausen–Dietfurt. Bootsverleih im Abenteurercamp am Campingplatz; ✆ 0170/3421923, www.der-sonnige-altmuehltaler.de.

• *Freizeit* **Minigolf am Kratzmühlsee**, mit Ruderbootverleih, Gartenschach, Tischtennis, Angelkarten, Spielplatz und Liegewiesen. Geöffnet April bis Ende Sept., ✆ 08461/605151.

Maisfeldlabyrinth, am Radweg Kinding–Beilngries, mit eigenem Parkplatz. 22.000 m² großer Irrgarten auf 4,5 km langen Irrwegen. Mitte Juli bis Anfang Okt., Information unter ✆ 08461/84010 und 8435.

• *Sehenswertes* **Technik-Museum** des Kulturhistorischen Vereins Beilngries mit zahlreichen Sonderausstellungen zur Geschichte von Technik und Handwerk. Auf 1200 m² hat sich ein breit gefächertes Angebot etabliert, das jährlich von über 20.000 Besuchern frequentiert wird. April bis Okt. Mi–Sa 14–18 Uhr, So/Feiertage 10–18 Uhr. Kinding-Pfraundorf, Mühlweg 1, ✆ 08461/8318, www.museen-anno-dazumal.de.

• *Übernachten* **Feriendorf** mit 70 Häusern, die zum Kauf oder zur Miete angeboten werden. 2 Modelle: Naturdachhaus in Zeltform und Hanghaus. Die Häuser liegen am Waldrand, keine 50 m vom See entfernt.

• *Essen & Trinken* **Wirtshaus zur Kratzmühle**, gemütlich eingerichtetes Gasthaus, das deftige bayerische Brotzeiten anbietet. Empfehlenswert sind darüber hinaus Original Oberpfälzer Großbratel mit grünem Salat, Frische, heiß geräucherte Forelle mit Sahnemeerrettich und Salzkartoffeln, Zanderfilet in Kalbsrahmsauce mit Petersilienkartoffeln sowie fangfrische Forellen. Aus dem Angebot geistiger Getränke: Bayerischer Wald- und Himbeergeist, Bayerischer Jura-Wacholdergeist und Hirtenschnaps, ein Halbbitterlikör. Pfraundorf, ✆ 08461/602500.

Seerestaurant-Café Kratzmühlsee, mit Seeterrasse und Wintergarten. Ganztägig warme Küche, hausgemachtes Gebäck und Kaffeespezialitäten. ✆ 08461/7191, ℻ 601619, www.seecafe-kratzmuehlsee.de.

Teile der Wehrkirche in Kinding

Geschichte/Sehenswertes

Nach Wilhelm Malter sollen die *Schenken von Geyern*, die vom 13. bis zum 15. Jh. auf Kinding saßen, ihre Burg um die Mitte des 14. Jh.s in eine Kirche umgewandelt haben, nachdem jene in einer Fehde mit den Marschällen von Pappenheim zerstört worden war. Ab 1561 war Kinding im Besitz des Eichstätter Hochstiftes, zu dem es bis 1803 gehörte. Die Kindinger **Wehrkirche** aus dem 14. Jh. verdient diese Bezeichnung in jeder Hinsicht. Der Befestigungsring wird auf der Talseite, die es besonders zu schützen galt, von zwei Türmen verstärkt. Sie sind mit dekorativ wirkenden Treppengiebeln ausgestattet. Zusammen mit der Fünf-Wunden-Kapelle im südöstlichen Teil des ummauerten Friedhofs bilden sie eine wehrhafte Front. Der Wehrgang mit Schießscharten ist teilweise erhalten geblieben. Das Gotteshaus wurde im 17. und 18. Jh. neu eingerichtet. Die Darstellungen im Innern der Kirche befassen sich mit dem Leben Marias. Die blendend weißen Außenfassaden der Anlage erwecken den Eindruck von südlichem Flair.

Wandern im Kindinger Land

Von der Gemeinde wird ein Informationsblatt mit 15 herrlichen Wanderungen herausgegeben: Erlingshofen–Altdorf (5 km, über die Furtmühle, ca. 1,5 Std.); Wander- und Spazierwege „Sommerleite" (bis zu 3 Std.); Kinding–Haunstetten (7 km, ca. 2,5 Std.), Kinding–Felsentor–Unteremmendorf (9 km, ca. 3 Std.); Kinding–Freizeitzentrum Kratzmühle (14 km, über Pfraundorf, ca. 4,5 Std.); Kinding–Beilngries (22,5 km, über Kratzmühle und Kirchanhausen, ca. 7 Std.); Kinding–Haunstetten–Unteremmendorf (12,5 km, ca. 4,5 Std.); Kinding–Schloss Hirschberg (19 km, über Haunstetten, ca. 6 Std.); Kinding–Erlingshofen (17 km, über Enkering, Eibwang und Berletzhausen, ca. 6 Std.); Kinding–Enkering (16 km, über Schellenberg, ca. 5 Std.); Kinding–Kipfenberg (16,5 km, ca. 5,5 Std.); Kinding–Kemathen–Ilbling (Rundweg, 12,5 km, ca. 4,5 Std.); zum Schellenberg (7,5 km, zur keltischen Fliehburg mit Lehrpfad, ca. 2,5 Std.); Erlingshofen–Altdorf (6 km, über Maierfeld, ca. 2 Std.) und ins Kerntal von Erlingshofen aus (7,5 km, ca. 2,5 Std.).

- **Ilbling:** An Kemathen vorbei schlängelt sich die Altmühl vorbei nach Ilbling. Von 1129–1221 saß hier ein Eichstätter Ministerialengeschlecht. In diese Zeit fällt auch der Bau der katholischen Kirche *St. Briccius*. Drei dekorative, spätgotische Figuren stehen auf dem Altar, der wie die übrige Einrichtung neueren Datums ist. Mehrere sehenswerte Fachwerkhäuser schmücken das Dorfbild. Ilbling gehört zu den weniger bekannten Altmühlorten, was seiner Beliebtheit bei Wanderern und Radlern keinen Abbruch tut!
- **Unteremmendorf:** Zwischen dem am Südufer der Altmühl aufsteigenden Saufelsen und dem Hubertusfelsen liegt Unteremmendorf. Ein ortsansässiges Ministerialengeschlecht ist nach den Urkunden bereits für das 12. Jh. bezeugt. Von deren ehemaliger Burg oberhalb des Ortes ist kein Mauerwerk mehr sichtbar. Ein Blick durch das *Felsentor*, das mit der Veste verbunden war, gibt einen herrlichen Ausblick hinunter ins Altmühltal und auf die Ortschaft frei. Die katholische *Kirche St. Nikolaus* geht auf eine romanische Anlage aus dem 12. Jh. zurück. Zu den Schätzen des Gotteshauses zählt das turmförmige Sakramentshäuschen, eine Renaissancearbeit von 1570. Schmiedeeiserne Grabkreuze aus dem 18. Jh. zieren den Friedhof von St. Nikolaus.

Ausflug ins Anlautertal

Das Tal zählt zu den schönsten Seitentälern der Altmühl. Die Anlauter entspringt zwischen Greding und Weißenburg auf den Höhen der Altmühlalb. In einem beispiellos schönen Talgrund schlängelt sie sich über Nennslingen, Titting und Altdorf nach Kinding, wo sie in die Altmühl mündet.

▸ **Markt Titting** geht auf eine größere Siedlung der Merowingerzeit aus dem Jahr 500 zurück. Der heutige Marktflecken besitzt ein ehemaliges fürstbischöfliches Wasserschloss, dessen Ursprünge im 12. Jh. liegen, als sich die Edlen von Titting eine Burg errichteten. 1716 wurde das Anwesen in eine Brauerei umgewandelt und in Privatbesitz übergeführt. Das „Gutmann-Weizen" genießt in ganz Bayern einen ausgezeichneten Ruf. Die *St.-Michaels-Kirche* besitzt einige wertvolle spätgotische Figuren. Mittelalterlichen Ursprungs ist die *Martinskirche*, die später barockisiert wurde. Oberhalb des Ortes bietet eine Fossiliensammelstelle für Hobby-Geologen die kostenlose Möglichkeit, das vor Ort befindliche Steinmaterial (nicht ganz leicht zu bearbeitende Steine und Quader) zu behauen und nach Schätzen der Erdgeschichte zu suchen. Werkzeug kann in der Tourist-Information ausgeliehen werden.

Information **Tourist-Information Titting**, Rathausplatz 1, ✆ 08423/99210, 📠 9921-11, www.titting.de.

▸ **Altdorf:** Der romantische Flecken gehört zur Gemeinde Titting. Über den alten Jurahäusern am Ufer der Anlauter erhebt sich die verwilderte *Burgruine Brunneck*, Ende des 14. Jh.s noch Sitz der Edlen von Heideck. In den Wirren der Bauernkriege wurde die Anlage geschleift. Die *Pfarrkirche St. Nikolaus* wurde 1732 von *Gabriel de Gabrieli* errichtet. Sie enthält wertvolle Stuckaturen und eine sehenswerte Stuckkanzel.

Ausflug ins Schwarzachtal

Die Schwarzach kommt aus dem oberpfälzischen Norden und fließt über Freystadt und Greding nach Kinding, wo sie in die Altmühl mündet. Verstärkt wird sie durch die aus Thalmässing zufließende Thalach.

▸ **Thalmässing:** Der Markt mit seinen 5000 Einwohnern wurde bereits 866 erstmals urkundlich erwähnt. Gefällig ist der Marktplatz, um den sich stattliche Bürgerhäuser gruppieren. Mehrere vorgeschichtliche Grabhügel, eine Keltenschanze und die Burgruine Stauf zählen zu den touristischen Attraktionen von Thalmässing. Auf dem *Archäologischen Wanderweg Thalmässing* kann man diese kulturhistorischen Bodendenkmäler erwandern. Auf 15 km erschließt sich dem Interessierten die ganze Vor- und Frühgeschichte der Region. Die Route bietet auf den insgesamt 11 Stationen u. a. Gräberfelder aus der Hallstattzeit und der Siedlungsperiode der Bajuwaren, zeigt eine sog. Keltenschanze, einst heiliger Kultplatz des sagenumwobenen Volkes, ein rekonstruiertes Keltenhaus und führt an der mittelalterlichen Burg Stauf vorbei (Sonderprospekt beim LRA Roth, ✆ 09171/81329). Sehenswert ist auch das *Vor- und Frühgeschichtliche Museum* in Thalmässing (April bis Okt. Di–So 10–12 und 13–16 Uhr; ✆ 09173/9134). Überhaupt hat sich Thalmässing um das Museum herum herausgeputzt. In unmittelbarer Nachbarschaft breitet sich der beeindruckende Komplex des Landgasthofes „Zum Pyraser" aus. Neben gutem Zimmerkomfort bietet das Haus eine betont alternative Küche und einen attraktiven Biergarten! Einfach, aber gemütlich präsentiert sich das gegenüberliegende

Hallstattzeitlicher Grabhügel (Rekonstruktion) bei Thalmässing

Gasthaus zur Krone, ein stattlicher Sandsteinbau aus dem Jahre 1865. Radler und Wanderer bekommen hier eine günstige Brotzeit.

Information **Marktgemeinde Thalmässing**, Stettener Str. 26, 91177 Thalmässing, ✆ 09173/ 90913, 📠 90932, www.thalmaessing.de.

▸ **Greding:** Preisträger im Wettbewerb „Gastliches Bayern", ist ein liebenswürdiges, mittelalterliches Städtchen mit einer Geschichte, die bis ins 6. Jh. zurückreicht. 1991 wurde in Greding groß gefeiert: Damals waren es genau 900 Jahre her, dass der Ort erstmals in einer Urkunde von Kaiser *Heinrich IV.* erwähnt wurde. Der geschlossene Mauerring mit seinen drei Toren und 21 Türmen birgt viel Sehenswertes: malerische Gässchen und Plätzc, die Martinskirche, das fürstbischöfliche Schloss mit Heimatmuseum am Marktplatz Nr. 8 (Sonderausstellung Natur und Mensch; Sa 13–16 Uhr und So 14–17 Uhr), das Sparkassenmuseum am Marktplatz Nr. 6 (1. So im Monat 14–17 Uhr; Auskunft unter ✆ 08463/64030) und den großräumigen Marktplatz, der seinesgleichen sucht. Schwimmbad, Volksfest vor historischer Kulisse, Abenteuerspielplatz und eine landschaftlich reizvolle Umgebung sind die Haupttrümpfe im Freizeitangebot von Greding. Der Naturlehrpfad im Kaisinger Tal (20 Einzeltafeln auf 3 km Länge; an der Straße Beilngries–Greding, linker Hand vor der Distelmühle) und der Heimbacher Bildstockweg mit Flurkreuzen, Bildstöcken, einer Grotte und einer Hofkapelle ergänzen das reichhaltige Angebot Gredings, das auch als Veranstaltungsort attraktiv ist (Gredinger Kultursommer mit Kleinkunst im historischen Innenhof des Museums; Orgelkonzerte in der Basilika u. v. m.).

Information **Kultur- und Verkehrsamt Greding**, Marktplatz 13, 91171 Greding, ✆ 08463/ 90420, 📠 90450, www.greding.de.

Beilngries

Die über 8000 Einwohner zählende Stadt ist idyllisch in einen von Wäldern umgebenen Talkessel gebettet, in dem die Sulz in die Altmühl mündet. Überragt wird der Ort vom Barockschloss Hirschberg, das den Fürstbischöfen von Eichstätt als Residenz diente. Die Beilngrieser Altstadt hat sich mit ihren zahlreichen kleinen Gässchen und Plätzen den mittelalterlichen Charakter bewahrt. Bei einem Rundgang entlang der alten Stadtmauer kommt man an neun gut erhaltenen Türmen vorbei.

Beilngries bietet eine ausgeprägte kulturelle Szene. Alle Fäden laufen im zentral gelegenen „Haus des Gastes" zusammen. Unübertroffen ist das breite gastronomische Angebot, das sich zunehmend auf Reisegesellschaften, Tagungen und Kongresse einstellt. Weit über die Region hinaus hat sich der „Italienische Sommer" bei Kunst- und Musikliebhabern einen guten Ruf erworben. Eine Besonderheit in Beilngries ist die „Bierkultur" mit dem Brauereimuseum im Felsenkellerlabyrinth und den zahlreichen Biergärten, in denen man sich an warmen Sommerabenden trifft. Die Pfarrkirche St. Vitus im Ortsteil **Kottingwörth** birgt wertvolle Fresken, während **Paulushofen** mit dem neu errichteten „Tramp-Hotel", einer Oase für Wanderfreunde, aufwartet. Einen Ausflug in die mittelalterliche Nachbarstadt **Berching** unternimmt man heute mit einem der zahlreichen Gastschiffe, die den Main-Donau-Kanal zwischen Kelheim und Berching befahren.

Auf dem Main-Donau-Kanal bei Beilngries

Information

- *Vorwahl/PLZ* 08461/92339.
- Tourist-Information, Hauptstr. 14, ☎ 8435, 📠 9661, www.beilngries.de. Die Tourist-Information befindet sich im Haus des Gastes mit Sitzungssaal und Festsaal für 250 Personen, Mai bis Mitte Okt. Mo–Fr 9–12 und 14–19 Uhr, Sa 9–12 und 15–19 Uhr, So/Feiertag 10–12 Uhr und Mitte Okt. bis April (Mo–Do 9–12 und 14–16 Uhr, Fr 9–12 Uhr).

Übernachten/Essen & Trinken/Camping

- *In Beilngries* **Landidyll-Hotel Fuchs-Bräu (6)**, vornehmes Haus, seit 1801 in Familienbesitz. 150 Personen wird allein in den verschiedenen Restaurationsräumen Platz geboten: in der „Fuchs-Stub'n", im „Kaminzimmer", in der „Gaststube", im „Wintergarten" und im „Jagerstüberl". Ab Silvester 2010 soll dann auch der benachbarte „Kaiser-Beck" für das Hotel zur Verfügung stehen. Internationale und bayerische Küche vom Feinsten. Der ausgesprochen freundliche Service und die gepflegte Tischkultur lohnen den Mehraufwand beim Bezahlen! An wärmeren Tagen bietet der gemütliche Biergarten Platz für 200 Personen. Der Fuchs-Bräu verwöhnt mit gehobenem Hotel-Service. 120 Gästebetten. DZ mit DU/WC ab 80 €. Pauschalarrangements für Gruppen ab 20 Personen möglich; eigenes Hallenschwimmbad, Sauna und Solarium. Seit 1990 stehen 10 zusätzliche Gäste- und Trainerräume bereit. Spezielle Tagungsunterlagen können angefordert werden. Hauptstr. 23, ☎ 6520, 📠 8357, www.fuchsbraeu.de.

Hotel Die Gams (7), Restaurant mit feiner, regionaler Küche. DZ mit DU/WC ab 84 €. Whirlpool, Sauna, Solarium und Fitnessraum, Tischtennis und Fahrradverleih. Hauptsaal und Raum „Oberbayern" im 1. Stock bieten 300 Personen Platz. Das separate Gästehaus besitzt 7 Räume mit 120 Plätzen und modernen Konferenz-Komfort. Hauptstr. 16, ☎ 6100, 📠 610100, www.hotel-gams.de.

Hotel-Gasthof Zur Krone (5), alteingesessenes Haus (seit 400 Jahren) im altbayerischen Stil und dementsprechend urgemütlich bis unters Dach. Der Ausleger, eine Kunstschmiedearbeit aus dem Jahre 1810, sowie der für die Gegend typische Treppengiebel schmücken die Fassade. Über 100 Gästebetten. DZ mit DU/WC ab 70 €. Tagungs- und Konferenzzimmer, Aufenthaltsraum mit TV, Tischtennis u. a. sowie gemütliche Freitischgruppe vor dem Haus; Do Ruhetag. Hauptstr. 20, ☎ 7380 u. 6530, 📠 653190, www.Krone-Beilngries.de.

Braugasthof-Hotel Goldener Hahn (4), bodenständige Küche. Ausgeschenkt wird das feinherbe Pils frisch vom Fass (Schattenhofer Bräu), „echt und rein aus dem Altmühltal" versteht sich! Die hauseigene Brauerei kann jeden Samstag um 9.30 Uhr nach Vereinbarung besichtigt werden. Separates, ruhig gelegenes Gästehaus. Knapp 100 Gästebetten. DZ mit DU/WC ab 68 €. Hauptstr. 44, ☎ 64130, 📠 641389, www.schattenhofer.com.

Minotel Gallus (3), 48 Gästezimmer. DZ mit DU/WC ab 84 €. Weinkeller, Ritterschenke, schattiger Biergarten, große gepflegte Liegewiese, Sauna, Solarium, Fitnessraum, Tischtennis und Fahrradverleih für Hausgäste. Angeschlossen ist die Musikkneipe „Alter Bahnhof" mit eigenem Veranstaltungsprogramm. Neumarkter Straße 25 ☎ 247, 📠 7680, www.hotel-gallus.de.

- *Außerhalb* **Gasthof zum Hirschen (2)**, in Hirschberg, neu errichteter Gasthof ca. 3 km außerhalb der Stadt (mit Zufahrt zum 200 m entfernt liegenden Schloss Hirschberg); Hausschlachtung, Bauernbrotzeiten und Biergarten. 57 Gästebetten. DZ mit DU/WC ab 64 €. Sauna, Solarium und Fitnessraum. Kinderspielplatz und Abholservice für Radler. Hirschberg 25, ☎ 520, 📠 9676, www.zumhirschen-hirschberg.de.

Landgasthof Euringer (9), in Paulushofen, oberhalb des Altmühltals gelegen. Das Dorf gleicht einer Oase der Ruhe, besonders in den Monaten Juli und August, wenn man sich unten im Tal drängelt. 60 Gästebetten. DZ mit DU/WC ab 70 €. Die Küche ist, der ländlichen Umgebung angepasst, bodenständig und zeichnet sich vor allem durch die Frische der Lebensmittel aus (eigene Metzgerei). Ein weiterer Pluspunkt ist das aufgeschlossene Verhalten der Wirtsleute gegenüber Kindern. Da können abends schon mal die Tische zusammengerückt werden, wenn man mit mehreren Familien zusammensitzen und spielen will. Dorfstr. 23, ☎ 6510, 📠 9143, www.landgasthof-euringer.de.

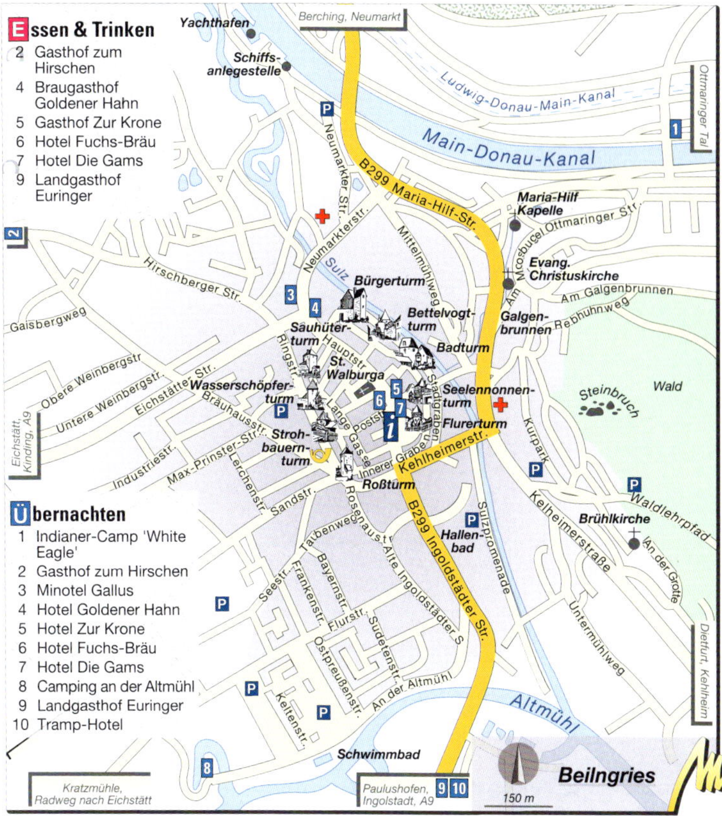

Tramp-Hotel (10), ebenfalls in Paulushofen, neu errichtetes Garni-Hotel in ökologischer Bauweise und mit viel Herz für die Wanderfreunde. Fitmacherfrühstücksbuffet, Hotelbar, Grillplatz, Terrasse und Kinderspielzimmer bereichern das Angebot. 70 Gästebetten. DZ mit DU/WC ab 65 €. Dorfstr. 4, ✆ 605300, 📠 605407, www.tramphotel.de.

• *Camping* **An der Altmühl (8)**, idyllisch gelegener Zeltplatz (2,8 ha); Sanitärraum (behindertengerecht), Freibad in der Nähe, Bootsanlegestelle, Angeln und Tennis. Ganzjährig geöffnet. ✆ 8406, 📠 602964, www.campingplatz-beilngries.de.

Indianer-Camp White Eagle (1), umfangreiches Erlebnisangebot für Kinder und Erwachsene (Husky-Wanderungen, Hundeschlitten, Trekkingtouren u. v. m.). Übernachtung in Tipis. Preise auf Anfrage. Von-Pechmann-Str. 1, ✆ 605353, 📠 605354.

Freizeit & Sport

• *Altmühltaler Abenteuerpark*, ein von der Prinstner-Brauerei eingerichteter Naturerlebnis- und Waldhochseilgarten im Westen der Stadt. Speziell für Gruppen werden hier „Outdoor-Trainingsmöglichkeiten" angeboten (inkl. Analyse, Problemlösungen etc.). Der Hochseilgarten selbst fördert Geschicklichkeit und Körperbeherrschung und besteht aus Kinderspielbereich, Niedrig-Parcours, Start-Parcours und Fun-Seilbahn. Angeschlossen sind ein Gourmet-Restaurant (www.herrler-gourmet.de) und das Pizzeria-

Restaurant Bräustüberl. Bräuhausstr. 36, ✆ 602990, 📠 7606, www.altmuehltaler-abenteuerpark.de.

• *Angeln* Ilse Perras, Föhrenweg 10, ✆ 573 (März bis Dez.), und Hannes Zimmer, Max-Prinster-Str. 2, ✆ 379.

• *Baden* **Freibad**, beheizt, mit Wärmehalle und Badeinsel in der Altmühl; Mai bis Sept. 9–19 Uhr. An der Altmühl (im Süden), ✆ 7212.

Hallenbad, mit Sauna und Solarium, in den Wintermonaten Di–Fr 17.15–21 Uhr, Sa 9–17 Uhr, So 9–12 Uhr. Ingolstädter Str. 5, ✆ 8292.

• *Bootsverleih* Christa Pfaller, Obere Weinbergstr. 22, ✆ 8903, 📠 605106. Breites Angebot auch zum Bootwandern (rund um den Arzberg).

• *Fahrräder* Verleih bei Fa. Zucker, Gartenstr. 18, ✆ 8822; im Gasthof Gallus (s. o.) und bei Zweirad Huber, Ingolstädter Str. 21, ✆ 605047, mit Rückholservice.

• *Golf* www.altmuehlgolf-beilngries.de; 9-Loch-Anlage **Swin-Golf** (Golfart mit 3-seitigem Schläger; kann gemietet werden) in Paulushofen, mit Café-Stüberl. Sommer: Di–Sa ab 14 Uhr, So/Feiertage ab 10 Uhr; Winter: wie Sommer, außer Di und Do. ✆ 705334 und 0170/5491414, 📠 601300, www.swingolf-gerneth.de.

• *Kegeln* In der Gaststätte Bauernbräu, Hauptstr. 6, ✆ 64250.

• *Wandern* Auf einer Wanderkarte des Naturparks sind **20 Rundwandervorschläge** ausgearbeitet und in der Karte eingezeichnet. Erhältlich, wo es Bücher gibt. Trimm-dich-Pfad auf dem Hirschberg und Waldlehrpfad auf dem Arzberg.

• *Wintersport* **Eislaufen** auf der Natureisbahn bei der Utzmühle im Norden der Stadt an der Sulz; **Langlaufloipe** auf dem Hirschberg.

Feste & Veranstaltungen/Museen

• *Kulturelle Veranstaltungen* **Italienischer Sommer** mit umfangreichem Programm in den Monaten Juli und August (Kunst, Musik, Literatur, Kabarett, Straßenfeste, italienische Genüsse und vieles mehr). In der Tourist-Information kann das Programm angefordert werden. Die einzelnen Veranstaltungen sind in der weiteren Region (bis Ingolstadt/Regensburg) sehr begehrt, und daher empfiehlt sich eine rechtzeitige Reservierung.

• *Feste* Beilngrieser **Flohmarkt** (ab März jeden 2. So im Monat), **Maidult** (Mai), **Altstadtfest** (Juni), **Kinderflohmarkt** (Juli), **Schrannenfest** des 1. Schnupfclubs (Juli) und das Beilngrieser **Volksfest** (1. und 2. Wochenende im Sept.).

• *Brauerei-Museum im Felsenkeller-Labyrinth* Im Besitz der Privatbrauerei Prinstner. Es geht auf eine Kelleranlage aus dem Jahr 1450 zurück. Die unterirdischen Gänge haben eine Gesamtlänge von 350 m auf einer Fläche von ca. 1000 m^2. Ausgestellt sind im Museum zahlreiche historische Brauereigeräte und -maschinen. Ein Diavortrag über die Geschichte der Beilngrieser Bierbraukunst wird ebenfalls angeboten. Das Museum ist während der Urlaubssaison (Mai bis Okt.) jeden So ab 10.30 Uhr geöffnet; Gruppenführung nach Vereinbarung. Bräuhausstraße 36. ✆ 1033, 📠 7606.

• *Spielzeugmuseum* Im ehemaligen Franziskanerkloster. April bis Okt. Mo–Fr 14–16 und Sa 14–18 Uhr, So/Feiertrage 10–18 Uhr. Nov. bis März. Mi 14–16 Uhr, Sa/So/Feiertage 13–17 Uhr. Hauptstr. 49, ✆ 8318, www.museen-anno-dazumal.de.

• *Musikapparate-Museum* Im historischen Rossturm; Innerer Graben 3, ✆ 601530.

• *Gösselthalmühle* Direkt am rechten Ufer des Main-Donau-Kanals (ca. 2 km nördlich von Beilngries) gelegenes **Informationszentrum**. In dem Barockbau befindet sich die Verwaltung des Wasser-Schifffahrts-Amtes. Dokumentationen, Filmvorführungen und Diavorträge erläutern die Wasserbaumaßnahmen des Freistaates Bayern aus „amtlicher Sicht". Gösselthal 33, ✆ 7588 oder 7558.

Geschichte

Bodenfunde aus der Jungsteinzeit (um 3500 v. Chr.), Steindeckengräber aus der Hallstattzeit (750 bis 500 v. Chr.) und die Entdeckung des bayerischen Reihengräberfeldes im Oehl (um 600 n. Chr.) zeugen von einer frühen Besiedlung der Gegend. Im Jahre 1007 wird der Orts erstmals als *Bilingriez* erwähnt. Der Name geht zurück auf einen Siedlungsplatz der Sippe des Bilo im Griez, einem sandigen Geröllfeld an der Altmühl. Bereits 1053 konnte Bischof Gebhard I. bei Kaiser Heinrich III. das Markt- und Zollrecht für „Pilingriez“ erwirken, das damit kaiserlicher Bannbezirk wurde. Um diese Zeit dürften bereits die Herren von Grögling-Dollnstein, ab 1200 die *Grafen von Hirschberg* im Westen des Ortes eine ausgedehnte Burganlage errichtet haben, von wo aus sie das Sulztal, das Ottmariner Tal und das Altmühltal beherrschen konnten. Zugleich übten sie die Schutzvogtei für das Eichstätter Hochstift aus. 1305 starb dieses mächtige Adelsgeschlecht aus, sein Erbe traten die Eichstätter Bischöfe an. Das Erbgut, das gegen die Ansprüche der mit den Hirschbergern verwandten Bayerischen Herzöge erkämpft werden musste, bestand aus 122 Ortschaften, darunter Hirschberg, Beilngries, Köttingwörth, Forchheim, Sulzkirchen, Kevenhüll, Raitenbuch und Ottmaring. Beilngries wurde Sitz eines Eichstättischen Pfleg- und Oberamtes auf Schloss Hirschberg (bis 1740).

Im Jahre 1053 hatte Beilngries bereits das Markt- und Zollrecht erhalten. 1485 gilt als das Jahr der Stadterhebung. Doch um das Jahr 1400 dürfte die Stadt bereits mit Mauern und Türmen befestigt gewesen sein. Durch seine Wehrhaftigkeit blieb Beilngries in den großen Kriegen des 16. und 17. Jh.s weitgehend vor einer Zerstörung durch Brandschatzungen und Plünderungen bewahrt. Vergeblich wurde die Stadt im Österreichischen Erbfolgekrieg von 3000 französischen Soldaten belagert. Im 19. Jh. wurde Beilngries durch die Gemeindeordnung von 1818 als bayerische Stadt dritter Klasse eingeordnet. Von da an stieg die Einwohnerzahl rapide (von 970 auf nunmehr fast 7000 Einwohner). Heute ist Beilngries wirtschaftliches und kulturelles Zentrum an der unteren Altmühl. Der Fremdenverkehr ist einer der wichtigsten Wirtschaftszweige.

Sehenswertes

Die Stadtbefestigung: Die alte Stadtmauer lässt sich bequem in einem Spaziergang umrunden. Auf diese Weise lernt man auch die versteckt liegenden Gässchen und Plätze kennen, die gerade den Reiz der mittelalterlichen Altstadt ausmachen. Auch wenn die beiden ältesten Türme aus dem 13. Jh. 1887 dem Durchgangsverkehr geopfert und größere Lücken in die Befestigungsmauer geschlagen wurden, lohnt die Besichtigungstour!

Starten wir am nördlichen Stadtgraben mit dem **Bürgerturm,** dessen freundliche Bezeichnung über seine frühere Funktion als Arrestturm hinwegtäuscht. Allerdings war er den Beilngrieser Bürgern „vorbehalten“. Die sog. Unbehausten und Fremden wurden andernorts inhaftiert. Im Uhrzeigersinn folgt der noch heute romantische **Bettelvogtturm,** auf dem der Bettelrichter saß. Er hatte sich von Amts wegen um die Bettler zu kümmern. Danach stoßen wir auf den **Badturm,** früher nach seinem Besitzer Lierturm genannt; hier hatte die städtische Hebamme ihr Zuhause. Unweit davon steht der **Seelennonnenturm,** auch Seelenwärterhaus genannt. Hier wohnte die Totenfrau von Beilngries. Dennoch mutet der Turm durch seine verschachtelte Bauweise recht heimelig an. Auf den bekanntesten Turm von Beilngries stoßen wir mit dem **Flurerturm,** in dem die Fluraufseher und Nachtwächter wohnten. Auf den einstigen Rundturm wurde ein ansehnliches Fachwerkobergeschoss gesetzt. Heute gilt der Flurerturm als das heimliche Wahrzeichen der Stadt. In seinen Gemäuern hat sich der Kipfenberger Künstler Holger Pflaum mit seiner *Galerie* niedergelassen. Die ständig wechselnden Ausstellungen ziehen Kunstliebhaber aus nah und fern an (Di–Fr 16–19 Uhr, So 14–17 Uhr). Auch eine Ferienwohnung bietet Holger

Der Bürgerturm, einer von neun Türmen, die sich um die Altstadt reihen

Pflaum im Dachgeschoss des Turmes an (stattdessen: Café Tradinovum, www.tradinovum.de). Im Südwesten der Stadt befand sich im **Rossturm** die Wohnung des Pferdehüters (heute mit Musikapparate-Museum). Nördlich davon schließt der **Strohbauernturm** an. Es folgt der **Wasserschöpfturm,** dessen Bewohner für die Wasserversorgung des städtischen Brauhauses zuständig waren. Der Kreis schließt sich am **Sauhüterturm,** an dem eine aus Solnhofer Stein gefertigte Tafel von 1524 an das Bistum Eichstätt und seinen Bischof Gabriel von Eyb erinnert.

Die Altstadt: Gerade jüngere Leute lassen sich wieder gerne in den verwinkelten Ecken der Altstadt nieder – ob in der *Brunnenbäckergasse,* in der *Buchbindergasse,* in der *Kupferbäckerstraße* oder in der *Zinngießergasse.* So manch neues Geschäft reiht sich ein in das Geflecht alter Handwerksbetriebe und Einzelhandelsgeschäfte, als wollten Mittelalter und Moderne einander die Hand reichen. Auch die Gastronomie hat dieses Viertel abseits der Hauptstraße entdeckt.

Die katholische **Stadtpfarrkirche St. Walburga,** deren beide Türme die Altmühlstadt weithin sichtbar überragen, hat ihre Ursprünge in einer kleinen Kapelle des 12. Jh.s. Nachdem die Pfarrrechte von St. Lucia (heute sehenswerte Friedhofskirche) im Jahre 1445 nach St. Walburga verlegt wurden, ging man daran, eine neue gotische Kirche zu errichten, wobei das neue Langhaus an den romanischen Turm der Vorgängerkirche anschloss. Ein weiterer Neubau erfolgte von 1693–1694 unter Fürstbischof Johann Euchar Schenk von Castell. Baumeister war *Johann Baptist Camesino.* Die Bauleitung übernahm Jakob Engel. Doch damit nicht genug: 1899 entschloss man sich, den barocken Kirchbau abzureißen, mit Ausnahme des alten Turms aus dem Mittelalter. Fünf Jahre darauf fand die Grundsteinlegung zur neuen, heutigen Kirche statt. Dabei erhielt der alte Turm einen Zwillingsbruder, dem man bei genauerem Hinsehen seine Jugend ansieht. Beide Türme sind je 52 m hoch und mit bunt glasierten Ziegeln gedeckt, was dem Stadtbild eine freundlich-heitere

Note verleiht. Zwischen den beiden Türmen wurde eine mächtige Vorhalle eingefügt, unter deren Arkadenbögen die Stufen zum Haupttor und ins Kircheninnere führen.

Dieser interessante Eindruck einer Mischung von alter Bausubstanz und neuen architektonischen Formen verstärkt sich, wenn man das Gotteshaus betritt: eine selten gesehene Helligkeit und Weite des Innenraums umfängt die Besucher, spielt mit ihren Blicken, die gar nicht zur Ruhe kommen wollen. In weit geschwungenen Rundungen verliert sich der Übergang des Langhauses in den Chor. Mehr als das nötige Licht dringt durch die riesigen Radfenster an den Seiten des Zentralraumes ein. Der Hochaltar stammt noch aus der barocken Vorgängerkirche Camesinos. Seine Wirkung wird betont durch den nach oben muschelartig schließenden Chorraum mit dem Wappen des Fürstbischofs Euchar Schenk von Castell. Das Altarbild zeigt die Heilige Walburga vor der Heiligen Dreifaltigkeit. Zu beiden Seiten des Hochaltars erkennen wir den Hl. Willibald und den Hl. Wunibald, seinen Bruder, beides neorealistische Schöpfungen des Münchner Künstlers *Joseph Schell*. Die blau-gelbe Farbkomposition dominiert das Innere von St. Walburga auf angenehme Weise. Selbstbewusst fügt sich die Barockkanzel von 1695 in dieses Ambiente. Der Kipfenberger Maler Kaspar Köhl gab den Beweis für die Schaffenskraft des heimischen Kunsthandwerks.

Die **Frauenkirche** macht sich neben der ehemaligen Klosterkirche der Franziskaner, die heute die Räume eines Pfarr- und Jugendheims beherbergt, geradezu elegant aus. Die ursprüngliche Kapelle „Zu Unserer Lieben Frau" aus dem Jahre 1683 wurde 1753 durch *Mauricio Pedetti* vergrößert, nach Süden ausgerichtet und in barocker Manier umgestaltet. Die Figur Marias steht in dieser Kirche im Zentrum des Hochaltars. Sie ist auf einem spätgotischen Gnadenbild von 1470 zu sehen. Umgeben ist sie von ihren Eltern, dem Hl. Joachim und der Hl. Anna.
Die beiden Seitenaltäre aus der Zeit um 1755 wirken eher erdrückend. Sie tragen die Statuen des Hl. Joseph und des Hl. Sebastian. Vom Schalldeckel der Rokokokanzel blickt der Apostel Paulus auf den Kirchenraum herab. Es war, und das wird kunsthistorisch bewanderte Besucher interessieren, Pedettis erster Kirchenbau im Hochstift Eichstätt.

Walburgabrunnen vor der Beilngrieser Stadtkirche

Das **Rathaus** in der Hauptstraße ist ein Barockbau des bekannten Baumeisters *Gabriel de Gabrieli* aus der Zeit um 1740. Bis zum Jahre 1802 saßen hier die Pfleger der Eichstätter Bischöfe. Danach zog das Landgericht in die historischen Räume ein (später Bezirksamt). Bis zur Gebietsreform des Jahres 1972 war das Landratsamt darin untergebracht. Heute dient der stattliche Bau der Großgemeinde Beilngries als Rathaus. Im rechten Winkel dazu schließt das heutige **Haus des Gastes** die obere Hauptstraße ab, die dann nach einem Knick stadtauswärts verläuft. Dieses Arrangement schafft eine Platzatmosphäre, die derzeit noch unter dem durchfließenden Straßenverkehr leidet. Der gewaltige Bau wurde bereits unter Bischof Johann von Eichstätt (1445–1464) als *Getreidekasten* errichtet. Neben den Räumen für die Lagerung von Getreide waren im Untergeschoss die Fronwaage, auch Herrenwaage genannt, die städtische Brotbank und verschiedene Kramerläden untergebracht. 1811 befand sich hier noch das *Schrannenlokal*. Im ersten Stock hatte man dem städtischen Magistrat lange Zeit zwei Räume als Ratsstuben überlassen, bevor die Stadt Beilngries das Gebäude 1850 für sich erwarb. Nach 1972 bezog sie den erwähnten Gabrielibau in der Hauptstraße und gestaltete den ehemaligen Getreidekasten großzügig zum Haus des Gastes um.

Schloss Hirschberg

Von der alten Grafenburg (1170–1305) sind die beiden Bergfriede, große Teile der Ringmauern sowie der Kernraum der romanischen Burgkapelle erhalten. Die Eichstätter Bischöfe bauten die Anlage ab dem 14. Jh. weiter aus. Auf halber Wegstrecke von Haunstetten nach Wiesenhofen zweigt die *Fürstenstraße* ab, die in exakter Gerade durch den Haunstetter Forst zum Schloss Hirschberg führt. Im Ort Hirschberg passiert man die Baumallee der *Vorburg* und steht bald vor den beiden beeindruckenden, hoch aufragenden *Bergfrieden*, deren Satteldächer in einem Treppengiebel abschließen und die jeweils mit einem *Torhaus* ausgestattet sind. Durch ein hohes Gittertor, das beidseitig von imposanten Steinsäulen mit Hirschfiguren flankiert ist, gelangt man in den Vorhof des Schlosses. Linker Hand befindet sich die ehemalige Hausmeisterei (heute Schwesternhaus St. Joseph). Gegenüber steht das Schlosswarthaus, das für die Kutscher des Schlosses bestimmt war.

Vor dem dreiflügeligen Hauptbau führt rechts ein Weg zur *Exerzitienkapelle*, die in den Jahren 1967–1969 vom Münchner Architekten Alexander Freiherr von Branca neu gestaltet wurde, ein beeindruckendes Dokument zeitgenössischer Kirchenbaukunst! Wieder zurück, bietet sich ein faszinierender Anblick auf den 150 m tiefer gelegenen *Ehrenhof*, der auf drei Seiten von den Flügeln des ehemaligen Rokokoschlosses eingerahmt wird. Die Fassadengestaltung besticht nicht nur durch die exakte Symmetrie. Sie beeindruckt auch durch die strenge Anordnung von Risaliten und Pilastern, von Sockelgeschossen und Fensterbrüstungen, von Segmentgiebeln und Gesimsen. Zwei bemerkenswerte Steinfiguren Jakob Bergs flankieren das *Hauptportal* des Mittelflügels: der „Hof- und Zeremonienmeister" zur Rechten, dessen Blick durch eine eigenartige Brille verdeckt ist, und der „Kellermeister" zur Linken, der mit einladender Geste den Weg ins Schlossinnere weist. Drei Wappen schmücken die Frontseite: das des Bischofs Martin von Schaumberg (links), des Bischofs Wilhelm von Reichenau (rechts) und des Bischofs Raymund Anton von Strasoldo, des Erbauers von Schloss Hirschberg (Mitte).

Das Innere des Schlosses wird von mehreren Sälen beherrscht, die mit reichem Stuckwerk und sehenswerten Deckengemälden geschmückt sind, darunter der *Kaisersaal*, der *Rittersaal* und der *Vortragssaal*. Das Portal des Nordflügels gibt den Weg frei ins Stiegenhaus, das ebenfalls sehenswert ist. Der Großteil der Räume ist nicht öffentlich zugänglich. Gemeint sind vor allem die ehemaligen fürstbischöflichen Gemächer sowie weitere Gäste- und Gesellschaftsräume, die heute vom Exerzitienhaus genutzt werden (kirchliche Ausbildungseinrichtung).

Kottingwörth

Die Wandfresken in der Vituskappel erzählen vom Leben des Märtyrerheiligen Vitus

Der Ort schmiegt sich ganz eng an die Altmühl heran, so als wolle er den Fluss auf seiner letzten Strecke noch einmal so richtig ans Herz drücken. Überragt wird Kottingwörth durch die beiden markanten Zwiebeltürme der *Wehrkirche St. Vitus,* deren Wehrhaftigkeit noch heute zu erahnen ist. Erwähnt wurde sie bereits in der Burgbernheimer Wildbannurkunde Heinrichs IV. von 1073. Letztmals umgebaut wurde sie im Barock durch den Beilngrieser Baumeister Johann Georg Pauer nach Plänen von Barbieri aus Eichstätt.

Durch einen Torturm aus dem 16. Jh. betritt man den ummauerten Kirchplatz. Im ehemaligen Chor befindet sich die **Vituskapelle,** die heute als Taufkapelle dient. Sie ist geschmückt mit bestechend schönen *Wandfresken* aus dem 14. Jh. Erst Ende des letzten Jahrhunderts konnten sie entdeckt werden. Die Bilder zeigen St. Vitus, der Kaiser Diokletian vorgeführt wird, zu einer Zeit, als die Christenverfolgung ihren Höhepunkt erreicht hatte. Mit seinen Eltern zusammen erlitt er ein qualvolles Martyrium. Alle drei wurden an Pfählen aufgehängt und danach in einen glühenden Ofen geworfen. Auf einem Altarbild erkennt man den Namenspatron der Kottingwörther Kirche in einem Kessel voll siedenden Öls. Zur Vergeltung treibt er in einer weiteren Abbildung Kaiser Diokletian den Teufel aus dem Leib!

Töging

Vorbei an der Kottingwörther Mühle (seit 1306 in Betrieb) und an Grögling mit seiner ehemaligen Wasserburg aus dem 12. Jh. fließt die Altmühl nach Töging, das bereits zur Stadt Dietfurt gehört. Vom gegenüberliegenden Schwedenberg aus sind die beiden beherrschenden Bauten des Ortes gut zu erkennen. Neben der kath. Kirche St. Bartholomäus, deren heutiger Bau keine 160 Jahre alt ist, erhebt sich das ehemalige *Schloss* der Schenken von Töging. Diese hatten sich bereits um die Mitte des 12. Jh.s in Töging einen Ansitz errichtet, bevor sie in die Dienste der Grafen von Hirschberg eintraten. 1565 starb das Geschlecht aus. Die Burg kam in den Besitz von Eichstätt, das es zu einem Schloss und Sitz eines bischöflichen Pflegamtes ausbaute. Heute wird das ehemalige Schloss von der Stadt Dietfurt großzügig renoviert. Geplant ist ein Haus des Gastes mit Mehrzwecksaal und Ausstellungsräumen. Auch die örtliche Sparkasse will sich in dem Gebäudetrakt niederlassen – wenn das der letzte Schenk von Töging gewusst hätte! Von ihm heißt es im Buch von August Sieghardt über das Altmühltal: *Zuletzt sei Mathhes Schenk zu Töging so in Armut und Abfall gekommen, dass ihm kein Wirt mehr borgen wollte und habe also an essen und trinken mangel gelitten und sei wie ein armer Mensch umbgangen.*

Berching und Umgebung

Berching hat durch die Fertigstellung des Main-Donau-Kanals enorm an touristischer Bedeutung gewonnen. Die Schiffe legen direkt an der Altstadt an. Die 1100-jährige Stadt, staatlich anerkannter Erholungsort im Naturpark Altmühltal, ist von einer vollständig erhaltenen *mittelalterlichen Stadtmauer* umgeben. Ihre Wehrgänge sind teilweise begehbar. 13 gut erhaltene Türme umsäumen ein liebenswertes Altstadt-Ensemble, in dessen Zentrum sich der jüngst renovierte Marktplatz breit macht. Zahlreiche Fachwerkhäuser und schmucke Treppengiebelfassaden beleben die mittelalterliche Kulisse. *St. Lorenz* birgt wertvolle Tafelbilder der berühmten Albrecht-Altdorfer-Schule. Zahlreiche Straßen- und Altstadtfeste sowie der legendäre *Berchinger R*ossmarkt (im Winter) beleben die Altstadt. Das *Heimatmuseum* bietet einen interessanten Überblick über Geschichte, Handwerk und Brauchtum des Orts (Mai–Okt. Di–Fr 13.30–16.30 Uhr, Sa/So 10–12 und 13.30–16.30 Uhr). Mit der „Gewürzmühle" bietet Berching seinen Gästen ein Hotel und Restaurant der besonderen Art. Die Tagungsmöglichkeiten in den historischen Räumen der alten Mühle, der hohe Zimmerkomfort und das exquisite Restaurant lohnen einen Besuch in der Gredinger Straße Nr. 2 (✆ 08462/200050, 📠 200051, www.gewuerzmuehle-berching.de)!

Südlich von Berching beeindruckt die Schiffstouristen das mächtige **Benediktinerkloster Plankstetten,** das einen Besuch wert ist. Hier wird auch Freunden geistiger Entspannung einiges geboten (Infos unter www.kloster-plankstetten.de).

In Gedenken an den großen Komponisten **Christoph Willibald Gluck** (1714 in der Nähe von Berching geboren) ist im örtlichen Heimatmuseum eine Multimediaausstellung zu Gluck zu sehen (mit vielen Musikbeispielen). Auch im Rahmen der Berchinger Open-Air-Sommerkonzerte wird das musikalische Erbe des berühmten Sohnes geehrt. Der „Gluck-Wanderweg" verbindet Weidenwang mit Erasbach. Diese beiden Ortsteile von Berching nehmen jeweils für sich in Anspruch, die Geburtsstätte des Komponisten zu sein. Dementsprechend können auf dem Wanderweg gleich zwei Geburtshäuser und zwei Gedenktafeln bestaunt werden.

• *Information* **Tourismus-Büro**, Pettenkoferplatz 12, 92334 Berching, ✆ 08462/20513, 📠 20544. Die Stadt bietet ihren Besuchern verschiedene **Führungen** an, vom klassischen Stadtrundgang bis zu Erlebnisführungen mit Schauspiel. Weitere Infos unter www.berching.de.

Dietfurt

Dietfurt ist eine verrückte Stadt, zumindest am „Unsinnigen Donnerstag", wenn die Stadt seit nun schon mehr als 100 Jahren zum „Bayrisch China" wird. Mit den beiden neuen Museen „Museum im Hollerhaus" und „Altmühltaler Mühlenmuseum" möchte man auch interessierte Gäste außerhalb der närrischen Zeit für sich gewinnen.

Ganzjährig hat Dietfurt Folgendes zu bieten: Fünf alte Stadttürme stehen noch, und der Marktplatz, die gute Stube von Dietfurt, ist umgeben von imposanten Bürgerhäusern, deren schöne Fassaden miteinander wetteifern. Der Besitzer des historischen Gasthofs Stirzer hat sich weit über die Lande hinaus einen Ruf für die gelungene Sanierung eines erhaltenswerten Altmühl-Jurahauses erworben.

Historischer Gasthof Stirzer

Information

- *Vorwahl/PLZ* 08464/92345.
- *Information* **Tourist-Information** im Rathaus, Hauptstr. 26, ☏ 640019, 🖷 640033, www.dietfurt.de. Im Verkehrsamt der Stadt liegen auch Bücher und Wanderkarten zur Region zum Verkauf aus. Ganzjährig Mo–Fr 8–12.30 Uhr, zusätzlich von Mai–Okt. 15–18 Uhr.

Übernachten/Essen & Trinken

- *Übernachten/Essen* **Historischer Gasthof Stirzer**, zur Straße hin präsentiert sich das Juwel im Altmühltal ganz im Stil der traditionellen Architektur eines Jura-Hauses. Doch auch hinter der schmucken Fassade birgt das Haus Kostbares, Überraschendes und vor allem eine Kultur, die man längst als verloren gegangen glaubte. Herr Hierl, der Pächter des Gasthofs, verfolgt die Philosophie eines sanften Gastro-Tourismus. Bereits die alte Wirtsstube verströmt einen Hauch vergangener Wirtshausherrlichkeit. Urgemütlichkeit verbreitet sich hier nicht durch neorustikalen Dekorkitsch, sondern durch eine bewusst einfache und zugleich kommode Möblierung. Man fühlt sich in das frühe 17. Jh. zurückversetzt, als hier bereits eine von mehreren Dietfurter Brauereien saß.

Der neue Besitzer hat die alten Räumlichkeiten voll ausgenutzt. So befindet sich im ehemaligen Brauhaus das Restaurant, wo heute auch Kultur vom Feinsten geboten wird (Theater, Musik, Kleinkunst, Kabarett etc.). Im einstigen Heustadel sind die Radlergruppen untergebracht. Ferner gibt es die noble Weinstube und die eigentliche Gaststube mit ihrem anheimelnd rustikalen Mobiliar. Im Sommer wird das Programm im schattigen Biergarten des Hofes dargeboten.

Biorinder, das Altmühltaler Lamm sowie Forellen, Saiblinge und Karpfen aus Altmühl und Laaber liefern die „Rohstoffe" für die ständig wechselnde Speisekarte. Auch das Angebot an verschiedenen Ziegenkäsesorten kann sich sehen lassen.

Die Zimmer sind individuell und komfortabel ausgestattet. DZ mit DU/WC ab 60 €. Für Radler gibt es günstige, mit viel Holz gestaltete Radlerquartiere (4-, 3- und 2-Bettzimmer) sowie Einzelzimmer mit fließend kaltem und warmem Wasser ab 24 €. Hauptstr. 45, ☏ 8658, 🖷 9156, www.stirzer.de.

Gasthof-Pension zur Post, zentral gelegener, traditionsreicher Gasthof mit 60 Gästebetten; DZ mit DU/WC ab 50 €. Saal für 200 Personen, schöner Biergarten, einheimische Küche. Hauptstr. 25, ✆ 321, 📠 9126, www.zur-post-dietfurt.de.

Gasthof-Pension Zum Bräu-Toni, ebenfalls zentral gelegenes Gasthaus mit reichhaltiger Speisekarte; 60 Gästebetten. DZ mit DU/WC ab 54 €. Aufenthaltsraum mit TV, Konferenzräume, Saal für 200 Personen, schöner Biergarten. Hauptstr. 4, ✆ 605100, 📠 605102, www.gasthofschneeberger.de.

Jura-Pension, Restaurant mit heimischer und internationaler Küche; 21 Gästebetten. DZ mit DU/WC ab 40 €. Großzügiges Freizeitangebot: Angelkarten und -möglichkeiten für Hausgäste, Grillplatz, Spielgeräte, Tischtennis. Großer Parkplatz vor dem Haus auch für Busse. Weinbergstr. 6, ✆ 430, 📠 9154.

Bayerisch China

Der Ruf Dietfurts als musisch-heitere Stadt gründet auf den „Chinesen“, wie die Dietfurter früher genannt wurden, weil sie sich hinter ihren Mauern verschanzt und nach allen Seiten hin verschlossen haben sollen. Heute verstehen es die Dietfurter geschickt, diesen Namen in Ehren zu halten und zudem eine echt bayerische Gaudi daraus zu machen. Seit über 100 Jahren wird der „Unsinnige Donnerstag“ als Faschingstag gefeiert. 1928 trat die örtliche Faschingskapelle in Erinnerung an den alten Spitznamen erstmals in selbst geschneiderten Chinesenkostümen auf. Seitdem hat sich der „Chinesenfimmel“ der Dietfurter mit so viel Engagement entwickelt, dass sogar gestandene Münchner Faschingsprofis ins Staunen geraten. Nahezu die gesamte Bevölkerung der Altmühlstadt beteiligt sich am Fest. 1962 ließ die Stadt vor dem Rathaus einen *Chinesenbrunnen* errichten, über dessen Äußeres man sich allerdings streiten kann. In alljährlich neu konzipierten Umzügen werden Schauwägen zu chinesischen Themen zusammengestellt. Da sieht man dann den Kaiser von China, pardon, von Dietfurt, hinter einem mächtigen Buddha durch die Straßen des mittelalterlichen Altmühlstädtchens ziehen. Da nennt sich der Faschingsprinz Jakob Meier „Kaiser Ma-ya-ki“ oder ein Gustav Zerull „Kaiser Gu-ze-rul“. Als Närrischster von allen galt Kaiser Bod-dah-washy, der sein Szepter nicht mehr aus der Hand zu geben scheint. Mit ihrem Schlachtruf „Tschei, ei, ei, ei – hoch lebe die China-Narretei!“ wetteifern die Dietfurter bis heute mit den Kipfenberger „Fasenickln“ um den Titel der Faschingshochburg im Altmühltal. Was die Zuschauerresonanz angeht, hat Dietfurt einen Punktevorteil: Bis zu 20.000 Zuschauer finden sich hier zum Chinesenumzug ein.

Museen/Freizeit & Sport

• *Museum im Hollerhaus* In dem ehemaligen Wohn-Stall-Haus wurde das vor- und frühgeschichtliche Museum der Stadt Dietfurt eingerichtet. Hier sind die Funde zu bestaunen, die beim Bau des Main-Donau-Kanals nahe Dietfurt zu Tage gebracht wurden. Im Erdgeschoss: Sammlung Hoffmann, Landschaftsgeschichte, Geschichte des Kanalbaus, die archäologischen Ausgrabungen (mit Video); im Dachgeschoss: Funde und andere Exponate zur vorgeschichtlichen Besiedlung des Dietfurter Talkessels. Im April Sa 15–18 Uhr, So/Feiertag 14–17 Uhr, Mai bis 15. Okt. Mi 14–18 Uhr, Sa 15–18 Uhr, So/Feiertag 14–17 Uhr. Pfarrgasse 6, ✆ 9145.

• *Altmühltaler Mühlenmuseum* Man wirbt in dem 500 Jahre alten Haus damit, „die letzte laufende Mühle im Altmühltal“ zu besitzen. Auf 4 Etagen können sich die Besucher selbst davon überzeugen, was einst die „Mühlenherrlichkeit“ bedeutete. Das mächtige Wasserrad wird von der Weißen Laaber gespeist und von 53 Lederriemen angetrieben. Mit viel Liebe und Engagement führt der Inhaber durch sein Reich (Führung ab 6 Personen jeweils um 10, 14 und 16 Uhr). Darüber hinaus ist die Mühle ganzjährig zu besichtigen (tägl. 8–20 Uhr). Hauptstraße 51 (neben Gasthof Stirzer), ✆ 209, 📠 9206.

• *Angeln* Angelkarten im Gasthaus zur Post, Dietfurt (s. o.).

• *Baden* **Siebentälerbad**, ✆ 473, Freibad außerhalb der Stadt an der Straße nach Ottmaring. Großes beheiztes Schwimmbecken und Kinder-Erlebnisbecken mit Wasserrutsche, Wasserschwall- und Jetanlage, Kiosk mit Getränkeausschank auf der Terrasse, Freischach, Tischtennis, Volleyball, Bocciabahn und Grillplatz. Di–So 9–20 Uhr, Mo 12–20 Uhr.

• *Boule* Bahn am Goggerturm (Kugelverleih im Café am Stadtplatz).

• *Bootsverleih* R. Janz, im Angebot auch Floßfahrten, Paddelkurse und Gruppenausflüge. Sonderprospekt anfordern! Wildenstein 16, ✆ 0170/3421923, 📠 60092, www.der-sonnige-altmuehltaler.de.

• *Fahrräder* Verleih bei Kinderland Linz, Lederergasse 14, ✆ 578.

• *Reiten* Verkauf von Pferden aus Andalusien (Pura Raza Espanola) sowie aus eigener Zucht und von Reitzubehör. Anreiten, Einfahren und Beritt von Gastpferden, Reitunterricht auf Andalusiern. Schlossgut Wildenstein (Gestüt Berger), ✆ 8379, 📠 8370.

• *Tennis* 4 Freiplätze am Sportgelände, 2 Hallenplätze am Espanweg. Anmeldung für Anfänger- und Fortgeschrittenenkurse im Café Tennisstüberl bei der Tennishalle.

In Dietfurt steht die letzte noch laufende Mühle im Altmühltal

• *Wandern* **Dietfurter Wasserwege**, 3 Wanderwege und 1 Radweg führen zu 13 Stationen (Information, Wasser in der Stadt, Schleuse Dietfurt, Altwasser, an der Altmühl, Wehr Dietfurt, Aktivplatz mit Möglichkeit zur Erforschung der Tier- und Pflanzenwelt, Wässerwehr Walk, Kläranlage, Irrle-Wiesen, Schleuse 12 des Ludwig-Main-Donau-Kanals, Quelltopf Mühlbach und Mühlbacher Mühlen). Der Stadtspaziergang (W 1) misst 4 km, der Wanderweg „Technik und Natur" (W 2) 5,5 km, der Wanderweg „Zurück zur Quelle" (W 3) 9 km und die „Mühlbacher Radlrunde" (R 1) 8 km. In der Tourist-Information ist ein Flyer mit Karte erhältlich.

• *Wassertreten* Anlage am Stadtgraben in Dietfurt.

Geschichte/Sehenswertes

Dietfurt, erstmals im 11. Jh. genannt, war bis zum Jahre 1305 im Besitz der Grafen von Hirschberg. Danach wurden die Wittelsbacher die neuen Herren. Sie bauten den Ort als Markt aus (1325) und erhoben Dietfurt zur Stadt (1416). Das landesfürstliche Pflegerschloss wurde 1672 abgebrochen. Auf einem Aquarell von *Lebschee* ist das Dietfurt des Jahres 1590 zu sehen: Ein geschlossener Mauerring mit sechs Türmen umgab die Stadt, allesamt mit Zinnen- oder Treppengiebeln versehen. Davon sind heute noch fünf Türme erhalten. An einigen Stellen ist die **Stadtmauer** noch gut erkennbar, obwohl sie zu großen Teilen verbaut wurde.

Ein sehenswertes Ensemble bietet der **Marktplatz** mit dem in der Mitte gelegenen **Rathaus.** Selten trifft man auf ein solches Zentrum, um das sich alles abzuspielen scheint. Das Rathaus wurde im 17. Jh. vermutlich auf den Grundmauern eines Vorgängerbaus aus dem 15. Jh., errichtet und 1970/71 gründlich renoviert. Heute befinden sich darin auch das Fremdenverkehrsamt und die gut ausgestattete Bücherei. Ihren besonderen Reiz erhält die Altstadt durch die abwechslungsreich gestalteten Fassaden und Giebel der zahlreichen Bürgerhäuser, wobei das Rathaus mit seinem breiten Treppengiebel und dem zierlichen Glockentürmchen den Blickfang bildet.

Obwohl Dietfurt „noch nie eine geistige Zipfelmütze trug", wie es treffend im Stadtprospekt heißt, besitzt die Altmühlstadt gleich mehrere Gotteshäuser. Die **Stadtpfarrkirche St. Ägidius** mit ihrem 65 m hohen Turm wurde 1734 völlig umgebaut. Der Turm mit seinem markanten Spitzhelm über vier Giebeln weist noch gotische Bauteile auf. Das Altarblatt des Hochaltars aus dem Jahre 1737 zeigt den Kirchenheiligen Ägidius in seiner Einsiedelei in Begleitung einer Hirschkuh, beschützt von Engeln auf Wolken. Die Stuckarbeiten im Langhaus sind mit sehenswerten Bundwerkmotiven ausgestattet. Die Außenwände zieren eine Ölberggruppe und ein Kreuzigungsrelief (beide um 1500). Zu den Sehenswürdigkeiten der später barockisierten Kirche zählen die Kanzel und die bemalten Holzfiguren aus dem 15. Jh. An der Außenseite befindet sich ein bemerkenswertes Steinrelief mit dem Schmerzensmann, eine von Kunsthistorikern sehr geschätzte Arbeit des Eichstätter Künstlers *Loy Hering* aus dem Jahre 1537. Die Bemalung aus dieser Zeit soll größtenteils erhalten geblieben sein – kunsthistorisch eine bemerkenswerte Rarität.

Die katholische **Gottesackerkirche St. Sebald** wurde 1736 erbaut. Gestiftet wurde sie von *Sebaldus Forchhamer,* dessen Grab sich hier befindet. Interessant ist die Abbildung Eichstätts aus der zweiten Hälfte des 18. Jh.s.

Die dritte Kirche im Bunde ist das Gotteshaus des **Franziskanerklosters,** das 1658 gegründet wurde und bis 1802 bestand. Unter König *Ludwig I* kam es im Jahr 1827 zu einer Neubelegung des Klosters. 1873 erfolgte eine gründliche Restaurierung, bei der auch die Klosterkirche neu eingerichtet wurde. In der Nähe des Hochaltars steht eine bemerkenswerte Holzfigur des Hl. Michael aus der Zeit um 1700. Zusammen mit dem Klosterbrunnen aus dem Jahre 1754 bilden die Klostergebäude ein idyllisches Ensemble, das den Ausflug hierher lohnend macht, zumal, wenn während der Fastenzeit an jedem Donnerstag die „Pfinstapredigt" abgehalten wird, die auf das Jahr 1680 zurückgeht. Die Predigt ist Teil der sog. Ölbergspiele, die nach dem Trubel der Faschingszeit zur Besinnung und Einkehr mahnen sollen.

Ausflüge in die Umgebung

▸ **Burg Wildenstein:** Ein Schloss, von dem es noch etwas zu sehen gibt, findet sich unweit von Dietfurt in Wildenstein, das in romantischer Umgebung auf dem *Wildenfelsen* thront. Der Wildensteiner Berg schiebt sich in das Tal der Weißen Laaber und zwingt die aus Breitenbrunn kommende Wissinger Laaber zu einem großen Bogen, von dem der Weg über Haaghof nach Wildenstein abzweigt. Das Rittergeschlecht der Wildensteiner taucht erstmals im 12. Jh. auf (1109). Die Wildenstein-Mühlbacher Linie ist bis ins 17. Jh. bezeugt. 1616 veräußerte man den Besitz, der daraufhin in Privathand geriet und zusehends verfiel. Bis 1971 residierte in den ehemaligen Schlossgebäuden die *Brauerei Wildenfels.* Heute ist das Schloss in Privatbesitz und daher nur von außen zu besichtigen (→ „Reiten").

Aus der Bauzeit (13. Jh.) sind keine Teile erhalten geblieben. Der Bergfried, der auf alten Stichen noch zu sehen ist, wurde abgebrochen. Im 16. Jh. errichtete man vor dem mittelalterlichen Bau einen neuen Schlosstrakt. Im rechten Winkel dazu schließt die ehemalige Schlosskapelle aus dem Jahre 1697 an.

• *Wandern* Der Ausflug zur Burg Wildenstein ist auch als Wanderweg (ca. 8 km, Gehzeit etwa 2 Std., Markierung Nr. 4) ausgeschildert. Von Dietfurt aus geht es über die Hafnergasse und das Franziskanerkloster über die Laaber bis zum Waldrand, wo der Weg nach links abzweigt. Der **Rundweg** führt dann in einem Bogen in östlicher Richtung zum Schloss. Er schließt den Kreis an der Stelle, wo der Wanderer zu Anfang den Wald erreicht hat.

Der cholerische Schachspieler

Hüten Sie sich bei Ihrem Besuch auf Wildenstein vor umherfliegenden Schachfiguren! Mit denen soll nämlich der Sage nach der böse Geist des Ritters *Jobst Jörg von Wildenstein* um sich werfen. Er wurde vom Teufel höchstpersönlich den Felsen hinabgestürzt, nachdem er sich beim Schachspielen jedes Mal so erzürnt hatte, dass er seinen Gegenspielern den Schädel einschlug. Grund für seinen Gram war der tödliche Unfall seines erstgeborenen Sohnes, den ein Schäferhund auf der Zugbrücke von Burg Wildenstein zerfleischt haben soll. Seitdem wirft er bzw. sein Geist mit Schachfiguren nur so um sich ...

▸ **Mühlbach:** Das Tal des Mühlbachs wurde von den Kanalbauten verschont. Eingebettet zwischen dem Wolfsberg, auf dem sich vermutlich eine keltische Wallanlage befand, und dem Sommerberg hat sich Mühlbach zu einem beliebten Urlaubsort entwickelt. Mit 200 Gästebetten erreicht das 500 Einwohner zählende Dorf die Hälfte der Kapazität der Mutterstadt Dietfurt (400 Betten). Vom einstigen Schloss der Grafen von Hirschberg ist heute nichts mehr zu sehen. Die katholische Pfarrkirche St. *Maria* aus dem frühen 18. Jh. birgt eine wertvolle, bemalte Marienfigur aus der Zeit um 1450. Der Dorfplatz mit dem Mühlbach und der Kirche zählt zu den schönsten Ensembles seiner Art im Altmühltal. Ringsum von Wäldern umgeben, ist Mühlbach das, was man sich gemeinhin als Sommerfrische vorstellt. Auf dem Wolfsberg, sozusagen vor der Haustüre, bieten sich zahlreiche Wanderungen an. Für die Urlauber steht im „Haus des Gastes" ein Aufenthalts- und Leseraum offen.

▸ **Griesstetten:** Der Ort liegt bereits am Main-Donau-Kanal. 1154 wurde hier die „Wallfahrt zu den drei Elenden Heiligen" begründet. Die Gebeine der drei Heiligen Zinius, Vinius und Marinus befinden sich im Wandsarkophag am linken Seitenaltar der **Wallfahrtskirche.** Das Gotteshaus wurde 1750 neu errichtet, nachdem die alte Kapelle im Dreißigjährigen Krieg stark gelitten hatte. Die Bauleitung für den Barockbau übernahm *Anton Stuart* vom Schottenkloster in Regensburg. Auf dem Deckengemälde kann man die drei Mönche in Wolken gebettet erkennen. Eine Rarität stellt die Landkarte aus dem Jahr 1750 dar, die den Erdteil Europa abbildet. Dass die Kirche über Jahrhunderte hinweg Ziel gläubiger Wallfahrer war, kann man an den zahlreichen Votivtafeln im Gotteshaus erkennen.

▸ **Breitenbrunn:** Die Weiße Laaber entspringt östlich von Neumarkt in der Oberpfalz und fließt in südlicher Richtung bis Dietfurt, wo sie im Sieben-Täler-Tal in die Altmühl mündet. Verstärkt wird sie durch die Wissinger Laaber, die, von Breitenbrunn kommend, bei Wildenstein in die Weiße Laaber mündet. Der 1100 Jahre alte Markt Breitenbrunn besitzt einen malerischen Marktplatz. Die Breitenbrunner *Sebastianskirche* (oberhalb des Orts) kann auf eine lange Geschichte als Wallfahrtskirche zurückblicken. Die *Burgruine Breitenegg* war eine einstmals stolze Anlage der *Grafen von Tilly.* Beheiztes Schwimmbad, Campingplatz und viel Natur zum Wandern und Radeln sind die Pluspunkte im Freizeitangebot Breitenbrunns.

Information **Tourismusbüro** im Haus des Gastes, Marktplatz 13, 92363 Breitenbrunn, ✆ 09495/266, ℻ 431, www.breitenbrunn.de.

Bootspartie auf dem Main-Donau-Kanal, im Hintergrund Kloster St. Anna in Riedenburg

Riedenburg und Umgebung

Die Drei-Burgen-Stadt vereint auf den ersten Blick alles, was das Touristenherz begehrt: stolze Burgen auf steilen Felsen, Täler, die im Grün zu versinken scheinen, und ein Fluss, der sich an dieser imposanten Kulisse vorbeischlängelt.

Doch Letzteres trifft nur noch eingeschränkt zu: Die Altmühl ist ein begradigter Kanal geworden und damit auch schiffbar. Und so hat Riedenburg es mit einem ganz neuen Tourismus zu tun – der Urlaubsschifffahrt. Die gute Stube von Riedenburg, der Marktplatz, hat ebenfalls ein neues Gesicht erhalten. Alljährlich versammelt sich hier die illustre Schar der Konzerttouristen, wenn zum „Sinfonischen Sommer" aufgespielt wird. Schloss Prunn, Deutschlands besterhaltene Burg, das Hofmarkmuseum auf Schloss Obereggersberg und das Bauernhofmuseum in Echendorf sind alleine einen Ausflug nach Riedenburg wert. Und dann wäre da noch der größte Bergkristall der Welt, den man im Luftkurort Riedenburg besichtigen kann.

Zur Stadt Riedenburg gehören die Ortsteile Prunn, Buch, Meihern, Deising, Oberhofen, Gundlfing, Echendorf, Ober- und Untereggersberg, Altmühlmünster, Pillenhausen und Jachenhausen, deren touristische Angebote in dieses Ortskapitel integriert sind.

Information

- *Vorwahl/PLZ* 09442/93339.
- *Information* **Tourist-Information**, Marktplatz 1, ✆ 905000, 📠 905002, www.riedenburg.de. Nov–März Mo–Fr 9–12 Uhr, April/Okt. Mo–Fr 10–12 Uhr u. 15–17 Uhr, Mai–Sept. Mo–Sa 8.30–12 Uhr u. 14.30–18.30 Uhr.

Übernachten/Essen & Trinken

- *In Riedenburg* **Brauereigasthof – Hotel Schwan (9)**, Haus mit langer Tradition als Hauptschank der Brauerei Riemhofer. Die Schwanen-Weiße (Export), das dunkle Exportweizen und das leichte Schankbier sind im Angebot und schmecken natürlich hier an der Quelle am besten! Dazu empfiehlt sich der Hax'n-Teller, eine Mischung aus Kalbs- und Schweinshaxe. Je nach Saison stehen Wild-, Spargel- oder Pilzgerichte auf der Speisekarte. Die Gasträume (150 Plätze) sind groß, hell und freundlich, wie das für ein gestandenes bayerisches Haus selbstverständlich ist. Zahlreiche Prominente haben sich hier schon wohl gefühlt, darunter Prinz Ludwig von Bayern. Geschmackvoll eingerichtete Fremdenzimmer. DZ mit DU/WC ab 64 €. Marktplatz 5, ✆ 1272, 📠 2807, www.brauereigasthof-schwan.de.

Gasthof Zur Post (11), zentral gelegenes Haus mit imposanter Treppengiebel-Fassade; internationale Küche. 50 Gästebetten. DZ mit DU/WC ab 60 €. 5 Mehrbettzimmer, Preis auf Anfrage. Marktplatz 3, ✆ 905253, 📠 905254, www.zurpostgasthof.de.

Hotel-Restaurant Rabenstein (8), neu errichtetes Haus direkt an der Kaimauer des Kanals. Restaurant mit chinesischer und bayerischer Küche (warme Küche 11.30–15 und 17.30–22 Uhr). DZ mit DU/WC ab 55 €. Altmühl 1, ✆ 812, 📠 3284, www.hotelrabenstein.de.

Krieger's Bräustüberl (13), gepflegte Speisegaststätte mit heimischer, frisch zubereiteter Küche; sehr gemütliches Nebenzimmer (Kachlstub'n). 20 Gästebetten. DZ mit Dusche/WC ab 64 €. Mühlstr. 37 b (zu Füßen der Rosenburg), ✆ 1500, 📠 1506, www.kriegers-braeustueberl.de.

Café Scheck (10), eigene Konditorei und großes Platzangebot für 160 Pers. innen und 130 Pers. auf der Terrasse im Freien. Schöner Wintergarten. Spezialität des Hauses sind der Bayerische Apfelstrudel mit frischer Sahne überbacken und die Himbeer-Weinsahne-Torte à la Scheck. Die Wirtin betreibt auch den Burgkeller auf Schloss Rosenburg (s. u.). Bruckstr. 10, ✆ 1790, 📠 3219, www.cafescheck.de.

Rosenburg, Burgkeller (12), gemütlich eingerichtete Gaststube für Kaffee, Kuchen (schöne Tasse im Preis inbegriffen) und bayerische Brotzeiten. Betriebsfeiern und Vereinsausflüge bis zu 90 Personen sind möglich. Auf Bestellung wird das „Riedenburger Ritteressen" angeboten. ✆ 2597, 📠 3219.

Abends promeniert man gerne am Kai (An der Altmühl), wo sich die Tische der Cafés aneinander reihen – frei nach dem Motto „Sehen und gesehen werden!".

- *Jugendherbergen* **Dekanatsjugendheim Christoph-Simon-Haus (5)**, Einrichtung der ev.-luth. Kirche mit Freizeitanlage. 38 Betten (4-Bett-Zimmer). Schulstr. 10, ✆ 566. Anmeldung beim Kirchengemeindeamt Ingolstadt (✆ 0841/93370.).

Schullandheim, Jachenhauser Berg, ✆ 523.

- *Camping* **Talblick (6)**, am Ufer des Kanals gelegener Platz mit 115 Stellplätzen (ein Drittel für Dauercamper). Der Platz verfügt über ausreichend Stromverteiler und Wasserstellen. Im Sanitärbereich stehen WC-Anlagen, Waschbecken, Einzelwaschkabinen, Duschen, Wäschewaschbecken und Fußwaschbecken bereit. Für Jugendgruppen können Sonderpreise vereinbart werden. Volleyball- und Bolzplatz, Spielwiese, Angelkarten u. v. m. Angeschlossen ist die *Raststätte Talblick* mit Kegelbahn und Grillplatz. Austr. 40, ✆/📠 1015, www.campingplatz-talblick.net.

Wohnmobilstellplatz in Riedenburg auf dem Volksfestplatz, Austraße. Ca. 40 Stellplätze mit Ver- und Entsorgung auf dem Volksfestplatz. ✆ 09442/9181-0 oder 09442/905000.

- *Außerhalb* **Landgasthof-Hotel Schneider**, in Buch. Traditionsreiches Haus (ca. 3 km von Riedenburg entfernt) mit großzügigen und freundlich eingerichteten Räumen. 110 Gästebetten, z. T. in Allergiker- und Nichtraucherzimmern, DZ mit Dusche/WC ab 56 €. Lift, Sauna, Solarium, Dampfbad und Fitnessraum sorgen für das Wohl der Gäste, ebenso wie die regionale und internationale Küche des Hauses. Kirchstraße 3, ✆ 1659, 📠 3384, www.landgasthof-schneider.de.

Burghotel Schloss Eggersberg (7), in Obereggersberg, mit vielfältigem Angebot: Urlaub für Reiterfreunde, Übernachtungskomfort, mittelalterliche Gourmetfreuden, internationale Küche, Insgesamt verfügt das Burghotel über 16 Räume. Im Folgenden eine repräsentative Auswahl: Fürstenzimmer (DZ mit Bad/WC 150 €), Louis-XVI.-Zimmer (DZ mit DU/WC 115 €), Bauernzimmer (DZ mit Bad/WC 90 €), Burgenturm-Zimmer (EZ mit DU/WC und Turmgelass 60 €) und schließlich das Papagena-Zimmer (EZ mit DU/WC 60 €). Pro Person liegen die Preise also zwischen 45 und 75 €. Obereggersberg 18, ✆ 91870 o. 918711, 📠 918787, www.schloss-eggersberg.com.

Gasthof-Pension Johann Schmid (1), in Meihern, am Rand des dichten Waldgürtels um den Ort. DZ mit DU/WC ab 48 €. Heimische Küche, Fischspezialitäten, Angelkarten für Gäste, Aufenthaltsraum mit TV, Tischtennis. Sandstr. 22, ✆ 1631, 📠 3210, www.gasthof-pension-schmid.de.

Gasthof Zur Post (2), in Meihern, gepflegtes Haus mit gutbürgerlicher Küche und Bieren aus der Brauerei Thurn und Taxis, schöner Terrassengarten mit Freitischen vor dem Haus. DZ mit DU/WC ab 60 €. Aufenthaltsraum mit TV, Kinderspielplatz, Poststelle, Angelkarten für Hausgäste. Meihern 9, ✆ 1330, 📠 906373, www.meihern.de.

Gasthaus Zum Himmelreich (3), in der Ortsmitte von Deising. Das Gasthaus zieht den vorbeistrampelnden Radler ebenso in seinen Bann wie den hektischen Autofahrer. Die jungen Leute haben das Gasthaus renoviert und auch die alte Stube wieder geschmackvoll eingerichtet. Hinzu gekommen sind die neue „Himmelreichstube", das „König-Ludwig-Stüberl" und die gemütliche Stammtischecke. Kinderspielplatz vorm Haus und großer Biergarten auf der Wiese. Für größere Radlergruppen wird auf Bestellung warmes Essen zubereitet. Ansonsten gibt es eine deftige Brotzeit. Ab 16 Uhr, So ab 10 Uhr, Di u. Mi Ruhetag. Jeden 1. und 3. Sa im Monat geschlossen.

In einem alten, denkmalgeschützten Jura-Bauernhaus mit Legschieferdach hat man eine **Radlerpension** eingerichtet. DZ ab 50 €. Auch Mehrbettzimmer und Ferienwohnungen im Angebot. Das Haus befindet sich unmittelbar am Radwanderweg von Dietfurt nach Kelheim und ist daher eine ideale Pausenstation. Thanner Str. 1, ✆ 1215, 📠 906056, www.gasthaus-himmelreich.de.

Gasthof-Pension Kastlhof (17), in Pillhausen, im Grünen, direkt am Radwanderweg! DZ mit DU/WC ab 60 € (einfache Zimmer mit Etagendusche ab 50 €). Pferdestallungen für Hausgäste und Pferdewanderer,

Mit der „MS Renate" auf dem Main-Donau-Kanal bei Riedenburg

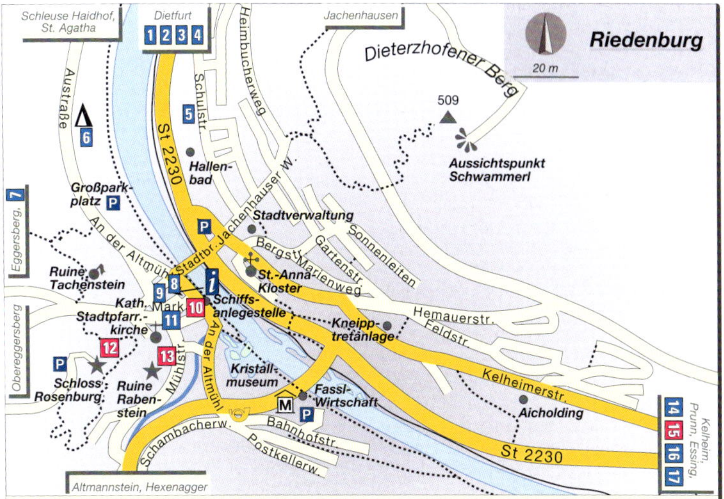

Übernachten

1 Gasthof Pension Schmid
2 Gasthof zur Post (Meihern)
3 Gasthaus Zum Himmelreich
4 Gasthof-Pension-Ponyhof „Zum Goldenen Pflug"
5 Jugendherberge
6 Campingplatz Talblick
7 Burghotel Schloss Eggersberg
8 Hotel Rabenstein
9 Brauereigasthof Riemhofer/Hotel Schwan
11 Gasthof Zur Post
14 Brauerei-Gasthof Zur Krone
16 Campingplatz Kastlhof
17 Gasthof-Pension Kastlhof

Essen & Trinken

8 Restaurant Rabenstein
9 Brauereigasthof Riemhofer
10 Café Scheck
12 Rosenburg Burgkeller
13 Krieger's Bräustüberl
15 Burgschenke Schloss Prunn

Angelkarten für Hausgäste, Liegewiese, TV-Raum, Spielwiese für Kinder und schöne Terrasse unter alten Bäumen. Das gastronomische Angebot kann sich sehen lassen (kleine, aber feine Speisenauswahl). Pillhausen 1, ☎ 09447/698, 📠 920191, www.kastlhof.de.

Campingplatz Kastlhof (16), direkt gegenüber dem Gasthof Kastlhof gelegen. 13 Wohnwagendauerplätze, 20 freie Wohnmobilstellplätze. Zeltwiese unter Obstbäumen, separater **Zeltplatz** für Gruppencamping mit Feuerstellen, ☎ 09447/698.

Brauerei-Gasthof zur Krone (14), in Prunn, DZ mit DU/WC ab 50 €. Sauna, Naturführungen und Tagungsangebote. Direkt am Klettergarten gelegen (→ „Klettern"). Prunner Hauptstraße 13, ☎ 1507, 📠 3158, www.hotel-zur-krone-prunn.de.

Burgschenke Schloss Prunn (15), in Prunn, direkt gegenüber vom Schlosseingang. In der Wirtschaft gibt es neben gutbürgerlichem Mittagstisch deftige Brotzeiten, guten Kaffee und hausgemachte Kuchen. Platz, auch im Freien, ist reichlich vorhanden. Mo Ruhetag. ☎ 1765, 📠 906638, www.burgschenke-schlossprunn.de.

Gasthof-Pension-Ponyhof Zum Goldenen Pflug (4), in Oberhofen, wirbt um Familien mit pferdebegeisterten Kindern (Reiterferien für Kinder). Ausritte für Fortgeschrittene, Wanderritte, Ponyreiten sowie Kutschenfahrten (nach Anmeldung).Für Anfänger wird Reitunterricht gegeben. 9 Gästebetten, DZ mit Dusche/WC ab 56 € (Kinder bis 5 Jahre frei, ab 6 bis 14 Jahre 50 % Nachlass). Oberhofen 9, ☎ 921951, www.goldener-pflug-oberhofen.de.

Freizeit & Sport/Museen

• *Angeln* Angelkarten gibt es in Riedenburg in den großen Gasthäusern, in Meihern (Gasthaus Schmid) und im Haus des Gastes (s. o.). Der Altmühl-Fischerei-Verein e. V. Riedenburg gibt ein Blatt mit den Fischereigrenzen, Fangbeschränkungen und Kartenausgabestellen heraus (www.afv-riedenburg.de).

• *Baden* Der im Verlauf der Kanalbauarbeiten neu angelegte **Freizeitsee St. Agatha** liegt nördlich von Riedenburg und ist von Haidhof aus gut zu erreichen (ausgeschildert; großer Parkplatz). Mit großer Liegewiese, Kiosk und Sanitäreinrichtungen.

Hallenbad, Schulstr. 21, ✆ 920146. Mo–Fr 16–20 Uhr, Sa/So/Feiertage 14–18 Uhr.

• *Fahrräder* Verleih bei M. Wittl, Schambacher Weg 12 a, ✆ 576, günstiges Wochenpauschalangebot.

• *Klettern* Klettergarten in Prunn (beim Gasthof Krone).

• *Main-Donau-Schifffahrt* Riedenburg besitzt eine großzügig ausgestattete Schiffsanlegestelle an der Kanalstrecke Kelheim–Berching. Ob mit dem Panoramaschiff „Altmühlperle" oder der „MS Renate" – Riedenburg liegt immer am Weg! Die Fahrtzeiten können bei den einzelnen Schifffahrtsgesellschaften angefragt werden (→ „Schifffahrt" S. 40).

• *Sommerrodelbahn* **Altmühl-BOB**, auf 1000 m Bahnlänge mit Komfortschlitten den Hang hinunter (45 m Höhenunterschied)! Mit Kreisel, Jumps, Bögen und überhöhten Steilkurven. Kiosk (Bahnhofsgebäude) mit Kaffeeterrasse und Spielplatz. Apr.–Okt. 10–17.30 Uhr. St. Agatha 6, ✆ 906006, 📠 906007, www.altmuehltal.de/riedenburg/sport/rodelbahn.htm.

• *Wandern* Auf dem **Rosskopfsteig**, einem historischen Naturerlebnisweg zwischen Deising und Meihern. 7 Stationen (Schafweiden, Keltenburg Roßkopf, Jura Höhle, Wacholderheide, Kloster Altmühlmünster, Mühlbach und Flügelsberg). Start am König-Ludwig-Denkmal (Zunftbaum) in Deising. Mehrere Wegevarianten (3–7 km).

Geführte Wanderungen, an jedem Mi um 9.30 Uhr (Mai bis Okt.). Anmeldung und Information (schöner Flyer) in der Tourist-Information Riedenburg (s. o.).

• *Wintersport* Ski-Langlaufloipe zwischen Riedenburg und Jachenhausen (ca. 10 km, Rundloipe); Skilift bei Obereggersberg.

• *Tennis* Tennisplatz Geislhofweg, im Süden an der Straße nach Altmannstein.

• *Klingendes Museum* In der Altstadt neu eingerichtetes Museum im Modehaus Bühler. In dem historischen Bau aus dem 16. Jh. werden auf 250 m² Ausstellungsfläche „schön klingende, mechanisch selbst spielende, elektrisch drehende und elektronisch gesteuerte Musikwiedergabegeräte vorgeführt". Mi–Fr 9–12 Uhr und 14–18 Uhr, Sa 9–12 Uhr, So/Feiertage 14–17 Uhr. Mühlstr. 3, ✆ 905080 o. 906697.

• *Kristallmuseum und Fassl-Wirtschaft* Ein Ausflug lohnt aus mehreren Gründen: Die meisten machen sich auf den Weg dorthin, um die „größte Bergkristallgruppe der Welt" zu bestaunen, die 1981 in Westarkansas (USA) geborgen wurde und seit 1982 in Riedenburg ausgestellt ist. Dabei handelt es sich um eine 3 x 2 m große Kristallgruppe mit einem Gesamtgewicht von 7,8 t im neu eingerichteten **Kristallmuseum**. Eine Führung, die von Lichtspielen und Musikeinblendungen begleitet wird, geht ausführlich auf die Erdgeschichte und Bodenkunde ein. Eine neue Abteilung ist der Hl. Hildegard von Bingen (1098–1179) gewidmet. In einer Sonderausstellung werden Kopien historischer Diamanten aus aller Welt gezeigt. Im **Museumsladen** können Mineralien und Schmucksteine zu günstigen Preisen erworben werden. Bergkristallstr. 1 (am Kanal), ✆ 1811, 📠 1861, www.kristallmuseum-riedenburg.de. März bis Ende Okt. tägl. 9–18 Uhr.

Die **Freizeitanlage** bietet Minigolf, Tischtennis, Pit-Pat, Spielautomaten und Kinderkarussell. Und schließlich kann man im **Gartenlokal Fassl-Wirtschaft** einkehren. Man sitzt entweder im Laubengang in mannshohen Fässern, im „Kristallstüberl" oder im „Hexenturm", die Kinder toben im benachbarten Spielhaus. Deftige bayerische Mahlzeiten, vegetarische Leckerbissen, schmackhafte Brotzeiten oder Kaffee und Kuchen einkehren, für den Durstigen gibt's 42 Biersorten und 10 Beerenweine. Alles in allem: ein lohnender Ausflug, der leicht zum Halbtagesprogramm ausgeweitet werden kann! Bergkristallstr. 1 (am Kanal), ✆ 90030, 📠 90031, www.fasslwirtschaft.de.

• *Fuchsgarten* In der Nähe zur Konkurrenz (s. o.) entstand am Rande der neuen Parkanlagen Riedenburgs ein neues, kleines, aber sicherlich ausbaufähiges **Freizeitzentrum** mit Streichelzoo, Bolzplatz, Biergarten (m. Metzgerei) und Ochsenbraterei. Dienstags lädt der Fremdenverkehrsverein hier zum Grillabend ein, wobei die Würste etc. sogar mitgebracht werden können. Das ganze Jahr über werden Feste gefeiert (Steckerlfischessen, Schweinshaxnessen, Pfingstochs am Spieß und Oktoberfest). Das Programm liegt im Verkehrsamt auf. Täglich ab 10 Uhr. Durchgehend warme Küche, auch im „Metzgerstüberl". Mühlstr. 35, ✆ 1312, 📠 1286, www.fuchsgarten.de.

• *Falkenhof Schloss Rosenburg* Zu erreichen über die Burgstraße (Verlängerung der Bruckstraße), von der auch ein Fußpfad zur Burg abzweigt. Mitte März bis Ende Okt. Di–So 9–17 Uhr. Flugvorführungen mit Greifvögeln (Falken, Adler, Geier) um 11 und 15 Uhr. Falknereimuseum und Burgschänke (s. o.). ✆ 2752, 📠 3287, www.falkenhofrosenburg.de.

• *Schloss Obereggersberg* (→ „Übernachten"). Bietet so viele Freizeitmöglichkeiten, dass man zu Recht auf Fernsehgeräte verzichtet hat. Für warme Jahreszeiten empfehlen sich die schön angelegten Gartenterrassen des Hotels. Für Freunde des Pferdesportes wurde der ehemalige Pfarrhof als **Reiterhof** umgebaut. Dazu gehören gesonderte Ferienwohnungen. Der Reiterhof stellt zuverlässige Pferde für den Ausritt in die Umgebung zur Verfügung. Wer sich nicht selbst auf den Rücken der Vierbeiner schwingen will, dem ist eine Kutschfahrt zu empfehlen.

Hofmarkmuseum: In den 13 Abteilungen des vom Schlossbesitzer Dr. Weigand neu eingerichteten Museums wird ein Querschnitt zur Geschichte des Hauses von der Vor- und Frühgeschichte bis in die Neuzeit dargeboten. Mi–So 14–17 Uhr (April bis Okt.). Gruppen sollten sich anmelden: ✆ 1374.

• *Bauernhof-Museum* In Echendorf (bei Prunn zweigt die Straße nach Buch und Echendorf südlich ab), ca. 5 km, gut ausgeschildert. Vorführung alter Maschinen und landwirtschaftlicher Geräte durch Landwirtschaftsmeister Josef Böhm. Aktionen: Butterrühren mit anschließender Brotzeit, Seilmachen, Melken mit Gummieuter, Würstchengrillen u. v. m. Mit Besichtigung eines modernen landwirtschaftlichen Hofes. Mit Kaffee- und Brotzeitstüberl und Tagungsraum für 40 Pers. Freizeiteinrichtungen auf dem Spielboden: Kegeln, Kicker und Tischtennis. Täglich 8–17 Uhr, Vorführungen Ostern bis Ende Okt. So 13–17 Uhr (ab 15 Pers.). ✆ 2057, 📠 3464, www.ferienhof.net.

Geschichte

Riedenburgs geschriebene Geschichte setzt im Jahre 1112 ein, als sich Burggraf Otto I. von Regensburg erstmals *Otto Ritenburgensis* nennt. Bis 1196 ist ein örtliches, burggräfliches Geschlecht derer von Riedenburg bezeugt. Darunter zwei Minnesänger, die auch in der bekannten Liederhandschrift von Manesse erwähnt werden. Nach dem Aussterben dieses Geschlechts gerieten die Güter und Ländereien der Riedenburger in die Hand der Wittelsbacher, die mit ihnen schon lange Zeit verwandt waren. Neuer Herr auf Riedenburg wurde der Bayerische Herzog *Ludwig der Kelheimer*. Doch die Wittelsbacher verliehen das Pflegamt Riedenburg an die verschiedensten Adelshäuser weiter, darunter so bekannte Familien wie die Wolfsteiner, die Grafen Hilpolt von Stain sowie die Grafen von Abensberg und Altmannstein.

1329 erhielt Riedenburg durch Kaiser *Ludwig den Bayern* die Stadtrechte, nachdem es infolge der Landesteilung zu Oberbayern gekommen war. In den Wirren der Bauernkriege (16. Jh.) wurde auch die Rosenburg, die größte der drei Burgen (s. u.) geschliffen, d. h. bis auf die Grundmauern zerstört. Auch im Dreißigjährigen Krieg hatte die Stadt schwer zu leiden. Zur Ruhe kam sie erst im 18. Jh. Bedeutendes ereignete sich, als der *Ludwig-Main-Donau-Kanal* errichtet und Riedenburg eine wichtige Schleusenstation wurde (Bauzeit von 1835 bis 1846 mit insgesamt 99 Schleusen). Das neue Riedenburg hat sich am Ostufer der Altmühl bzw. des Kanals entwickelt. Hier befinden sich die großen kommunalen Bauten (Schulen, Hallenbad, Sportplatz, Mehrzweckhalle) sowie das „Kurhaus Altmühltal".

Schleuse Haidhof bei Riedenburg

Anlässlich des 60-jährigen Jubiläums der Fertigstellung des Ludwig-Main-Donau-Kanals besuchte der spätere König Ludwig III. am 16. Mai 1906 Riedenburg. Dem Volk präsentierte er sich von einem kunstvoll gefertigten, kleinen Balkon des Hotel Schwan, den man, so der Wirt, extra für diese Zeremonie hat anbauen lassen. Noch heute kann man den steinernen Balkonvorsatz an der mächtigen Treppengiebelfassade des Hotels bewundern. Eingetragen hat sich der spätere König (1913–1918) im Gästebuch des Hauses als *Seine Königliche Hoheit, der allergnädigste Prinz Ludwig von Bayern.* Der ganze Hofstaat fand sich dann zum Abendessen im Schwan ein. Die königliche Speisenfolge: „Königinsuppe, Hecht mit Butter und Maltakartoffeln, Junges Lamm gebraten, Diplomaten-Pudding, Käse und Butter". Dazu wurden ein Weißwein der Marke Deidesheimer Auslese und ein Rotwein St. Estephe, Jahrgang 1899, kredenzt.

Sehenswertes

Burg Rabenstein: Rabenstein ist das eigentliche Riedenburg. Die Anlage hat vermutlich bereits im 12. Jh. den Burggrafen von Riedenburg als erster Ansitz gedient. Nach dem Aussterben des burggräflichen Geschlechts verwaiste sie. Letzte Berichte über die heutige Ruine stammen aus dem Jahre 1603. Es war eine kleine Anlage mit rechteckigem Bering und einem Wohn- und Wachtturm im Westen, der z. T. noch steht, aber nicht zugänglich ist. Das Eingangstor wurde schon frühzeitig zugemauert. Eine 1848 gefundene Schachfigur soll einen der Rabensteiner Burgherren zeigen. Die Ruine, von der man einen schönen Ausblick hinunter ins Tal und auf die Stadt genießt, ist gut zu Fuß erreichbar (Marktplatz, Lindleingsgasse, Fußweg). Man sollte aber auf die Hinweisschilder achten, da nur ein Teil der Burg zugänglich ist!

Rosenburg: sicherlich eine der bekanntesten Burgen des Altmühltals. Weithin sichtbar überragt die Rosenburg die Stadt. Sie liegt idyllisch eingebettet in einem

Gürtel dichter Wälder und ist heute stolzes Wahrzeichen der Stadt Riedenburg. Die ausgedehnte, gut erhaltene Anlage geht ins frühe 13. Jh. zurück, war also bereits die zweite Burg am Ort. Riedenburg war inzwischen ein herzogliches Amt, und die Burg dürfte den Pflegern als Wohnsitz gedient haben. Aus der ersten Bauzeit stammen noch große Teile der Umfassungsmauer sowie der Bergfried mit seinen massigen Buckelquadern. Zum Landinnern hin wurde die Burg durch einen breiten Graben geschützt, dem ein Erdwall vorgelagert ist. Im ausgehenden 15. Jh. wurde die Anlage gegen Westen erheblich verstärkt. Die äußere, fünf Meter hohe Ringmauer stammt noch aus dieser Zeit.

Ihr heutiges Gesicht erhielt die Rosenburg im wesentlichen durch Umbauten in den Jahren 1556–1558 (Bauinschrift am Eingang zur Burgkapelle). Es entstanden zwei große Wohntrakte, die im rechten Winkel aufeinander stoßen. Treppengiebel und Arkaden schmücken diesen eher unscheinbar wirkenden Bau. Ein ansehnlicher Eckerker ziert das erste Obergeschoss. Der Innenausbau erfolgte erst in jüngerer Zeit. Bis 1905 diente das Schloss als Amtsgericht, von 1908 bis 1909 war das Bezirksamt Riedenburg hier untergebracht.

Im Zweiten Weltkrieg richtete die Wehrmacht in Zusammenarbeit mit der Technischen Hochschule Darmstadt in der Rosenburg eine *Versuchsanstalt für V-Waffen* (Raketen) ein. Nach neueren Untersuchungen sollen vom Burggraben aus die ersten Versuchsraketen abgeschossen worden sein, bevor die Anstalt 1944 nach *Penemünde* verlegt wurde. Nach dem Krieg diente die Burg zunächst als Kriegsgefangenenlager. Die Amerikaner hielten hier so prominente Militärs wie Jodl, Keitel und von Manstein gefangen.

Der **Falkenhof Schloss Rosenburg** ist der neue Pächter der staatseigenen Burg. Hauptattraktion der Rosenburg sind heute die Flugvorführungen mit Adlern, Geiern, Falken und Milanen, die der Falkenhof auf der Rosenburg veranstaltet. Im Jagdfalkenhof werden bedrohte Greifvogelarten für falknerische Zwecke nachgezüchtet; auch eine Aufnahmestation für kranke und verletzte Greife wurde eingerichtet. Spezialkurse bereiten auf die Jägerprüfung vor. Lehrgänge für die Falknerprüfung und Kurse im Jagdhornblasen stehen ebenfalls auf dem Programm (→ „Freizeit").

Burgruine Tachenstein: Von der Rosenburg führt ein Fußsteig zu der dritten Burg, die allerdings wie Rabenstein schon verfallen ist. Die ebenfalls kleine Anlage wurde vermutlich im 13. Jh. erbaut. Bis zur Mitte des 15. Jh.s teilte sie ihr Schicksal mit der benachbarten Rosenburg. Tachenstein gehörte den Wittelsbachern, dann wechselten die Besitzer, und 1566 war die Burg bereits verfallen. Heute ist die Ruine ein beliebtes Ausflugsziel für Wanderer. Zu sehen sind der noch 16 m hohe Stumpf des Bergfrieds und Teile der Ringmauer. Bis heute hält sich hartnäckig das Gerücht von ausgedehnten unterirdischen Gängen zwischen den drei Burgen und der Stadt Riedenburg.

Die **Stadtpfarrkirche St. Johannes** feierte 1989 ihr 250-jähriges Jubiläum. Dazu präsentierte sie sich in neuem Gewand. Der barocke Charakter der 1739 erbauten Kirche ist noch gut erkennbar. Der weite, halbrunde Chor trifft auf das an den Ecken abgerundete Langhaus, sodass für den Betrachter der Eindruck eines hellen, zentralen Rundbaus entsteht. Mehrere Grabsteine erinnern an die Geschichte Riedenburgs, so die Epitaphe des 1481 verstorbenen Dekans *Heinrich Sandersdorfer* und von *Albrecht Ulrich von Muggenthal auf Hechsenackher*, einst kurfürstlicher Kämmerer und Pfleger in der Altmühlstadt (gest. 1676). Die zweite Kirche, die

Klosterkirche St. Anna, diente seit 1860 den Franziskanerinnen als Gotteshaus. In dem ehemaligen Klostergebäude ist heute eine Mädchenrealschule mit Internat untergebracht.

Sehenswertes in den Riedenburger Ortsteilen

Meihern liegt zu Füßen des hoch aufragenden Flügelbergs, auf dem die ehemalige Burg der Schenken von Flügelsberg im Jahre 1446 von den Nürnbergern gebrandschatzt wurde. Danach verlegten die Adeligen ihren Sitz nach Meihern ins Tal der Altmühl. 1711 kam der Ort zusammen mit der Burg an das Bistum Eichstätt. Die Reste der Anlage sind nur noch spärlich. Ein Großteil der Steine wurde zum Bau der umliegenden Häuser benutzt. Die *Marienkirche* liegt genau unterhalb des Felsens über dem kleinen, malerischen Ort. Durch eine Überschwemmung der Altmühl wurde die alte Dorfkirche von 1606 völlig zerstört. Der einfache Neubau von 1843 enthält zwei sehenswerte Holzfiguren aus dem frühen 16. Jh. Das ehemalige *Schloss* diente den Herren von Muggenthal im 17. Jh. als Edelsitz. Die noch verbliebenen Gebäudeteile sind kunsthistorisch unbedeutend.

Deising: Im Ort steht eine spätromanische Kirche aus dem frühen 13. Jh. *St.-Nikolaus* weist im Turm noch ein Fenster aus jener Zeit auf, für diese Gegend eine Seltenheit. Der Turm selbst wurde in gotischer Zeit mit einem Treppengiebel versehen. Gegenüber dem Gasthaus „Zum Himmelreich" (s. u.) steht das 1989 neu errichtete *König-Ludwig-Denkmal.* Der „König-Ludwig-Verein" stiftete die Büste aus Anlass seines zehnjährigen Bestehens. Jährlich feiert man im Juni das *Zunftfest,* auf dem es auch entsprechend zünftig zugeht! Die einst herrschaftliche Mühle von Deising wird von einer Quelle gespeist, die unterhalb der Kirche entspringt. Vor dem Ort erinnert die Schleusenanlage Nr. 11 an den alten Ludwig-Main-Donau-Kanal.

Altmühlmünster: Eigentlich müsste Altmühlmünster ein Wallfahrtsort für Umberto-Eco-Fans sein. Denn hier haben sich 1155 die Tempelherren niedergelassen, jene legendenumwobenen Angehörigen des Templerordens, die der Erfolgsautor in seinem Roman „Das Foucaultsche Pendel" beschreibt. Doch zurück in die Niederungen des Altmühltals: Die Grafen *Heinrich* und *Otto von Riedenburg* stifteten das Kloster im Brunntal, einem idyllischen kleinen Seitenarm der Altmühl inmitten bewaldeter Höhenzüge. Nach der Vertreibung des Templerordens durch Ludwig den Bayern im Jahre 1353 wurde die Klosteranlage an den Johanniterorden übergeben, in dessen Händen sie bis 1803 blieb. Die romanische *Johanniskirche* wurde im 15. Jh. im gotischen Stil umgestaltet. 1586 erfolgte unter dem gelehrten Ordenskomtur *Johannes Myridius* eine umfangreiche Restauration von Gotteshaus und Kloster. 1677 schließlich erhielt St. Johannis neue Altäre, die alten wurden als „schlecht und altfränkisch gemacht" aus dem Verkehr gezogen. Den Herren von Flügelsberg diente Altmühlmünster als Grablege. Noch aus gotischer Zeit stammt der sehenswerte Grabstein des *Dyetricus de Flueglsperg.* Auch ein *Freifräulein von Muggenthal zu Hexenakher,* das 1674 im Alter von 8 Jahren starb, liegt hier begraben. Von den alten Klostergebäuden sind nur noch geringe Gebäudereste erhalten.

Schloss Obereggersberg liegt malerisch über dem Altmühltal (Kanal). Deutschlands einziges Kornspeichertheater zählt ebenso zu den Attraktionen des Hauses wie der Reiterhof mit seinem ausgefeilten Angebot für Freunde des Reitsports. Von der alten Burg ist heute nur noch eine bedeutungslose Ruine erhalten. Die Anlage hatte den Wolfensteinern und Hilpoltsteinern als Ansitz gedient. Bereits im 16. Jh.

Auf Schloss Obereggersberg lohnt sich ein Besuch des neuen Hofmarkmuseums

war sie verwüstet und verfallen. Sie lag, wie das neue Schloss, auf einem mächtigen Felsenvorsprung über dem Altmühltal. Der Nachfolgebau aus dem 17. Jh. wurde von *Adam Jocher*, dem Sohn des Dachauer Pflegers *Wilhelm Jocher*, neu errichtet. Prominente Besitzer des Schlosses waren die *Freiherren von Bassus zu Sandersdorf*, Angehörige eines alten Graubündener Adelsgeschlechts aus dem 12. Jh. Aus dieser Adelsfamilie kamen in späteren Zeiten Mitglieder des Reichsrates des Bayerischen Königshauses. *Thomas Freyherr von Bassus* (1742–1814), ebenfalls Herr auf Eggersberg, war Mitbegründer des berühmten Illuminatenordens. Heute dient der Bau als Schlosshotel. Der dreigeschossige Bau wird von drei Ecktürmen eingerahmt, die mit reizvollen Kuppeldächern versehen sind. Die Schauseite zeigt ins Altmühltal. Die Hauptfassade ziert ein für die Gegend typischer Treppengiebel. Das Schloss bildet zusammen mit den ehemaligen Wirtschaftsgebäuden einen viereckigen Hof (→ „Übernachten“ bzw. „Freizeit/Museen“).

Aicholdings katholische Kirche St. Martin bildet zusammen mit dem frühmittelalterlichen Schloss eine sehenswerte, malerische Anlage. Bereits im Schenkungsbuch von St. Emeram in Regensburg wird ein *Amafi de Eikoltingen* (1070–1095) genannt. Im 16. Jh. wurde der Ansitz des Aicholdinger Ortsadels in die benachbarte *Hofmark Prunn* eingegliedert. Die Kirche wurde im 12. Jh. aus Dolomitquadern erbaut und weist heute noch den einfachen Grundriss auf (zweijochiges Langhaus mit quadratischem Chor im Ostturm). Das dunkle, gedrungen wirkende Innere ist typisch für die Zeit der Romanik. Wenn man sich die beiden Fensteröffnungen wegdenkt, die erst 1725 geschaffen wurden, verstärkt sich dieser Eindruck. Im Langhaus finden sich Fresken, die das Leben des Hl. Martin darstellen. St. Martin ist eine der wenigen noch gut erhalten romanischen Kirchen des Unteren Altmühltals. Das benachbarte Schloss wurde im 17. Jh. neu errichtet und mit Treppengiebeln versehen. Der mittelalterliche Bau war im Dreißigjährigen Krieg zerstört worden. Das Schloss, seitdem mehrmals umgebaut, ist heute in Privatbesitz. Schloss und Kirche sind von einer wildromantisch anmutenden Mauer umgeben. Nach der Überlieferung soll die Tochter *Herzog Stephans II.* von Bayern (1363–1375), eine gewisse *Isabella*, hier ihre frühe Jugendzeit verbracht haben. Sie wurde 1385 im Alter von 14 Jahren mit dem späteren König *Karl VI.* von Frankreich verheiratet. Dort ist sie als *Lilienkönigin* in die Annalen der Geschichte eingegangen.

Schloss Prunn

Schloss Prunn darf zu Recht als eine der schönsten Burgen Süddeutschlands bezeichnet werden. Die schönste des Altmühltals ist sie allemal. Hoch über dem Fluss thront sie im wahrsten Sinne des Wortes auf einem gewaltigen Kalkfelsen.

Der Verwaltung der Bayerischen Schlösser und Burgen ist es gelungen, den noch gut erhaltenen mittelalterlichen Charakter von Prunn ins rechte Licht zu rücken. Die Geschichte von Prunn beginnt im Jahre 1037 mit *Wernherus de Prunne*, einem Adeligen aus dem Geschlecht der Abensberger Grafen. Im Jahre 1280 gelangte Prunn an den Wittelsbacher Herzog *Ludwig*, der es als Lehen weitergab. Unter den Lehensherren nannten sich die Fraunhofer erstmals Herren von Prunn. Im sog. Löwler Krieg stellten sich die Prunner auf die Seite der Straubinger und gegen *Herzog Albrecht IV.*, der im Jahre 1491 die Burg einnahm und zerstörte. Erst 1567 fiel die Anlage wieder an die Wittelsbacher zurück, blieb aber nicht lange in deren Besitz. *Karl Köckh* kaufte Herzog Albrecht die Burg für 18.000 Gulden ab. Der Dreißigjährige Krieg ging nicht spurlos an Prunn vorüber. Die Jesuiten aus Ingolstadt erwarben das, was von ihr übrig geblieben war. Sie richteten sich über dem Altmühltal ein und saßen auf Prunn bis 1822. Danach kam das Schloss zum dritten Mal in den Besitz des Landes Bayern, das seit 1806 Königreich war. *König Ludwig I.* hatte sich persönlich für seine Erhaltung eingesetzt. Seit 1946 gehört Schloss Prunn nun der Bayerischen Verwaltung der Staatlichen Schlösser, Gärten und Seen. In den Nachkriegsjahren und seit 1963 wurden umfangreiche Instandsetzungs- und Renovierungsarbeiten vorgenommen, sodass Schloss Prunn heute zu einer der besterhaltenen mittelalterlichen Burganlagen Deutschlands gerechnet werden darf.

Anfahrt/Führungen Schloss Prunn ist mit dem Auto gut erreichbar (über Nußhausen). Mit dem Fahrrad ist es eine ganz schöne Plackerei! Führungen durch einen amtlich bestellten Führer werden halbstündlich angeboten.

Rundgang: Über die Holzbrücke, welche die Burg im Norden mit dem Hinterland verbindet, gelangt man in die *Torhalle*, wo in der ehemaligen Torwachtstube die Kasse und ein kleiner Souvenirladen untergebracht sind. Auf der gegenüberliegenden Seite sind die Quadersteine des mächtigen, über 30 m hohen *Bergfrieds* aus der ersten, romanischen Bauepoche (frühes 13. Jh.) zu erkennen. Von jeher kam ihm eine entscheidende strategische Bedeutung zu. Die Mauern sind z. T. zweieinhalb Meter stark! Unter dem Zeltdach des Turms, das erst später aufgesetzt wurde, sind noch die Zinnen zu sehen, die in früheren Zeiten den Abschluss bildeten. Die Umbauung des Bergfrieds erfolgte unter dem Besitzer Köckh im 17. Jh. In der Vorhalle ist eine Walze zu erkennen, die früher einmal zum Aufziehen der Fallbrücke benötigt wurde. Durch das spitzbogige Tor im Süden der Vorhalle gelangt man in den *Burghof*, in dessen Mitte ein in den Felsen gehauener Ziehbrunnen steht.

Vom Hof erreicht man über den Treppenturm die sog. *Frauenküche* im oberen Geschoss des Köckh-Baus (17. Jh.). Vom Kamin aus konnte auch das nebenan gelegene *Frauenzimmer* beheizt werden. Möbel aus dem 17. Jh. und eine wertvolle Truhe aus dem Mittelalter zieren das Frauengemach. In der nordöstlichen Ecke des Obergeschosses befindet sich die *Trinkstube,* die wie das Frauenzimmer mit einem Eckerker ausgestattet ist. Die hölzerne Kassettendecke verleiht dem eher nüchternen Raum eine angenehme Wärme. Etwas erhöht liegt das *Schwurzimmer,* mit dem man den romanischen, also mittelalterlichen Teil der Wohnburg erreicht. Auch hier erscheint die Einrichtung auf den ersten Blick etwas kärglich. Doch man muss der Bayerischen Schlösserverwaltung viel Feingefühl und Geschmack bei der Innengestaltung zubilligen! Zu oft begegnet man mittelalterlichen Burgen, die nachträglich mit Gerätschaften voll gestopft wurden.

Burg Prunn zählt zu Deutschlands besterhaltenen Burgen aus der Zeit des 13. Jh.s

Im *Gerichtszimmer* sind Bilder von den Größen der Weltgeschichte zu sehen, von Hannibal bis zum Kardinal von Mailand. Der Rundgang führt über die Treppenhalle zur *Schlosskapelle,* die auf die Zeit der Jesuiten (um 1700) zurückgeht. Auf dem Altarbild erkennt man eine alte Abbildung von Schloss Prunn. Der Altar selbst wird von zwei schönen, gewundenen Säulen eingerahmt. Sehenswert sind die Stuhlwangen der Sitzbänke, die mit kunstvollen Schnitzereien geschmückt sind. Es folgt die *Gotische Stube* mit einem schönen Kachelofen aus der Renaissancezeit. Von den Fenstern hat man einen imposanten Blick hinunter ins Tal. In der Stube ist eine farbige Nachbildung des *Prunner Kodex* ausgestellt, einer hier im Jahre 1567 gefundenen Handschrift des Nibelungenliedes (das Original befindet sich in der Bayerischen Staatsbibliothek in München).

Das *Rokokozimmer* wurde nach dem wertvollen, reich verzierten Ofen aus der Zeit der „Art rocaille" benannt, jener Kunstepoche, in der das Muschelwerk (franz. „rocaille") als Grundmotiv für die verspielte, zierliche Dekoration verwendet wurde. Im anschließenden *Schreibkabinett* sind Schlösser aus dem Besitz der Fraunberger abgebildet, die hier auf Prunn saßen. Schloss Fraunberg selbst ist zusammen mit der „gurre", einem Schimmel (weißen Pferd) auf rotem Feld zu sehen, das auch zum Wahrzeichen von Prunn wurde. Jeder neue Besitzer sah sich verpflichtet, das übergroße Wappen an der Außenwand des Schlosses (vom Altmühltal aus gut zu erkennen) zu erneuern. Das *Große Eckzimmer* liegt am äußersten Ende des Südflügels. Die wenigen Möbel stammen aus dem 18. Jh., als die Jesuiten auf Prunn saßen. Vom Südflügel geht es steil hinunter ins Altmühltal.

Der Rundgang erreicht schließlich wieder das Erdgeschoss und die *Wachtstube.* Gerade dieser Raum vermittelt eindrucksvoll die Atmosphäre des 14. Jh.s, zumal die alte Balkendecke 1950 wieder freigelegt werden konnte. Die Fresken an den Wänden zeigen verschiedene, in Rötel gemalte Burgensembles aus dem 15. Jh. Unter Kennern gelten diese Wand- und Deckenmalereien als wahre Kunstschätze. In der anschließenden *Vorratskammer* mit Mauerwerk aus romanischer Zeit befand sich einst die Burgkapelle. Die Eisenhaken an den Wänden dienten zum Aufbewahren von Lebensmittelvorräten. Doch das glaubt keiner so recht, zumal der Raum bei den Führungen gern als *Folterkammer* angepriesen wird. Einige Marterwerkzeuge wie Daumenschrauben, Halsbänder u. a. unterstreichen das Gruselgefühl, ohne das man bei einer ordentlichen Burgführung heute nicht mehr auszukommen scheint. Damit ist der Rundgang beendet. Wer es noch genauer wissen will, dem sei der Führer empfohlen, den es an der Kasse zu kaufen gibt (→ „Riedenburg/Essen & Trinken“).

Ausflug ins Untere Schambachtal

Das Beste zum Schluss: Das Untere Schambachtal ist eines der am schönsten gelegenen Seitentäler des Altmühltals. Die Schambach entspringt bei Schamhaupten. Über Altmannstein und Hexenagger bahnt sich die Schambach in einem romantischen Talgrund ihren Weg nach Riedenburg, wo sie in die Altmühl einmündet.

▸ **Altmannstein** ist das kulturelle und touristische Zentrum des Schambachtals. Beheiztes Freibad, Tennisplätze, Sommerstockbahnen und Spielplätze gehören zum touristischen Angebot. Als außergewöhnlich groß kann man die Auswahl an *Wanderwegen* bezeichnen, die sich im Schambachtal anbieten, so z. B. rund um den Kreutberg (3,5 km), der zu den schönsten Landschaftsschutzgebieten des Naturparks Altmühltal gerechnet wird: Wacholderheiden, Halbtrockenrasen und bizarrschöne Felspartien gruppieren sich hier zu einem bezaubernden Landschaftspanorama (Wanderparkplatz am Ortsausgang in Richtung Hexenagger). Die Gemeinde

Schloss Altmannstein

Altmannstein hat zusammen mit dem Naturpark Altmühltal eine detaillierte Wanderkarte herausgegeben, in der 17 Rundwanderungen beschrieben sind. Die Karte ist in Altmannstein oder in Eichstätt (Notre Dame) erhältlich. Der Ort selbst bietet mit der *Pfarrkirche Zum Heiligen Kreuz* eine kunstgeschichtliche Sehenswürdigkeiten: eine ungewöhnliche Kassettendecke, vier seltene Evangelisten-Medaillons, wertvolle Holzfiguren, eine seltene Martersäule von 1741 und ein Kruzifix von *Ignaz Günther*, in dessen Elternhaus nahe der Kirche ein Ignaz-Günther-Museum eingerichtet wurde (Geöffnet Mai bis Oktober So 10.30–12 Uhr; Infos unter ✆ 09446/90210). .Von der ehemaligen Burg der Grafen von Scheyern sind noch sehenswerte Reste erhalten (Heute in Privatbesitz. Für Besucher ist die Besichtigung der Burganlage in der Zeit von Anfang April bis Ende Oktober täglich von 10–19 Uhr möglich). Die Burgruine oberhalb von Altmannstein soll demnächst in ihrer Nachbarschaft ein neues Limesmodell im Maßstab 1:10 erhalten. Sehens- und erlebenswert ist der Steinbruch Schamhaupten bei Altmannstein, wo man nicht nur Fossilien sammeln, sondern auch einem Fossilien-Lehrpfad folgen kann (kein Werkzeugverleih; Infos unter ✆ 09446/1330). Das Heimatmuseum und die Bücherei in Altmannstein können sich ebenfalls sehen lassen.

Information Fremdenverkehrsamt, Marktplatz 4, 93336 Altmannstein, ✆ 09446/90210, 📠 902121, www.altmannstein.de.

▸ **Schloss Hexenagger:** Zu Altmannstein gehört auch die malerisch auf einem Felsvorsprung über der Ortschaft thronende Anlage. Das Schloss bietet mehrere Spektakel im Jahr: Garten- und Naturwochenende zum 1. Mai, Ritterturnier Ende Juli mit mittelalterlichem Markt, Kulturwoche (Theater und Oper im Renaissancegarten) Anfang August, Halloween-Spektakel Ende Oktober, romantischer Weihnachtsmarkt an allen vier Adventswochenenden sowie ganzjährig Verkaufsausstellungen, Theater- und Musikdarbietungen (✆ 09442/918310, 📠 918313, www.schloss-hexenagger.de; auch Kartenreservierung). Sehenswert im Altmannsteiner Ortsteil Hexenagger ist die *Waffen-, Huf- und Hammerschmiede,* die als Museum eingerichtet ist. Die Inhaber lassen für die Besucher gerne das Wasserrad laufen und entfachen die Glut im Ofen. Mit viel Liebe wurde hier alles zusammengetragen, was zu einer mittelalterlichen Schmiede gehörte – gerade für Kinder ist das bester Anschauungsunterricht. An einem kleinen Kiosk können sie sich ihren Museumsaufenthalt versüßen. Geöffnet 1. April bis Mitte Oktober 8–12 und 13–18 Uhr. Ganzjährig Führungen möglich. Hammerschmiede Huber, Schambachweg 3, ✆ 094421386.

▸ **Bettbrunn:** Ein Ausflug hierher empfiehlt sich wegen der berühmten Wallfahrtskirche.

Essing

Eigentlich wäre Essing der schönste Flecken im ganzen Altmühltal, und wen die künstliche Landschaft des Kanals nicht weiter stört, der mag das auch heute noch so empfinden. Ganz eng an den Felsen drücken sich die stattlichen Häuser des Dorfes. Und über den Köpfen der Essinger zeigt sich die einst stolze Burg Randeck von ihrer prächtigsten Seite.

In den alten Ortsteil von Essing führt eine der schönsten Holzbrücken über einen „Altarm der Altmühl". Und noch ein Superlativ: Zwischen Essing und Prunn schwingt sich die längste – und nach Meinung vieler – auch schönste Fußgängerbrücke Europas ganze 193 m lang über den Kanal. In Essing-Oberau erwartet den Besucher im Schulerloch die interessanteste der zahlreichen Höhlen des Unteren Altmühltals.

Zur Gemeinde Essing gehören die bis 1939 selbstständigen Ortsteile **Altessing, Neuessing** und **Randeck.**

Information/Freizeit & Museum

• *Vorwahl/PLZ* 09447/93343.

• *Information* **Tourist-Information**, Marktplatz 1, ✆ 920093, 📠 9911077, www.marktessing.de.

• *Museum* **Felsenhäusl-Museum**, urgeschichtliches Museum zur Landschaft des Altmühljura. Felsenhäusl 1, ✆ 565, 📠 991678 → Pension Felsenhäusl („Übernachten").

• *Kunstweg an Fels und Fluss:* Skulpturen, „Kunst-Bänke", Kultplätze und „Durchblicke" an den Ufern der Restaltmühl in Neuessing. Teilweise sind die Exponate schon stark verwittert und wirken daher eher verloren. Der Folder, der in der Tourist-Info erhältlich ist, leistet wertvolle Hilfe.

• *Wandern* Erlebnispfad Juralandschaft, Rundweg durch die Landschaft des Altmühljura, mit 11 Infotafeln auf 4,5 km Länge (Gehzeit ca. 2 Std.). Start am Parkplatz beim Pfarrhof. Stationen: Sesselfelsgrotte, Hochwassergefahr, Trockenrasen, Blautopf, Holzbrücke „Tatzlwurm", Alt-Altmühl, Burg Randeck, Klausenhöhlen, Main-Donau-Kanal und Ludwig-Main-Donau-Kanal. Bei der Gemeinde ist dazu eine Info-Broschüre erhältlich.

Übernachten/Essen & Trinken

• *In Essing* **Hotel-Restaurant Essinger Hof**, mit wunderschönem Biergarten vor dem Haus. Die Forellen gibt's frisch aus dem eigenen Weiher. DZ mit DU/WC ab 68 €. Grillplatz und Liegewiese (bei der Blautopfquelle) bereichern den Außenbereich. ✆ 355, 📠 683, www.essinger-hof.de.

Brauereigasthof Schneider, erstes Haus am Platz (seit 1640 mit Braurecht ausgestattet), geschmackvoll eingerichtetes Restaurant gegenüber dem alten Haus, das heute Pension ist. Altmühlstube, Gaststube und Gambrinusstube bieten ca. 150 Personen Platz. Reichhaltige Speisekarte mit gehobenem Niveau (Schlemmermenü empfehlenswert) und hauseigene Biere im Ausschank. 24 Gästebetten sowie 2 Apartments (6 Betten) und 2 Ferienwohnungen (6 Betten). Zimmer im Altbau: DZ mit DU/WC ab 46 €. Abschließbare Unterstellmöglichkeit für Räder. Altmühlgasse 10, ✆ 91800, 📠 918020, www.brauereigasthof-schneider.de.

Gästehaus Regenbogen, neu errichtetes, beeindruckendes Holzhaus am Fluss, mit bezaubernden Ausblicken zur Burg und zum Wasser hin. Schöner Außenbereich mit Sitzplatz. Viel heimisches Holz wurde auch in den gemütlich eingerichteten Zimmern verwendet. Urig-heimelig ist die benachbarte Zirbelhütte. DZ mit Dusche/WC ab 46 €. Eisenbrünnerl 7, ✆ 9911105, 📠 991760, www.essing-gaestehaus-regenbogen.de.

Gasthof Felsenwastlwirt, traditionsreiches Haus mit neuem Gästehaus und schöner Freiterrasse vor dem Haus. Große Auswahl an guten und reichhaltigen Brotzeiten (kalt und warm)! 26 komfortable Gästebetten. DZ mit Dusche/WC ab 50 €. Unterer Markt 19, ✆ 362, 📠 920966, www.gasthof-felsenwastlwirt.de.

Café zum Reiher, neues Haus am Altarm der Altmühl mit Biergarten, Grill und Tretbootverleih. Unterer Markt 7, ✆ 920860.

Pension Garni Felsenhäusl, idyllisch gelegenes Ferienhaus noch vor der Weihermühle. DZ mit DU/WC ab 36 €, Ferienwohnung 30 €. Liegewiese und Angelmöglichkeit. Felsenhäusl 1, ✆ 565, 📠 991678 (→ „Museum").

• *Umgebung* **Gasthof Peter Ehrl**, in Altessing, gemütliches Landgasthaus mit gutbürgerlicher Küche und Brotzeitkarte, rustikalem Saal für 170 Personen, Kinderspielecke und schönem Biergarten. Fahrradverleih und Parkplatz für Busse und Reisegesellschaften. DZ mit DU/WC ab 46 €. Altessing, Schellnecker Str. 29, ✆ 244, 📠 768, www.gasthof-ehrl.de.

Ritterschänke Burg Randeck, in Randeck, gemütlicher Gasthof mit Pension; DZ mit DU/WC ab 65 €. Große Freiterrasse mit herrlicher Sicht ins Tal, Spielplatz für Kinder gleich daneben. Kulinarische Spezialitäten sind Wild- und Forellengerichte aus eigenem Bassin, donnerstags gibt's Schlachtschüssel. Auch zum Kaffeetrinken und für Reisegesellschaften eignet sich dieses Allround-Gasthaus bestens. Randeck 9, ✆ 377, 📠 290, www.ritterschaenke-burg-randeck.de.

Landgasthof zum Wäscherhartl, in Ihrlerstein-Sausthal, urige Ausflugsgaststätte nahe Essing (Straße Richtung Ihrlerstein; gut ausgeschildert, ca. 4 km von Essing entfernt). Wo vor 200 Jahren der „Hartl" die zerschlissenen Kleider der Köhler wieder in Ordnung brachte (daher der Name Wäscherhartl), befindet sich heute ein großzügig ausgestattetes Ausflugslokal mit unübersehbarer bayerischer Fahne vorm Haus. In der Gaststube erinnern zahlreiche Utensilien jener Zeit an den Hartl. Das viele Holz strahlt eine besondere Gemütlichkeit aus. Im Saal ist Platz selbst für große Reisegesellschaften (bis zu 200 Personen). Kleine Wandergruppen bevorzugen vielleicht eher das kleine „Ofenstüberl". Auf den Tisch kommen original-bayerische Spezialitäten. Der stimmungsvolle Biergarten unter alten Bäumen bietet viel Platz Abenteuerspielplatz und 2 Kegelbahnen runden das Freizeitangebot ab. Die Zimmer sind durchweg im bayerischen Landhausstil eingerichtet: DZ mit DU/WC ab 52 €. Mo Ruhetag. Sausthal 1, 93346 Ihrlerstein, ✆ 09447/555, 📠 757, www.landgasthof-waescherhartl.de.

Geschichte

Essing war wegen seiner günstigen Lage am Fluss und wegen der vielen Schutz spendenden Höhlen schon früh besiedelt. 1975 wurde bei Straßenarbeiten ein bronzezeitlicher Grabhügel entdeckt. Zwei weitere Gräberfunde aus der Urnenfelderzeit und der Zeit der bairischen Besiedlung (um 700 n. Chr.) belegen die besondere Bedeutung des Ortes. Der Name Essing lässt sich auf das Keltische zurückführen und bedeutet wohl „Waffenschmiede".

An der *Schellnecker Wand*, einer vorspringenden Felsengruppe südöstlich des alten Essing, wurden in den siebziger Jahren unseres Jahrhunderts zahlreiche Spuren aus keltischer Zeit entdeckt. Sie lassen darauf schließen, dass die Kelten um 500 v. Chr. hier gelebt und eine regelrechte *Eisenproduktion* an der Altmühl betrieben haben. Nach neueren Forschungen soll das heutige Essing auf dem Grund einer keltischen Wallanlage entstanden sein. Der Hammer (Eisenschmiede) war bis ins 4. Jh. n. Chr. in Betrieb. Um das Jahr 1000 n. Chr. setzen die schriftlichen Berichte über den *Schellnecker Hammer* ein, der bis in unsere Tage hinein bestand, zunächst noch als Hochofen- und Hammerbetrieb, dann als Schleifholzbetrieb mit Pappeproduktion und schließlich als Pappefabrik auf Altpapierbasis. Erst der neue Kanal machte der Siedlung Schellneck ein Ende. Ein Stück verloren gegangene Industriekultur im Altmühltal.

Essing mit dem alten Torturm und der hoch über dem Ort thronenden Burg Randeck

Um 1100 n. Chr. waren die in Essing ansässigen ortsadeligen Grundherren auf

Burg Randeck umgezogen. Ihr Erbe hatten die Abensberger Grafen angetreten. 1367 hatten die *Grafen von Abensberg* im „oberen Essing“ (Neuessing) ein Chorherrenstift mit einem Spital gegründet. Die Pfarrei wurde vom „niederen Essing“ (Altessing) ebenfalls dorthin verlegt. Im 17. Jh. übernahmen Jesuiten die Anlage. Die Stiftsgebäude mussten abgebrochen werden, der Pfarrhof wurde als Nachfolgebau neu errichtet. Hier ist noch heute das Signum der Jesuiten (IHS) zu sehen. Ab 1776 zogen die Malteser in Essing ein. 1803 kam Essing, wie die ganze Region, zum neuen Bayerischen Staat. 1939 wurden die drei Gemeinden Neuessing, Altessing und Randeck zur Gesamtgemeinde Essing zusammengelegt. Heute lebt Essing vor allem vom Fremdenverkehr; daran wird auch der Kanal nichts ändern, zumal das Dorf auch Anlegestelle der neuen Schleusenschifffahrt ist.

Sehenswertes

Die neue **Fußgängerbrücke („Tatzlwurm“)** über den Kanal ist die längste Holzbrücke in Europa (193 m). In Wellenform führt sie über das Tal, eine Architektur, die sich der Landschaft anpasst. Beachtenswert ist auch die enorme handwerkliche Leistung, die hinter dieser geschickt konstruierten Brücke steckt. Eine mutige, einfühlsame Brückenkonstruktion im ehemaligen Altmühltal!

Der historische **Ludwig-Main-Donau-Kanal** ist zwischen Essing und der Schellnecker Wand auf einem kurzen Streckenabschnitt konserviert worden. Man kann nicht umhin, hier von Kanalromantik zu sprechen. Zwischen dem alten und dem neuen Kanal ist auch noch ein Stück Allee erhalten worden, das sich für Wanderer und Radler als abwechslungsreiche Etappe anbietet. Auch die Angler sieht man hier sitzen. Südlich des neuen Kanals, wo sich die Hammerleite bis zur Schellnecker Wand hinzieht, wurde eine künstliche, ca. 40 ha große Stillwasserzone geschaffen. Ersatzlandschaften, wohin das Auge blickt!

Europas längste Holzbrücke schwingt sich bei Essing über den Main-Donau-Kanal

Die katholische **Kirche St. Martin** wurde 1250 als frühgotische Anlage errichtet, um 1710 wurde sie barockisiert. Der Turm fasziniert durch sein außergewöhnliches Äußeres: Auf dem hoch gezogenen Schindelhelm sitzt eine barocke Laterne auf. Sehenswert ist auch die Sakramentsnische im Innern des Gotteshauses; das Steingehäuse aus dem 16. Jh. ist von Malereien umgeben – eine Seltenheit. Die Kanzel wird zu den herausragenden Renaissancearbeiten dieser Art in Süddeutschland gerechnet; das aus Eichenholz gefertigte Schmuckstück ist mit wertvollen Intarsien geschmückt.

Der **Pfarrhof** im Ortsteil Neuessing stammt aus dem 17. Jh. Interessant ist die Gestaltung seiner Fassade zur Straße hin. Ins Auge fällt der Runderker mit einem eingezogenen Unterbau und den hohen Blenden des oberen Geschosses. Das wiederum wird von einem ansehnlichen Kuppeldach bekrönt. Hauptattraktion in Essing ist die **Bruck** und der **Bruckturm** an der alten Altmühl. Der zweigeschossige Torturm ist inseitig von einer spitzen und außen von einer rundbogigen Öffnung durchbrochen und mit einem schmucken Helmdach ausgestattet. Idyllisch schmiegen sich die benachbarten Wohnhäuser an den Turm und die Brücke. „Essing ohne Bruck – ein Ross ohne Geschirr" sagen die Essinger und sind stolz auf ihre 46 m lange Holzbrücke. Die Maler sind auf das imposante Bauwerk ebenso „scharf" wie die Touristen. Aber was kann die „Bruck" schon dafür, dass sie so fotogen ist und zusammen mit dem Fluss, dem Felsen und der Burg ein einmalig schönes Ensemble abgibt.

Burg Randeck wurde vermutlich bereits im 11. Jh. errichtet. Nach den Essinger Adeligen, die sich hier oben niedergelassen hatten, kam die Anlage in den Besitz der Abensberger Grafen. 1138 nannte sich ein gewisser Gebhard „Herr auf Abensberg und Randeck". Die Abensberger standen dem bayerischen Herrscherhaus sehr nahe. 1485 endete ihre Herrschaft, nachdem Graf Niklas durch einen Fraunberger von Prunn ums Leben gekommen war. Bis 1529 wurde Randeck durch Amtsleute der Bayerischen Herzöge verwaltet, bevor Herzog *Wilhelm IV.* von Bayern die Burg seinem getreuen Kanzler *Leonhard von Eck* vermachte. Der war bekannt für seinen Glaubenseifer und die Härte, mit er gegen Frevler, Ketzer und Hexen vorging. Danach gaben sich mehrere Besitzer die Klinke in die Hand. Erwähnenswert ist der bayerische Vizekanzler *Johann Wolf Freymann*, der zwar das Ansehen der Burg schmälerte, sich aber dadurch einen Namen machte, dass er sich weigerte, den Blutbann auf Randeck auszuüben. Hintergrund waren die mit dem Blutbann verbundenen *Hexenprozesse*, die in der ersten Hälfte des 17. Jh.s bereits ausuferten, wogegen Freymann sich zur Wehr setzte. Nach ihm, der die Verwüstung von Burg Randeck durch die Schweden nicht verhindern konnte, fiel die Anlage an die *Jesuiten* aus Ingolstadt. Sie brachten wieder Leben in die öde Hofstatt. Nachdem der Papst im Jahre 1773 den Orden aufgelöst hatte, kamen die *Malteser* nach Randeck. 1818 schließlich wurde der Bayerische Staat neuer Hausherr auf der Burg. 1838 stürzten große Teile der bereits baufälligen Burg ein. Randeck ist heute jedermann wieder zugänglich. Eine Führung wird angeboten.

Von der ehemaligen *Vorburg* sind noch die Gebäude des einstigen Burgstadels und der Schlossstallung erhalten (heute Privatbesitz). Von Südosten her betritt man über eine Holzbrücke die *Hauptburg*. Sie führt über einen breiten Burggraben, der die Anlage nach Osten hin schützen sollte. Über dem Tor prangen zwei Wappen derer von Eck. Dazwischen der sinnige Spruch: „Wenn Gott nicht wacht, wachen wir vergebens." (frei aus dem Lateinischen übersetzt). Nach dem vergeblichen Wachen sowohl der geistlichen wie der weltlichen Schutzherren blieb von der Hauptburg nur die ca. 9 m hohe Ostmauer des *Palas* (Wohnbau) und der 36 m hohe *Bergfried* erhalten. Die Anlage mutet heute fast romantisch an. Die Führung wird von einer Frau liebevoll durchgeführt, was der Besucher auch honorieren sollte (Information unter ✆ 09447/322; März bis Nov. 9.30–18 Uhr; → „Übernachten").

Ein armer Deifel

An der Brücke befindet sich das Denkmal des berühmten Josef Deifel (1790–1864), seines Zeichens Infanterist und Tagebuchschreiber. In seinem Buch „Des Lebens Schücksal" gewährt er intime Einblicke in den Alltag seiner Familie:

„Meine Mutter, eine geborene Korndorfer 1759, starb 1823 seligen Andenkens. Dank, abermals Dank für ihre armselige Mühe. Gott wird sie ewig dafür belohnen wie ich glaub und hoff, denn ihr Bestreben war Tag und Nacht, uns zu ernähren. Es waren unser 6 Geschwister. Sie lebten arm und redlich. Keines durfte betteln, in allen schweren Zeiten nicht, die sie hatten, Krieg Teuerung und besonders Krankheiten. Sie können mir keine bessere Erziehung geben als arbeiten. In die Schule komm ich sehr wenig, denn als klein musste ich als der Ältere die Kleinen besorgen, Holz sammeln und dem Vater das essen tragen in die Fabrik."

Die Fabrik, das war die Eisenschmiede in Nußhausen, die im 19. Jh. dem Bau des Ludwig-Main-Donau-Kanals weichen musste. Interessante Einblicke gewährt Deifel, dessen Erinnerungen teilweise im Essinger Heimatbuch abgedruckt sind (s. o.), auch in das Soldatenleben zur Zeit der Napoleonischen Kriege (1805–1814). Von diesem Krieg kehrte Deifel als Einziger von sechs Essinger Soldaten in seinen Heimatort zurück. 1863 erlebte er noch die Eröffnung der Befreiungshalle durch den bayerischen Prinzregenten Luitpold, der sich sogar mit ihm unterhalten haben soll. Bald darauf starb der „arme Deifel".

Tropfsteinhöhle Schulerloch

Auf halber Strecke zwischen Essing und Kelheim weisen unübersehbare Schilder auf das „Schuler Loch" hin. Vom Parkplatz aus erreicht man in einem gemütlichen

Aufstieg von etwa 15 Min. die Höhle, die heute keinen natürlichen Eingang mehr besitzt. Unter dem zweigeschossigen Pavillon aus dem Jahre 1828, in dem sich die Kasse und ein kleiner Andenkenladen befinden, führt eine Treppenanlage unter die Erde. Erschlossen wurde die Höhle Anfang des 19. Jh.s durch den Freimaurer *Anton von Schmauß*, der auch das Hammerwerk in Schellneck besaß.
Die Führung geleitet den Besucher durch die einzelnen Höhlenräume (Besichtigung nur mit Führung möglich!). Die Höhle soll durch die Gewalten der Urdonau entstanden sein, die – von der Schellnecker Wand gebrochen – hier auf die Dolomitfelsen prallte und diese aushöhlte.

Auf dem Besichtigungsprogramm steht u. a. der „Tempelraum" (723 m²). Die Freimaurer gaben dieser Höhle den Namen „Schulerloch", da sie in dem großen unterirdischen Raum eine Schule der keltischen Druiden vermuteten. Dafür dass die Kelten sich hier aufgehalten haben, spricht deren große Siedlung *Alkimoenis* bei Kelheim (siehe dort). Die „Gebirgslandschaft", der „Wasserfall", der „Rote Gang", die „Spirale" und der „Turm zu Babel" sind weitere Höhepunkte des Höhlenrundgangs.

• *Öffnungszeiten* Im Sommer täglich 10–17 Uhr; Gruppen ab 20 Pers. ab 9 Uhr; Führungen halbstündlich. Von Nov. bis März ist die Höhle geschlossen, um die dort lebenden Fledermäuse zu schützen. Der 15-minütige Aufstieg ist mit zahlreichen Ruhebänken bestückt. Man sollte sich auch im Sommer etwas Warmes zum Anziehen mitnehmen, da die Temperatur in den Höhlen nur 9 °C beträgt.

• *Veranstaltungen* Von April bis Okt. werden die Höhlenschauräume auch für Veranstaltungen der besonderen Art genutzt: Didgeridoo-Harmonics, Kukh Mongol, Musik und Malerei von der Steinzeit zur Neuzeit, Musik zur Vollmondtrommel, ekstatischer Tanz der Kulturen u. v. m. Programm anfordern bei Tropfsteinhöhle Schulerloch, Oberau 1, ✆ 09441/3277, 📠 21211, www.schulerloch.de.

Kelheim

Ein gewaltiges Finale am Ende des Altmühltals: Kelheim, die Donaustadt mit der Befreiungshalle auf dem Michelsberg, auf dem schon die Kelten Alkimoenis, eine ihrer größten Städte, errichtet haben.

Kelheim, die Gourmetstadt mit ihren Brauereien, Gaststätten und Cafés – und ab 2010 die Altmühlstadt mit einem der größten Wellnesshotels im Altmühltal. Mit enormen Aufwand wird im Westen der Stadt das 4-Sterne-Superior-Hotel „Wittelsbacher Hof" errichtet, wobei man sich nicht mit einem Haus begnügt: ein halber Straßenzug muss es schon sein ... Kelheim, die Schifffahrts-Stadt mit den beiden Linien entlang der Donau und des Altmühltals. Und der wildromantische Donau-Durchbruch bei Weltenburg, dessen uraltes Kloster die Urlauber anzieht, und wenn es nur auf eine Maß dunkles Klosterbräu im schattigen Biergarten ist.

Information/Feste & Veranstaltungen

• *Vorwahl/PLZ* 09441/93309.

• *Information* Neue **Tourist-Information**, Ludwigsplatz 1, ✆ 701234, 📠 701207. Mai–Okt. Mo–Fr 9.30–18.30 Uhr, Sa 10–12 und 13.30–17.30, So/Feiert 10–12 Uhr; Nov–April Mo–Fr 10–12 und 14–17 Uhr, www.kelheim.de.

• *Feste & Veranstaltungen* Starkbierfest der Brauerei Schneider (**März**), Frühmarkt (**April/Mai**), Fischer-Frühlingsfest (**Mai**), Weinfest der Stadt Kelheim (**Juni**), Kreisstadtfest (**Juli**), Volksfest der Stadt Kelheim auf dem Festplatz (5 Tage im **Aug**.), Herbstmarkt (**Sept**.), Michaelimarkt und Spitzlmarkt (**Okt**.), Weihnachtsmarkt (**Dez**.).

In Kelheim legen die Schiffe nach Weltenburg ab. Rechts auf dem Michelsberg die Befreiungshalle

Anfahrt/Verbindungen

• *Anfahrt* **Mit dem Pkw** von der A 3 (Nürnberg–Regensburg) Abfahrt Sinzing bzw. von der A 93 (Hof – München) Abfahrt Regensburg-Süd auf die B 16 und Abfahrt Hausen. **Mit der Bahn** bis zur Station Saal an der Donau (an der Strecke Regensburg–Ingolstadt) und von dort mit dem Bus bis Stadtmitte (Wöhrdplatz), jeweils um 8.19, 12.19 und 16.19 Uhr (Fahrtzeit ca. 13 Min.).

• *Parken* **Großparkplätze** befinden sich beiderseits der Osttangente (Kellerwiesen; Volksfestplatz) und am Wöhrdplatz (gut ausgeschildert). Von dort ist die Altstadt bequem zu Fuß erreichbar. Es ist nicht ratsam, durch eines der Tore in die Altstadt hinein zu fahren. **Wohnmobilstellplatz** im Südosten der Stadt, beim Sportzentrum am Pflegerspitz (mit Übernachtungsmöglichkeit, gebührenfrei).

• *Freizeitbus* Die Verkehrsgemeinschaft Kelheim (VLK) bietet von Mitte April bis Anfang Okt. eine Sonderbuslinie für Ausflugsziele an der Donau und an der Altmühl an (von Riedenburg bis Regensburg). Es gibt günstige Tagestickets mit und ohne Fahrrad; erm. für Kinder und Familien. Zur Befreiungshalle fährt ein Sonderbus vom Wöhrdplatz an der Schiffsanlegestelle Kelheim-Donau, ca. alle 2 Std. (günstiger Einzelfahrschein erhältlich). Fordern Sie den Sonderprospekt an bei der VLK, Hemauer Straße 48, ✆ 207-232.

• *Personenschifffahrt* **Im Altmühltal**: Hierfür wurde in Kelheim die Schiffsanlegestello Kelheim-Altmühl angelegt (nicht verwechseln mit der Anlegestelle Kelheim-Donau!). Die Schiffe der „Kelheimer weißen Flotte" befahren die Strecke *Kelheim–Riedenburg* (mit Halt in Essing und Prunn), *Riedenburg–Dietfurt* (mit Halt in Eggersberg) und *Dietfurt–Berching* (mit Halt in Beilngries) von Ende April bis Mitte Okt. täglich! Abfahrten (Sommerfahrplan 2010) nach Riedenburg täglich 13, 13.50, 14.10, 14.30, täglich außer Fr 11.30, 12.35, 12.55, 13.30, 14.10, 14.30, 14.55, jeden So 15.30, 16.30, 16.55, 17.15 Uhr. Es empfiehlt sich in jedem Fall, einen Fahrplan anzufordern bei: Altmühltal Personenschifffahrt, Postfach 1111, ✆ 2487, ✆ 21699, www.altmuehltal.de.

Auf der Donau: Von der Anlegestelle Kelheim-Donau (am Wöhrdplatz südlich der Altstadt) befahren die Schiffe der „Weißen Flotte" täglich die Strecke Kelheim–Weltenburg

(40 Min.) und zurück (20 Min.). In der Sommersaison (24. April bis 10. Okt.) fahren die Schiffe in Kelheim ab um 9.30 Uhr am Sa/So bzw. 9.30 Uhr Mo–Fr im Halbstundentakt bis 17.30 Uhr (Sa/So) bzw. 17.10 Uhr (Mo–Fr). Die Hin- und Rückfahrt kostet pro Person 8,20 €. Es gibt zahlreiche Ermäßigungen und Sonderpreise für Gruppen, Fahrräder etc. (bitte Fahrplan anfordern, s. o.).

Auf den Schiffen werden neben Getränken auch Brotzeiten, Mittagessen, Kaffee und Kuchen angeboten. Jede Schifffahrtslinie bietet Sonderprogramme für Senioren und zahlreiche Freizeitvergnügen je nach Saison an (Schlemmerfahrten, Tanz und Brunch, Kapitäns-Buffet, Country & Western, „Feuer und Flamme an Donau und Altmühl", „Italienische Sommernacht" u. v. m.). Von besonderem Reiz sind die Schleusenpassagen bei Kelheim, Riedenburg, Dietfurt und Berching.

Museen & Kultur

• *Archäologisches Museum* Vor- und frühgeschichtliches Museum, das 1981 im Gebäude des ehemaligen Herzogkastens, einem Speichergebäude der Wittelsbacher, eingerichtet wurde. Dieses modern ausgestattete und pädagogisch lobenswert konzipierte Museum (es wurde ausdrücklich vom Europarat dafür gelobt) hat den historischen Raumcharakter des herzoglichen Speichers wahren können, wofür den Planern ein großes Kompliment gebührt! In acht Abteilungen („Inseln") wird über folgende Themen informiert: Die Höhlen des Unteren Altmühltals (80.000–8000 v. Chr.), die ersten Ackerbauern (5000–2000 v. Chr.), das Metallzeitalter (2000–1300 v. Chr.), neue religiöse Vorstellungen (1300–800 v. Chr.), die Hallstattzeit (800–500 v. Chr.), die Kelten (500–15 v. Chr.), die Römer an Altmühl und Donau (15 v. Chr.–500 n. Chr.), die Bajuwaren und das frühe Mittelalter (600–1000). Im ersten Stock ist eine volks- und heimatkundliche Abteilung für den Raum Kelheim untergebracht. Die Broschüre „Mach mit! Wir entdecken gemeinsam das Museum!" richtet sich an die jüngeren Besucher. Darin enthalten sind Karten mit Suchbildern und Sachaufgaben, die von Kindern und Jugendlichen (ab 10 Jahren) während des Museumsbesuchs gelöst werden können. Ende März bis Anfang Nov. Di–So 10–17 Uhr. Lederergasse 11, ✆ 10492 und 10409, 📠 176000, www.archaeologisches-museum-kelheim.de.

Vom Archäologischen Museum führt ein **archäologischer Lehrpfad** auf den Michelsberg (→ „Geschichte"). Zum Archäologiepark Altmühltal → S. 36.

• *Orgelmuseum* In der ehemaligen Franziskanerklosterkirche. Orgelmodelle und historische Orgeln aus der Region. April bis Okt. Di–So 14–17 Uhr; Eintritt mit Führung 3 €. In den Monaten Mai–Sept. jeden Do 20 Uhr Führung mit anschließendem Konzert (5 €). ✆ 5508, 📠 176490, www.orgelmuseum-kelheim.de.

• *Weltenburger Akademie* Kloster Weltenburg, Asamstr. 32, 93309 Kelheim, ✆ 09441/204136, www.areion.org/weltenburg. Die Akademie hat sich über die Grenzen hinaus einen guten Ruf erworben. Auf dem Programm stehen Konzerte, Vorträge, Tagungen und Kongresse.

Übernachten/Essen & Trinken

• *Übernachten/Essen & Trinken* **Gasthof Weißes Lamm (3)**, zentral gelegenes Haus mit Tradition und gemütlichen, z. T. renovierten Gasträumen. Herzhafte bayerische Küche (eigene Schlachterei), großes Platzangebot auch für Reisegesellschaften. Schöner Biergarten im Hof. Moderne Gästezimmer (65 Betten); Lift. DZ mit DU/WC ab 68 €. Ludwigstr. 12, ✆ 20090, 📠 21442, www.weisses-lamm-kelheim.de.

Gasthof Stockhammer (2), direkt an der neuen Fußgängerbrücke nördlich des Main-Donau-Kanals. Restauriertes Haus mit großem Platzangebot (320 Personen); Kelheimer Stüberl, Ludwigsstüberl, Bayerische Stube, Saal und Ratskeller. Traditionelles Speisenangebot auf gehobenem Niveau; Diätküche. DZ mit DU/WC ab 76 €. Aufenthaltsraum mit TV. Mo Ruhetag. Am Oberen Zweck 2, ✆ 70040, 📠 700431, www.gasthof-stockhammer.de.

Gasthaus zum Schwan (7), in der Fischergasse (am Weg zum Michelsberg). Großes Jura-Haus mit niederbayerischer Tradition. Wunderschöne Räume (u. a. mit schiefen Wänden), beeindruckender Jugendstilsaal und eine Pension mit Donaublick und ausgefallen eingerichteten Zimmern. Im ehemaligen Restaurant genießen die Urlaubsgäste des Hauses das Frühstück, das Fernsehprogramm oder die Bücher der Bibliothek. Man hat hier auch die Möglichkeit, den eigenen Körper bei Entspannungsübungen neu zu entdecken. DZ ab 66 €. Betriebsferien vom 1.11. bis 31.3. Fischergasse 30, ☏ 29298, 📠 176163, www.gasthaus-zum-schwan.com.

Klostergasthof Weltenburg (10), zentral gelegenes Haus im Ortszentrum von Weltenburg, heimische Küche und das Bier vom Kloster Weltenburg. 26 Gästebetten, DZ mit DU/WC ab 52 €. Frühstücksraum mit geschmackvoller Einrichtung. Mo–Sa 15–1 Uhr, So/Feiertage 9–1 Uhr. Alte Dorfstr. 3, Kelheim-Weltenburg, ☏/📠 1370.

Gasthof Weltenburger Hof (9), liegt auf dem Fußweg vom Kloster zum Dorf Weltenburg direkt am Fluss. Großes Platzangebot vorm und im Haus; der Biergarten ist angenehm schattig! Mittagskarte mit klassischen Gerichten (durchgehend warme Küche), Brotzeitkarte, die auch Weißwürste mit Brot und Senf anbietet. DZ mit DU/WC ab 50 €. Asamstr. 16, ☏ 7313, 📠 4690.

• *Camping* **Auf dem Bauernhof**, 5 km östlich von Kelheim, an der Donau, nahe des Yachthafens gelegen. Mit Strohlager, Wasser-/Stromanschluss und Warmwasserduschen. Herrnsaaler Ring 26, ☏ 09441/9607.

• *Jugendherberge* **Kelheim/Ihrlerstein (1)**. Individuell geführtes Haus mit vielen Freizeitangeboten. 103 Betten in 5- bis 12-Bett-Zimmern. 2 Speiseräume und 4 Aufenthaltsräume, Mehrzweckraum (u. a. Disco). Gut ausgestattet! Kornblumenweg 1, 93346 Ihrlerstein, ☏ 09441/3309, 📠 21792, www.kelheim.jugendherberge.de.

• *Lokale und Cafés* **Brauerei-Gaststätte Weißes Brauhaus (5)**, Das Nonplusultra bayerischer Gaststättenkultur! Das „Weiße Brauhaus" kann zu Recht schon zu den Sehenswürdigkeiten Kelheims gerechnet werden. Es wurde 1607 unter Herzog Maximilian gegründet, seit 1872 unter dem Namen Brauerei Schneider geführt, mit Bayerns berühmter Spezialität, der in Kelheim gebrauten Schneider-Weißen. In den Sommermonaten lockt der Biergarten, nach Angaben des Hauses „einer der schönsten Bayerns", durstige Kehlen und Liebhaber deftiger bayerischer Küche scharenweise an. Zu den historischen Turmstuben führt ein eigener Eingang. Das Weiße Brauhaus bietet bis zu 500 Personen Platz. Mo–So 10–24 Uhr. Emil-Ott-Str. 3, ☏ 3480, 📠 3449, www.weisses-brauhaus-kelheim.de.

Café-Bistro Tagblatt (4), am Ludwigplatz (gegenüber dem Rathaus). Treff für junge Leute, gute Musik, kleine Snacks und individuelle Einrichtung. Terrasse vor dem Haus; täglich geöffnet 7.30–1 Uhr, So/Feiert 9.30–1 Uhr. Ludwigplatz 4, ☏ 12944.

> Wer sich über die **Schneider-Brauerei** informieren möchte, dem sei ein Besuch der neu eingerichteten Boutique empfohlen. Neben Informationsbroschüren über das Weißbier und anderen Spezialitäten des Hauses werden hier Geschenke aller Art angeboten: Bierkrüge, Bier im Rucksack, Geschenkpackungen, Gläser u. v. m. Außerdem jeden Di (im Sommer auch Do) um 14 Uhr Führung durch die Brauerei; für Gruppen nach Anmeldung. Information: Private Weißbierbrauerei G. Schneider & Sohn GmbH, Emil-Ott-Str. 1, ☏ 7050, 📠 705190, www.schneider-weisse.de.

Klosterschenke Weltenburg (8), obwohl sie in den Sommermonaten von wahren Besuchermassen heimgesucht wird, findet sich doch immer irgendwo ein freier unter den 1500 Sitzplätzen. Wer nicht mit dem „Main-Stream" zum Kloster gelangen will, der geht zu Fuß, von Kelheim aus über das Klösterl nach Stausacker (ca. 50 Min.), wo eine Fähre über die Donau setzt (April bis Okt. 8–11 und 12–17 Uhr). Der große schattige Biergarten im Innenhof des Klosters erinnert an Andechs. Aber auch die Räumlichkeiten innen können sich sehen lassen: 6 Gasträume bieten Platz für 500 Personen. Eigene Metzgerei und Konditorei garantieren frische Ware. Der Radi schmeckt gut zum dunklen Klosterbräubier. Als Andenken kann man sich den Klosterlikör (ziemlich süß) mitnehmen. Neu sind der Souvenirshop (mit Devotionalien, bis 18 Uhr) und der Selbstbedienungskiosk mitten auf dem Klosterhof (praktisch für den Kurzbesucher und sicherlich eine Entlastung für die Bedienung). April bis Okt. täglich 8–19 Uhr. Asamstr. 32 (Parkplätze 700 m vom Kloster entfernt), Kelheim-Weltenburg, ☏ 09441/67570, 📠 675726, www.klosterschenke-weltenburg.de.

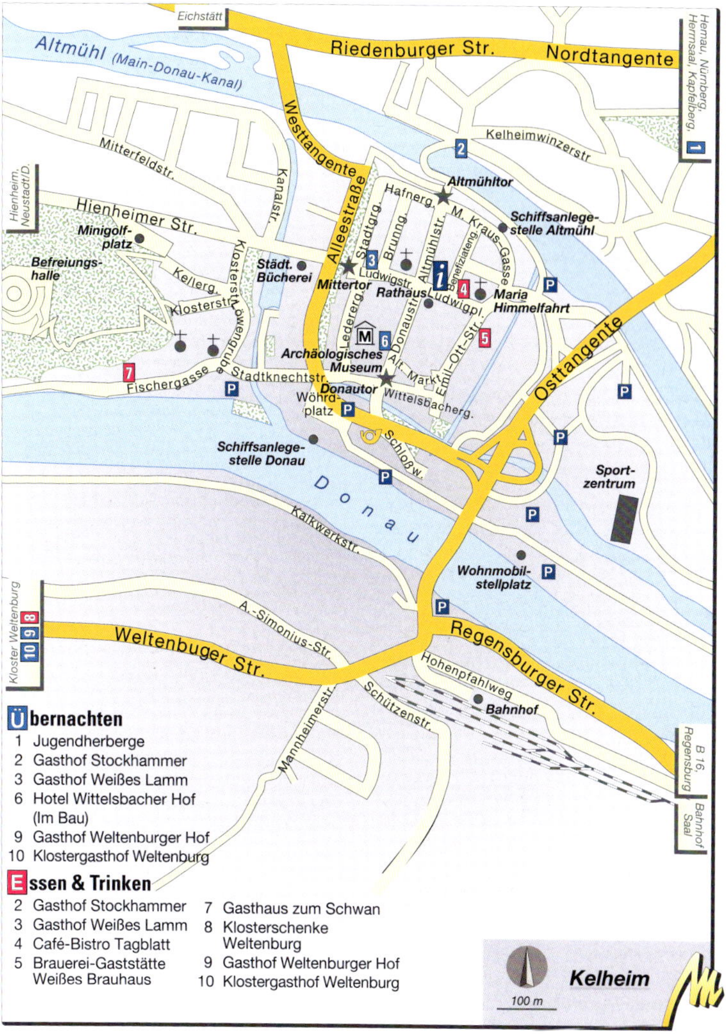

Freizeit & Sport

• *Angeln* In der Donau und den Altarmen der Altmühl. Angelkarten u. a. in der Buchhandlung Kral-Hesse, Bahnhofstr. 1, ✆ 3457. Information beim Kreisfischereiverein, Geschäftsstelle, Tilsitter Str. 1, ✆ 10311.

• *Baden* **Erlebnisbad Keldorado**, das Bade- und Freizeitvergnügen in Kelheim. *Hallenbad* mit Sportbecken (312 m², 24–27 °C), Nichtschwimmerbecken (95 m², 27–30 °C), Warmbecken innen (60 m², 31–34 °C) und außen (100 m², 31–34 °C), Kinderplanschbecken (12 m², 31–34 °C), Rutschenbecken (24 m², 31–34 °C). Rutsche 86 m, Dampfbad, Tauchbecken, Solarkabinen.

Rennweg 60 (im Süden der Stadt), ✆ 2267, www.keldorado-kelheim.de. Mo–Fr 9–21 Uhr, Sa/So 9–20. Mit Restaurant und Bikini-Bar, im Sommer außerdem *Freibad* (24 °C) mit Sportbecken (1050 m^2), Nichtschwimmerbecken (750 m^2), Sprungbecken (150 m^2), Kinderplanschbecken (60 m^2), dazu Kinderspielplatz, Tischtennis, Großfiguren-Schach, Dame, Volleyball, 18.000 m^2 Liegewiese!

- *Fahrräder* Verleih bei Zweirad Jessen, Schäfflerstr. 12, ✆ 504848, www.my2rad.de, und Zweirad Sperger, Donaupark 33, ✆ 3024.
- *Kino* Benefiziatengasse 1, ✆ 4747.
- *Minigolf* Kellergasse, ✆ 10649; am Fuße des Michelsbergs gelegene schöne Anlage. Mini-Golf-Club Kelheim, beim Schwimmbad am Rennweg, ✆ 4269.

Geschichte

Kelheims Geschichte setzt früh ein. Schon im 5. Jh. v. Chr. errichteten die *Kelten* auf dem nahe gelegenen Michelsberg ihre stadtähnliche Siedlung *Alkimoenis.* Sie lag damals im Zentrum eines riesigen Reiches, das sich von Britannien bis Anatolien erstreckte. Um einen Eindruck von der Größe der Siedlung zu bekommen, empfiehlt sich eine Fußwanderung entlang des *Archäologischen Lehrpfades,* der vom Archäologischen Museum auf den Michelsberg nach Weltenburg führt. Schautafeln erläutern die einzelnen Abschnitte der Keltenstadt. Ein Führer dazu liegt im Museum auf (Beschreibung s. u.).

Bei Alkimoenis handelt es sich um das größte Bodendenkmal Niederbayerns. Es war ein befestigtes *Oppidum* und zugleich Zentrum des Reiches der *Rucinaten,* eines Teilstamms der keltischen *Vindelicer.* Deren Hauptstadt lag beim heutigen Manching nahe Ingolstadt. Alkimoenis war auch ein Gewerbe- und Handelszentrum. Zahlreiche Funde von keltischen Münzen und Gussformen für Münzschrötlinge lassen auf eine eigene Münzproduktion schließen. Alkimoennis reichte bis an den Westen der heutigen Stadt Kelheim heran (bis zum alten Ludwig-Main-Donau-Kanal, bei dessen Bau im 19. Jh. leider die Reste des Ostwalls zerstört wurden). Von hier aus erstreckte sich die Anlage über 3 km weit nach Westen, bedeckte also große Teile des Michelsberges. Hauptsiedlungsgebiet zur Zeit der Kelten war das sog. Mitterfeld, wo die Handwerker und Bergleute wohnten, die auf dem *Michelsberg* die dort vorhandenen Eisenerzvorkommen abbauten. In Mitterfeld wurde ein ganzes Depot mit Gesteinsmeißeln, Zieherzen, Klammern und Bronzeschmelztiegeln aus Graphitton entdeckt.

Im Ortsteil Kelheim-Gmünd wurde ein Versteckfund aus der Zeit der Alamanneneinfälle (3. Jh. n. Chr.) entdeckt. Die Altmühlufersiedlung im Norden des heutigen Kelheim wurde erst spät, unter den Wittelsbachern, in die Stadtgrenzen Kelheims eingegliedert. So gesehen gilt Gmünd als die Keimzelle der Stadtentwicklung. Um das Jahr 550 n. Chr. muss Kelheim bereits von den *Baiern* besiedelt gewesen sein. Das Skelett eines 40- bis 50-jährigen Mannes aus dieser Zeit wurde auf dem heutigen Stadtgebiet gefunden. Mit einer Größe von 1,95 m war der Mann für seine Zeitgenossen ein Riese. Er war ein Adeliger, der den bairischen Stämmen der Gegend vorstand, und den man mit einem zweischneidigen Schwert, Messer und Schildbuckel feierlich bestattet hat. Ob die Baiern als „Boier" ein Nachfolgestamm der Kelten waren, ist bis heute nicht eindeutig geklärt, doch viel spricht für diese Vermutung.

Kelheim entwickelte sich noch vor der Jahrtausendwende zu einem bedeutenden Gewerbe- und Handelszentrum. Im Archäologischen Museum steht ein Modell des Ortes aus der Zeit, als dieser erstmals als „cheleheim" erwähnt wurde (im Jahr 863). Im 12. Jh. ist dann ein ortsansässiges Adelsgeschlecht bezeugt. Bereits *Udalricus von Chelehaim* wird mit den *Wittelsbachern* in Verbindung gebracht, die sich bald

Das Modell der Stadt Kelheim, zeigt die planmäßige Anlage der Stadt durch die Wittelsbacher.

in Kelheim festsetzten und an der Donau eine eigene Burg (Castrum) errichteten. Heute ist von dieser mittelalterlichen Burg nur noch der Stumpf des Bergfrieds erhalten. Man vermutet, dass *Pfalzgraf Otto VI.*, der spätere wittelsbachische *Bayernherzog Otto I.*, auf der Burg zu Kelheim geboren wurde; demnach könnte man Kelheim als die Wiege der Wittelsbacher bezeichnen.

Kelheim wurde zur herzoglichen Residenzstadt ausgebaut. Im Jahre 1231 wurde der bayerische Herzog Ludwig I., genannt *Ludwig der Kelheimer*, auf der ehemaligen Donaubrücke im Süden der Stadt ermordet. Es wird vermutet, dass das deutsche Kaiserhaus unter *Friedrich II.* diesen Mord veranlasste, da der auf Selbstständigkeit bedachte Bayernherzog der Zentralgewalt ein Dorn im Auge gewesen war. In Erinnerung an diesen Vorfall ließ der Sohn Ludwigs I., *Herzog Otto der Erlauchte*, an der Stelle, an der sein Vater ums Leben kam, die Spitalkirche errichten. Noch heute erinnert ein Sühnekreuz an den gewaltsamen Tod Ludwigs.

Nach dem Mord erkor Herzog Otto Landshut zur neuen Residenzstadt der Wittelsbacher. Kelheim entwickelte sich in der Folge zu einer mit allen Rechten ausgestatteten mittelalterlichen Stadt. Für die Zeit um 1300 ist die Stadterhebung gesichert. Das heutige Stadtbild geht auf diese Zeit zurück. Nachdem Landshut zu Herzogsstadt ernannt worden war, verschwand Kelheim für lange Zeit aus dem Rampenlicht der Geschichte. Erst als der bayerische König den Bau des Ludwig-Main-Donau-Kanals beschloss (1846 fertig gestellt), rückte die Donaustadt wieder in den Blickpunkt des Geschehens. Die Errichtung der Befreiungshalle 1863 ist sichtbarer Ausdruck des neuen Interesses an Kelheim.

Heute ist Kelheim Große Kreisstadt und touristisches Zentrum der Region Unteres Altmühltal/Donaudurchbruch. Der Bau des Kanals hatte einen verstärkten Altmühltal-Donauschifffahrts-Tourismus zur Folge, dessen Höhepunkt noch nicht erreicht zu sein scheint. Die Altstadtsanierung hat der guten Stube Kelheims ein freundliches Ambiente verschafft. Zahlreiche Kneipen und Cafés verleihen dem Straßenplatz ein südliches Flair. Mit dem Archäologischen Museum hat man einen kulturellen Magneten geschaffen, der auf lange Sicht die Bedeutung Kelheims noch steigern wird.

Sehenswertes

Das ehemalige **Herzogschloss** geht auf das 12. Jh. zurück. Aus dieser Zeit stammt der 8 m hohe untere Teil des Bergfrieds, dessen Mauern mit Buckelquadern aus Dolomitfelsen verblendet sind. Vor den spärlichen Resten des Schlosses macht sich das ehemalige Pfleghaus breit, dessen Bausubstanz mit Hilfe der Steine des alten Schlosses gesichert wurde. Die beiden großen Stützpfeiler sowie der Halbwalm des Daches sind nachträglich angebaut worden (nach 1815).

Die **Altstadt** betritt man, wenn man von Süden kommend, durch das **Donautor,** das im 13. Jh. entstand und später aufgestockt wurde. Im Obergeschoss des Tores ist ein dekorativer Wehrerker zu sehen, der auf fünf Kragsteinen ruht. Vor uns liegt die *Donaustraße,* eine von vier Hauptstraßen, die auf das Zentrum der planmäßig angelegten Stadt zulaufen. Rechter Hand führen verwinkelte Altstadtgässchen zum **Alten Markt,** dem eigentlichen Siedlungskern vor dem Ausbau zur Herzogsstadt. Bereits 1045 wurde Kelheim als Markt bezeichnet.

Am Marktplatz stoßen wir auf die **Spitalkirche,** die Herzog Otto nach der Ermordung seines Vaters *Ludwig der Kelheimer* im Jahr 1231 errichten ließ, und zwar genau an der Stelle, wo einst ein Tor zur Donau führte. Dieses ließ er zumauern bzw. in den Bau der Kapelle einfügen. Die Kirche wird auch als „Ottokapelle" bezeichnet. In ihrer Nachbarschaft stand früher das sog. reiche Spital. Zwei Säulen flankieren das spätromanische Portal der Spitalkirche, das von einem Tympanon (Rundbogen) überragt wird. Der Inschrift ist zu entnehmen, dass Ludwig der Kelheimer „von einem harn erstochen worden" war und „zu Kloster Scheirn" begraben sei (Benediktinerkloster Scheyern bei Pfaffenhofen; berühmte Grablege der Wittelsbacher).

Zwei Wahrzeichen Kelheims: König Ludwig I. und das Weiße Brauhaus

Unweit davon steht das **Weiße Brauhaus,** das ebenfalls zu den Sehenswürdigkeiten von Kelheim gerechnet werden muss. 1607 wurde unter Herzog *Maximilian* (1597–1623; später bis 1651 Kurfürst) ein „Weißbierbrauhaus" gegründet, womit deutlich vernehmbar das Ende des traditionellen Kelheimer Weinbaus eingeläutet wurde. Dessen Geschichte reicht ins 11. Jh. zurück. Die Kelheimer Weinzierle (Weinbauern) erzeugten einen herben „Thonauwein". Gerüchte um die mindere Qualität des

Kelheimer Weines bestärkten dessen Niedergang: „O, du glückliches Land, wo der Essig, der anderswo mit Mühe bereitet werden muss, von selbst wächst." Heute sitzt auf dem Weißbierbrauhaus die Brauerei Schneider & Sohn, aus deren Haus die berühmte „Schneider-Weiße" kommt (→ „Essen & Trinken").

Der **Kirchplatz** war früher einmal ein in sich abgeschlossenes kulturhistorisches Ensemble rund um die Stadtpfarrkirche. Bewusst wurde an dieser Stelle auf einen Torabschluss der Stadtmauer verzichtet, um den Durchgangsverkehr abzuhalten. Heute wird der Platz durch die einfallslose Fassade eines Kaufhauses entstellt, da mögen die umliegenden Hausfassaden in noch so bunten Farben erstrahlen. Am angrenzenden Ludwigsplatz kommt durch die Freitische der Cafés südländisches Flair auf. Auch die Pflasterung des zentralen Straßenkreuzes macht die City Kelheims freundlicher.

Die **Kirche Mariä Himmelfahrt** geht auf einen Vorgängerbau aus dem 13. Jh. zurück und wurde in ihrer heutigen Form im 15. Jh. errichtet. Die Inneneinrichtung ist überwiegend neugotisch, also jüngeren Datums. Darunter befindet sich auch der vom Kelheimer Künstler *Obermeier* gefertigte Hochaltar, der aus dem hier vorkommenden Kelheimer Marmor (Kalkstein) gefertigt wurde. Der Altaraufsatz wirkt in dem eher eleganten Ambiente der Kirche zu monströs. Von Bedeutung sind die zahlreichen Bildwerke und Grabsteine, darunter die spätgotische Vespergruppe, eine Arbeit aus der Zeit um 1500, sowie die Rotmarmortafel für die Familie Paur von 1590. Ein Grabstein erinnert an den Kanzler *Leonhard von Eck*, der in Kelheim geboren wurde.

Im **Erasmusturm** befand sich noch im 18. Jh. die St. Erasmus- und Urbankirche, die heute privaten Wohnzwecken dient. In der Nähe steht das **Altmühltor,** das wie sein südliches Gegenstück, das Donautor, bereits im 13. Jh. errichtet wurde. Der viergeschossige Bau wird von einer spitzbogigen Passage durchbrochen. Die Schauseite schmückt eines der älteren Stadtwappen von Kelheim. Mitten auf dem Straßenkreuz stand früher einmal das Rathaus von Kelheim (erbaut 1548). Im Jahre 1824 wurde der Bau „zur Verschönerung der Stadt" abgerissen. Das heutige **Rathaus** befindet sich nur unweit der Kreuzung in der Donaustraße. Es besteht aus einem Doppelbau, einem barocken Gebäude von 1824, und einem neueren Bau, einem bürgerlichen Geschäftshaus, von 1879. Hier ist auch das städtische Verkehrsamt untergebracht. Die aufwendig restaurierten Fassaden der beiden Häuser verleihen dem Stadtzentrum eine imposante Note. Verstärkt wird dieser Eindruck durch die hoch aufragende **Mariensäule** aus dem 17. Jh.

Das dritte Tor der Stadt ist das **Mittertor,** das sich an der Westseite der Stadtmauer befindet. Es gleicht in seiner quadratischen Grundform den anderen beiden Toren, wurde jedoch erst im 14. Jh. errichtet. Das überdimensionale farbige Wandbild zeigt den sog. Krausaufstand von 1705, als unter Anführung des Kelheimer Metzgermeisters *Matthias Kraus* die österreichischen Besatzer gefangen genommen wurden. Der Aufstand war Teil der überregional bedeutsamen bayerischen Landeserhebung, die in der sog. Sendlinger Mordweihnacht blutig endete. Auch Kelheim konnte durch die Österreicher zurückerobert werden. Die Sieger richteten in der Altmühlstadt ein wahres Blutbad an. Der zunächst geflohene Anführer Matthias Kraus wurde aufgespürt und am 17. März 1706 in seiner Heimatstadt hingerichtet. (Historischer Hintergrund der Erhebung war der Spanische Erbfolgekrieg, der mit dem Überfall auf *Max Emanuel* in Ulm begann und in dessen Verlauf ganz Bayern von den Truppen Österreichs besetzt wurde.)

Noch zur Altstadt gehört der **Bürgerturm,** ein dreigeschossiger Bau mit Pyramidendach. Außerhalb der Stadtmauer steht der **Schleiferturm,** eine Rundbastion aus dem 15. Jh., in der sich heute das Kriegerdenkmal der Stadt befindet. Auffallend sind die vielen unterschiedlich geformten Schießscharten für Geschütze aller Art.

Der Fakir aus Kelheim

In der kleinen Parkanlage vor dem Schleiferturm trifft man auf den Pölsterl, einen Landstreicher, dem man hier ein steinernes Denkmal gesetzt hat. „Reine Idiotie", wie eingefleischte Kelheimer behaupten. Der gute Mann stand am Straßenrand und sang für 5 Pfennig Moritatenlieder. Seine Hosen soll er mit Sicherheitsnadeln an seinem nackten Bauch befestigt haben. Wer mehr über ihn erfahren will, lese die amüsante Episode über den bayerischen Fakir aus Kelheim in den „Schmunzelgeschichten aus dem Juraland".

Das **Franziskanerkloster** wurde in der Zeit von 1470 bis 1491 zu Füßen des Michelsberges erbaut. Den Eingang bildet ein üppig verziertes Portal an der Südseite des Gotteshauses. Die Inneneinrichtung stammt aus dem 19. Jh. Seit der Auflösung des Klosters im Jahre 1803 werden die ehemaligen Klostergebäude privat genutzt. Von größerer Bedeutung ist die hinter dem Kloster stehende **Michaelskirche,** ein romanischer Bau aus dem 12. Jh. Sie gilt als die erste Pfarrkirche der Donaustadt und hat einst den Wittelsbachern als Burgkapelle gedient. Beinahe wäre die Kirche abgerissen worden, hätten sich nicht einige gläubige Kelheimer Bürgerfamilien zur Wehr gesetzt und Einspruch erhoben. Der Altar von St. Michael, eine frühbarocke Arbeit aus dem 17. Jh., zählt zu den Kostbarkeiten der Kirche. Bei den jüngsten Renovierungsarbeiten wurden wertvolle Fresken aus dem 13. Jh. geborgen. Ein kostbares Kalksteinrelief ist über dem Portal zu sehen: Es stellt Maria Aegyptiaca dar, die von sechs Engeln getragen wird (frühes 16. Jh.).

Befreiungshalle auf dem Michelsberg

Das jedem bayerischen Schulkind bekannte Monument zur Erinnerung an die Befreiungskriege gegen Napoleon wurde auf Veranlassung König Ludwigs I. errichtet. Dieser hatte sich auf einer Griechenlandreise im Jahr 1836 dazu inspirieren lassen.

Die Bauzeit des weithin sichtbaren Denkmals währte von 1842 bis 1863. Das Material stammt zu großen Teilen aus benachbarten Steinbrüchen. Beauftragt wurde der bekannte Architekt *Friedrich von Gärtner,* der jedoch noch während der Bauzeit 1847 starb. Die Vollendung des Baus wurde seinem Kollegen *Leo von Klenze* übertragen. Der Bau wurde auch durch die Märzunruhen des Jahres 1848 unterbrochen, in deren Verlauf König Ludwig I. abdankte. Er soll erhebliche Mittel aus „eigener" Tasche locker gemacht haben, um den Weiterbau seines Monuments zu ermöglichen. Nach seinem Tod wurde der bayerische Staat Eigentümer der Befreiungshalle. Der gewaltige Rundbau erhebt sich auf einem dreistufigen Sockel, die Statik des Baus wird durch außen angebrachte mächtige Strebepfeiler gesichert. 18 Kandelaber (Säulen) aus Kelheimer Marmor umgeben den Bau, der, nachdem die Mittel spärlicher flossen, nur aus Ziegeln erbaut und mit einer Blendfassade versehen wurde. 18 übergroße Kalksteinfiguren bekrönen die Säulen. Sie sollen die Volksstämme darstellen, die an den Befreiungskriegen beteiligt waren. Ein spitz zulaufendes Kupferdach bildet den Abschluss des Baus.

Anfahrt/Öffnungszeiten → Kehlheim „Verbindungen/Freizeitbus“. Mitte März bis Ende Okt. tägl. 9–18 Uhr. Nov. bis Mitte März tägl. 9–16 Uhr. Eintritt 3 €, erm. 2,50 €. ✆ 09441/682070.

Aufgang zur 1863 errichteten Befreiungshalle

Rundgang: Der Zugang zur Befreiungshalle führt über eine breite Freitreppe mit 84 Stufen. Über dem eher schlichten Eingangsportal prangt die Überschrift „Den Teutschen Befreiungskämpfern Ludwig I. König von Bayern“. Die in römischen Ziffern angebrachte Jahreszahl MDCCCLXIII erinnert an die Einweihung der Halle am 18. Oktober 1863, dem 50. Jahrestag der Völkerschlacht bei Leipzig. Die 48 m hohe Kuppelhalle mit einem Durchmesser von 29 m ist mit einem Mosaikfußboden aus rotem, braunem, grauem und weißem Marmor ausgelegt. Im Zentrum des Bodens die Inschrift: *Moechten die Teutschen nie vergessen was den Befreiungskampf notwendig machte und wodurch sie gesiegt.* Vor 18 Wandnischen thronen 34 überlebensgroße Siegesgöttinnen aus weißem Carrara- und Schlandersmarmor. Die engelsgleichen Figuren tragen bronzene Schilde, die aus erbeuteten Geschützen gegossen wurden. Auf ihnen sind die Schlachten der Befreiungskriege festgehalten. Tafeln aus Carraramarmor erinnern an die Feldherren wie *Johann Graf von Radetzky, Philipp Fürst von Wrede* aus Ellingen und an *Friedrich von Kleist.* Über eine schmale Stiege erreicht man die Säulengalerie im Obergeschoss. Hier sind die Namen der erbeuteten Festungen in Goldbuchstaben auf Stuckmarmor zu lesen. Der Blick zur abschließenden Kuppel verfängt sich in den zahlreichen Ornamentfeldern und einem goldenen Eichenkranz, der die Licht spendende, 6 m hohe Glaslaterne umrahmt. Von dieser Galerie aus gelangt man über eine Wendeltreppe auf die Aussichtsplattform. Dass es auf den insgesamt 174 Stufen zu keinem Besucherstau kommt, dafür sorgt der ausgeklügelte Rundgang, der die erwartungsvoll aufwärts strebenden von den leicht ermüdeten, absteigenden Besucherströmen trennt.

Kloster Weltenburg

Ein kurzer Blick in die Geschichte des Klosters lässt dessen herausragende Bedeutung deutlich werden. Das Kloster Weltenburg wird zu den bayerischen Urklöstern gerechnet. Die Klostergeschichte geht auf den *Heiligen Kolumban*, der im Jahr 615 starb, zurück. Auf Veranlassung des *Bayernherzogs Tassilo I.* (592–610) wurde am Eingang zur Weltenburger Enge ein iroschottisches Mönchskloster ins Leben gerufen. Im 7. Jh. lebten im bayerischen Raum kaum Christen, und nicht zu Unrecht wird Weltenburg von den Historikern als Keimzelle des christlichen Bayern be-

Das Kloster Weltenburg an der Donau ist eines der wenigen Urklöster Bayerns

zeichnet. Unter *Bonifatius* kam Weltenburg zu den Benediktinern. Nach der Verbannung Tassilos, der sich mit den Awaren gegen das Königshaus verbündet haben soll, wurde Weltenburg fränkisches Reichskloster. Bayern wurde von *Karl dem Großen* unterworfen. Später geriet Weltenburg unter den Krummstab des Bischofs von Regensburg. Das bekam dem Donaukloster, das im 11. Jh. eine Blütezeit erlebte. Im Dreißigjährigen Krieg wurde es von den Schweden geplündert. Auch die benachbarten Kelheimer sollen sich in diesen schweren Zeiten an Weltenburg schadlos gehalten haben. Erst unter *Abt Maurus Bächl* (1713–1743) gelangte das Kloster wieder zur Ruhe. Er regte den Neubau des Klosters und der Klosterkirche an, wozu er die *Brüder Asam* als Baumeister gewinnen konnte. Unter dem Nachfolger *Abt Maurus Kammermair* (1744–1777) wurde die noch heute berühmte Klosterbibliothek eingerichtet. Die Klosterschule und das klösterliche Musikleben erreichten höchstes Niveau. 1803 erfolgte im Verlauf der Säkularisation die Auflösung des Klosters. Die wertvollen Buchbestände wurden nach München abtransportiert. *König Ludwig I.* schließlich machte sich für das Donaukloster wieder stark und trug wesentlich zur Wiederbelebung des Klosterlebens bei. Mit der *Weltenburger Musikgemeinschaft* lebt die musikalische Tradition des Klosters bis in die Gegenwart.

Anfahrt/Übernachten/Essen & Trinken Alles Wissenswerte finden Sie bei Kelheim unter „Personenschifffahrt auf der Donau", „Museen & Kultur", „Übernachten/Essen & Trinken".

Rundgang: Heute stehen wir vor einer durch und durch barocken Klosterkirche, deren vornehm graue Fassade bereits die Handschrift von *Cosmas Damian Asam* trägt. Von ihm stammen die Pläne für den Neubau der Kirche, sein erster und zugleich originellster Kirchenbau überhaupt. Auf dem Hauptgiebel der Fassade erkennen wir den Heiligen Benedikt. Ins Innere der Kirche gelangen wir durch eine **Vorhalle,** die bereits durch ihre aufwendigen Stuck- und Malereidekoration überrascht. Danach betreten wir den **Kuppelraum,** der erste seiner Art in Bayern, wo wir fast zwangsläufig unseren Blick in das Oval des Kuppelfreskos gleiten lassen. Sieht man genau hin, kann man dessen Schöpfer, den „pictor et architectus" *C. D. Asam* erkennen, der sich wie zu unserer Begrüßung über eine scheinbare Brüstung am rechten Rand des Deckengemäldes herunterbeugt. Der für uns unsichtbare Lichteinlass des zylinderförmigen Kuppelunterbaus (Tambour) verstärkt die Plastizität des überdimensionalen Bildwerkes, das beim Betrachter die Vorstellung erwecken soll, er würde hier unter dem göttlichen Himmel selbst stehen. Verstärkt wird dieser Eindruck durch den in Bodennähe relativ dunkel gehaltenen Raum des Rundbaus. Die goldene, graue und braune Farbgebung verleiht dem Sakralbau zeitlose Würde und Eleganz. Etwas müde vom Blick nach oben lässt sich der Besucher auf einer der Kirchenbänke in der Mitte des Gemeinderaumes nieder, um den zweiten Höhepunkt der Klosterkirche, den **Hochaltar** auf sich wirken zu lassen. Dort ist der Namenspatron der Kirche, der Hl. Georg, im Kampf mit dem Drachen erkennbar. Daneben die verschreckte Königstochter – eine kunstvolle Plastik von *Egid Quirin Asam*. Auch hier wurden Lichteffekte geschickt eingesetzt. Durch die geöffnete, von zwei gedrehten Marmorsäulen flankierte Altarwand überflutet das seitlich eindringende Licht das Abschlussfresko mit der Mutter Gottes als Schlangenzertreterin. Georg als Symbol des Guten erstrahlt in gleißendem Gold und Silber über das Böse, den Drachen.

Wieder dem Ausgang zugewendet, blicken wir auf den ebenfalls beeindruckenden **Orgelprospekt** mit seinem kunstvoll geschnitzten Holzgehäuse und einer weit ausladenden Marmorbrücke aus der Werkstatt des Tessiner Künstlers *Francesco Giorgioli* aus dem Jahre 1720. Die Orgel selbst ist eine Schöpfung des berühmten Orgelbaumeisters *Johann Konrad Brandenstein* aus Regensburg. Über der Orgel befindet sich der sog. **Psallierchor,** der über eine Wendeltreppe zugänglich ist. Das Chorgestühl ist aus Nussbaumholz gefertigt (1730). Wertvolle Holzintarsien und Schnitzereien verzieren das Gestühl, das für die weiblichen Klosterinsassen bestimmt war. Auf einem Gemälde von *C. D. Asam* sind Weltenburger Ordensgeistliche zusammen mit dem Heiligen Benedikt abgebildet, der sie in den Ordensregeln unterweist.

Kuppelfresko in der Asamkirche Weltenburg

Bei einem dunklen Klosterbier im schattigen Klostergarten gedenken wir des Endes unserer langen Reise entlang der Altmühl. Ganze 225 Flusskilometer liegen hinter uns. 225 Kilometer voller Gegensätze, die der Altmühl ihren Reiz verleihen. Wir haben einen fränkisch-bayerischen Fluss kennen gelernt, der sich vom „stillen, heiligen Fluss“ der Kelten zum Mekka der Radwanderer und Kanuten entwickelt hat. Dazwischen ein gewaltiges Stück Kulturgeschichte, bezeugt durch zahlreiche Kirchen, Klöster, Burgen und Schlösser. Ein Fluss, dessen Geschichte keineswegs schon zu Ende geschrieben ist. Wollen wir hoffen, dass sich die Eingriffe des Menschen in die gewaltige Naturlandschaft des Altmühltals künftig in Grenzen halten werden, auf dass die Altmühl wieder ihre Würde zurückerlangt – auch wenn nicht alles wieder gutzumachen sein wird, was man ihr angetan hat.

Register